U0796233

国家社科基金后期资助项目
出版说明

后期资助项目是国家社科基金设立的一类重要项目，旨在鼓励广大社科研究者潜心治学，支持基础研究多出优秀成果。它是经过严格评审，从接近完成的科研成果中遴选立项的。为扩大后期资助项目的影响，更好地推动学术发展，促进成果转化，全国哲学社会科学工作办公室按照“统一设计、统一标识、统一版式、形成系列”的总体要求，组织出版国家社科基金后期资助项目成果。

全国哲学社会科学工作办公室

国家社科基金
GUOJIA SHEKE JIJIN HOUQI ZIZHU XIANGMU
后期资助项目

金融审判中非典型合同纠纷法律适用研究

On the Application of Atypical Contract Disputes in Financial Trials

陈醇　著

法律出版社
LAW PRESS · CHINA
——北京——

图书在版编目（CIP）数据

金融审判中非典型合同纠纷法律适用研究 / 陈醇著. 北京 : 法律出版社, 2025. -- ISBN 978-7-5244-0176-6

Ⅰ. D923.65

中国国家版本馆 CIP 数据核字第 202567CN98 号

金融审判中非典型合同纠纷法律适用研究
JINRONG SHENPAN ZHONG FEIDIANXING HETONG JIUFEN FALÜ SHIYONG YANJIU

陈 醇 著

策划编辑 似 玉
责任编辑 似 玉
装帧设计 李 瞻

出版发行 法律出版社
编辑统筹 法律应用出版分社
责任校对 李 军
责任印制 刘晓伟
经 销 新华书店

开本 710 毫米×1000 毫米 1/16
印张 21.5 **字数** 363 千
版本 2025 年 4 月第 1 版
印次 2025 年 4 月第 1 次印刷
印刷 北京建宏印刷有限公司

地址:北京市丰台区莲花池西里 7 号(100073)
网址:www.lawpress.com.cn
投稿邮箱:info@lawpress.com.cn
举报盗版邮箱:jbwq@lawpress.com.cn

销售电话:010-83938349
客服电话:010-83938350
咨询电话:010-63939796

书号:ISBN 978-7-5244-0176-6
定价:88.00 元

凡购买本社图书,如有印装错误,我社负责退换。电话:010-83938349

基金项目
国家社会科学基金后期资助项目，项目批准号：22FFXB012

起于微末　发于华枝
（代序）

人类社会的历史其实很大程度上都是在大大小小、许许多多的交易中得到发展的。只不过，每个历史时代都有其代表性或标识性的交易方法和形式。只有依照合同，人们之间的交往和交易才可能做到你情我愿、有据可依、稳定安全。所以，合同一直以来都是法律人关注研究的一个重要领域。不过，合同也有名分之分。所谓有名，是指那些已经较为确定、普遍发生且已经形成固定模式的典型合同；无名则是指那些相对少见，或者出现不久，尚未形成固定模式从而未被作为典型类型的合同。从古代罗马法的发展历程看，最初的契约都是无名的，但是同一种契约形式采用得多了、普遍了、久了，便逐渐有了名分。由此可知，合同从无名到有名是一个发展规律。正因如此，当我读到陈醇教授所著《金融审判中非典型合同纠纷法律适用研究》书稿时，第一时间的感觉是：这是个非常实际且有时代感的话题，是人类社会生活与发展翻来覆去总要发生、面对和解决的一个问题，区别只在于不同时代催生或需要不同的表现形式而已。作者以其一贯的学术敏感和细腻务实精神注意并捕捉到了这个问题，率先以其独特的视角、方法和理论予以概括和阐释。我认为，呈现在读者眼前的这部著作，是今日中国法律人对合同这个源远流长的交往形式在新时代下的形式、内容和特点进行梳理和论证的尝试。就此而言，这部著作有其独特的新意和价值。

2021 年开始实施的《民法典》，是自清末民初中国法律改制后，我国民事法律发展史上的一个里程碑。但是必须看到，许多民法理论问题并没有因民法典的编纂得到解决，经过一段时间的法律实践后，这些问题或将逐步呈现突出。《民法典》第 467 条对非典型合同的笼统规定，最高人民法院有关司法文件中的解释和立场，远远未能完全反映现实社会中的非典型合同，尤其是商法领域中非典型合同存在与发展所带来的问题。陈醇教授这部专注于金融审判中非典型合同纠纷案法律适用问题的著作，正是在此背景下发萌、思考和完成的，它实际上是我国经济社会生活和民商法制度发展带来的必然课题，同时也是诸多迫切需要解决的理论问题之一。这部著作虽然以金融审判中非典型合同纠纷案为重心，但其所涉内容大大超出了金融审判领域，一定程度上已是非典型合同领域的一般性理论著作。因此，这部著作不只是在商法理论方面，而且在民法基本理论方面都具有积极意义。在各种各样的民法典著述之中，这部著作能从法律实践中提取问题，进而有针对性地展开理论梳理和研究，可谓不落俗套，风格独具。

这部著作可以圈点和讨论之处不少，其中特别值得说的是，它针对非典型合同的时代内容，提出了跨越以往有关观念和认识的立论。作者相对于混合合同提出了衍生合同概念及其在合同体系中的安排；针对所谓"口袋合同"的一般观点提出求同存异、化繁就简予以识别定性的立场；在相似性标准上，以双重类似标准取代最相类似标准；在非典型合同的法律规范建构方法上，尝试以同构论取代原有的法律适用理论；在强制性规范的类型之上，给出了强制性规范的三分法；提出了金融契约群纠纷案穿透式审判的依据与限度；如此等等。这些尝试给非典型合同的认识与判断提出了非常有价值的思考范式，如果这些范式能够成立，那么对于理论界和实务界认识判断这类合同并且在此基础上解决由此引发的法律纠纷会有极大的帮助。在此还要提到的是，作者的学术研究一向具有细致、深入、周到和新颖的风格，他常常能够对一个众人所见，却没有触动的问题从自己的角度，用自己的方法去观察、分析和阐释，而且层次清楚、严谨细致、见解独到。如果读者用心读这部书，一定可以感受到这些特点。正因如此，这部著作已经超越了一些应时的泛泛之作，是有自己思考、见解和立论的学术成果。

当然，对于这部著作所体现的方法、内容和观点，肯定没有意外地仁者见仁、智者见智。不过有一点可以确认：该著作从法律实践中来，然后上升到法律理论，聚焦清楚、发掘细致、研究全面、自成体系，是迄今为止我所看到的关于现时非典型合同类型、定性、法律结构及其特点、司法解决路径等的先锋之作。

基于这样的读后感，写下寥寥数语与读者分享其成。

米健

二〇二四年十月七日

前　　言

金融业的发展史就是一部不断创新的历史,而金融创新离不开金融交易的创新,这表现于合同之上就是合同创新,即产生大量新型非典型合同。这些非典型合同可能带来法律适用的新问题。本书试图提出衍生合同理论、结构识别法、双重类似标准、同构论、强制性规范三分法、转致论、新合同联立理论等新的理论或方法,以应对金融审判中非典型合同纠纷案法律适用的难题。

本书第一章根据金融审判实践总结金融领域非典型合同纠纷案法律适用的难题,结合司法文件指明本书的研究对象,并对非典型合同等概念进行界定,以此为基础,后续章节分三大部分展开讨论。

一、非典型合同的体系及金融审判中法律适用的价值取向

本部分以金融领域非典型合同为例,讨论非典型合同的类型与体系,并讨论其法律适用的价值取向,以期为后文的阐述提供基础。

衍生合同理论与非典型合同体系的更新。衍生合同是与混合合同对应的合同类别。衍生合同是指从母合同中分离出部分内容而形成的子合同,它具有衍生性、部分性与独立性。它因体现母子合同之间的衍生关系而得名,它不同于无名合同类型中的混合合同,也不同于演绎一般合同而得到的特殊合同。既有合同法理论与金融衍生品法律研究等均忽视了衍生合同。衍生合同有别于合同合成等传统合同生成方式,它可能将母合同的次要或附随义务上升为其主义务,并可能重新组织权利义务网络,这可能会降低交易成本、产生新的交易风险并打破权利义务的均衡状态。在非典型合同的视野中,衍生合同、混合合同等共同构成了非典型合同的类型体系。非典型合同的体系是其法律适用的基础,这一新体系或可为非典型合同的法律适用提供更为完善的类型基础。这是本书第二章的内容。

金融审判中非典型合同纠纷案法律适用的价值取向。金融审判必然会以一定的价值为基础,且在一定场景下可能会偏重于某些价值。金融审判中非典型合同纠纷案法律适用的基本价值包括交易安全、交易公平、交易效率与合同自由。金融审判应当因应金融领域非典型合同的特征而贯彻上述价值观。在金融审判中,或应倡导如下四个价值冲突规则:价值底线规则;价值平衡规则;稀缺价值优先规则;整体价值最大化规则。这是本书第三章的内容。

二、金融审判中非典型合同纠纷案的参照适用

金融审判中非典型合同纠纷案的参照适用,涉及非典型合同与典型合同类似性的识别方法、参照适用必须达到的类似程度标准、非典型合同法律规则的生成方法、参照适用的典型合同制度前提等问题,本部分拟分五章讨论上述问题。

金融审判中非典型合同与典型合同类似性的结构识别法。《民法典》规定非典型合同可以参照适用最相类似典型合同的规定,其中类似性的识别是参照适用的必经程序。非典型合同法律适用理论以因式分解法识别非典型合同与典型合同的类似性,而其他法律适用理论以构成要件类似说、实质一致说等其他方法识别类似性。因式分解法从混合合同中分解出典型合同(成分)以确定比较节点,它无法适用于衍生合同,而其他识别方法在适用于非典型合同纠纷案时难以确定比较节点。本书提出结构识别法,即以典型合同为比较节点而分析典型合同与非典型合同之间的结构关系以识别类似性的方法。结构识别法试图汲取既有方法的合理成分,并通过拓展非典型合同的结构观念而克服既有方法的困难。这是本书第四章的内容。

金融审判中非典型合同与典型合同的双重类似标准。《民法典》以最相类似标准为界线规定了非典型合同纠纷案的两种裁判范式(通则范式与参照适用范式),但最相类似标准在金融审判中或没有得到适用,或在适用中不能排除次相类似与低度类似的怀疑,在理论上也与其他法律适用理论采用的高度类似标准大相径庭。基于最相类似标准的参照适用范式固然有助于参照适用典型合同制度的精致安排,但最相类似标准容易降级为低度类似标准而消解该范式的优势,此时通则范式反而较为合适。非典型合同纠纷案裁判中的参照适用应当遵循双重类似标准(最相类似且高度类似),以排除次相类似与低度类似的怀疑,且需要考虑上述标准的实施成本与谬误成本。据此,应当将最相类似标准解释为双重类似标准,并在非典型合同纠纷案的裁判程序中强调类似典型合同的检索、异同的比较、次相类似与低度类似怀疑的排除,遵循"疑难从无"规则以确定适当的裁判范式。这是本书第五章的内容。

金融审判中非典型合同法律规则生成的同构论。非典型合同法律规则的生成是非典型合同纠纷案裁判中的关键问题,吸收说、结合说与类推

适用说均因应非典型合同的结构而生成其法律规则,但上述学说仅以混合合同为对象,难以适用于衍生合同,且难以解释结构对非典型合同的意义,以及为什么要因应非典型合同的结构而设定法律规则的结构。非典型合同结构的重要意义在于,它既具有服务于合同目的与内容的工具性价值,也具有独立性价值。拓展传统理论,可以提出生成非典型合同法律规则的同构论,即因应非典型合同的结构而生成其法律规则结构的规则生成理论。同构论实施步骤包括结构识别、规则原料收集、结构移植与规则调适四个基本步骤。这是本书第六章的内容。

衍生合同纠纷案裁判中的参照适用(以原油宝合约纠纷案为例)。传统非典型合同法律适用理论主要针对混合合同,因而论著中只有混合合同纠纷案参照适用的理论与案例。以原油宝合约纠纷案为代表的非典型金融衍生品合约纠纷案,是衍生合同纠纷案方面的合适案例。在原油宝合约纠纷案等的裁判中,对案涉合同是否属于期货合约或委托理财合同,存在不同的观点。原油宝合约源于相应的期货合约,因此应当比较它与相应期货合约的类似程度,以确定二者是否存在双重类似关系(最相类似且高度类似),进而决定法律适用的方案。金融衍生品的特征不在于"当前订约、未来履行"等,而在于衍生性、风险性与投机性。原油宝合约等不属于期货合约,但是与期货合约在以上三个特征上高度类似且最相类似,因此,依据《民法典》的规定,可以参照适用期货合约的规定。根据同构论,应当参照适用期货合约制度尤其是其中的风险预防及其责任分配制度,以公平地分配当事人的权利义务并保护金融安全。这是本书第七章的内容。

金融审判中参照适用范式的合同制度前提及其愿景。除非在金融审判中能找到与案涉非典型合同双重类似的典型合同,否则就无法达到双重类似标准而不能采用参照适用范式。换言之,典型合同的典型性与充足性是参照适用范式的合同制度前提。投融资交易的共性在于将资金投入他人事业而于未来获得固定收益、风险收益或混合收益,既有典型合同,如借款合同、融资租赁合同、保理合同等,多属于获得固定收益的典型合同,而获得风险收益或混合收益的典型合同类型则严重不足。这导致风险收益或混合收益类非典型合同要么无法参照适用既有典型合同的规定,要么被当作借款合同或参照适用借款合同的规定。为了避免口袋合同现象,可借鉴投资合同的概念,考虑引入"投融资合同"这一概念,适当扩展豪威规则的要求以容纳金融交易的本质特征,统领借款合同、保理合同等既有典型合同,并作为各种投融资非典型合同的参照物。投融资合同的未来愿景是"入典",在一时无法"入典"的情况下,可通过司法解释确立投融资合同概念,以避免口袋合同现象。这是本书第八章的内容。

三、金融审判中非典型合同的效力认定

本部分以第四章的内容讨论金融审判中非典型合同纠纷案强制性规范的法律适用与其他效力认定问题。

非典型合同纠纷案中强制性规范的分类及其认定规则。传统理论将强制性规范分为管理性强制性规范与效力性强制性规范,即传统两分法。除传统两分法之外,缔约过失理论以及对赌合同纠纷案裁判采用的区隔论均隐含着对强制性规范的区分。联结传统两分法、区隔论与缔约过失理论,可以将合同流程分为缔约、效力与履行三个基本阶段,合同法与其他部门法的接触介面也可以从合同效力的单一介面拓展至全部介面。相应地,强制性规范可以分为缔约性规范、效力性规范与履行性规范,以强制性规范的三分法取代强制性规范的传统两分法,追求合同法与其他部门法的价值融合与最大化。在跨部门法合同纠纷案的裁判中,应当以全介面理念为基础,在不减损其他部门法效果的前提下,尽量减少其强制性规范对合同效力介面的强制,以最后规则、补救规则、可能规则作为认定强制性规范类型的方法,并以此为基础更新跨部门法合同纠纷案的裁判理由。这是本书第九章的内容。

非典型合同纠纷案中强制性规范的转致论。强制性规范既可能是公法强制性规范,也可能是私法强制性规范,后者包括一般强制性规范与特别强制性规范。在金融领域非典型合同纠纷案的裁判中,不应当只考虑将公法强制性规范引入私法(引致论),还应当考虑公法强制性规范与私法的对接,尤其应当重视转致私法特别法的语境中解释强制性规范,这种将公法或私法强制性规范转致私法特别语境中适用的方法,可称为转致论。转致论以特别法优先于一般法、公法与私法的相互尊重为基本原理,它有助于揭示特殊而具体的裁判理由,以避免空泛的语境与一大二空的说辞。转致论强调公法与私法的相对自足性,质疑公法强制性规范必然适用于私法的观点,反对公法强制性规范至上的观点,要求公法强制性规范尊重私法的语境,认为特别强制性规范应当优先适用。这是本书第十章的内容。

情势变更与显失公平在非典型金融衍生品合约效力认定中的适用。近年来,中外企业在金融衍生品交易方面发生了众多著名案例或巨额亏损事件,其中不少纠纷案属于非典型金融衍生品合约纠纷案,有学者从显失公平、情势变更方面质疑此类合同的效力。金融衍生品交易就是以风险为标的的交易,将风险独立出来作为交易对象,这是金融衍生品交易的本质

特征,以风险因素来否认该类合约的效力,关乎风险交易乃至金融业的存废。交易风险的分配经历了潜规则时期与显规则时期。前者以含糊或附带的风险规则为内容,适用于传统交易;后者明确地规定风险的分配规则且将风险作为独立的交易对象。从情势变更原则的产生历史与规范目的看,它只是为了弥补潜规则的不足而设立的辅助性风险分配规则。非典型金融衍生品合约以风险分配为内容,属于显规则时期的风险分配合约,不需要也不能以情势变更原则来分配风险,情势变更原则在金融衍生品交易中没有适用的余地。同时,非典型金融衍生品合约为射幸合同,根据罗尔斯的理论,这类合同的公平应当从程序上去寻找,程序性显失公平应当是其中显失公平的判别标准。在这一领域,显失公平不能简单地理解为以等价有偿为内容的实质公平,而只能局限于程序性显失公平,且应当结合金融衍生品交易领域的特别程序规范予以认定。这是本书第十一章的内容。

金融契约群纠纷案穿透式审判的依据与限度。通谋虚伪论、公共秩序论与规制私法论均试图为穿透式审判提供法律依据,但这三种理论均重视一般法而忽视特别法,未能将穿透式审判框定于合同法与金融法的原理与制度之下。合同法的合同联立理论与穿透式审判理念存在契合之处,以此为基础,结合金融法的系统性风险理论、金融安全原则与契约群理论,可形成新合同联立理论,以拓展该理论的目标(从保护金融消费者权益到应对系统性风险)、价值(从金融公平到金融安全)与调整对象(从传统消费融资契约群到资产管理产品契约群等)。根据新合同联立理论,穿透式审判的要件如下:存在复数独立的合同;复数合同或在意思与经济功能上形成了双重整体性,或在意思与风险上形成了双重整体性。只有在上述金融契约群整体违反了效力性规范的情况下,才能认定其连带效力瑕疵。相关穿透式审判的司法文件应当根据上述要件进行修改,以便将穿透式审判及其认定的连带效力瑕疵框定于合同法与金融法的原理与制度之下。这是本书第十二章的内容。

四、致敬

合同法与金融法研究博大精深,学者群星灿烂。涉足这一领域,可谓战战兢兢。笔者认真学习了金融法、非典型合同、法律适用、合同效力、强制性规范等方面的大量文献。所读文献越多,越能感觉自己的浅薄。但仍然不顾浅陋,试图提出了一些未必成熟的观点。本书所提出的所有观点,均受到前期文献启发的结果,是既有文献的正向或反向延伸。文献的阅读、思索与观点的延伸,本质上是不同研究者的心灵交汇,这种交汇跨越时空,使法学研究的文脉生生不息。这种心灵的交汇需要冷寂的环境,似乎为学的心态越冷寂,心灵的交流越深广,这正如天上的星星,夜空越寒冷,越光芒四射。在这种文脉的交汇之中,每个人都尝试着发出自己心灵的火花,为法学的思想宝库贡献些许光点,这种愿望并不一定能够成功,但正是一代代学人不计成败得失的努力,才造就了如此璀璨的思想宝库。

鉴于此,真诚地致敬所有前期文献的作者,并祈请方家不吝指正!

目　　录 Contents

第一章　金融审判中非典型合同纠纷案法律适用的难题

金融审判经常需要解决非典型合同纠纷案。金融创新是金融发展的内生力量，整个金融业的发展史就是一部不断创新的历史。① 金融创新离不开金融交易领域的创新，从合同角度看，金融创新就是合同创新。合同创新必定会产生与典型合同有差异的合同，即产生大量的非典型合同。“在商事活动中，为了规避类型化合同的风险，商人有意识地混淆各种合同的性质，或者基于营业目的而淡化合同性质的法律意义。”②商事合同可能挑战既有的法律体系：“在法律体系的自洽、严密方面，它是地地道道的‘破坏者’。”③当这些非典型合同产生纠纷之时，它可能给金融审判尤其是其中法律适用带来各种困难，此所谓金融审判中非典型合同纠纷案法律适用的难题。这种难题，可分为如下三大方面。

一、金融审判中非典型合同的类型体系及其裁判的价值取向问题

《民法典》第 467 条第 1 款规定：“本法或者其他法律没有明文规定的合同，适用本编通则的规定，并可以参照适用本编或者其他法律最相类似合同的规定。”这一规定的前半部分大致给出了非典型合同的概念（本法或者其他法律没有明文规定的合同），而后半部分则给出了非典型合同法律适用的规则。但在金融审判中，非典型合同的类型及其认定可能遇到一些复杂的情况，如何正确地分类与认定非典型合同，是非典型合同纠纷案法律适用的基础。

（一）非典型合同的类型体系问题

既有非典型合同类型理论将混合合同假定为非典型合同的典型形态。德国债法理论将混合合同作为非典型合同的基本形态。④ 史尚宽先生将

① 参见邢会强：《市场型金融创新法律监管路径的反思与超越》，载《现代法学》2022 年第 2 期。
② 叶林：《商法理念与商事审判》，载《法律适用》2007 年第 9 期。
③ 崔建远：《民事合同与商事合同之辨》，载《政法论坛》2022 年第 1 期。
④ 参见［德］迪特尔・梅迪库斯：《德国债法分论》，杜景林、卢谌译，法律出版社 2007 年版，第 471～476 页。

无名合同分为纯粹无名合同、准混合合同与混合合同三种。① 王泽鉴教授将无名合同分为纯粹非典型合同、合同联立与混合合同三种。② 其他学者多在此基础上作一些整理。例如,将合同联立排除于非典型合同类型之外,而将非典型合同分为狭义非典型契约、混合契约与准混合契约。③ 无论上述何种分类,均将混合合同作为非典型合同的基本形态,且均认为非典型合同是典型合同的混合之物。

以上述类型假定为基础,既有非典型合同的法律适用学说主要是以混合合同为对象的学说。非典型合同法律适用的主要学说有吸收说、结合说与类推适用说三种。吸收说主张适用非典型合同主要部分相应的典型合同的规定,而不管非主要部分,这是罗马法曾采用的观念。④ 结合说主张将混合合同分解后分别适用各部分的典型合同规定,并予以调和与统一。"若为非典型之无名合同,则综合其特征以融合不同有名合同之'混合合同'定性之,再依其特性分别适用不同有名合同之规定。"⑤类推适用说主张分解非典型合同之后,分别类推适用最相类似典型合同的规定。⑥ 从这三种学说之中可以看到,非典型合同的法律适用学说是以非典型合同的分类为基础的,它本质上是混合合同的法律适用学说。有学者直接将上述三种传统学说当作混合合同的法律适用学说。⑦

为了深化非典型合同的法律适用学说,德国学者对混合合同进行了更为细致的分类。德国学者认为,混合合同可分为类型联合合同和类型融合合同。⑧ 该观点对混合合同进行了进一步的分类,并认为类型联合合同的各项(不同类型的)给付应当分别适用其所属的典型合同类型的法律规定;⑨类型融合合同则应当适用其中"占优势"典型合同的法律规定,其他

① 参见史尚宽:《债法总论》,中国政法大学出版社 2000 年版,第 10 页。
② 参见王泽鉴:《债法原理》(第 1 册),中国政法大学出版社 2001 年版,第 111~114 页。
③ 参见曾隆兴:《现代非典型契约论》,台北,三民书局股份有限公司 1988 年版,第 1~3 页。
④ 参见王利明、崔建远:《合同法新论 · 总则》(修订版),中国政法大学出版社 2000 年版,第 39 页。
⑤ 王文宇:《合同解释三部曲——比较法观点》,载《中国法律评论》2016 年第 1 期。
⑥ 参见廖盛林:《混合合同法律适用问题的类型化研究》,载《福建法学》2012 年第 1 期。
⑦ 参见严励:《论无名合同及其法律适用》,载《云南大学学报(法学版)》2006 年第 1 期。
⑧ Vgl. Looschelders, Schuldrecht Besonderer Teil, 14. Aufl., Verlag Franz Vahlen 2019, Einl. Rn. 12.
⑨ Vgl. Medicus/Lorenz, Schuldrecht Ⅱ Besonderer Teil, 18. Aufl., Verlag C. H. Beck 2018, § 57 Rn. 5.

典型合同的元素则被吸收在内。[①] 以上理论细化了混合合同的类别，进而细化了其法律适用的规则。

在金融审判中，混合合同确实是常见的非典型合同。在金融实践中，大量的非典型合同是以若干典型合同为基础合成而得。例如，以股权转让合同为基础，通过增加保底条款、回购条款等内容，“混合”而形成了对赌合同；在质押监管实践中，通过保管合同与委托合同等的“混合”，形成质押监管合同；通过对各种合同进行“嵌套”与“混合”，可以形成形形色色的资产管理产品合同；如此等等。

但是，以上事实并不能证明所有非典型合同均是混合合同。从金融实践看，混合合同似乎并不是非典型合同的唯一形态，如在金融衍生品合约中，往往从典型合同之中分出部分内容而衍生出非典型合同，这类“衍生品”肯定不是两个典型合同的合成之物，相反，它往往只是典型合同的部分内容。但是，迄今为止，人们只注意到混合合同，而对于是否存在其他形态的非典型合同，则缺乏足够的关注。在没有认真全面的讨论之前，将混合合同假定为非典型合同的唯一类别，这是不严谨的。

非典型合同可以分为哪些类型？传统理论将混合合同作为非典型合同的基本形态，于此，很容易发现的问题是：既然典型合同 A 与典型合同 B 可以“混合”为非典型合同 C，那么，为什么典型合同 C 不能分解为非典型合同 A 和非典型合同 B？世间的事物，似乎有合成就有分解，非典型合同可以通过“混合”的方式而生成，是否也能以分解的方式而生成？这种质疑至少说明，从非典型合同与典型合同的结构关系上分类非典型合同，应当找到一个周延的方法，以全面地揭示非典型合同的类型体系。非典型合同的分类是其法律适用学说的基础，如果非典型合同之中还存在混合合同之外的基本形态，那么，整个非典型合同的类型体系及其传统法律适用理论将可能存在严重的瑕疵。因此，有必要认真地考虑非典型合同的类型体系，并据此重新考量其法律适用学说。

（二）金融领域非典型合同纠纷案裁判的价值取向问题

金融领域非典型合同纠纷案裁判的价值取向指该类裁判所依据的价值基础及其倾向性，其中倾向性主要表现为当复数价值相互冲突时的处理规则，即价值冲突规则。

既有法律文件和审判专家的文章直接或间接地表达了金融领域非典

---

① Vgl. Larenz/Canaris, Lehrbuch des Schuldrechts, Zweiter Band: Besonderer Teil, 2. Halbband, 13. Aufl., Verlag C. H. Beck 1994, § 63 I 3a; Oetker/Maultzsch, Vertragliche Schuldverhältnisse, 5. Aufl., Verlag Springer 2018, § 16 Rn. 21.

型合同纠纷案裁判的价值取向。这包括如下内容:《民法典》总则部分的基本原则与合同编通则部分中的一般条款,其后面的价值取向,可视为合同纠纷案法律适用的一般性价值取向;2019 年《全国法院民商事审判工作会议纪要》(以下简称《九民纪要》)引言部分,既涉及了一般合同纠纷案法律适用的价值取向,也涉及了金融领域非典型合同纠纷案裁判的价值取向;最高人民法院审判委员会副部级专职委员、二级大法官刘贵祥《关于金融民商事审判工作中的理念、机制和法律适用问题》一文,专门阐述了金融审判中的理念与法律适用,直接讨论了金融领域非典型合同纠纷案裁判的价值取向,值得特别的重视;①最高人民法院《关于适用〈中华人民共和国民法典〉合同编通则若干问题的解释》(法释〔2023〕13 号,以下简称《合同编通则解释》)的相关内容也隐含了合同纠纷案法律适用的价值取向;金融特别法如证券法等的通则部分及其相关解释,涉及金融领域相关合同纠纷案法律适用的价值基础及其取向,也具有一定的参照意义。

以上文件和文章中金融领域非典型合同纠纷案裁判的价值基础还需要进一步提炼与整合。《民法典》总则部分与合同编通则部分只涉及合同纠纷案法律适用的一般性价值,如何因应金融审判及非典型合同的特征而调适其价值基础,需要更多考虑。《九民纪要》"引言"部分强调要"辩证理解并准确把握契约自由、平等保护、诚实信用、公序良俗等民商事审判基本原则",将契约自由、平等保护、诚实信用、公序良俗等作为民商事审判的价值基础,但并不是专门针对金融领域非典型合同纠纷案的规定,这一价值基础也似乎还需要因应金融审判与非典型合同的特征予以调适。刘贵祥的上述论文针对金融审判提出了"以人民为中心""公正""保护金融消费者和中小投资者合法权益""新发展理念""守住不发生系统性风险的底线"等观念。② 其中隐含了一定的价值观,但显然还需要进一步的价值提炼。同时,以上不同文件中的价值理念既有相同之处,也存在微妙的区别。例如,尽管表述不太一致,但它们在强调平等、公正、公共秩序与金融安全上存在较强的一致性,而在契约自由与发展理念(隐含着强烈的效率观念)等存在区别:《民法典》与《九民纪要》均强调契约自由,而刘贵祥上述文章则没有提及契约自由;前两个文件没有提及交易效率,而后者的"新发展理念"中隐含着金融效率的理念。

---

① 参见刘贵祥:《关于金融民商事审判工作中的理念、机制和法律适用问题》,载《法律适用》2023 年第 1 期。

② 参见刘贵祥:《关于金融民商事审判工作中的理念、机制和法律适用问题》,载《法律适用》2023 年第 1 期。

与上述法律文件不同，既有金融法理论已明确指出了金融法的基本价值。有学者提出金融法基本原则的“三足定理”，认为金融法的基本原则是消费者保护、金融安全和金融效率。[①] 这一观点将消费者保护、金融安全和金融效率作为金融法的价值基础。有学者则认为：“金融公平应与金融安全和金融效率一起构成‘铁三角’，共同支持金融法制和金融市场的稳定和健康发展。”[②]如果承认金融消费者保护是金融公平的重心，那么，金融消费者保护与金融公平就具有内在的一致性，上述两位学者的观点也就可以得到统一。如此，根据金融法的上述原则，可以确立其后面的三个基本价值：金融安全、金融公平与金融效率。与上面的法律文件的价值观相比，上述理论均强调了金融安全与金融公平，但在表述上更为明确，而在金融效率上存在差异，更为重要的是，上述理论没有提及合同自由之类的价值，而以上法律文件则强调了契约自由。

除了在价值基础上存在不同的意见，以上法律文件或理论的价值冲突规则也含糊其词。各种法律价值之间并不总是和谐共存的，相反地，它们往往存在冲突，如何解决其价值冲突，这是价值取向问题的关键所在。《民法典》总则部分以多个条款阐明了其价值基础，但是，至于价值冲突规则如何，则鲜有涉及。在民法中，不同的学者对民法基本价值的地位理解是不同的：或认为“民法基本原则是对‘意思自治’进行演绎逻辑推演而形成的体系”；[③]或认为平等原则应为民法之最上位、最基本的首要原则；[④]或认为诚实信用原则系属帝王条款，是君临全法域之基本原则，是现代民法的最高指导原则；[⑤]如此等等。各种价值之间的冲突规则尚未有定论。《九民纪要》“关于合同纠纷案件的审理”部分认为，合同是市场化配置资源的主要方式，应当鼓励交易与意思自治，但同时也强调了诚实信用；而该纪要第五部分“关于金融消费者权益保护纠纷案件的审理”则认为，应当加强金融消费者保护，贯彻公开、公平、公正原则。从中难以得出这一文件的价值冲突规则。刘贵祥在上述论文中没有明示各个价值之间的冲突规则，但值得注意的是，该论文特别强调金融安全的重要地位，多次强调“守住不发生

---

① 参见邢会强：《金融危机治乱循环与金融法的改进路径：金融法中“三足定理”的提出》，载《法学评论》2010年第5期。

② 冯果：《金融法的“三足定理”及中国金融法制的变革》，载《法学》2011年第9期。

③ 侯佳儒：《民法基本原则解释：意思自治原理及其展开》，载《环球法律评论》2013年第4期。

④ 参见尹田：《论民法基本原则之立法表达》，载《河南省政法管理干部学院学报》2008年第1期。

⑤ 参见王泽鉴：《民法学说与判例研究》（第1册），中国政法大学出版社1997年版，第302~303页。

系统性风险的底线”,似乎隐含着金融安全优先的意思。既有金融法理论归纳出三个基本价值,但没有论及它们的冲突规则。

从以上资料可以看到,金融领域非典型合同纠纷案裁判的价值基础存在不同的观点,需要提炼与整合,各种价值的冲突规则还需要更多的探索。

二、金融审判中非典型合同纠纷案的参照适用问题

(一)对类似性识别方法与类似程度标准的疑问

按照现行法的规定,最相类似标准是非典型合同参照适用的类似程度标准。“内存于任何法律中的原则是:同类事物同等处遇。”[①]类似性是决定是否参照适用的“枢纽”。[②] 据此,类似是参照适用的基础。类似在参照适用中是如此重要,问题在于,如何识别非典型合同与典型合同之间的类似性,或者说,二者类似性的识别方法是什么?同案同判是近年来讨论较多的一个问题,它也离不开同案间的类似性识别方法。金融领域非典型合同纠纷案数量众多,且没有可以直接适用的法律规范,因而可能因为参照适用的取舍、参照适用的规范对象及其方法选择等因素,而更容易出现同案不同判现象。非典型合同的参照适用必须以类似性为条件,而同案的识别也以类似性的识别为中心,这使类似性的识别成为金融审判中非典型合同纠纷案参照适用与同案同判的共同问题。

在金融领域非典型合同纠纷案的参照适用中,也必须考虑类似程度标准问题。我国1999年《合同法》(以下简称原《合同法》)第124条规定:“本法分则或者其他法律没有明文规定的合同,适用本法总则的规定,并可以参照本法分则或者其他法律最相类似的规定。”这一条确定了参照适用的最相类似标准。《民法典》沿用了这一标准。笔者进行了反复的检索,尚未从合同法研究中发现对以上最相类似标准的论证。有学者在讨论同案同判的参照适用条件时,认为类似性的程度要求是同案参照适用的重要条件,其具体要求是“盖然相似性”。[③] 这是难得的类似程度标准,尽管不是专门针对非典型合同纠纷案的类似程度标准。“在多数情况下,类比

---

① [德]卡尔·拉伦茨:《法学方法论》,陈爱娥译,商务印书馆2003年版,第252页。全译本相应的译文是“同类事物同等对待是任何制定法都固有的原则,因为这一原则是‘法’所以为法所必不可少的。”[德]卡尔·拉伦茨:《法学方法论》,黄家镇译,商务印书馆2020年版,第470页。

② 参见林立:《法学方法论与德沃金》,中国政法大学出版社2002年版,第90页。

③ 参见雷槟硕:《指导性案例适用的阿基米德支点——事实要点相似性判断研究》,载《法制与社会发展》2018年第2期。

思维可以引起对概率的判断,而这些概率的大小往往是不确定的。”①这阐明了类似概率的多样性,或者说,阐明了区分类似程度的必要性。在参照适用中,类似程度决定了参引的程度。② 有学者提出了构成要件类似说、同一思想基础说等比较类似性的方法,试图给出判断类似的方法。③ 其中并未指明类似程度标准。到目前为止,非典型合同法律适用理论中的类似程度要求,公认的标准仍然是最相类似标准。

非典型合同纠纷案的参照适用采用最相类似标准,其中一个值得注意的问题是:最相类似标准是参照适用的合理类似程度标准吗?假定典型合同A、B、C、D等均与某一非典型合同Q类似,而A与Q最相类似,那么,根据最相类似标准,应当参照适用A的规定。这样的选择,初看之下没有问题,但是,应当考虑到,任何事物之间均具有类似性,而其中类似可能只是低度类似。在以上例子中,如果典型合同A、B、C、D等与非典型合同Q的类似程度分别为10%、8%、5%、3%及以下,A与Q最相类似,但二者只有10%的类似程度,根据最相类似标准,应当参照适用A的规定,即适用只有10%类似程度的典型合同规定。这种参照适用显然是有问题的。如果任一非典型合同总能在《民法典》合同编或特别法的合同制度中找到与之存在高度类似关系的典型合同,那么,适用最相类似标准就可能找到存在高度类似关系的典型合同。但是,在千姿百态的非典型合同面前,上述假定并不必然成立,根据最相类似标准所找到的典型合同,可能只是低度类似的典型合同。在此种情况下,最相类似标准可能是不合适的,相应的参照适用也可能是不合适的。如果在金融审判中可用于选择的典型合同不充分,那么,也许不少非典型合同均因与某一典型合同“最相类似”而参照适用该典型合同,而实际上它们之间只存在低度类似。在刑法领域,人们有口袋罪名的说法,而在合同领域,如果某一典型合同制度被过度地不适当地参照适用,也可能形成某种“口袋合同”现象。例如,如果按照最相类似标准,借款合同(包括民间借贷合同)与不少非典型合同最相类似但只是低度类似,此时坚持对借款合同的规定进行参照适用,就可能使借款合同成为“口袋合同”。本来,典型合同制度只是为非典型合同纠纷案的解决提供参照物,但是,如果最相类似标准沦落为低度类似标准,那么,典型合同制度这一工具箱就成为一个牢笼,它在金融审判中将严重地损害非典型合同的自由。这种牢笼在非典型合同纠纷案的法律适用中特

① Cass R. Sunstein, *On Analogical Reasoning*, 106 Harvard Law Review 741(1993).

② 参见刘甡:《民事准用制度探析》,载《苏州大学学报(哲学社会科学版)》2016年第4期。

③ 参见黄建辉:《法律漏洞·类推适用》,台北,蔚理法律出版社1988年版,第110页。

别值得警惕,因为金融审判中非典型合同的自由更容易受到质疑。

从类似程度上看,达到什么程度的类似才能参照适用?认真阅读过裁判文书的读者,可能印象中存在仅仅适用通则的案例,也存在既适用通则也参照适用的案例,但到底什么场合应当参照适用,这不能仅凭经验,而需要认真讨论。有学者认为,一些非典型合同仅仅与借款合同类似,不一定非得作为民间借贷合同处理:“这些合同不是单纯的借款合同/民间借贷合同,而是涉及若干合同,甚至体现着交易主体至少是一方当事人的高智慧,在这样的背景下仅依借款合同/民间借贷合同处理,颇有将问题简单化之嫌,未能将案件的全部问题予以处理。”①针对一些股债融合类合同纠纷案参照适用借款合同制度,有学者批评道:“从期权合同的角度来看,目前裁判上将交易中附有‘联营+保底’安排的投资等同于‘借贷’的思路,本质上是以有名合同规则强行‘解释’当事人意思。这很可能超越了当事人原有的交易架构,背离了当事人的原意。”②针对以上疑问,本书试图讨论参照适用的类似程度标准以及与此相关的裁判范式问题。

(二)非典型合同的规则生成方法问题

在符合合理的类似程度标准之时,非典型合同可以参照适用相关典型合同的规定,但这种参照适用并不能简单地照搬典型合同的规定,而必须对典型合同制度进行适当的加工,以生成适合于案涉非典型合同的法律规则。这就提出了非典型合同的规则生成方法问题。参照适用不仅需要找到可参照适用的典型合同规定,还需要对所得规范进行必要的加工以适合于案涉非典型合同的结构。依据一定类似标准找到的典型合同制度还只是非典型合同法律规则的原料,而不是非典型合同的规则。传统参照适用理论提供了非典型合同规则的形成原理:如前文所述,吸收说主张以其中占主要地位的典型合同为主确定参照适用的规则;结合说通过结合相应典型合同的规定而形成非典型合同的规则;类推适用说主张分解非典型合同且类推适用典型合同的规定。传统学说均根据非典型合同的结构而确定参照适用的规则结构。

其中需要沉思的问题是:其一,传统学说根据非典型合同的结构而确定其规则的结构,呈现了一种结构传递关系,这种传递关系的原理是什么?其二,传统学说以混合合同作为非典型合同类型的预设,如果存在其他类型的非典型合同,那么,就可能存在与混合合同不同的结构模式,对于后

① 崔建远:《民事合同与商事合同之辨》,载《政法论坛》2022年第1期。

② 许德风:《公司融资语境下股与债的界分》,载《法学研究》2019年第2期。

者，如何因应其结构而生成其法律规则？其三，即使是混合合同，其结构也具有多样性，并不局限于传统的结构类型。史尚宽先生将混合合同分为准混合契约（有名合同+纯粹无名合同）和混合契约（有名合同+有名合同）两种。王泽鉴教授将混合契约分为四类典型：契约附其他种类的从给付（有名合同+纯粹无名合同）、类型结合契约（从同一方的数个给付看：有名合同+有名合同）、双种典型契约或称混血儿契约（从双方的给付看：有名合同+有名合同）、类型融合契约或称狭义的混合契约（从同一给付看：有名合同+有名合同）。① 尽管两位学者努力展示混合合同的结构，但正如物质结构具有多样性一样，混合合同的结构也具有多样性。因此，基于以上混合合同分类而得出的规则结构原理，仍然可能存在无法适应混合合同结构多样性的问题。根据混合合同的结构而确定其规则的结构，这是传统学说的做法。这一做法既有其可资借鉴的一面，也似乎还有改良与拓展的余地。

（三）从参照适用的视角反思典型合同制度

在金融审判中，参照适用对典型合同制度是有要求的。其要求就是：根据一定的类似程度标准，在《民法典》合同编与特别法中的典型合同制度中常常（大概率）存在符合上述标准的典型合同。如果对很多非典型合同而言，合同制度之中根本不存在符合所确定类似程度标准的典型合同，或者少有与之类似的典型合同，那么，所确定的类似程度标准就无法实施。《民法典》规定非典型合同可以参照适用最相类似合同的规定，其中隐含的信心是：大量的非典型合同与典型合同存在某种结构关系，从而使大量的非典型合同与典型合同存在符合既定类似程度标准的类似性。这是对典型合同代表性的信任，也是对典型合同制度充足性的信任。《民法典》合同编与特别法中的典型合同制度是否为投融资领域中非典型合同纠纷案的参照适用准备了足够的“材料”？本书在讨论参照适用的类似程度标准及其规则生成方法之后，检讨我国投融资领域典型合同的代表性与充足程度，试图提出投融资领域典型合同制度的未来完善建议。

三、金融审判中非典型合同的效力问题

（一）金融审判中非典型合同效力问题的复杂性

合同效力的认定一直是合同纠纷案审判的中心问题，金融审判中的非典型合同因其非典型性与跨部门法特征，而在效力上可能遭遇更多的质

① 参见王泽鉴：《债法原理》（第1册），中国政法大学出版社2001年版，第110~114页。

疑。以对赌合同为例,2012 年甘肃世恒有色资源再利用有限公司等与苏州工业园区海富投资有限公司增资纠纷再审案(以下简称“海富案”)中,确立了“与股东对赌有效、与公司对赌无效”的裁判规则,①改变了此前对赌合同无效裁判的范围。至 2019 年江苏华工创业投资有限公司与扬州锻压机床股份有限公司、潘某虎等请求公司收购股份纠纷再审案(以下简称“华工案”),才肯定了与公司对赌合同的效力。② 最高人民法院在《九民纪要》中采纳了对赌合同有效的观点:与目标公司“对赌”的,一般不再根据公司法裁判无效,而应当审查其可履行性。经过学者与法官的共同的、长期的努力,我国对赌合同的效力裁判才完成了从全部无效到一般有效的裁判思维转变。③

在金融审判中,金融法的特殊性导致承认该领域非典型合同的有效更不容易。金融法学者在金融法的价值研究中,均谨慎地回避了金融自由这一价值。尽管合同自由只是私法自治在合同领域的体现,但金融审判中的合同自由不是一个自然而然的观念,相关合同的效力也可能受到质疑。其中有可以理解的原因:“市场型金融创新往往是对法律的规避甚至突破。”④例如,在资产管理产品合同领域,规避法律的“嵌套”或“通道”合同可能是一种常态:“因立法上对金融机构存在资本充足率、分业经营等严格管制安排,在信托等金融审判中,衍生出大量规避上述管制的‘通道业务’现象。”⑤同时,金融法需要面对的风险是系统性风险,这类风险可能引发连锁性的违约甚至破产。因此,对金融市场包括金融交易进行宏观审慎监管是目前公认的金融监管原则。⑥ 这些均可能影响金融审判中非典型合同的效力。

在金融审判中,金融安全等金融法价值是需要尊重的,但不能因此而完全否认该领域非典型合同的合同自由,并且在技术上还应当尊重金融法作为特别法的规律。在认识合同自由与金融安全等价值的冲突之时,也应当认识到合同自由对金融安全等价值的意义:“过度的金融自由可能损害

---

① 参见最高人民法院民事判决书,(2012)民提字第 11 号。

② 参见江苏省高级人民法院民事判决书,(2019)苏民再 62 号。

③ 参见杨姗:《新型商事合同效力认定的裁判思维——以融资合同为中心》,载《法学》2017 年第 8 期。

④ 邢会强:《市场型金融创新法律监管路径的反思与超越》,载《现代法学》2022 年第 2 期。

⑤ 蒋大兴:《超越商事交易裁判中的“普通民法逻辑”》,载《国家检察官学院学报》2021 年第 2 期。

⑥ 参见巴曙松、王璟怡、杜婧:《从微观审慎到宏观审慎:危机下的银行监管启示》,载《国际金融研究》2010 年第 5 期。

金融安全,但是,对金融自由的过度限制也会损害金融安全。安全是金融法的价值,但仅仅有金融安全是不够的,金融法还必须考虑金融自由,正如人们购置汽车并不是仅仅为了防范交通事故,而是为了行动更为自由一样。"①有学者在研究商事合同与民事合同的差异时指出,在法律适用时必须顾及其特殊性,不得僵硬地套用关于民事合同的规定,降低至少是避免"商事合同不够商事化"的现象。② 在《民法典》的适用中,仍应坚持商事特别法优先适用的原则,理性看待《民法典》对商事关系的调整。③ "但就商法的世界而言,商事交易始终处于变化之中,商事交易的结构、交易的范式变化是一种常态,这导致很难从一个定义为基础去展开并构建一个从点到面的逻辑论证闭环,这就使得商法规范看上去显得分散、庞杂且各等规范之间很难有共同的规律,因此不少商法学者提倡应通过商法思维来解决商事交易的纠纷。"④以上观点均主张尊重商事合同的特殊规律,这对于金融领域非典型合同纠纷案的审判,或许是恰当的阐述。

（二）非典型合同效力裁判中的四个问题

本部分关注金融审判中非典型合同的效力问题,试图讨论如下四个密切相关的问题:

第一,非典型合同纠纷案裁判中强制性规范的类型与认定规则问题。从过程上看,合同可以分为缔约、效力与履行三个阶段,而强制性规范作用于不同的合同介面,可能会产生截然不同的法律后果。在强制性规范应当作用于非典型合同之时,在不减损强制性规范目的的情况下,强制性规范能否选择它所作用的合同介面?如果能够选择,那么,应当如何选择它所作用的合同介面,才能最大限度地保护合同自由与合同利益?据此,或可根据强制性规范与合同介面的关系,重新考虑强制性规范的类型与认定规则。

第二,非典型合同纠纷案中强制性规范的多元性及其适用问题。在人们的印象中,强制性规范似乎就是公法性质的强制性规范。除了公法性质的强制性规范,是否还可能存在私法性质的强制性规范?同样地,强制性规范既可能是一般法中的一般条款,也可能是特别法中的特别条款。这就呈现出强制性规范的多元性。依部门法的不同,这些强制性规范一般可分

---

① 陈醇:《金融法违约预防与违约处置制度研究》,法律出版社 2019 年版,第 111 页。

② 参见崔建远:《民事合同与商事合同之辨》,载《政法论坛》2022 年第 1 期。

③ 参见蒋大兴:《超越商事交易裁判中的"普通民法逻辑"》,载《国家检察官学院学报》2021 年第 2 期。

④ 郑彧:《民法逻辑、商法思维与法律适用》,载《法学评论》2018 年第 4 期。

为:公法(刑法与行政法)中的强制性规范;《民法典》总则与其合同编通则中的强制性规范;《民法典》合同编典型合同制度中的强制性规范;金融特别法中的强制性规范。面对强制性规范的多元性,应当考虑如下问题:如果存在私法性质的强制性规范,那么,当公法性质的强制性规范与私法性质的强制性规范并存之时,应当如何处理二者的关系?当强制性规范的一般条款与特别条款并存之时,应当如何处理二者的关系?强制性规范的多元性说明,强制性规范可能存在不同的解释语境与不同的法律适用方案。只有确定了合理的解释语境与合理的方案,才能得出合理的裁判理由与适当的裁判结果。

第三,情势变更与显失公平在非典型金融衍生品合约效力认定中的适用问题。金融交易往往具有较大的风险性与投机性,金融的专业化与特殊性在某种意义上集中表现于非典型衍生品合约纠纷案之上。典型的金融衍生品交易,如期货合约等,已经得到了法律的承认并有其法律规则,但是非典型衍生品合约则可能因其风险性与投机性而存在性质认定与效力等方面的疑问。以小博大的投机性使这类非典型合同与等价有偿的传统合同存在明显的差异,这类非典型合同的风险分配及其公平性容易受到质疑,进而可能影响合同的效力。原油宝合约、各种曾经导致企业巨额亏损的非典型衍生品合约,[1]其性质、风险分配与效力的认定,成为金融审判中非典型合同纠纷案的难题。它们能否适用情势变更与显失公平条款裁判其效力?这一问题影响此类纠纷案的裁判理由与裁判结果,需要有令人信服的讨论。

第四,金融契约群纠纷案穿透式审判的依据与限度问题。金融风险具有系统性,因而金融风险被称作系统性风险。金融的系统性将复数合同联结为一个整体,形成具有系统性的契约群。[2] 金融审判中一些涉及非典型合同的合同群落也因此而形成相应的金融契约群。涉及非典型合同的金融契约群有资产管理产品契约群、非法集资案所涉融资合同契约群与对赌契约群等,资产管理产品契约群最为典型,其中合同嵌套现象或通道合同现象受到关注。面对这些金融契约群纠纷案,司法实践提出了穿透式审判的理念。[3] 穿透式审判是从审判视角所作的表述,落实于合同效力之

① 参见刘燕、楼建波:《银行理财产品中的金融衍生交易法律问题研究——以“KODA 血洗大陆富豪”事件为标本》,载郭锋主编:《金融服务法评论》第 1 卷,法律出版社 2010 年版,第 268 页。

② 参见陈醇:《金融系统性风险的合同之源》,载《法律科学》2015 年第 6 期。

③ 参见张卫平:《论民事纠纷相对性解决原则》,载《比较法研究》2022 年第 2 期。

上,就可能导致金融契约群中合同的连带无效。合同联立理论从效力上看就是一个合同连带无效理论,但它仅仅适用于该理论设定的有限领域。在金融审判中,金融契约群纠纷案穿透式审判的依据是什么?其理由与限度何在?在侵权责任领域存在连带责任理论,但合同相对性是合同法的基本原则,要在金融审判中突破这一原则,需要认真的论证,并严格把握其条件与限度。

四、术语界定、研究思路与方法

(一)非典型合同的概念

本书涉及一些可能存在不同见解的概念,如非典型合同、金融法等,也涉及本书特有的一些概念,如结构分析法、同构论等。这些概念需要有相对确定的范围。下面对非典型合同的概念进行界定,而其他概念会在适当的部分予以界定。同时,一些概念已经得到了较好的界定,如参照适用的概念就是如此,①在此不再重复。

本书将非典型合同与无名合同(无名契约)作为同义词,二者不作区分。相应地,有名合同与典型合同是同义词,也不作区分。但为了保持与《民法典》称谓的一致性,多数场合下,本书使用非典型合同、典型合同这一对概念。

无名契约的称谓起源于罗马法,它是指互易如物劳互易、换工等方面的合同。②《法国民法典》第 1170 条规定,合同无论是否有名,均受本编一般规定的约束。这一规定引发了对非典型合同的两种理解:无名合同为法律未作特别规定的合同(无名称且无专门法律规则);③无名合同为无名称的合同。④ 本书认为,非典型合同是指法律没有规定名称及其权利义务的合同。确立非典型合同概念的根本意义在于,它没有直接可供适用的详细法律规则,需要根据一定的方法生成其法律规则。因而,本书强调非典型合同的两个特征:无名称规定;无权利义务规定。有学者认为:"由法律作了规定并赋予一个特定名称的合同,理论上称为有名合同。反之,法律未

---

① 王利明教授等在讨论参照适用法理的基础上区分了相关概念。参见王利明:《民法典中参照适用条款的适用》,载《政法论坛》2022 年第 1 期;张弓长:《〈民法典〉中的"参照适用"》,载《清华法学》2020 年第 4 期;等等。

② 参见[意]彼得罗·彭梵得:《罗马法教科书》,黄风译,中国政法大学出版社 1992 年版,第 384 页。

③ 参见尹田:《法国现代合同法》,法律出版社 1995 年版,第 9 页。

④ 参见《法国民法典》(下册),罗结珍译,法律出版社 2005 年版,第 790 页。

作规定的合同,称为无名合同。”①如果“法律作了规定”,包括权利义务的规定,以上概念就与本书的定义相同;如果法律仅仅对名称作了规定而未规定其权利义务,则仍然属于无名合同。无名称的合同,这是无名合同的字面含义,一般而言,无名称的合同也没有权利义务规范,二者具有一致性。但也不是时常如此。例如,我国《公司法》没有“股权转让合同”的名称,但却存在较多的股权转让合同的规范。因此,从权利义务的明确性看,股权转让合同并不属于非典型合同。

对非典型合同的概念,有几种特殊情况需要说明。这包括:第一,仅在司法解释、司法会议纪要等司法文件中规定了名称与权利义务的合同,仍然是非典型合同。这既基于本书对法律概念的理解(认为司法解释等不属于一般意义上的法律),也因为上述司法文件中的合同名称与权利义务规定往往还处于争议之中,且其权利义务规定不够详尽。例如,《九民纪要》的“对赌合同”部分,无论是名称还是权利义务规范均还存在争议,其权利义务规定的详尽程度与确定性还没有达到典型合同制度的要求。又如,2021 年生效的《民事案件案由规定》(法〔2020〕346 号)中所规定的非典型合同名称,其名称是否准确值得商榷,一些非典型合同只有名称,缺乏合同权利义务的规定。因而,司法文件中具有名称或内容难以确定的合同,不能算作典型合同。第二,典型合同既存在于《民法典》合同编之中,也存在于金融法特别制度之中。例如,保险法规定的各种保险合同、信托法规定的信托合同等,均属于典型合同。在金融审判中,不能将典型合同及其制度局限于《民法典》合同编。第三,金融监管法中的典型合同与非典型合同的区分。有学者将无名合同区分为纯无名合同、准无名合同、混合合同与合同联立四类,其中准无名合同是指“虽然法律未作规定,但国家行政法规、规章、条例对合同名称、调整范围、实体处理规则均有明确、具体的规定”的合同。② 如果行政法规、规章与条例对某一合同的名称与权利义务作了详细规定,这一合同应当属于典型合同,而不应当被称作准典型合同。但是,行政法并不是民商法,一般不规定合同内容,它为了对相关合同进行监管而可能规定一些合同名称与内容,但是对其权利义务作详细规定的可能性极小,如资产管理产品合同的监管规定就是如此。一般而言,这类制度所规定的合同名称并没有经过民商法学者的深究,其分类与名称可能并不符合合同法的学理,且往往缺乏足够的、符合合同法价值观的合同权利

---

① 杨小强:《非典型合同论》,载《中山大学学报(社会科学版)》1997 年第 S1 期。

② 参见刘兰芳:《无名合同及其法律适用》,载《人民司法》1999 年第 3 期。

义务规范,因而在此情况下,不宜将它们认定为典型合同。至于规章以下的规范性文件,所规定的合同名称与权利义务规范可能存在的瑕疵更多,其立法权限也存在疑点,更不宜将之认定为典型合同。总之,典型合同与非典型合同的区分,要符合合同法的法理,且符合上述条件。从这个意义上说,典型合同与非典型合同的区分,应当根据其规范依据、名称的合适性与法律规则的充足性等方面综合确定。

(二)本书所讨论的非典型合同纠纷案:以金融审判实践与司法分类为基础

本书的题目是"金融审判中非典型合同纠纷法律适用研究",其中"金融审判中非典型合同纠纷案"以金融审判中所出现的非典型合同纠纷案为对象。金融是指资金的融通,是指与投融资相关的各种活动。① 由相对固定而专业的法官审理专业性的金融纠纷案,以契合于经济学上的"比较优势"理论,这是金融审判的基本原理之一。② 设立金融法庭或金融法院,其重要目的是提升金融审判的专业性。③ 据此,金融专业性应当是金融审判确定其对象的重要依据。根据上述专业性要求,金融纠纷案既可以以主体为标准进行界定,即凡是金融机构参与业务的纠纷案即为金融纠纷案,也可以以行为性质为标准进行界定,即凡有货币流通与信用性质的纠纷案即为金融纠纷案,但前一种界定的缺陷是民间金融不能纳入。因此,应当以主体为主、以行为性质为辅,以便在银行、证券、保险、期货机构涉及的金融纠纷案之外,增加民间金融纠纷案的内容。④ 民间投融资活动是金融活动的半壁江山,因此,将相应的纠纷案纳入金融纠纷案的范围,以享受金融审判专业性的便利,这是值得肯定的观点。最高人民法院《关于上海金融法院案件管辖的规定》(法释〔2021〕9号)第1条规定了上海金融法院管辖金融民商法案件的范围,其中除将公认的证券、期货交易等金融纠纷案纳入之外,还将资产管理产品合同纠纷案等加入其中,但似乎仍然局限于主体标准,而未明确纳入民间借贷纠纷案等。⑤ 2020年12月设立的北京金融法院,其金融审判的受案范围大概与此相同。本书所说的"金融审判中非典型合同纠纷案",指的是金融法院或金融审判庭所出现的非典型合同纠

---

① 参见凌江怀主编:《金融学概论》(第4版),高等教育出版社2020年版,第54页。

② 参见毛玲玲:《论金融创新与金融审判》,载《学术月刊》2014年第5期。

③ 参见黄韬:《专业性金融审判组织的理论剖析》,载《上海金融》2012年第1期。

④ 参见丁海湖、田飞:《当前经济形势下金融审判理念及相关实务问题分析》,载《法律适用》2014年第2期。

⑤ 该规定第1条给出了上海金融法院所管辖金融民商事案件的范围,包括证券、期货交易等金融纠纷、资产管理业务等金融业务纠纷、涉金融机构的金融纠纷等。

纷案,主要是金融机构或公司为一方当事人的金融纠纷案,但也包括民间投融资所引发的非典型合同纠纷案。

为了明确上述研究对象,下文将以既有司法文件对金融领域非典型合同的分类为基础,划定金融审判中非典型合同纠纷案的范围。

传统理论将非典型合同分为混合合同等类型,与此相并列,现行司法文件根据非典型合同的特征作了另外的分类。尽管非典型合同没有法定的名称与详细的权利义务规则,但司法机关出于解决非典型合同纠纷案的需要,在一些司法文件中对非典型合同进行了命名与分类。在这一方面,本书主要注意到最高人民法院《民事案件案由规定》与《九民纪要》中有关金融领域非典型合同纠纷案的规定。

其一,最高人民法院《民事案件案由规定》出于确定案由的需要,对一些非典型合同进行了归类,其中存在一些金融领域的非典型合同纠纷。该文件第四部分第10条为"合同纠纷",从案由74到案由143,共规定了70个合同纠纷的案由类型,这比《民法典》合同编所规定的典型合同数量多。除确定合同效力纠纷等案由之外,其中包括大量的非典型合同案由类型。其中与金融审判相关的非典型合同类型主要有:第110条"银行卡纠纷"项下的借记卡纠纷与信用卡纠纷;第120条"委托理财合同纠纷"项下的金融委托理财合同纠纷与民间委托理财合同纠纷;第137条"服务合同纠纷"项下的财会服务合同纠纷与银行结算合同纠纷。显然,这些类型没有涉及时下讨论较多的对赌合同、股票收益权转让合同等众多类型,其中委托理财合同纠纷与时下引发关注的资产管理产品合同纠纷,也似乎存在差异。总的来说,该规定中的金融领域非典型纠纷的种类与司法实践有一定的距离。该规定沿袭了2011年《民事案件案由规定》(法〔2011〕41号),未能概括其后金融实践中出现的非典型合同纠纷。在司法实践中,不少非典型合同的裁判因为无法归类于上述非典型合同案由,而采用了"其他合同纠纷"的案由予以表述。

其二,2019年最高人民法院在《九民纪要》中规定了不少金融审判中的非典型合同。该纪要所涉金融审判中的非典型合同包括:对赌合同;场外配资合同;非典型担保合同;保兑仓交易(合同);资产或者资产收益权转让及回购(合同);资产管理产品合同;转贴现合同。该纪要花了较大篇幅来讨论上述合同的裁判,其中对赌合同等的讨论相当完备,虽然没有全面规定上述金融审判中非典型合同的权利义务,但对相关合同进行了界定,且给出了关键性的裁判导向。相较于上述《民事案件案由规定》,《九民纪要》规定的金融审判所涉非典型合同类型更多,且在名称上更契合于金融实践的实际情况。与上述《民事案件案由规定》只列出非典型合同的名称不同,《九民纪要》以统一裁判理由为基本目标,它涉及非典型合同的名称、概念、争议解析与裁判理由等,内容比单一的案由分类要丰富很多。考虑到二者的差异,建议在合适的时间再次修订《民事案件案由规定》,吸收《九民纪要》中上述非典型合同类别,更新一些过时的非典型合同类型,更新金融审判中非典型合同的案由。

顺便说明,非典型合同的学理分类与以上司法分类之间存在强烈的反差,但后者仍然必须依托于学理分类。这是因为非典型合同的法律适用学说是以其学理分类为基础的,而上述司法分类尽管可能更契合于非典型合同的实践,但毕竟没有直接对应的法律适用理论。因而,司法文件中的非典型合同类型,必须根据《民法典》的规定决定是否参照适用且遵循非典型合同参照适用的法理,这就必须完成一项工作:司法文件中的非典型合同,只有归入学理中的类型之后,才能进一步运用既有的法律适用理论完成其裁判。

上述两个司法文件列举了金融审判中非典型合同的不少类型,本书选取其中部分作为研究对象,以便缩小本书所讨论"金融审判中非典型合同纠纷"的范围。本书拟重点研究的金融审判中非典型合同纠纷案例如下:第一,与借款合同类似的非典型合同(类借款合同)纠纷案。这类非典型合同纠纷案往往涉及投资及其收益,一些甚至是固定的收益,因为与借款合同在资金投入与固定收益等方面的类似性而可能被认定为借款合同,或者参照适用借款合同。本书将以之为例,讨论非典型合同金融审判的价值取向并反思金融审判中参照适用范式的典型合同制度前提。第二,抵押监管协议纠纷案与股票收益权转让合同纠纷案。抵押监管协议是若干典型合同组成的混合合同,股票收益权转让合同是典型合同分解而得的非典型合同,二者以不同的方式体现了典型合同与非典型合同之间的关系,本书拟以之为例探讨非典型合同与典型合同类似性的识别方法。第三,上海金融法院"其他合同纠纷案"。本书将以之为例讨论典型合同与非典型合同之间的类似程度标准。第四,对赌合同纠纷案。这类非典型合同具有多样的表现形式,本书将以之展示非典型合同结构的多样性,讨论如何因应非典型合同的多样性结构而生成其法律规则。同时,这类非典型合同涉及《民法典》合同编与其他部门法,其他部门法的强制性规范可能对合同效力产生影响。本书也将以之为例讨论强制性规范的类型与认定规则。第五,原油宝合约纠纷案。原油宝合约纠纷案是衍生合同纠纷案的代表性案例之一,本书拟以之为例讨论金融审判中衍生合同纠纷案的参照适用。第六,股权代持合同纠纷案。金融上市公司股权代持合同纠纷案涉及金融安全以及保护金融安全的多种强制性规范,本书将以之为例讨论强制性规范的多元性、解释语境与适用方法。第七,非典型金融衍生品合约纠纷案。本书将以之为例,讨论情势变更与显失公平能否适用于此类合同纠纷案的裁判之中。第八,涉非典型合同的资产管理产品契约群纠纷案。这类纠纷案可能出现类似于侵权连带责任的情况,在合同效力认定上出现连带无效的情况。本书将以上述合同群落为例,讨论其中合同包括非典型合同群落连带无效裁判的依据与限度。

金融审判中还存在一些重要的非典型合同纠纷案,本书不予以讨论。这包括以上《民事案件案由规定》中的银行卡合同纠纷、银行结算合同纠纷和《九民纪要》所规定的场外配资合同纠纷、非典型担保合同纠纷、保兑仓合同纠纷、转贴现合同纠纷。银行卡合同、非典型担保合同、场外配资合同方面的纠纷案众多,其研究已经非常丰富;①且本书相较于此二者并无新的见解,因此不予讨论。而银行结算合同纠纷案、保兑仓合同纠纷案与转贴现合同纠纷案,虽然在金融方面颇有专业性,但与本书主题契合度不大,因此也没有涉及。如上文文献所示,对赌合同纠纷案方面的研究也较多,但本书试图从新的视角讨论这一非典型合同纠纷案。本书只是金融审判中非典型合同纠纷案法律适用的特定重点与难点研究,并不是对该领域非典型合同纠纷案法律适用的全面研究。

还需要注意到,金融审判中非典型合同纠纷案的确切范围是难以确立的,这也不是本书的目标。如前文所述,金融审判的对象目前尚存在争议,而非典型合同是不断创新的,因而,试图准确界定金融审判中非典型合同纠纷案的全部名称或确切的范围,这既是不可能的,也是没有必要的。非典型合同的范围具有天然的开放性,试图为之划出一个封闭性的绝对范围,是不可能成功的。本书也无意于此。本书旨在以金融审判实践所遭遇的部分具有代表性的非典型合同纠纷案为例(各章所涉主要案例见表1),讨论金融审判中非典型合同纠纷案法律适用的一般原理与裁判难

① 银行卡合同纠纷的代表作,参见北京市第二中级人民法院课题组:《银行卡盗刷案件审判思路探析——以案件相关主体间的法律关系分析为重点》,载《法律适用》2017年第3期;非典型担保合同领域的研究成果众多,如朱晓喆教授主持的国家社会科学基金项目"优化营商环境视野下的新型担保裁判规则研究"(2019BFX150)等对此进行了专门的研究,参见朱晓喆:《增信措施担保化的反思与重构——基于我国司法裁判的实证研究》,载《现代法学》2022年第2期;场外配资合同纠纷方面的研究,参见缪因知:《证券交易场外配资合同及其强平约定的效力认定》,载《法学》2017年第5期。上述方面的研究成果很多,限于篇幅,于此不一一列举。

题，其重心在于探索上述一般原理并解决上述难题，而不是划定金融审判中非典型合同纠纷案的确切范围。本书第二章试图从理论上明确非典型合同的体系，其后各章则以金融审判中出现的非典型合同纠纷案为例，试图通过“理论体系+实际纠纷案+司法分类”的三重努力，勾勒出“金融审判中非典型合同纠纷案”的轮廓，并聚焦其重点难点，以满足本书讨论的需要。

表1　各章所涉主要案例一览

各章主题	重点讨论的非典型合同纠纷案例	各章主题	重点讨论的非典型合同纠纷案例
第一章　金融审判中非典型合同纠纷案法律适用的难题	非典型合同纠纷案例图谱	第七章　衍生合同纠纷案裁判中的参照适用	原油宝合约纠纷案例
第二章　衍生合同理论与非典型合同体系的更新	衍生合同纠纷案例	第八章　金融审判中参照适用范式的合同制度前提及其愿景	类借款合同纠纷案例
第三章　金融审判中非典型合同纠纷案法律适用的价值取向	类借款合同纠纷案例	第九章　非典型合同纠纷案中强制性规范的分类及其认定规则	对赌合同纠纷案例
第四章　金融审判中非典型合同与典型合同类似性的结构识别法	抵押监管协议纠纷案例与股权收益权转让合同纠纷案例	第十章　非典型合同纠纷案中强制性规范的转致论	金融上市公司股权代持合同纠纷案例
第五章　金融审判中非典型合同与典型合同的双重类似标准	上海金融法院“其他合同纠纷”案例	第十一章　情势变更与显失公平在非典型金融衍生品合约效力认定中的适用	非典型衍生品合约纠纷案例
第六章　金融审判中非典型合同法律规则生成的同构论	对赌合同纠纷案例	第十二章　金融契约群纠纷案穿透式审判的依据与限度	涉非典型合同的资产管理产品契约群纠纷案例

（三）研究思路与方法

从既有理论看，非典型合同的类型与价值取向是其法律适用理论的基础，因而，本书在提出金融审判中非典型合同纠纷案法律适用的问题后，先讨论非典型合同的类型体系与价值取向，再讨论其参照适用问题与效力认定问题。这是本书的总体研究思路。

在研究方法上,本书重视案例研究法等一般性方法,其中稍有特色的方法是合同结构分析法。所谓合同结构分析法,是指分析非典型合同的结构以确定其与典型合同的类似关系并进而确定其法律规则结构的方法。该方法早已隐含于非典型合同法律适用理论之中,如混合合同的分类及其法律适用规则,就隐含着分析非典型合同结构并据此确定其规则结构的方法。本书将这一方法推广至所有的非典型合同的法律适用研究之中。合同结构分析法的特征如下:第一,合同结构分析法旨在分析典型合同与非典型合同的关系。这种结构关系既包括合成结构关系,也包括非典型合同只是典型合同部分情况下的衍生结构关系。通过合同结构分析找到典型合同与非典型合同的关系,这是该方法的基本思维。第二,合同结构分析法以典型合同为因式。该方法以典型合同作为结构成分的基本单位即因子,分析非典型合同与典型合同的关系。例如,对让与担保合同的分析,按照结构分析法,就应当考虑它与典型合同的关系,即以买卖合同与担保合同为基本单位或因子,分析让与担保合同的组成与结构。第三,结构分析法包含因式分解法。该方法在分析典型合同与非典型合同的关系之时,既可能分解典型合同,也可能分解非典型合同,以探求典型合同与非典型合同的结构关系。因式分解法是民法之中隐含的方法:民法存在提取公因式法,而提取公因式的一个前提性操作即分解因式。因此,合同结构分析法中的因式分解法,不过是民法基本方法在非典型合同领域的运用。第四,合同结构分析法既可以用于分析非典型合同的结构,也可以用于分析规则的结构。在探知非典型合同与典型合同结构关系的基础上,就需要借助典型合同的规范而生成非典型合同的规则。例如,在混合合同中,这就需要通过合成典型合同的规范而生成混合合同的规则,即规则的合成,其中,合同的结构分析是其规则结构分析的基础。以上是合同结构分析法的四个基本特征。本书的合同结构分析法,还强调与权利分析法的契合,即强调权利结构分析与合同结构分析的一致性:从权利上看,交易的本质是权利的交换,混合合同既是两个典型合同的混合,也是两个典型合同权利义务的混合,这体现了合同结构与权利结构的一致性。权利结构的变动可能会引发合同结构的变动,权利的合成与分解可能引发合同的合成(混合)与分解。合同结构分析法是本书的基本方法,它贯穿于本书的各个章节,既是本书分析非典型合同与典型合同关系的基本方法,也是本书探索非典型合同法律规则的基本方法,还是本书确定非典型合同效力与反思合同制度的基本方法。

第二章　衍生合同理论与非典型合同体系的更新①

非典型合同的法律适用理论必须以一定的非典型合同类型预设为基础,为此,在讨论非典型合同的法律适用理论之前,有必要先弄清非典型合同的类型体系。有学者认为合同类型存在一定的层级构造:“在设计典型合同类型时,有必要予以考虑的是各典型合同类型之间的关系。”②合同与合同之间的关系,既包括典型合同与典型合同之间的关系,也包括非典型合同与非典型合同之间的关系,以及典型合同与非典型合同之间的关系。本章拟讨论典型合同与非典型合同之间的衍生关系及其规律,试图更新既有非典型合同的分类,在此基础上完善非典型合同的类型体系。

一、传统合同关系理论对衍生合同的忽视

(一)典型合同分解产生的整体与部分关系

目前人们所发现的合同关系有两类:因合同演绎而产生的一般与特殊关系;因合同合成而产生的部分与整体关系。前者多见于《民法典》合同编的典型合同之中,后者多见于非典型合同理论之中。

《民法典》合同编中的不少合同之间形成了一般与特殊关系。有学者指出了《民法典》合同编中一般与特殊关系的合同组合:承揽合同与建设工程合同、保管合同与仓储合同、委托合同与行纪合同、委托合同与物业服务合同、担保合同与保证合同、委托合同与中介合同。③ 上述一般与特殊关系多因合同标的及合同权利义务的一般与特殊关系而形成。例如,运输合同与客运合同、货运合同等合同之间形成的一般与特殊关系,就因为它们标的之间的一般与特殊关系而形成,以及由此产生的权利义务上的一般与特殊关系。一般与特殊关系是合同之间常见的关系,也是易于被理解的合同关系。

非典型合同理论之中的混合合同概念揭示了典型合同与非典型合同

---

① 本部分已公开发表,收入本书时作了修改,参见陈醇:《论衍生合同》,载《北方法学》2022 年第 4 期。

② 周江洪:《典型合同与合同法分则的完善》,载《交大法学》2017 年第 1 期。

③ 参见杨立新:《物业服务合同:从无名合同到典型合同的蜕变》,载《现代法学》2020 年第 4 期。

之间的部分与整体关系。根据德国与日本的非典型合同理论,非典型合同可以分为混合合同、准混合合同与纯粹无名合同三个种类。上述分类中的混合合同与准混合合同都是因"混合"而生成的非典型合同,其中体现了合同的合成关系,即由复数母合同混合(合成)而形成非典型合同(子合同),母子合同之间呈现部分与整体关系。例如,由 M、P 两个母合同混合而生成子合同 Q,M、P 两个合同与 Q 之间就形成了部分与整体关系。合同联立是复数合同联合且保持其个性而形成的合同群落,它是复数合同的群体而不是单个合同,因而,如果组成它的合同是典型合同,那么,在联立后其中合同仍然是典型合同。① 合同联立揭示了复数个体的组织特征,它不属于非典型合同的类型。在传统法律适用理论中,只有混合合同概念体现了典型合同(母合同)与非典型合同(子合同)之间的部分与整体关系。我国学者对于非典型合同的类型研究,也承认上述分类。综上所述,既有非典型合同理论指出了典型合同与非典型合同之间的部分与整体关系。

在典型合同的类型体系中,不少合同之间确实呈现了部分与整体关系。例如,融资租赁合同与借款合同、租赁合同的关系,就是整体与部分的关系,前者是后二者的"混合物"。保理合同是新出现且受到关注的混合合同。亚里士多德将事物的属性分为本性、特性与偶性,特性为本性派生而出,本性与特性共同构成事物的固有属性,而偶性则为偶然的、可有可无的属性。② 中世纪学者根据亚里士多德的上述分类,将合同的内容区分为要素(与本质相对)、常素(与特性相对)与偶素(与偶性相对),从而将之转化为合同结构分析的方法。③ 我国学者运用亚里士多德的方法对保理合同进行了分析,指出了保理合同的混合结构,具体结构是"债权让与+偶素",其中"债权让与"是常素,而融通资金、催收与管理债权、担保付款等均属于保理合同的偶素。④ 在《民法典》合同编之前,保理合同一直是人们不太熟悉的非典型合同,经过对保理合同上述结构的分析,人们能够比较容易地理解保理合同等混合合同与其中成分之间的整体与部分关系。

除上述两种合同结构关系之外,合同与合同之间还存在第三种结构关系:因合同分解而形成的整体与部分关系。通过"切分"合同,可以形成新合同,从而形成母子合同之间的整体与部分关系:从某合同 M 之中切分出部分权利内容并将之独立为合同 P,合同 M、P 之间就形成了整体与部分

---

① 参见史尚宽:《债法总论》,中国政法大学出版社 2000 年版,第 11 页。

② 参见苗力田主编:《亚里士多德全集》(第 1 卷),中国人民大学出版社 1990 年版,第 357 页。

③ 参见张金海:《意思表示的主观要素研究》,载《中国法学》2007 年第 1 期。

④ 参见李宇:《保理合同立法论》,载《法学》2019 年第 12 期。

关系。例如,从买卖合同(母合同)之中分解出不同的部分并独立为不同的子合同,就会形成多种子合同,且这些子合同会与买卖合同形成部分与整体关系。例如,将买卖合同中的货物运输义务(《民法典》第603条规定了买卖合同标的物的运输权利义务)分解出来作为一个独立的合同,就形成了货运合同(《民法典》第809条等规定了运输合同的内容);将买卖合同标的物的用益物权分解出来且独立为单个合同的标的,据此可以形成租赁合同(《民法典》第703条等规定了租赁合同的内容);将买卖合同标的物毁损、灭失的各种风险(《民法典》第604~611条规定了这方面的内容)分解出来作为另一个合同的标的,就会形成各种保险合同;将买卖合同标的物检验的权利义务(《民法典》第620~624条规定了这方面的内容)分解出来作为独立的合同,就会形成检验合同;将买卖合同的附随义务(另一方的权利)中的提供信息、保管等义务(《民法典》第509条、第558条等规定了这方面的内容)独立出来分别作为独立的合同标的,会形成相应的中介合同(《民法典》第961条等规定了中介合同的内容)、保管合同(《民法典》第888条等规定了保管合同的权利义务)等独立合同。从合同整体之中分解出部分权利义务而独立为另一个合同,这是专业化与分工在合同结构上的体现:在分工与专业化的进程中,原先合同的标的或权利义务分解为两个或多个标的或权利义务,并形成新的合同;原先合同的一个环节分解为两个或多个专业化的环节或工序,并形成新的合同。这样,原先的一个合同就分解为两个或多个合同。原先相对综合的合同,现在分解为若干个更为专业的合同,传统合同与新合同之间就形成了母子合同关系,它们之间的关系就是整体与部分关系。从一个合同中分解出两个或多个子合同,这样的现象并不局限于买卖合同,其他合同也可能如此。分工与专业化的进程是持续不断的,这种分解也是持续不断的。

除《民法典》合同编之外,金融交易制度之中的合同分解现象也非常常见。"任何一种金融工具,只要其价值的确定取决于其他金融工具,便可称之为金融衍生工具。"①任何未来履行的合同,其债权均可能分解为两个部分:体现现有价值的现有债权部分;体现未来一定时间内增值(贬值)的增值权(贬值义务)部分。期货交易中保证金的对价不是全部货款,而是未来履行债权中的增值权(贬值义务)部分。通过分解未来履行的合同债权,从中分解出增值权(贬值义务)部分并作为期货交易的标的,从而形成

① [美]查尔斯·R.莫里斯:《金钱 贪婪 欲望:金融危机的起因》,周晟译,经济科学出版社2004年版,第131页。

了衍生债权合约的典型:期货合约。同样地,期权交易也是从期货合约的债权中分解出买入或卖出的选择权(options),并形成期货合约的衍生之物:期权合约。所有金融衍生品交易均包括两个相辅相成的分解过程:从母债权中分解出部分权利;从母合同中分离出新的金融衍生品合约。从未来履行的合同中衍生出期货合约,从期货合约中衍生出期权合约,从期权合约中再衍生出指数期权合约,如此就形成了一个衍生权利与合同的链条。权利分解是金融交易的普遍现象;①相应地,从母合同中衍生出其他合同也是金融交易中的普遍现象,在金融法中,形成了期货合约、期权合约、互换合约等多种金融衍生品合约族群。这些金融衍生品合约的违约可能相互"传染"从而形成连锁违约或连锁破产,甚至引发金融危机:"一家公司的巨额衍生品损失导致违约,可能很快导致其他公司违约的连锁反应。"②除了金融衍生品中的合同分解现象,资产管理产品合同等合同领域多涉及嵌套合同,表现于权利之上就是收益权等的分层。嵌套合同的设计技术是将原先属于一个合同的交易分解为复数的各自独立的子合同。从权利上看,收益权分层合同从期限、过程步骤、收益对象等多个层面对原先属于一个合同的内容进行分解,将分解得到的各个层次独立为各种子合同。

总结合同与合同之间的关系,至少可以发现如下三种结构关系:因合同演绎而生成的一般与特殊结构关系;因合同合成而生成的部分与整体结构关系;因合同分解而生成的整体与部分结构关系。演绎法是民商法的传统技术,因合同演绎而生成的一般与特殊结构关系是人们所熟悉的合同关系,而因合同合成而生成的部分与整体结构关系是从非典型合同法律适用理论中混合合同概念推理而得的合同关系,该关系隐藏于非典型合同类型理论的后面,不太为人所熟悉了。因合同分解而产生的整体与部分结构关系虽然存在于合同制度与金融衍生品交易法之中,但人们对之更为陌生。因而,对因合同分解而生成的整体与部分结构关系应当给予更多的重视。

(二)衍生合同理论:概念与类型

为了表达因合同分解而生成的整体与部分结构关系,本章提出衍生合同的概念。所谓衍生合同,是指因应分工与专业化的需求而从母合同中分离出部分内容而形成子合同的合同现象,其中子合同即为母合同的衍生合同。分工与专业化是人类社会与经济的重要动力,亚当·斯密曾评论道:

---

① 参见陈醇:《商法原理重述》,法律出版社 2010 年版,第 69 页。

② Lynn A. Stout, *Why the Law Hates Speculators: Regulation and Private Ordering in the Market for OTC Derivatives*, 48 Duke Law Journal 701(1999).

“劳动生产力最大的改进，以及劳动在任何地方运作或应用中所体现的技能、熟练和判断的大部分，似乎都是劳动分工的结果。”①因应分工与专业化的需求，原先由一个合同完成的事情，现在可能分解为多个合同，由多个合同来完成，表现于合同之上，就是从母合同中分解出衍生合同。可以说，衍生合同是分工与专业化的合同体现，也是分工与专业化的合同技术。衍生合同是母合同的衍生之物，它具有三个特征：衍生性、部分性与独立性。对上述三个特征说明如下。

衍生性是衍生合同的特征之一。衍生合同必须以一定的母合同为基础，是特定母合同的衍生之物。例如，M 合同衍生出 P 合同，P 是衍生合同，而 M 是母合同，二者是相对而言的，所形成的关系是母子合同关系。在谈论衍生合同之时，往往不能离开特定的母合同，否则，就如同离开了特定的人物来谈论父母子女关系一样，会导致思维混乱。买卖合同可以分解为若干子合同，如运输合同（买卖合同中的运输权利义务）、中介合同（买卖合同中提供交易信息等权利义务部分）等若干衍生合同。以中介合同为例，该合同从买卖合同中分离出来，它相对于买卖合同而言是衍生合同，而买卖合同相对于中介合同而言是母合同。

部分性是衍生合同的特征之二。相对于母合同而言，衍生合同的内容只是其母合同内容的一部分，这是衍生合同的部分性。衍生合同从母合同中独立出来，所分解出来的部分权利义务可能得到更多的重视，从而使合同内容更为专业与精当。有时候，在母合同之中并不受重视的部分权利义务，可能因分解而成为衍生合同中重要的权利义务。衍生合同是其母合同的部分，这不同于混合合同，在混合合同之中，母合同是其子合同的部分。衍生合同也不同于特殊合同，特殊合同不是一般合同的部分，而往往是一般合同的特殊情形。

独立性是衍生合同的特征之三。衍生合同从母合同中分离出来之后，成为独立的合同，衍生合同脱离了其母合同，这就是衍生合同的独立性。需要注意的是，衍生合同虽然独立于其母合同，但其中并没有其他传统合同内容或新给付内容，否则就成为另外的合同类型（如准混合合同）。衍生合同的独立性包括两种情况：其一，仅仅截取母合同的部分内容而直接独立为衍生合同，且此部分权利义务在衍生合同中不作任何变动。其二，以母合同的部分权利义务为基本内容，衍生合同对此部分内容进行“加工”，如细化其权利义务，调整权利义务的结构与地位，但并不增加新的给

① ［英］亚当·斯密：《国富论》（上），杨敬年译，陕西人民出版社 2001 年版，第 7 页。

付内容。这种情况更为多见,因为在衍生合同之中,当事人不太可能对所分离的权利义务采取原封不动的态度,而可能对之进行必要的“加工”,以形成独立的合同整体以适应交易的需要。

将合同类型化是合同法学的基本方法。类型化对于立法、法律解释等具有重要意义。① 下面从不同的视角对衍生合同进行分类,以便明确各种衍生合同的特征,并为其法律适用提供基础。

依据衍生的先后与次数,可以将衍生合同分为母合同与子合同,其中子合同依据其衍生次数可以分为初次衍生合同、二次衍生合同等。这一分类的目标是揭示母合同与衍生合同之间的联系,并标识衍生的次数。在《民法典》合同编的典型合同类型中,一些典型合同经过了多次衍生,从而出现了丰富的典型合同类型体系;在金融法中,衍生合同是金融衍生品的伴随之物,多次衍生也是金融法中的常见现象。例如,相对于未来履行的买卖合同而言,期货合约是初次衍生合同,而期权合约是二次衍生合同,指数期权合约是三次衍生合同,以此类推,可以明确衍生合同的序列。母合同与衍生合同既有区别也有联系,正如遗传与变异一样,合同法学者的很多纠结正是因此而产生:是按母合同的规则行事,还是创新规则?探索二者的差异与联系,并考察其法律规则的异同,需要以上述分类为基础。

按照衍生合同的方向,可以将衍生合同分为沿标的衍生合同与沿程序衍生合同。第一,沿标的进行的衍生合同,即因合同标的或相应权利的分解而出现的衍生合同。例如,房屋买卖合同可沿标的进行衍生,生成只包括享有房屋一定时期使用权的房屋租赁合同等。又如,收益权分层的理财合同可沿标的进行衍生,将原先属于一个合同的总收益分解为若干个分收益,从而生成不同的收益权合同。物权法是规定什么物权可能衍生的法律,它为衍生合同提供了权利基础。从所有权中衍生不同的他物权,表现于合同之上,就是由原先的所有权买卖合同衍生出各种他物权买卖合同。权利分解是合同衍生的权利基础。物权法在某种意义上就是合同标的物的衍生之法。财产权可从客体上区分为物权与债权等形态,从客体上区别权利,这是民商法重要的权利区分方法之一,因此,从客体上区分衍生合同,符合民商法的思维习惯,易于为人们所理解。第二,沿程序进行的衍生合同,即原先由一个合同完成的交易程序,现今由多个合同完成,其中某一个衍生合同只完成其中一个或有限的交易环节。以中介合同为例,原先交

① 参见李可:《类型思维及其法学方法论意义——以传统抽象思维作为参照》,载《金陵法律评论》2003 年秋季卷。

易信息的提供只是买卖合同交易环节的部分内容,其地位不高,往往被当作买卖合同的附随义务,而随着中介合同的出现,这一部分权利义务得以分解出来而成为独立的合同,其地位由原先的附随义务转变为中介合同的主义务。随着分工与专业化的深化,传统合同的流程还可以不断分解,相信还有更多的衍生合同沿程序方向进行衍生。除了上述两个衍生方向,合同还可能从其他方向进行衍生,限于篇幅,于此不再一一列举。

从衍生合同的目的上,可以将衍生合同分为保证合同、租赁合同等。合同目的是合同的重要内容,从合同目的上对合同进行分类,这是合同法分类的重要方法之一。受当时分工与专业化水平的局限,很多传统典型合同是多目标合同。例如,买卖合同就是如此,它包括取得标的、运输标的、支付价款等多个目的,它还可以衍生出运输合同、保险合同、中介合同、支付合同等多个合同,也就是说,一个买卖合同可完成多种交易目的。分解买卖合同的目的,就可能分解出不同的衍生合同。仅就支付一项而言,因存在多种支付方式与功能,可以衍生出多种合同类型,支付宝等各种支付卡合同以及信用卡等各种银行卡合同即为例证。分工与专业化既可以表现于合同标的与合同环节之上,也可以表现于合同目的之上,合同目的的衍生及其相应的衍生合同有助于促进合同目的的多样化与精致化,避免大而无当的合同。这一分类方法有助于人们从目的上认识母合同与衍生合同的联系与区别,并明确合同目的的精细化趋势。

衍生合同可以分为典型衍生合同与非典型衍生合同。相对而言,典型衍生合同一般具有比较完备的法律规则,而非典型衍生合同则没有直接的法律规范可以适用,需要通过类推适用等各种方法从典型合同法律规则中生成其法律规则。非典型衍生合同可能转化为典型衍生合同。例如,历史中的不少衍生合同多已经成为典型合同类型,而晚近的衍生合同则往往需要一定的时间才能被合同法研究者所接受,进而被法律所接受而进阶为典型合同。衍生合同出现的早晚与重要性并不是一致的,在非典型衍生合同典型化的进程中,可能出现一种失衡状态:一些具有经济重要性的新型衍生合同因为出现较晚而没有被转化为典型合同,而一些不太重要的非典型衍生合同因为出现时间较早而占据了典型合同的席位。这种先入为主的做法,可能使典型合同的类型体系与时代的真正需求脱节,从而使一些新型的、重要的非典型衍生合同长期游离于典型合同制度之外,成为一直困扰法律适用的难题。交易的分工与专业化不会停止,合同的衍生也不会停止,其必然结果是产生大量衍生合同,特别是大量非典型衍生合同。这些新合同要得到合同法的重视需要时日,在很长的时间内,它们只能是非典型合同。法律与交易生活之间并不是同步的，往往是先有分工与专业化，后有承认与调整上述分工与专业化的法律。有时，法律甚至对新的分工与专业化持不太友好的态度，这使新型衍生合同更难以被转化为典型合同。如此，合同的衍生就成为非典型合同的重要成因，由此产生的大量衍生合同也就成为非典型合同的重要组成部分。

（三）传统合同理论对衍生合同的忽视

在合同关系的研讨之中，合同与合同之间的一般与特殊关系得到了人们的重视，这与民法重视演绎法的传统有关。追索民法中演绎法的源头，必先考虑古典数学与民法的关系。希腊数学主要是几何学，而演绎法是希腊几何学的核心方法。① "最好是选择尽可能少的公理，并使其他命题能够从已经被接受的公理中演绎出来。"②因民法学者对希腊几何学的推崇，演绎法从几何学传播于民法学，并成为民法学的基本方法与基本立法技术。③ 萨维尼认为法学也应当运用希腊几何中的演绎法。④ 演绎法也被应用于合同法中，成为合同法的潜在分类技术。一般与特殊关系是演绎法中的基本分类技术，具体到合同类型上，就是以一般与特殊关系来指导合同分类及其制度建设。《民法典》中买卖合同制度与其特殊合同制度之间的演绎关系，即为例证。源于希腊几何学的演绎法传播于合同法之中，合同之间的一般与特殊关系不过是上述方法在合同类型上的体现。

在演绎法占统治地位的合同法学中，合同的合成思维与混合合同的发现均属例外。让与担保合同、融资租赁合同、保理合同等合同是一些传统合同的合成之物，这是合同法中的重要现象，但典型合同理论中鲜有混合合同之类的理论。⑤ 毋庸置疑，典型合同理论在合同法理论中占有最重要的地位，但其中并无混合合同理论。混合合同只是非典型合同法律适用理论中的概念。非典型合同法律适用理论注意到混合合同这种类型，不是出于研究合同关系的需要，而是出于解决实际问题的需要：为了找到这类非典型合同的法律规则，非典型合同法律适用理论不得不分析这类合同的结构，在这样的目标下，人们才发现了一些非典型合同的结构特征。混合合

① 参见吴志勇编著：《古今初等数学思想》，天津大学出版社 2015 年版，第 24 页。

② ［美］莫里斯·克莱因：《西方文化中的数学》，张祖贵译，商务印书馆 2013 年版，第 60 页。

③ 参见朱晓喆：《论近代民法的理性精神——以 19 世纪民法法典化为中心》，载《法学》2004 年第 5 期。

④ 参见张世明：《法学与数学的渊源关系》，载《中华读书报》2015 年 9 月 2 日，第 13 版。

⑤ 混合合同是合同合成的结果，于此更愿意使用"合成"一词替代"混合"，因为交易生活是私人设计的结果，"合成"更能体现交易理性，而"混合"似乎对交易理性有所否认。但考虑到习惯，本书沿用了"混合合同"这一名称。

同概念中所体现的部分与整体关系，不是非典型合同法律适用理论关注的重点。在民法的合同关系思维中，演绎法中的一般与特殊思维居于垄断性的地位，差不多完全排斥了其他思维方法。在这种背景下，连混合合同都处于边缘化的地位，非典型合同法律适用理论没有发现衍生合同这一类型，也就容易理解了。尽管金融衍生品交易中多有“衍生”字样且出现了各种衍生合同，但因为出现较晚而未能引起非典型合同法律适用理论的重视，更没有引起一般合同类型理论的重视。如此，因合同分解而生成的衍生合同及其隐含的整体与部分关系就更没有被发现的可能了。

传统合同理论忽视衍生合同，还可能与下面几种原因有关：其一，债权权能分离理念的缺位。金融衍生品合约是最典型的衍生合同，如果它们得到应有的重视，那么，就可能发现衍生合同这样的类型，进而改变合同类型观念。但是，基于权利在私法中的重要地位，发现这一现象需要有相应的权利观念作为支撑。从权利上看，金融衍生品的衍生是未来债权的分离。在民法中，物权的权能分离是一个受到重视的理念，但是，债权分离却没有受到重视。债权与物权是有区别的，承认物权权能的分离，并不意味着承认债权权能的分离。这可能是因为金融交易的繁荣晚于物权交易，也可能是因为金融衍生品交易未能引发债法总论的任何兴趣，债权分离现象未能得到应有的重视，金融衍生品也未能对合同法特别是其中非典型合同的分类产生应有的影响。其二，传统私法中程序观念的缺位。除债权权能分离理论的缺失之外，程序理念在私法中的缺位也是人们忽视衍生合同的重要原因。交易分工与专业化的重要方式之一是行为程序的分工与专业化，这表现为合同流程各环节的分离与专业化，相应地产生各种衍生合同。衍生合同生成于交易过程的分工与专业化，对衍生合同的观察是需要以程序理念为基础的，如果不从程序环节上观察这类合同的成因，是无法发现衍生合同的。传统私法缺乏程序理念，因而也就忽视了依程序环节而生成的衍生合同。其三，衍生合同只是其母合同的部分内容，这增加了衍生合同认识的难度。一些衍生合同如果是母合同中的重要内容，它与母合同的关系可能较为明显，但是，如果只是母合同中不太重要的内容甚至是附随义务，那么，它与母合同的关系就难以被发现了。更多的衍生合同从母合同中分离出来后进行了“加工”，这可能使之产生较大的变化，如此，衍生合同与母合同的差异就可能进一步增大，增加了人们认识衍生合同与母合同关系的难度，就更难以发现衍生合同与母合同的衍生关系。其四，衍生合同可能与另外的衍生合同或其他合同结合而生成混合合同，人们可能只注意到上述流程中的混合合同，而衍生合同则容易被忽视。例如，资产管理合同等均进行了合同结构的综合设计,即包括合同衍生与合同合成等综合性的操作,其中衍生合同被掩盖于复杂的流程之中了。

金融衍生品交易的繁荣与《期货和衍生品法》的制定促使人们从合同上思索金融衍生品相关的法律问题,但遗憾的是,人们也未能因此而生成衍生合同的概念与理论。有学者试图从缔约与履行的视角解读金融衍生品的法律特征:"衍生(品)合约与通常的买卖合同或互易合同相比,最大的区别在于'当前订约、未来履行'。"①这是对金融衍生品法律特征的可贵探索。金融衍生品确实是"当前订约、未来履行",但是,除现货交易之外,所有的合同均具有上述特征。因此,这不是金融衍生品的独特之处。"'衍生品'一词指的是合同价值来源于标的资产的价值这一必不可少的经济特征。"②这或许是金融衍生品的独特之处。从合同视角解读上述独特之处,就是从一个合同的权利义务中衍生出另一个合同的权利义务。这表现于合同关系之上,就是母合同与衍生合同的关系。但可惜的是,这一观点并未得到广泛的传播与认同,更未能发展出衍生合同的概念。另有学者认为金融衍生品交易是一类非完全契约。③ 该观念没有从衍生合同的部分性等特征上指出金融衍生品合约相对于其母合同的非完全性特征。既有研究均未能从衍生关系上揭示金融衍生品合约相对于传统合同的特征,未能发现衍生合同在合同类型体系中的应有地位。

二、衍生合同相对于母合同的变化

衍生合同相对于母合同而言有什么不同呢?衍生合同源自母合同,它"继承"了母合同的部分权利义务。但是,如果只强调衍生合同对母合同权利义务的承继,那么,衍生合同就可能被理解为母合同的部分,而因为"整体包括部分"而毫无意义可言。衍生合同的存在价值在于其相对于母合同的变化。下面从合同生成方式、合同内容与合同价值三个方面,讨论衍生合同相对于母合同的变动及其意义。

(一)合同衍生:一种新的合同生成方式

衍生合同因合同衍生而得,合同衍生是合同生成的一种新方式。传统非典型合同法律适用理论认为非典型合同包括混合合同以及纯粹新合同,前者是合同合成的结果,后者是合同全新设计的结果。据此,传统非典

---

① 刘燕、楼建波:《金融衍生交易的法律解释——以合同为中心》,载《法学研究》2012 年第 1 期。

② Henry T. C. Hu, *Hedging Expectations*: "*Derivative Reality*" *and the Law and Finance of the Corporate Objective*, 73 Texas Law Review 985 (1995).

③ 参见毛军民、谭燕芝:《金融衍生品交易的契约分析》,载《文史博览(理论)》2010 年第 6 期。

型合同法律适用理论中隐含了两种非典型合同的生成方法:合同合成和合同的全新设计。混合合同与纯粹新合同这一分类只是对已知非典型合同的区分,上述合同生成方式也只是对已知非典型合同生成方式的总结。合同演绎一直是传统合同法中生成典型合同的基本方式,它已经被合同法广泛采用,尽管传统非典型合同法律适用理论没有注意到这一方式。可以认为,合同演绎是隐含于典型合同理论中的合同生成方式。综合上述合同生成方式与非典型合同的衍生方式,可以总结出合同生成的四种基本方式:合同合成;全新设计;合同演绎;合同衍生。传统合同法理论仅在非典型合同法律适用理论中阐述合同合成,并未将合同合成方式拓展于典型合同领域而将之认定为一般的合同生成路径。同时,传统合同法理论还必须重视合同衍生方式。

合同衍生不同于合同演绎。合同衍生与合同演绎都是生成合同的方式,但二者存在如下六个区别:第一,二者所生成的合同不同。合同衍生生成衍生合同,而合同演绎生成特殊合同。第二,二者形成的合同关系不同。合同衍生形成母子合同关系,也即整体与部分关系,合同演绎虽然也形成母子合同关系,但二者之间是一般合同与特殊合同关系。第三,二者的法律规则不同。衍生合同来自其母合同,只是母合同的部分内容,顶多能适用母合同的部分规则,且这种适用需要更多的论证,因为适用于整体的原理不能当然适用于其中部分:"如果你认为对局部来说成立的东西,对总体也必然成立,那你就犯了'合成谬误'。"①但是,特殊合同往往可以适用一般合同的规则,这是演绎法的题中应有之义。基于这样的原因,《民法典》合同编将一般合同的规则作为特殊合同的补充规则。第四,二者生成的技术不同。合同衍生的技术是分解,即通过分解母合同而得出衍生合同,而合同演绎的技术是演绎,即将母合同具体化而得出特殊合同。第五,二者的目的与功能不同。合同衍生往往为了节约交易成本,而合同演绎则往往为了得到特殊的合同。下文将对这一点作更多的阐述。第六,二者法律适用的难度不同。非典型衍生合同纠纷案因为不能简单地适用母合同的规则,而可能给其法律适用带来更大的困难,而特殊合同纠纷案则可以演绎其母合同的规则而作出裁判,在其法律适用中往往不存在上述疑难。

合同衍生不同于合同的全新设计。合同衍生与合同的全新设计均包括一定的创新,但是,二者存在如下四个方面的区别:第一,从合同基础上

① [美]保罗·萨缪尔森、[美]威廉·诺德豪斯:《经济学》(第18版),萧琛主译,人民邮电出版社2008年版,第4页。

看，合同衍生总是以一定的母合同为基础，从母合同中分解出部分权利义务而得到衍生合同，而合同的全新设计因为其全新的创设而不以既有合同为基础；第二，从创新程度上看，合同衍生与全新设计都会生成新型合同，但是，全新设计的创新程度更大：衍生合同对从母合同中分解而得的部分内容进行加工，它兼具遗传与变异双重特征，而全新设计不存在遗传而只有变异；第三，从合同生成的结果上看，合同衍生所生成的衍生合同会与母合同一起形成复数合同组成的合同群落，而全新设计只能生成单数的纯粹新合同，不会形成合同群落；第四，从法律适用的难度上看，衍生合同虽然不能直接适用母合同的规定，但毕竟它与母合同存在部分与整体关系，母合同制度往往能为衍生合同的规则探寻提供或多或少的帮助，而纯粹新合同缺乏规则，它的法律适用问题属于法律漏洞的弥补，难度更大。

合同衍生也不同于合同合成。合同衍生与合同合成存在如下五个方面的区别：第一，从合同基础上看，合同衍生总是以单个母合同为基础，在“原材料”上具有唯一性，而合同合成或以两个及以上的母合同为基础，或以一个合同与一种新的给付为基础，它不具有“原材料”上的唯一性；第二，从分工与专业化视角看，合同衍生体现了分工与专业化的合同成果，而合同合成则不是分工与专业化的成果，而是合作的结果；第三，从法律适用的难度上看，合同衍生与合同合成法律适用的难度大致相同，二者均以母合同的规则为基础，但二者均不能直接适用母合同的规则，因为适用于整体的规则不一定能适用于部分，反过来，适用于部分的规则也不一定能适用于整体，因而均需要以母合同的规则为基础依一定的理论而生成其规则；第四，从设计技术角度看，合同衍生的设计技术重点是“分解”或“衍生”，而合同合成的设计技术重点是“合成”，二者一分一合，是完全不同的操作；第五，从目的上看，合同衍生的目的往往是通过分解合同的内容或功能以节约交易成本，而合同合成往往会合成合同的内容或功能，后者可能形成多功能交易，保理合同、融资担保合同等混合合同充分体现了多功能交易的特征。合同衍生与合同合成存在以上差异，同时，也存在如下共同之处：合同衍生与合同合成都是相对于母合同而言的合同，都以母合同为参照物，否则，无法识别二者的性质；合同衍生与合同合成均以一定的母合同为基础分解或合成而得，是对母合同的“乘除运算”。

人类的需求具有多种性，它体现在交易之上，就是运用多种合同生成技术，且往往会综合运用以上技术。上述四种合同生成技术既可能被单独运用，也可能被综合运用。常见的综合性运用有先衍生再合成，以及先合成再衍生。先衍生再合成是常用的合同创设技术,这一方法常常是从不同的母合同中分解出新合同,然后再将分解而得的复数新合同合成为一个混合合同。在先合成再衍生的合同技术中,并不是将混合合同分解为合成前的合同,而是从另外的角度将之分解为新的合同。金融创新经常借助这样的操作而生成新合同。例如,金融衍生品合约是重要的衍生合同类别,它往往会与其他衍生合同结合为一体而形成一定的资产包,以该资产包为标的的合同多是混合合同;资产证券化与资产管理产品均可能对合同进行合成或衍生的多重操作,形成多样性的新型合同。从权利上看,金融法是权利的变压器,它通过权利的合成与分解及其综合操作,改变权利的内容与结构,形成新型权利。① 从合同视角看待,金融法也是合同的"搅拌机",它通过合同衍生、合同合成、合同演绎与合同的全新设计及其综合操作,生成各种各样的新型合同。所谓金融创新。从合同角度看,就是合同衍生、合同合成、合同演绎与合同的全新设计及其综合性操作,它就是合同创新。

(二)衍生合同相对于母合同的权利义务变化

从合同权利义务上看,衍生合同继承了母合同的部分内容,但是,在衍生合同中,这些权利义务的地位或重要性会发生变化。相对于母合同而言,衍生合同权利义务的变化包括如下四种情况:其一,在衍生合同中将母合同中的次要义务甚至是附随义务等上升为主要义务。有学者指出,一些合同将传统合同中的次要权利义务分离出来,有时甚至将附随义务分离出来,上升为主义务。② 例如,运输合同从买卖合同衍生而得,原先属于母合同从义务甚至附随义务的运输义务、安保义务等,可能上升为运输合同之中的主要义务,其地位得到提升。有时,上述合同权利义务地位的提升,可能不是故意为之,而仅仅基于衍生合同的独立:衍生合同只是截取了母合同的次要权利义务,而没有截取母合同的主义务,这样,在衍生合同的新环境中,源自母合同的次要权利义务或附随义务因不受母合同主义务的遮蔽而得以在衍生合同中凸显出来。如同将小树移出森林的遮蔽,小树就得以凸显出来一样,衍生合同的独立性使一些在母合同中次要的义务得到了凸显。其二,衍生合同从母合同中分解的那部分内容可能并不明确或并不细致,衍生合同在独立后需要对自身内容予以明确化与细致化。相较于衍生合同而言,母合同作为一个整体,是一个综合性更强的合同,因此,其中一

① 参见陈醇:《权利结构理论:以商法为例》,法律出版社2013年版,第262页。

② 参见霍阳、王全兴:《从民法的附随义务到经济法的基本义务(下)——浅析民法、经济法调整现代合同关系的分工与配合》,载《北京市政法管理干部学院学报》2001年第2期。

些权利义务可能因为不够重要或篇幅有限等而不可能明确化与细致化。在衍生合同的语境下,这类义务在其地位得到提升的同时,合同篇幅也允许对其进行明确化与细致化,因而,一些在母合同中较为粗略与含糊的权利义务,在衍生合同中得以具体化与明确化。例如,在买卖合同中,不太可能明确而具体地规定其中附随性的信息提供义务(包括但不限于信息提供的具体内容、各种信息提供的期限与具体的程序等),而中介合同则以信息提供义务作为主要内容,因此,在后者的语境中,可能明确规定信息提供的具体内容、各种信息提供的期限与具体的程序等于具体的条款中。其三,衍生合同添加了在母合同中被认为不重要或可以忽略的内容。衍生合同会约定一些新的权利义务,这倒不是因为出现了不同于母合同给付的新给付,而是因为母合同中的给付相对综合,它必然会忽略一些次要或附随的给付,而衍生合同是相对独立而专业的合同,上述给付在衍生合同中获得了相对重要的地位,衍生合同因此需要添加那些被母合同忽略了的合同权利义务,以实现自己的合同目的。例如,期货合约衍生于买卖合同,但其中必然会添加一些不同于买卖合同的条款,如买卖合同虽然也有风险方面的规定但往往失之于粗略,期货合约作为风险交易的专门性合约,它必定会扩展这类风险条款,包括添加大量风险承担、风险预警与风险处置方面的权利义务。其四,在衍生合同中,一些在母合同中重要的权利义务可能被调整为次要的甚至是附随性质的权利义务,基于衍生合同的需要,母合同的一些权利义务可能被含糊化,甚至被忽略。每个合同均有其独特的合同目的与重心,这决定了特定合同在权利义务内容与详略等各方面的取舍。衍生合同不同于母合同,其合同目的与重心发生了变化,相应地,从母合同中承继的各种条款,它在衍生合同中的地位与详略等也会发生相应的变化。

从权利义务网络的结构上看,衍生合同会重新组织其权利义务网络的结构,从而使之不同于母合同。随着衍生合同权利义务内容的变化,衍生合同也会调整其权利义务的结构,从而形成新的权利义务网络。这可以包括如下几个方面的变动:其一,变动合同的目的。衍生合同会调整其合同目的,即由母合同的混合目的衍生出专业化的目的。例如,金融衍生品合约从买卖合同中分解而独立为新的合同,其主要合同目的不再是获得实物,而是获得价格涨跌的风险收益。这样一来,衍生合同的目的就发生了显著的变化。目的解释是合同解释的根本方法之一,因此,合同衍生导致的目的变化值得重视。其二,变动合同权利义务网络的成分。衍生合同会调整所分解出来的条款,并对之进行细化、明确化与含糊化等改造,从而使之在成分上不同于母合同。其三,变动权利义务网络的联结方式。衍生合同除变动合同的目的与合同条款的成分之外,还可能变动上述成分的联结方式,以适应合同目的的变动,从而导致衍生合同权利义务网络结构的变化。衍生合同会因应新的目的而重新安排自身的重心,使其联结方式服务于其合同目的;会重新安排其合同条款的组合方式,以便产生新的合同功能;会重新组合其权利义务网络板块之间的联结,以便生成新的信息联结关系。衍生合同据此形成适合于自身合同目的与功能的权利义务网络结构模式,从而独立为新的合同。其四,变动当事人权利义务的对等性,以达到新的均衡状态。衍生合同只是分解出母合同的部分,母合同中权利义务网络的对等性与均衡状态于衍生合同中可能不复存在。衍生合同的当事人会重新考量衍生合同权利义务的对等性,调整双方权利义务的比例,通过讨价还价而达成新的均衡状态。以上讨论了衍生合同相对于母合同在权利义务结构上的主要变动,一些次要的变动,如合同形式包括合同文书的变动等,于此不再赘述。

从系统论上看,衍生合同在性质上也可能不同于母合同。根据系统论的观点,整体不等于部分之和,整体中独立的部分不等于整体或处于整体中的成分。从母合同所分离的衍生合同不仅只是母合同的部分,而且具有独立性,因此,它在性质上不同于母合同或其中成分。从哲学上看,量变可能导致质变,而量变既包括量的增多也包括量的减少;衍生合同从母合同中衍生出来,其合同权利义务只是部分内容,属于量的减少,因此,合同衍生也可能导致合同的质变。合同合成将不同的合同集中、整合为一个整体,与此相反,合同衍生将一个合同整体拆分为若干新的合同。二者均是合同量变的方式,也均可能导致合同的质变。形象地说,合同合成既可能是物理性合成,也可能是化学反应中的化合反应,而合同衍生可能是物理性分离,也可能是分解反应。二者一正一反,以两种截然相反的方式改变合同的目的、性质与功能。

(三)衍生合同相对于母合同的价值变动

相对于母合同而言,衍生合同既可能产生权利义务的变动,也可能导致合同价值的变动,即导致其后面自由、效率、安全、公平等的变动。这就是合同衍生导致的价值变动。

衍生合同可能节约交易资本,从而可能改变合同的效率。衍生合同的内容往往只是从母合同中分解而得的部分,这改变了交易对象及其价款,相应地,进行交易的资本也因之得以减少。租赁合同的当事人只需购买一定时间的房屋使用权,而不必像房屋买卖合同当事人那样购买房屋所有权,相比之下,租赁合同就节约了当事人的交易资本。在“为卖而买”的商事交易之中,当事人的目标只是为了赚取物品买卖的市场差价,但是,是通过买卖合同还是其衍生合同完成上述目标,当事人所需要的交易资本是不同的。期货合约等金融衍生品合约通常只需要整个货款1/10左右的保证金即可以达到赚取标的物市场差价的目标,而不必像传统买卖合同那样支付整个货款且支付储存等费用,此时以衍生合同取代买卖合同,就可以达到节约交易资本的目的。衍生合同的交易者只需要支付母合同债权中部分权利的价款,而不必支付母合同整个债权的价款,就可以买卖市场差价部分的相应风险收益或损失,这就简化了交易对象,可能节约交易资本。资本是稀缺的,这是商法的基本假定之一,因而,融资与节约资本成为整个商法制度设计的基本目标之一。衍生合同有助于交易者节约其交易资本,在商人资本有限的背景之下,衍生合同有助于增进交易效率。

衍生合同为交易者提供了更多的合同形式,这有助于改善交易者的合同自由,为之提供节约交易成本的合同方法。科斯认为交易存在交易成本,并认为企业可以作为交易的替代方式,通过企业中的长期合同替代其中多个短期合同而节约交易成本。① 这种替代理论认为建立企业替代合同是节约交易成本的方式,很容易让人误以为合同机制本身不存在节约交易成本的方式。而事实上,衍生合同可以成为节约交易成本的合同方式。交易成本就是创设与履行合同的成本。交易成本的大小决定于合意达成的难度与履行的意愿。如果衍生合同更容易达成且当事人更愿意履行,那么,它就可以节约交易成本。人为地将一次无法谈成或一次无法(不愿意)履行的多个合同合成为一个合同,也会增加交易成本。由此可以看到,合同的类型与交易成本没有必然的关系,与交易成本有必然关系的是合同的合适性:一个不适合于交易者双方的合同类型,双方难以谈成,也不愿意履行,而一个适合于交易者双方的合同,双方可以快速谈成且愿意履行。可见,节约交易成本的关键在于合同的适合性。如何增强合同的适合性呢?从合同的生成方式与类型上看,就是允许更多的合同生成方式并自由地选择上述方式以创设更多可供选择的合同类型。如果交易者掌握了合同衍生与合同合成等生成方式,且法律给予了足够的自由,那么,交易者可以创造出适合于自身的合同类型,这有助于节约谈判成本与履行成本,即节约交易成本。衍生合同可为当事人提供更多的选择,从而减少缔约与履行的障碍,成为节约交易成本的基本方法之一。合同法的容量是有

① See R. H. Coase, *The Nature of the Firm*, 4 Economica 386 (1937).

限的,仅仅凭典型合同制度所提供的有限合同类型无法适应交易者的多样性需求,往往难以提供适合于交易者的合同类型,为了节约交易成本,交易者就需要依靠非典型合同及其生成方法,形成多样性的合同以满足多样性的需求。可见,允许非典型合同的创设包括衍生合同的创设,有助于节约交易成本。

除节约资本与交易成本之外,衍生合同还会对合同自由与交易效率产生其他影响。第一,合同衍生生成新型合同,有助于丰富合同的类型。物权分离生成多样的他物权,未来债权的分离生成形形色色的金融衍生品债权,以上权利的分离均需要借助合同而完成。所生成的新衍生合同可以满足交易者设立新型债权的需求,从而提高合同的效用。从罗马法时代至今,合同的类型日渐丰富,衍生合同于其中起到了添砖加瓦的作用,功不可没。第二,衍生合同方便了资本集中,从而为商人建立企业与从事生产提供了巨额的资金。资本是企业的“血脉”,也是交易必不可少的款项。衍生合同可以形成庞大的衍生品交易市场,吸引投机者的加入,据此集中巨额资本。第三,衍生合同能够生成大规模交易,促成新型合同群落,实现人们交易生财的理想。交易生财是合同法的基本假定,衍生合同为之提供了具体的合同方式,可以为人们发财致富准备必要的合同方式与合同规模。第四,从分工与专业化上看,衍生合同是实施分工与专业化的合同方式,通过合同衍生实现交易的精密化与专业化,并促进交易技术的改良。物质微粒的精细化研究曾经促进物质结构认识的精细化,而衍生合同可以促进交易的精细化,成为交易技术的精密化与专业化的合同工具,成为分工与专业化的合同载体。

衍生合同可以改变合同的安全价值。衍生合同既可能成为应对交易风险的工具,也可能生成新的交易风险。为了应对交易的风险,合同法专门设立了防范交易风险的衍生合同类别,这包括增进交易信用的担保合同、对冲价格涨跌风险的期货合约、转移交易风险的保险合同等众多合同形式。以上合同形式可能衍生出多种次级合同类型,如从保险合同中分解出各种财产保险合同等。这类衍生合同以应对交易风险作为目标,是保障交易安全的合同工具。同时,衍生合同也可能生成新型交易风险,造成新的交易安全问题。在衍生合同领域,金融衍生品合约的连锁违约及其引发的连锁破产,曾经导致2008年国际金融危机。① 期货合约、资产管理产品

① See Laurin C. Ariail, *The Impact of Dodd-Frank on End-Users Hedging Commercial Risk in Over-the-Counter Derivatives Markets*, 15 North Carolina Banking Institute 175(2011).

合同等衍生合同都会形成新的交易风险。与一般衍生合同的风险相比,金融衍生品合约的风险更大。这是因为:第一,金融衍生品合约从母合同中分离出来,脱离了母合同中风险较小的那部分权利义务,而承继了母合同中风险较大的权利义务部分,因而其风险就高于母合同的风险。衍生合同甚至可能只是"切出"母合同的风险部分,以母合同的风险作为衍生合同的全部标的。第二,金融衍生品合约往往被做成证券化的合约,这加强了风险的传染性。衍生合同的证券化过程是一个合同信息的删选过程,这容易导致暗箱操作,一般会增强合约的流动性,形成群体性交易,成为交易风险增大的技术原因。① 金融衍生品合约的群体性与流通性叠加的结果,就是交易风险在不同合约之间甚至相关交易之间的大规模与快速"传染",导致连锁性违约与连锁性破产。第三,金融衍生品交易是系统性交易,在风险上具有金融交易风险的一般特征,即存在系统性风险。其他衍生合同可能是个别交易,不存在联结紧密的合同群体,也不存在系统性风险。以上是衍生合同可能导致的交易安全变化,其中变化以金融衍生品交易的系统性风险最为典型。这种变化迫使人们寻求应对交易风险的新方法。由此,商法尤其是金融商法将交易安全尤其是金融交易安全作为一种重要的价值追求,并建立了一系列保障交易安全尤其是金融交易安全的制度。可以说,衍生合同的历史,也是一部不断生成新的交易风险和应对交易风险的历史。

衍生合同可能打破母合同中权利义务的均衡,改变合同的交易公平状态。传统合同经过交易历史的磨洗,多数达成了相对均衡(公平)的权利义务网络。衍生合同从母合同中分解出部分权利义务,这部分权利义务并不必然处于均衡的状态。衍生合同是当事人设计的结果,如前所述,当事人各方会重新考量与构建衍生合同的权利义务网络,形成新的均衡状态。但是,这种公平状态可能不同于母合同的公平状态。在格式合同中,合同文本的设计者往往居于优势地位,他们倾向于从母合同中截取对自己有利的权利,而尽量少地截取对自己不利的义务。这可能导致衍生合同权利义务网络的失衡。矫正新型衍生合同中权利义务网络的失衡,可能需要交易者长期的奋斗,往往并不能一蹴而就。衍生合同要求合同法重新审视其权利义务网络的均衡状态,而不能将母合同的公平状态当然地套用于衍生合同。

---

① See Patricia A. Mccoy, Andrey D. Pavlov & Susan M. Wachter, *Systemic Risk Through Securitization: The Result of Deregulation and Regulatory Failure*, 41 Connecticut Law Review 1327(2009).

衍生合同可能形成数量庞大的交易市场,冲击社会经济的宏观均衡。交易者创设了各种衍生合同,如金融衍生品合约、资产管理产品合同等,可以汇集巨额的资本,正常的情况是,这些衍生合同与买卖合同等传统合同的比例合适,为后者提供必要的资金与避险服务等,呈现金融市场服务于实体经济的合理关系。但是,这种金融服务于实体经济的关系可能随着金融衍生品市场的膨胀而异化。两种常见的异化情况是:其一,衍生品交易脱离实体经济而形成相对独立的繁荣,即经济脱实向虚现象;其二,衍生合同过度繁荣而形成泡沫现象。衍生合同是以一定的母合同为基础的,在一定程度上它必须服务于母合同。从根本上说,所有的金融交易均是实体经济交易的衍生之物,但是,金融交易一旦从实体交易中衍生出来,其合同链条会越衍生越长,形成多层级衍生市场,且日益独立于实体经济,其自身的合同链条可能只顾不停地衍生且产生海量的衍生合同,不再能为实体经济提供足够的金融供给,而沉迷于自身的衍生与再衍生,出现巨大的交易数量并累积巨额的交易资金,一旦违约,就会导致金融市场甚至实体经济的崩溃。

三、衍生合同理论对非典型合同纠纷案法律适用的意义

衍生合同并不必然就是非典型合同,因为一些衍生合同已经典型化了,但是,合同衍生现象对典型合同与非典型合同二者的理论与制度均具有重要的意义。合同衍生是一种新的合同生成方式,它更新了人们关于合同生成的理论;所生成的衍生合同则会冲击传统的合同类型体系,由此带来典型合同与非典型合同体系观念的变革,进而影响非典型合同法律适用理论。

(一)衍生合同的加入与非典型合同体系的更新

衍生合同的加入,增加了合同的法理类型,有助于建立新的合同类型体系(合同的"族谱")。合同生成方式有合同演绎、合同合成、合同衍生与合同的全新设计四种。这四种方式是典型合同与非典型合同的共同生成方式,所生成的一些合同有些被纳入法律之中成为典型合同,而有些未能成为典型合同。这四种方式是合同生成的一般方式。与这四种生成方式相对应,所生成的子合同有四种:特殊合同、混合合同、衍生合同与纯粹新合同。这四种合同既可能是典型合同,也可能是非典型合同。衍生合同是合同的类型之一。据此,合同的类型包括特殊合同、混合合同、衍生合同与纯粹新合同四种,是由这四种合同构成的类型体系。

根据上述四种生成方式与四种合同的分类,可以阐明典型合同与非典

型合同的体系("族谱")。

《民法典》典型合同体系中一般合同与特殊合同的脉络。该脉络因合同演绎而生成。有学者根据合同标的物或所涉权利的差异,将《民法典》合同编中的典型合同分为三类:第一类是永久让与合同,包括买卖合同、电水气热力供用合同与赠与合同,其特征是所有权的永久让与;第二类是定期限交付合同,包括借款合同、租赁合同与融资租赁合同,其特征是权利的定期限交付;第三类是劳务或者工作给付合同,包括承揽合同、建设工程合同、运输合同、保管合同、仓储合同、委托合同、行纪合同与居间合同,其特征是劳务或工作的交付。① 在第一类合同中,买卖合同与电水气热力供用合同、赠与合同是一般合同与特殊合同的关系。除此之外,技术转让合同、借款合同只是买卖的标的比较特殊,也可以作为买卖合同的特殊合同。如此,以买卖合同为母合同,可以演绎出买卖合同、供用电水气热力合同、赠与合同、技术转让合同、借款合同等特殊合同。在第二类合同中,租赁合同的标的是买卖合同的部分权利义务(所有权分解而得的用益物权),它属于买卖合同的衍生合同,宜置于衍生合同序列;融资租赁合同是借款合同与租赁合同的混合合同,宜置于混合合同序列。第三类属于劳务或者工作给付合同(既有合同法理论还没有总结出此类合同的一般名称),从中演绎出承揽合同、建设工程合同、运输合同、保管合同、仓储合同、委托合同、行纪合同、居间合同等特殊合同。这是合同演绎的总体表述。如前文所述,更细致的特殊与一般合同关系可以分为:客运合同与运输合同;建设工程合同与承揽合同;货运合同等各种特殊运输合同与运输合同、技术转让合同等各种特殊技术合同与技术合同;仓储合同与保管合同;中介合同、行纪合同、物业服务合同三者与委托合同。

《民法典》典型合同体系中混合合同的脉络。混合合同因合同合成而生成。借款合同、租赁合同二者合成融资租赁合同;债权转让合同与其他合同一起合成保理合同。《民法典》合同编没有规定让与担保合同、对赌合同等合同类型,但司法意见中出现了相关规范,其中让与担保合同由买卖合同与担保合同二者合成,对赌合同由股权转让合同与估值调整协议等合成。《民法典》合同编所规定的特殊合同较多,而混合合同相对有限,其原因在于:一方面合同演绎是合同法传统的、基本的方法;另一方面人们有意无意地将混合合同作为非典型合同理论的内容,而典型合同制度未能给予应有的重视。

---

① 参见朱广新:《民法典之典型合同类型扩增的体系性思考》,载《交大法学》2017 年第 1 期。

《民法典》典型合同体系与金融法中衍生合同的脉络。衍生合同因合同衍生而生成。根据前文的阐述，可以将货运合同、租赁合同、保险合同、中介合同、保管合同、仓储合同、委托合同、行纪合同、居间合同等作为买卖合同的衍生合同。从权利义务上看，上述衍生合同是分离买卖合同中的部分权利义务而形成的。从更深层次的衍生脉络上看，上述合同中租赁合同、保险合同等属于沿标的衍生而得的子合同，而中介合同、保管合同、货运合同、仓储合同、委托合同、行纪合同、居间合同等属于沿程序衍生而得的子合同。长期以来，人们重视合同演绎且熟悉合同演绎所形成的一般与特殊合同关系，对混合合同也有所了解，但对于典型合同之间的衍生关系却不太了解。以上内容初步展示了《民法典》合同编中典型合同的衍生关系，或能为人们理解其中典型合同的关系提供新的视角，且有助于理解分工与专业化在典型合同中的具体表现。在金融法领域，因为金融衍生品均明确地以“衍生”为名义，合同衍生所形成的合同关系也较易于被发现。例如，从未来履行的买卖合同中衍生出期货合约，从期货合约中衍生出期权合约，从期权合约中再衍生出指数期权合约，这是沿标的进行的合同衍生；资产管理产品领域的嵌套合同多是将一个合同沿程序或收益对象等进行的合同衍生，其衍生脉络也较为分明。

非典型合同是合同的一种，合同的一般生成方式与体系，应当也是非典型合同的生成方式与体系。如此，非典型合同的生成方式也就有四种：合同演绎、合同合成、合同衍生与合同的全新设计。这四种方式生成四种非典型合同：特殊合同、混合合同、衍生合同与纯粹新合同。这就建立了非典型合同生成方式与类型体系方面的新观念。

上述新观念与传统非典型合同法律适用理论颇有差异。传统非典型合同法律适用理论只注意到非典型合同的两种生成方式（全新设计与合同合成），而合同衍生与合同演绎均没有得到重视。传统非典型合同法律适用理论重视混合合同，在混合合同类型的基础上提出了一系列理论，但对特殊合同与衍生合同知之甚少。演绎法是民商法中常用的方法，合同演绎也是民商法中常见的现象，特殊合同应当受到重视；合同衍生既是民商法中常见的现象，也是金融法中金融衍生品的合同表现形式，在探索合同生成规律与非典型合同类型之时，衍生合同是不可忽视的类型。

根据合同生成方式与合同类型之间的脉络，可以得出非典型合同的类型体系（“族谱”）。非典型合同可能以合同演绎方式而生成，所生成的非典型合同被称为特殊合同，与其母合同之间形成一般与特殊关系，即“母合同—子特殊合同—孙特殊合同”等序列；可能以合同合成方式而生成，所生成的非典型合同被称为混合合同，与其母合同之间形成部分与整体关系，即“母合同—初次混合合同—再次混合合同”等序列；可能以合同衍生方式生成非典型合同，所生成的非典型合同被称为衍生合同，与其母合同之间形成整体与部分关系，即“母合同—初次衍生合同—二次衍生合同—三次衍生合同”等序列。合同演绎体现了合同之间的演绎关系，但是，演绎关系并不是合同之间的唯一关系，其他合同关系也是典型合同与非典型合同之间的重要关系。衍生合同理论更新了非典型合同的类型体系观念。

（二）衍生合同理论对非典型合同纠纷案法律适用的其他意义

衍生合同理论为探索典型合同与非典型合同之间的类似性提供了线索。在衍生合同纠纷案的法律适用中，衍生合同与相应典型合同之间的部分与整体关系可为认定衍生合同与典型合同的类似性提供初步的线索。《民法典》第467条规定，非典型合同可以参照适用最相类似典型合同的规定。类似性程度要从拟调整的法律事实和被参引制度具体化的法律事实进行比较。[①] 类似性的指认需要有一定的线索或证据，而不能仅仅凭空猜想。一般合同与特殊合同、典型合同与混合合同、典型合同与衍生合同，这是典型合同与非典型合同关系的三种可能情况，也是母合同与子合同类似关系的三个初步证据。其中，衍生合同理论认为，相对于母合同而言，衍生合同在权利义务上存在遗传与变异的可能，强调遗传，从衍生过程与权利义务上为二者的类似性提供了具体的证据，而强调变异的可能，则提醒人们注意二者之间的差异。典型合同与衍生合同之间的衍生关系是二者之间类似性产生的重要根源与重要表现，至于二者之间的类似程度，则需要经比较而定。例如，根据衍生合同的结构规律，可以从衍生次数、标的类似程度、权利义务的差异、交易风险的差异等方面进行比较。衍生合同理论为探索非典型合同与典型合同之间的类似性提供了具体的方法与证据，这有助于避免一大二空的宽泛比较。

在非典型合同纠纷案的金融审判中，也可以借助衍生合同的衍生规律来探索其法律规则的生成规律。前文指出了沿标的衍生与沿程序衍生等衍生方向，以及衍生合同在风险、性质等方面的变化，这均属于对合同衍生规律的初步探索。具体到某一类衍生合同，还可以探求更为具体与深入的衍生关系，探索其法律规则的衍生规律，从而为金融审判服务。如此，或能从衍生规律之上探寻衍生合同的法律规则。例如，衍生合同往往只是截取母合同的部分，其规则必然也只是截取母合同规则的部分，这就需要对这

① 参见刘甡：《民事准用制度探析》，载《苏州大学学报（哲学社会科学版）》2016年第4期。

"部分"规则进行分离、考量与加工，包括将一些在母合同中视为次要的权利义务规定上升为主要权利义务规定、细化权利义务规定、重新衡量或加强权利义务规定网络的周密性、重新考量或增加权利义务规定的平衡性、重新考量交易风险规则与交易成本规则、增加交易风险预防规则并重置交易成本分配规则等。其中，为应对金融衍生品合约的巨大交易风险，需要完善与适用金融风险预防制度即各种违约预防与风险控制制度，如此等等。合同衍生是有规律的，其规则的衍生也应当是有规律的；通过总结衍生合同法律规则的衍生规律，即从母合同规则到衍生合同规则的演化规律，有望将此规律上升为一般性的法律规则。同时，上述衍生规律及其规范衍生规则，或能为混合合同的"混合规律"及其法律规则的探索提供借鉴。

衍生合同理论可以为金融审判中合同联立与穿透性裁判的合同对象提供初步的解释。衍生合同会形成母合同与衍生合同组成的合同群落。这种合同群落以标的或程序等的相关性为纽带，将母合同与一系列衍生合同联结起来，其中复数合同可能在缔约、修改、效力、履行与违约上产生连带关系。合同联立表达了合同群落中合同与合同的紧密联结。例如，一些金融交易一旦形成了系统性的合同关系，它就难以甚至不可修改，因为所牵涉主体、合同及其权利义务过多而使修改程序成为不可能的事情，这种系统性结构因而具有很强的黏性（stickiness）。[①] 在资产管理产品等领域，交易者可能以多个合同组成的合同群落来完成原先由一个合同完成的交易，其中运用了合同衍生的技术。对此，《九民纪要》引言部分认为应当运用穿透式审判思维，查明交易的真实意思与真实的法律关系。在合同纠纷案之中，无论是穿透式审判还是合同联立的认定，均以合同之间的高度关联为前提，且各有其条件。[②] 就合同衍生而言，母合同与衍生合同之间有时会形成联结紧密的合同群落，此时可能需要引入上述两种审判思维，但并不是所有的衍生合同与母合同之间都会形成联结紧密的合同群落。例如，在金融衍生品交易中，大量金融衍生品合约独立于其母合同，是不能适用上述两种审判思维的。金融衍生品合约在衍生之后进行了独立化的操作，如期权合约是期货合约的衍生合同，但它经过独立化的操作之

---

① See Kathryn Judge et al., *Fragmentation Nodes: A Study in Financial Innovation, Complexity, and Systemic Risk*, 64 Stanford Law Review 657(2012).

② 合同联立的适用条件，参见陆青：《合同联立问题研究》，载《政治与法律》2014 年第 5 期；穿透式审判的适用条件，参见张桦：《"穿透式审判思维"的功能与边界刍议》，载《人民法院报》2021 年 3 月 18 日，第 8 版。本书最后一章对此进行了较为详细的讨论。

后,与期货合约之间不再有效力上的关联。衍生合同群落是否存在合同联立关系,这需要考虑其中联结的严密性程度等诸多因素。衍生合同群落可以根据其联结的严密性进行分类,如分为松散型衍生合同群落与严密型衍生合同群落等,据此分类来认定其效力连带关系。当然,不管衍生合同群落是否存在效力上的连带关系,从群落视角观察其特征与整体性,对于分析衍生合同群落及其中的单个合同还是有帮助的。从合同衍生这一视角,比较容易看清合同群落中母合同与衍生合同之间联结的具体情形。

合同衍生现象提醒金融审判注意权利制度与合同制度的密切关系,考虑权利法律制度与合同制度的协同适用。权利与合同均是民商法中的重要概念,其制度也是同步发展的。衍生合同与物权权能分离是相辅相成的,从所有权中分离出他物权,这既需要物权的分离,也需要合同来完成。如果某一主体只能由自己享有所有权与他物权,他自然是没有分离出他物权的必要与动力;只有当所有权人需要将他物权以合同让渡于他人之时,物权的分离才有必要与意义。同样地,衍生合同与债权的权能分离也是相辅相成的,从债权中分离出衍生债权,也需要合同来完成。金融衍生品是金融债权的分离之物。除金融衍生品之外,债权的分离也表现于金融法的资产管理产品、证券法等各个金融交易领域之中。这些合同债权的分离是通过衍生合同而完成的,债权的分离与合同的衍生也是相辅相成的。权利分离与合同衍生的一致性体现于法律制度之上,这就要求在金融审判中注意到二者的同步发展。因此,在金融审判中,应当考虑到权利法律制度与合同制度的协同适用。

合同衍生关系可以用于分析金融审判中社会、经济分工及其结构,作为考虑金融审判宏观社会经济效果的参考因素。合同衍生是分工与专业化的必然结果,这是从分工与专业化视角分析衍生合同。反过来,可以通过对衍生合同及其群落的分析,来确定分工与专业化及二者的效果。在实践中,经常有实体经济与金融的区分,其本质是相关母合同与衍生合同的群落区分,通过衍生合同与母合同关系的分析,可能分析出金融服务与实体经济关系的情况。在分工中有上游业务与下游业务之分,从合同上看,可能表现为母合同与衍生合同的关系,衍生合同对母合同可能具有一定的依赖关系,母合同可能因其源头地位而在衍生链条上有一定的优势。例如,芯片的生产与销售合同群落,就存在这种链条与依赖关系。有些企业可能利用衍生合同对母合同的依赖性而要求衍生合同当事人支付更大的代价,从而形成不公平的分工。衍生合同还可以用于分析各种分工所形成的合同群落结构,进而揭示分工的各种结构,如中心—边缘结构等。沃勒斯坦认为，“现代世界”是一个由中心地区、半边缘地区、边缘地区组成的经济、政治和文化体系。① 如果从衍生合同群落上分析上述结构，那么，它就是由母合同与衍生合同组成的合同群落结构，其中交易者因其在衍生合同群落中的不同位置而处于不同的经济、政治与文化地位。在金融审判中，如果能够明确所裁判衍生合同纠纷在社会经济分工中的地位，或能有助于确定裁判的社会经济效果，有助于正确地把握裁判的方向。

在金融领域非典型合同纠纷案的法律适用中，衍生合同理论有助于人们理解金融交易的复杂性。衍生合同容易形成复杂的合同群落，对于金融交易而言，尤其如此。金融具有复杂性，从合同角度解读这种复杂性，可能发现，它就是合同演绎、合同衍生、合同合成等的综合性操作而形成的。合同衍生会形成一系列的衍生合同，而合同演绎、合同合成也是如此，它们将各种合同及其权利义务进行杂糅，形成比母合同复杂的合同群落。这些合同群落构成大规模交易，将群体性与复杂性搅和于一处，增加主体与合同的数量，使原本就已经非常复杂的合同关系更为复杂。将母合同与衍生方法等披露于世，那么，上述复杂性会得到一定程度的缓解，商法尤其是金融商法借助信息披露制度来披露上述合同的生成过程，让投资者能够看到上述合同的形成过程，就可能减少上述合同群落的复杂性。商法尤其是金融商法的信息披露制度重视披露母合同、衍生合同及其衍生过程等方面的信息，以便投资者在合同的生成过程中了解影响衍生合同价格的各种信息。从衍生合同角度能够解析合同群落的复杂性，可为信息披露制度提供新的依据，在金融审判中提醒人们注意信息披露制度的地位与适用。

四、小结

从结构视角看待合同，会发现大量合同是传统合同的衍生之物，且这种衍生一直在继续，它是生成非典型合同的重要方式，也是生成典型合同的重要方式。合同衍生会改变合同的性质、功能与数量，在发展合同自由的同时影响合同的效率、安全与公平，并带动合同债权的不断变化。非典型合同有四种生成方式：合同演绎、合同合成、合同衍生与全新设计。这四种方式生成四种非典型合同：特殊合同、混合合同、衍生合同与纯粹新合同。合同衍生理论更新了非典型合同的生成观念与类型体系观念，有助于优化衍生合同法律规则的获得方式，并为司法裁判中类似性的判断提供初

① 参见[美]伊曼纽尔·沃勒斯坦：《现代世界体系》（第1卷），尤来寅等译，高等教育出版社1998年版，第463页。

步的证据。

分工与专业化日趋细密,衍生合同所对应的交易标的或交易程序也日趋细密。现今典型合同的数量达到了罗马法的两倍或更多,这体现了分工与专业化的成果,也体现了合同的变化及其所包含的创新。一部合同法史,是一部合同衍生、演绎、合成与创新的历史,也是一部合同进化的历史。衍生合同既为金融审判中非典型合同的法律适用提出了新的问题,也为之提供了新的线索。

特别说明,本来衍生合同既可能是典型合同,也可能是非典型合同,但为了行文的简洁,本书以下章节所称衍生合同,专指非典型衍生合同。同时,混合合同虽然一直被当作非典型合同,但实际上一些典型合同也可能是混合合同,也为了称呼的简洁,后文所称混合合同,沿用传统观念,专指非典型合同意义上的混合合同。

第三章　金融审判中非典型合同纠纷案法律适用的价值取向

法律适用的价值取向是指法律适用的价值基础及其偏向性。金融审判中非典型合同纠纷案的法律适用,必然会以一定的价值观为基础,且在一定场景下可能会偏重于某些价值。不同的价值取向可能导致不同的法律解释与裁判逻辑,从而形成不同的裁判结果。金融领域非典型合同纠纷案往往缺乏明确的法律规定,其法律适用具有更多的不确定性、更多的模糊区域和更多的自由裁量权,此时,法官的价值取向对此类案件裁判结果也就可能产生更大的影响。价值取向问题是金融审判中非典型合同纠纷案法律适用中的基础性问题。

在金融审判中非典型合同纠纷案法律适用中,价值取向问题具有复杂性。金融审判中非典型合同耦合了合同、金融与非典型合同三个要素,因而,它既要考虑合同纠纷案法律适用的价值取向,也要考虑金融纠纷案法律适用的特殊性,还要考虑非典型合同的特殊性。它综合了合同纠纷案、金融纠纷案与非典型合同纠纷案法律适用中的价值取向问题,并因这三者的结合而具有复杂性。

本章旨在结合合同、金融与非典型三个要素,探讨金融审判中非典型合同纠纷案法律适用的价值取向。其基本思路是先讨论其价值基础,再分述各个价值在金融领域非典型合同纠纷案法律适用中的要点与偏向性,最后讨论在该领域法律适用中上述各种价值的冲突规则与最大化方案。

一、金融审判中非典型合同纠纷案法律适用的四个价值基础

本书所谓金融审判中非典型合同纠纷案法律适用,仅指其中实体法的法律适用。金融审判中实体法的法律适用,必须遵从实体法的价值取向。因此,金融审判中非典型合同纠纷案法律适用的价值取向,是以相应实体法的价值取向为基础的,也是实体法价值观在该纠纷案中的贯彻。

(一)四个基本价值的确定

如前文所述,既有金融法理论已经确立了金融法的三个基本价值:金融安全、金融公平与金融效率。

在金融法的基本价值体系中,需要讨论的是合同自由的地位。金融法

的基本价值是否包括合同自由,可能存在不同的观点。金融法既有私法的内容,也有金融监管制度等公法的内容,其中私法内容必须遵守私法的基本原则。私法自治是私法的基本原则,其后的价值依据是意思自治。所谓私法自治,是指私人按照自己的意思决定自己的事务。① 将私法自治落实于金融法的合同制度之中,就是合同自由。因此,金融法中的合同自由不过是私法自治在金融法中的体现。表现于金融法之上,就是金融法中的合同自由;表现在金融企业法之上,就是公司自治,即由公司本身的组织机构对公司予以治理。金融法一般包括金融合同法、金融企业法和金融监管法等内容,其中金融合同法和金融企业法分别是合同法和公司法的特别法。商业保险合同、证券买卖合同、期货合约、金融衍生品合约都以合同自由为基本价值,尽管相应的法律对此价值进行了不同程度的限制;保险公司、证券公司、期货公司、商业银行等金融企业的治理也以自治为基本价值,它们是公司治理而不是政府管理的内容。私法自治应当也事实上适用于这两个方面的内容。因而,将私法自治贯穿于金融法,就产生了金融合同自治和金融企业自治。无论金融监管如何重要,也无论金融刑法规制如何繁荣,只要金融法中还包含合同制度的内容,在考虑金融法的基本价值之时,都应当考虑合同自由。

现行司法文件既认可了合同自由在一般合同纠纷案法律适用中的地位,也认可了其在金融审判法律适用中的地位。《九民纪要》引言部分强调,应当"注意辩证理解并准确把握契约自由、平等保护、诚实信用、公序良俗等民商事审判基本原则"。该引言将合同自由作为所有合同纠纷案法律适用的基本价值。《九民纪要》第三部分"关于合同纠纷案件的审理"再次强调,"人民法院在审理合同纠纷案件时,要坚持鼓励交易原则,充分尊重当事人的意思自治。要依法审慎认定合同效力"。这一部分强调了"充分尊重当事人的意思自治",并将之与合同效力的认定结合起来。以上文件将合同自由作为所有合同纠纷案法律适用的基本价值,自然也涵盖了金融领域非典型合同纠纷案的法律适用。刘贵祥在其关于金融民商事审判的论文中强调:"要把握好民法上的平等保护与倾斜保护、契约自由与契约正义的辩证关系。"②上述论文也将合同自由作为金融审判法律适用的基本价值。

既有司法文件承认合同自由在其法律适用中的地位,而既有金融法理

① 参见[德]迪特尔·梅迪库斯:《德国民法总论》,邵建东译,法律出版社 2000 年版,第 47 页。
② 刘贵祥:《关于金融民商事审判工作中的理念、机制和法律适用问题》,载《法律适用》2023 年第 1 期。

论则回避合同自由观念,二者存在反差。金融法理论没有论及合同自由,这其中隐含着对合同自由的忌讳。频繁发生的金融危机或许是人们忌讳合同自由的主要原因。美国于1999年《金融服务现代化法案》确立了合同自由的地位,其中包括允许金融衍生品的自由交易,而金融衍生品交易的泛滥成为金融危机的源头。有学者认为,美国对金融交易存在监管不力、自由过度的情况,加强监管、限制合同自由已经成为公认的观点。① 据此,我国金融法似乎不仅不必过多考虑合同自由,相反,应当加强对金融交易的监管。

对金融交易的合同自由需要进行必要的限制,但不能因此而否认合同自由在金融法中的重要地位。合同自由向来是且只是适度的合同自由,即所谓合同自由及其限制。这意味着金融法应当承认合同自由的地位,但同时也承认对合同自由的适度限制。从实证上看,尽管金融法制度以强制性规范禁止或限制了一些金融交易,但大量合同仍然存在,仍然以合同自由为价值基础;尽管金融法对企业的设立、治理进行了限制,但大量企业行为仍然是自治的。金融业也是市场经济的一部分,合同仍然是配置金融资源的决定性方式。合同自由是金融法的基本面,对合同自由的限制确实相对严格,但并没有否认这一基本面。在私法中,任何意思自治的阐述均会提到意思自治的限制,可以说,没有限制的意思自治是不存在的。但私法并没有因为意思自治的限制而否认意思自治在私法中的基础性地位。基于同样的道理,金融法应当限制合同自由,但也应当承认合同自由是金融法的基本价值。

从应对金融危机的实践看,金融法对合同自由与对该自由的限制,是相辅相成的。对合同自由的限制主要表现于对"太大不能倒"(too big to fail)等系统性风险的治理:企业"太大"则不能任其破产,否则将形成系统性风险,导致整个金融体系甚至宏观经济的崩溃。② 有学者指出:"有效地消解系统性风险及其后果的唯一方法是从根本上解决太大不能倒的问题。"③从合同角度看,以上说明大企业过大的交易规模、过大的市场份额与过于紧密的合同关系等是系统性风险之源。因而,应当限制大企业在上

---

① 参见李东辉、罗猛:《系统性风险及其监管:国际经验及启示》,载《中国金融》2009年第24期。

② See Sharon E. Foster, *Too Big to Fail-Too Small To Compete: Systemic Risk Should be Addressed Through Antitrust Law but Such a Solution Will Only Work if It is Applied on an International Basis*, 22 Florida Journal of International Law 31(2010).

③ See Sharon E. Foster, *Too Big to Fail-Too Small To Compete: Systemic Risk Should be Addressed Through Antitrust Law but Such a Solution Will Only Work if It is Applied on an International Basis*, 22 Florida Journal of International Law 31(2010).

述交易领域的自由以预防"太大不能倒"。与"太大不能倒"相对应,对金融消费者自由的保护不足也是金融危机的重要原因。也有学者指出,掠夺性贷款(predatory lending)是系统性风险之源,必须加强对金融消费者的保护以预防消费者群体性违约所造成的系统性风险。① 房地美、房利美所遭遇的消费者群体性违约可为例证。2010 年美国《多德-弗兰克华尔街改革与消费者保护法案》在法名中,将金融改革与消费者保护并列,以强调消费者保护对金融安全的意义。从本质上看,掠夺性贷款违反了金融消费者的意愿,这正好说明合同自由保护的不足是系统性风险的另一个源头。以上说明,金融法为了保障金融安全,需要对可能导致系统性风险的合同自由进行更多的限制,同时,需要对金融消费者的合同自由进行更多的保护。也就是说,应对金融风险,需要在限制一些主体合同自由的同时,保护另一些主体的合同自由,而不是简单粗暴地对合同自由进行彻底的否认。

从立法历史上看,2008 年国际金融危机之后,以美国为代表的各个国家并没有否认合同自由在金融法中的基础性地位。认为美国金融法完全否认了合同自由,只是一种误解。美国于 1999 年《金融服务现代化法案》确立了合同自由,其错误不在于合同自由本身,而在于合同自由的范围与量度。公认的观点是,该法的致命缺陷在于允许金融衍生品的自由衍生、对影子银行金融交易监管的完全缺失。② 而美国一般银行的金融交易、民间融资、证券交易等领域的合同自由并没有出现危机。2008 年国际金融危机主要是金融衍生品交易的危机。美国 1999 年《金融服务现代化法案》确立的合同自由在范围与量度上确实存在失误,但只应当据此考虑合同自由的范围与量度问题,而不应当因此而彻底否认合同自由。2010 年美国《多德-弗兰克华尔街改革与消费者保护法案》中,合同自治、公司治理方面的自由没有太大改变,而只是针对"太大不能倒"和消费者保护作出了重要的规定。例如,对金融企业的交易范围与规模进行限制,要求银行不得直接进行信用违约互换等高风险衍生产品交易,规定一个金融企业在储蓄存款市场及其他领域所占份额不得超过 10%,禁止银行做空或做多其销售给客户的金融产品,禁止向消费者发出引诱性或陷阱性的要约等。有学者正确地指出,该法保留了美国过去 30 年来合同自由化的基本成果,在确认市场化是美国金融业发展方向的基础上,致力于更好的监管而不是更强

---

① See Erik F. Gerding, *The Subprime Crisis and the Link between Consumer Financial Protection and Systemic Risk*, 4 FIU Law Review 435(2009).

② 参见张晓朴:《系统性金融风险研究:演进、成因与监管》,载《国际金融研究》2010 年第 7 期。

的监管。[①] 笼统地说,该法放弃了合同自由是不正确的。

综上所述,既有金融法理论存在对合同自由的忌讳,但都难以构成否认合同自由的充足理由。合同自由应当是金融法的基本价值之一。如此,金融法就应当有四个基本价值:金融安全、金融公平、金融效率与合同自由。

金融法的上述四个基本价值,契合于民法尤其是合同法基本原则蕴含的价值观。意思自治在民法中具有根本性的地位,意思自治落实于合同法,即为合同自由。平等为民法的基本价值,将之落实于合同法,即为交易公平。德国学者认为诚实信用是现代民法的最高指导原则。我国学者王泽鉴教授与梁慧星先生赞成这一学说,也谓之为帝王条款。[②] 如果将诚实信用作为交易安全的基本内容,那么,交易安全也就成为合同法的价值。另有学者认为对效率的渴求是催生当代民法的主要因素和原初动力,效率也应当是民法的基本原则。[③] 将其中的效率价值落实于合同法,就是交易效率。综合上述观点,可以得到一般合同法的基本价值:合同自由、交易公平、交易安全与交易效率。《欧洲示范民法典草案》认为:"自由、安全、公平和效率四大原则构成了整部《欧洲示范民法典草案》的基础。"[④]该草案也将合同自由、交易安全、交易公平和交易效率确立为合同法的基本价值。这四种基本价值与金融法的上述四个价值相同,体现了二者在基本价值体系上的高度契合。

综上所述,金融审判中非典型合同纠纷案法律适用的基本价值是交易安全、合同自由、交易公平与交易效率。

(二)金融监管与金融审判法律适用在价值取向上的异同

在金融领域非典型合同纠纷案法律适用的价值取向上,一个重要的问题是金融监管与上述法律适用二者在价值取向上的异同。《九民纪要》引言部分提醒,"注意处理好民商事审判与行政监管的关系"。2017 年最高人民法院《关于进一步加强金融审判工作的若干意见》(法发〔2017〕22 号)提出金融审判与金融监管的协调配合理念。刘贵祥认为应当推动建立

---

① 参见李杨:《适应金融发展需要　重塑监管框架》,载《多德-弗兰克华尔街改革与消费者保护法案》一书,董裕平等译,中国金融出版社 2010 年版,序言部分。

② 参见梁慧星:《诚实信用原则与漏洞补充》,载《法学研究》1994 年第 2 期。

③ 参见熊丙万:《中国民法学的效率意识》,载《中国法学》2018 年第 5 期。

④ [德]克里斯蒂安·冯·巴尔、[英]埃里克·克莱夫主编:《欧洲私法的原则、定义与示范规则:欧洲示范民法典草案(全译本)》(第 1 卷至第 3 卷),高圣平等译,法律出版社 2014 年版,第 49 页。

金融司法与金融监管的常态化协同机制。① 这些司法文件或司法观点均强调了金融审判与金融监管的协同,而对于二者之间的差异则语焉不详,从而容易导致一种错觉,即似乎金融监管与金融审判在价值取向上大同小异。鉴于此,有必要认真地区分上述二者的价值取向,避免将金融监管的价值取向当作金融审判的价值取向,尤其是当作上述法律适用的价值取向。

金融监管有其特定的价值取向。宏观审慎监管是金融监管最为重要的价值取向。② 这是较受认同的观点。有学者认为,金融监管法的原则是依法监管、合理监管、公正监管、适度监管、审慎监管、全方位持续监管、高效监管。③ "依法监管原则、适度监管原则、高效监管原则、公平公正原则这四个原则完全符合法的原则的构成要件,构成了金融监管法的原则体系。"④另有学者认为:"金融监管法的基本原则有两项,即适度监管原则和正当监管原则。"⑤综合来说,以上观点在金融监管价值基础的认识上还颇有差异,但也存在一定的共性。

尽管在金融监管价值基础上存在不同的意见,但仍能看出金融监管与金融审判法律适用二者在价值取向上的相同点与重要的差异。金融监管与金融审判法律适用在价值取向上的相同点与差异在于:第一,二者均强调金融安全。无论是宏观审慎监管还是全方位监管或依法监管,均以保障金融安全为根本目标。金融审判法律适用的价值基础也包括交易安全。二者在金融安全这一价值取向上具有一致性。第二,二者均强调公正、效率价值,但在内容与目的上存在重要的差异。尽管金融监管也会考虑合同自由与交易效率,但这不是它的根本目标,金融监管的根本目标应当是保障金融安全等公共利益,且往往因为公共利益而限制私人的自治与效率。金融审判法律适用重视合同自由与交易效率,而金融监管则往往会对合同自由与交易效率进行限制。另外,金融监管强调监管上的公正与效率,这可能与金融领域非典型合同的公平与效率发生冲突。例如,一刀切式的监管虽然高效,但可能导致削足适履的后果,严重损害金融领域非典型合同的合理创新,进而影响交易效率。第三,金融监管中的合理与适度原则蕴

---

① 参见刘贵祥:《关于金融民商事审判工作中的理念、机制和法律适用问题》,载《法律适用》2023 年第 1 期。

② 参见李妍:《宏观审慎监管与金融稳定》,载《金融研究》2009 年第 8 期。

③ 参见寇俊生:《关于金融监管法原则的思考》,载《金融研究》2003 年第 4 期。

④ 朱志权、李国献:《论金融监管法的基本原则》,载《东华理工学院学报(社会科学版)》2007 年第 3 期。

⑤ 盛学军:《论金融监管法的基本原则》,载《中共四川省委省级机关党校学报》2012 年第 3 期。

含的价值理念，可能为金融审判法律适用中的合同自由与交易效率留下空间。合理与适度的监管意味着不能超越监管的边界与度量，可能限缩监管权力，进而为金融领域非典型合同的自由与效率留下余地。第四，金融监管强调依法监管，从而要求金融审判与金融监管遵守大量相同的法律依据，当然，监管的法律依据可能与金融审判的法律依据不尽相同。例如，规章及以下规范性文件，除非例外，否则一般不能适用于非典型合同纠纷案之中。① 第五，在价值贯彻方法上，金融监管可能采用穿透式监管等方法，而穿透式审判则需要慎重对待。金融监管面对整个金融系统，它在适用穿透式监管时可能不存在法理学上的障碍，而金融审判法律适用则受制于合同法原理。例如，合同相对性原则要求将合同纠纷案局限于单个合同的范围，复数合同效力的联结仅仅适用于合同联立等情况。上述五个方面的异同，从更为宏大的层面看，是私法与公法在教义学原理上的异同所导致的，也是公法与私法在法律制度上的差异所导致的。应当看到，金融监管与上述法律适用，二者既存在共同点，也存在原理与制度上的根本性区别。的确，在金融领域，金融安全之类的公共秩序需要更多地强调与保护，上述法律适用可能需要更多地考虑金融安全之类的价值。但是，这种强调不应当否认上述法律适用的根本原理与制度背景，更不应当因此而忽视二者的重要差异，尤其是不应当因此而忽视上述法律适用的合同法特征及其价值取向。因此，在价值取向上，二者可以协同，但是，这种协同是有限度的，是求同存异式的协同，而不是削足适履式的协同。

近年来，出现了所谓金融司法监管化的观点，由此，可能得出“金融审判应当遵循金融监管价值观”的错误结论。上述结论误解了金融法与金融监管法的关系，也误解了金融监管与金融司法的关系。金融领域的非典型合同主要由《民法典》与金融法中的合同制度调整，而只在涉及金融监管法的强制性规范之时，才考虑对合同效力等的影响。在价值取向上，将监管法的价值取向当作金融审判法律适用的价值取向，也是错误的。否则，就会出现将公法价值取向适用于私法合同纠纷案的错位现象。

金融审判与金融监管的关系，不应当凭想象论证谁“化”谁的问题，而应当严格遵守宪法的规定，即遵守宪法所规定的司法与行政二者之间的关系。有学者认为，金融司法应当正确地处理司法、执法与法律的关系，避免以行政监管法为依据而严重地损害合同自由、抑制金融创新，故建议按照

① “在民法典、金融行政法律、行政法规没有规定的情况下，人民法院审理金融民商事案件，原则上可以适用或参考金融监管规章的规定。”刘贵祥：《关于金融民商事审判工作中的理念、机制和法律适用问题》，载《法律适用》2023 年第 1 期。

“相对独立、互相尊重、加强沟通”的原则构建二者关系。① 这一观点正确地指出了金融司法与金融监管之间的尊重与协同关系。必须强调的是，二者之间的相互独立是二者协同的前提。我国宪法要求司法权不受行政权的干涉。② 如果将金融司法监管化视为当然，监管权力及其规则就可能通过金融司法监管化理念冠冕堂皇地进入金融司法，金融监管就会在金融司法政策的许可下干涉金融司法，进而不当地影响上述法律适用。因此，在金融司法中，不能仅仅强调二者的相互尊重与沟通，而应当特别提防金融监管及其规则借助司法监管化理念而掌控司法。从司法与行政的关系看，司法权对行政权的监督与制约是二者之间的基本关系，这也是司法存在的根本意义之一。金融司法监管化的提法，极容易使金融司法沦落为金融监管的工具，从而违反宪法所规定的司法与行政之间的分工与制约关系。金融司法与金融监管均有保护金融安全的任务，但不能因为这一共同点而将金融司法理解为金融监管的工具，而应当认识到二者是保护金融安全的不同路径。更为重要的是，在行政诉讼中，金融司法可能对金融监管进行审查，形成对金融监管的制约。金融司法对金融监管的审查可以避免金融监管权力的滥用与金融行政文件应急性特征等导致的金融风险。因此，金融司法与金融监管不应当混为一谈，二者的价值取向也应当区别开来。在上述法律适用中，可能遭遇因金融法律制度不足而导致无法可依的状态，此时需要适用行政法规甚至参照适用行政规章，但不能因此而违反宪法中金融监管与金融司法关系的定位，更不能因此而将金融司法与金融监管的合作关系理解为金融监管对金融司法的单向指导关系。金融司法与金融监管之间的协作应当是双向的，不能只强调金融司法对金融监管的协作，同时还要强调金融监管对金融司法的协作。更为重要的是，在金融司法与金融监管的协作中，金融司法始终应当坚持对金融监管的审查与制约。

综上所述，交易安全、合同自由、交易公平和交易效率是金融审判中非典型合同纠纷案法律适用的价值基础。金融审判法律适用与金融监管的价值基础存在重大的差异，二者不应混淆。在金融审判中，应当反对金融司法监管化的观念，提防将公法价值取向不当适用于私法合同纠纷案的错位现象。

---

① 赵霞：《金融司法监管化：动因、困境与调适》，载《商业经济与管理》2022 年第 5 期。

② 我国《宪法》第 131 条规定：“人民法院依照法律规定独立行使审判权，不受行政机关、社会团体和个人的干涉。”

二、交易安全的贯彻

交易安全是金融审判中非典型合同纠纷案法律适用的基本价值,它是金融安全的重要内容。金融交易中的金融要素使相应的交易具有系统性,而其中的合同因素与非典型因素则可能加剧上述风险。为防范金融危机,金融法特别重视交易安全,与此相应,金融审判也应当"牢固树立守住风险底线理念"。① 这要求在上述法律适用中,既要遵守金融安全制度中的交易安全制度,也要因应金融领域非典型合同的特征而适用上述交易安全制度。

(一)合理适用强制性规范是贯彻交易安全的基本方式

在金融领域非典型合同纠纷案的法律适用中,交易安全应当落实为相关强制性规范的遵守,而不能局限于空泛的公共秩序或公共利益理念。在金融法中,金融安全是最大的公共利益,也是强制性规范重点保护的利益。出于对金融法的信任,可以认为,金融法对金融安全的保护已经体现于其强制性规范之中。由此可以得出该领域法律适用的两个基本结论:其一,为了保护金融安全,必须遵守金融法的强制性规范;其二,只要遵守金融法的强制性规范,就能够达到保护金融安全(包括交易安全)的效果。第一点的意义在于将交易安全落实于金融法的具体规范之中,避免了交易安全的落空;第二点的意义在于避免交易安全的泛化,即避免抛弃强制性规范而适用抽象的一般条款,如公共利益或公共秩序条款。"我国法院不仅是传统意义上的裁判者,同时也是金融风险的重要治理者。"②金融审判确实具有风险治理的功能,但它对金融风险的治理,不是通过其他途径来完成的,而是通过强制性规范的适用而完成的。金融审判要对金融交易的合同文本和交易结构条分缕析,判断其真实的法律关系,进而判别其是否违反强制性规定或公序良俗。③"实践中存在的无法归类于某一有名合同的交易行为,只要不触犯'违法'或'公序良俗'条款,原则上尊重当事人的约定,并依约定判断权利义务关系。"④这些观点将强制性规范与公序良俗作为非典型合同的裁判依据,以贯彻金融安全。其中将强制性规范作为裁

① 刘贵祥:《关于金融民商事审判工作中的理念、机制和法律适用问题》,载《法律适用》2023年第1期。

② 鲁篱:《论金融司法与金融监管协同治理机制》,载《中国法学》2021年第2期。

③ 参见刘贵祥:《关于金融民商事审判工作中的理念、机制和法律适用问题》,载《法律适用》2023年第1期。

④ 刘贵祥:《关于金融民商事审判工作中的理念、机制和法律适用问题》,载《法律适用》2023年第1期。

判依据的思维,值得肯定;但是,将公序良俗作为非典型合同纠纷案裁判的依据,则未必妥当。与金融安全相比,公序良俗未必更为具体,也未必更为准确。我国社会主义市场经济法律体系已经形成,有理由相信,稍微重要一点的公序良俗均已经落实为具体制度之中的强制性规范。金融法是特别法,金融审判是专业审判,不宜将民法一般原则作为其裁判的全部依据,而应当将公序良俗落实为金融安全,进而将金融安全落实于特别法的强制性规范。只有这样,才能体现金融审判的专业精神。

在上述法律适用中贯彻交易安全理念,应当认识到非典型合同的创新并不必然损害交易安全,除非其违反了金融法的强制性规范。金融领域的非典型合同存在各种形态,与相应的典型合同存在各种差异。非典型合同与典型合同的差异并不必然就会损害交易安全。以对赌合同为例,这一合同与借款合同有一定的类似之处,但也存在差异,其中差异并不必然损害金融安全。所有的投融资交易都具有融通资金与获取收益的共同特征,正是因为这一点,它们可以归入金融法的调整范围。但是,对赌合同与借款合同又存在重大的差异。例如,投资方的目的还包括取得高额的股权收益,而不是稳定的利息收益,并且对赌合同比典型合同复杂得多。① 这种差异是当事人对风险与收益的创造性安排,并不必然损害交易公平与交易安全,相反,可以避免因信息不对称而造成的风险。因此,除非对赌合同的条款设计违反了强制性规范,其创新就应当得到法律的认可。因此,在上述法律适用中,不应当将金融领域非典型合同的创新等同于金融风险,而应当区别对待金融创新,辨识其风险的可能变化。

在上述法律适用中贯彻交易安全理念,要求合理适用或参照适用相应典型合同的强制性规范。正如要将合适的刹车配置于合适的车辆一样,金融审判中非典型合同纠纷案法律适用也应当注意所适用强制性规范的合适性,不宜随意适用或参照典型合同的金融安全保障制度。不同的典型合同有不同的强制性规范,其适用的效果也各不相同。各种金融安全保障制度均有其对应的合同类型与特定语境,在金融审判中应当参照适用合适的交易安全保障制度,而不宜过度强调某一种保障措施的功能且不分场合地予以适用。否则,其既不合理,也无法达到保障交易安全的应有效果。

(二)因应金融领域非典型合同的特征而合理适用交易安全制度

在金融领域非典型合同纠纷案的法律适用中,应当因应非典型合同的群落特征而考虑交易安全制度的适用。金融领域的合同(包括非典型合

① 参见谢海霞:《对赌协议的法律性质探析》,载《法学杂志》2010 年第 1 期。

同)可能形成关系紧密的合同群落,容易导致合同群落违约的连锁效应。在金融领域非典型合同纠纷案的法律适用中,既要从单个合同的角度考虑强制性规范的适用,也要从合同群落的视角考虑强制性规范的适用,以应对金融领域非典型合同的群体性风险。系统性风险是金融风险的特征,在金融领域非典型合同纠纷案的法律适用中,对此应当有正确的理解。在金融审判中,系统观念受到强调:"要充分注意金融法律规范关于防范金融风险的特别规定,把个案处理纳入防范化解风险的大局中去考量,纳入社会效果、政治效果中去考量。"①以上观点强调了系统性观念,但是对系统性风险的表述,没有强调金融交易的关联性与金融风险的系统性,这种表述似乎对于金融系统性风险的内涵还欠缺专业性的理解。在金融领域非典型合同纠纷案的法律适用中,这一表述可以优化为:在审理涉及系统性风险的非典型合同纠纷案之时,应当认真适用预防系统性风险的强制性规范,以应对系统性风险,保障金融安全。

在适用保障交易安全的强制性规范之时,应当审慎地对待合同结构变动所形成的金融风险。非典型合同往往是典型合同的合成或分解之物,它是通过变动典型合同的结构而生成的。典型合同的结构变动生成非典型合同,同时,上述结构变动也可能生成新的金融风险,且可能成为交易者规避强制性规范的方法。例如,衍生合同通过对典型合同的分解而生成非典型合同,它会生成新型金融风险;当事人可能将一个典型合同分解为若干非典型合同(形成合同群落)以规避相关强制性规范,资产管理产品领域的嵌套合同就可能如此。针对这样的结构变动技术,金融审判应当创新自己的理论,以应对新型金融风险,并防范当事人通过合同结构设计而规避强制性规范。《九民纪要》引言部分指出:"通过穿透式审判思维,查明当事人的真实意思,探求真实法律关系。"穿透式审判是一种新的审判理论,它或能应用于一些合同群落的审判之中。但是,这一理念的运用需要兼顾合同相对性等原理,其适用范围必须受到严格的限制。

在金融领域非典型合同纠纷案法律适用中贯彻交易安全理念,应当重视与承认金融领域非典型合同本身的合理风险安排,并努力从中提取相关裁判规则,为优化预防金融风险的法律规则提供素材。金融领域非典型合同往往会生成新的交易风险,但同时也可能创设新型安全保障措施。金融交易的发展过程既是一个风险创新过程,也是一个风险预防措施的发展进

① 刘贵祥:《关于金融民商事审判工作中的理念、机制和法律适用问题》,载《法律适用》2023年第1期。

程。在这一进程中,既体现了交易当事人的个体智慧,也体现了金融行业的集体智慧。前者表现于新型合同的交易风险预防做法之中,后者表现于预防金融风险的交易习惯、惯例与行业规则等之中。例如,履约准备金要求、杠杆率限制、集中度限制、合同规模限制等大量的金融风险预防制度,均是面对新型合同的风险特性而发展出来的风险预防制度,它们在一定程度上吸取了交易者与行业的风险预防经验。① 在金融领域非典型合同纠纷案的法律适用中,应当认可非典型合同中合理的风险预防措施,逐步提炼相应的裁判规则,为金融风险防范规范的优化提供素材。例如,在对赌合同纠纷案中,投资者为了应对股权估值的不确定性风险,在转让股权的基础上加入补偿性条款等风险预防条款,这就是交易者及其行业所设计的交易安全保障方法。对赌合同的裁判由否认这种风险预防措施到承认这种风险预防措施,经历了一个由裁判无效到裁判有效的过程。

三、交易公平的比较性适用

交易公平是金融审判中非典型合同纠纷案法律适用的价值基础之一,在上述适用中往往会用到比较性的衡量方法。交易公平要求对相同的情形适用相同的规则,而对不同的情形适用不同的规则。金融审判中非典型合同纠纷案法律适用中的交易公平,包括两个层面:在非典型合同与典型合同的关系上,注意二者法律规则的平等;因应金融领域非典型合同的特征而考量其交易的公平程度,重视对金融消费者与中小投资者的特别保护,考虑金融交易的顺周期性,衡量非典型合同权利义务的对等性等。兹分述如下。

(一)典型合同与非典型合同的平等

在金融领域非典型合同纠纷案的法律适用中,为贯彻交易公平价值,应当坚持典型合同与非典型合同的平等地位,反对合同等级观念。所谓合同等级观念,是指在金融领域非典型合同纠纷案的法律适用中认为典型合同的地位高于非典型合同,从而以典型合同规范为标尺,否认非典型合同创新的观念。合同等级观念将典型合同置于主体性或中心性的地位,作为非典型合同的“度量衡”,而非典型合同则处于从属性或边缘性的地位,且必须服从典型合同制度的裁量。在此观念下,非典型合同与典型

---

① 以保证金制度为例,1865 年芝加哥交易所制定了第一个关于保证金规定的“一般规则”,此后,保证金制度成为期货法中重要的风险预防制度,并被推广至其他金融法领域,如证券法、保险法领域等。参见王斌:《建立和完善我国期货保证金制度的若干法律问题》,载《法律科学》1995 年第 1 期。

合同类似的部分往往能得到认同,而与典型合同存在差异的部分可能被忽视甚至否认。合同等级观念错误地定义了非典型合同在合同谱系中的地位,进而可能损害交易公平。

坚持典型合同与非典型合同的平等地位,这与坚持合同主体平等一样,均是交易公平的重要内容。合同是交易的基本工具,交易公平至少应当包括两个方面的内容:合同主体之间的平等;合同与合同之间的平等。如果只注意到合同主体之间的平等而忽视了合同与合同之间的平等,就会出现合同等级制度,并最终破坏合同主体之间的平等。梅因认为,人类社会的进步是一个从身份到契约的进程。① 梅因的这一论述容易被误解为身份的不平等是常见的事情,而契约的平等是当然的事情。相反,即使在现代社会,身份的平等化与契约的平等化仍然应当是平等的两个方面,且是相辅相成的两个方面。身份不平等固然不好,契约的等级化也极为有害。身份等级及其固化是身份制度要解决的问题,而合同等级观念会成为契约价值观的重大瑕疵。在金融领域非典型合同纠纷案的法律适用中,合同等级观念导致的结果是让非典型合同服从于典型合同,而不是服从于合理的规则。合同等级观念会导致从契约等级到身份等级的反向运动:不同的合同具有不同的法律地位,相应地,为了生活而必须缔结非典型合同的那些主体,就会因为所缔结合同的低级地位而处于合同等级的下游,合同的等级就会传导于主体之上。如此,合同的不平等会导致主体的不平等,平等主体会因为契约等级而形成不平等的身份。契约平等曾经是人类身份平等的实现方式,但是,合同等级制度可能失去这种方式,甚至反过来成为新身份等级的成因。因此,在金融领域非典型合同纠纷案的法律适用中坚持交易公平,就必须坚持非典型合同与典型合同的平等地位。

坚持非典型合同与典型合同的平等地位,要求在其法律适用中尊重非典型合同相对于典型合同的差异。在参照适用之时,应当既重视非典型合同与典型合同的相同点,也重视二者的差异,以求同存异思维而不是削足适履思维进行法律适用。在确定非典型合同的属性之时,不能只考虑二者的相同之处而将非典型合同认定为典型合同,还要注意二者的差异。在确定非典型合同的效力之时,不能仅仅因为非典型合同与典型合同的差异而否认非典型合同的效力,而应当根据效力瑕疵的法律规则与强制性规范的目的等进行独立的判断。在确定非典型合同与典型合同的类似性之时,应当既强调二者的相同点,也强调二者的差异,而不是仅仅注意到相同点。

① 参见[英]梅因:《古代法》,沈景一译,商务印书馆 1959 年版,第 97 页。

在决定是否参照适用之时,应当比较二者相同点与差异的大小,弄清二者异同的度量之后再决定是否参照适用。在决定了进行参照适用之后,应当尊重非典型合同与典型合同的差异,不能因为二者存在差异而否认非典型合同权利义务的分配,或者将典型合同的规则强行适用于上述差异之处,导致削足适履的裁判。总之,在金融领域非典型合同纠纷案的法律适用中贯彻交易公平,必须尊重非典型合同相对于典型合同的差异,不能以典型合同为标杆削足适履地将非典型合同“装入”典型合同的规则之中。

(二)因应金融领域非典型合同的特征而理解交易公平

在金融领域非典型合同纠纷案的法律适用中理解交易公平,应当因应金融领域非典型合同在标的上的特征。金融交易多是风险交易,即以风险为标的的交易,与保险合同类似,对赌合同、资产管理合同等各种非典型合同多以风险为其标的。风险与物品不同,前者不存在实体,且具有射幸的特征。如果固守实体物的交易观念,仅仅承认实体物才是唯一的交易标的,那么,就可能认为风险(收益或损失)不是“给付”,认为承担风险的一方没有实际的付出,而可能得出相应合同不当得利、显失公平之类的结论。在金融领域非典型合同纠纷案的法律适用中,应当考虑风险的非实体性、射幸性等特征,不应当将传统实体物交易的公平观念作为衡量金融交易尤其是金融领域非典型合同公平与否的标准。

在金融领域非典型合同纠纷案的法律适用中理解交易公平,应当重视金融消费者与中小投资者权益的保护。金融交易对象(金融产品)具有复杂性,金融交易具有专业性,金融交易的信息因交易安全保护等因素而更为不对称。金融领域非典型合同因为其创新性与专业性等,而往往不为金融消费者与中小投资者所熟知。金融消费者与中小投资者可能对典型合同更为熟悉,而对非典型合同更为陌生。这些均要求在上述法律适用中对金融消费者与中小投资者的权益进行更多的保护,以保障交易公平。《九民纪要》第五部分为“关于金融消费者权益保护纠纷案件的审理”,其规定认为必须坚持“卖者尽责、买者自负”原则,依法保护金融消费者的合法权益。金融审判专家也认为,应当“牢固树立倾斜保护金融消费者和中小投资者理念”“只有对金融消费者和中小投资者给予倾斜保护,才能实现实质平等,才能达到真正的平等保护。”①这些均是正确的指导,其中保护金

① 刘贵祥:《关于金融民商事审判工作中的理念、机制和法律适用问题》,载《法律适用》2023 年第 1 期。

融消费者与中小投资者的制度工具包括格式条款解释规则、格式合同提示说明义务规定、适当性义务制度、强制信息披露制度等。

在金融领域非典型合同纠纷案的法律适用中理解交易公平，应当因应金融交易的顺周期性特征，在特定金融周期中理解同案同判原理。同案同判应当是法律适用平等原则的体现。非典型合同纠纷案没有直接可供适用的法律规则，更容易导致同案不同判，从而更容易导致法律适用上的不公平。活跃的金融创新意味着非典型合同的大量出现，这可能给金融审判带来难题，也更可能出现同案不同判现象。为了在金融领域非典型合同纠纷案的法律适用中落实交易公平，就必须确立合理而统一的非典型合同参照适用准则，包括合理与统一的类似性识别方法、参照适用的类似程度要求、非典型合同的法律规则生成方法等，同时，加强指导性案例与同案检索制度等。其中，金融领域非典型合同的同案同判，还需要考虑金融交易的顺周期性。金融系统是顺周期性的，金融活动在经济繁荣时都会比衰退时增长很多，金融交易会推动经济周期的形成且加剧经济的周期性波动。[①]在经济繁荣之时，金融交易可能过于活跃，这往往容易加剧金融风险，甚至导致金融危机。为此，有学者提出了“逆周期金融监管的基本思路”。[②]逆周期金融监管要求对过于活跃的金融交易进行抑制，以避免金融泡沫过多（金融交易规模过大、频率过高等）引发的金融风险。金融系统的顺周期性及金融监管的逆周期性表明，相同的金融交易，在不同的时期可能受到不同的对待。这既可能体现于金融监管之中，也可能体现于金融审判之中。为了预防与应对金融危机，金融审判可能对相同的金融交易作出不同的裁判。在出现金融危机或其威胁之时，金融审判不可能无动于衷，可能对金融领域非典型合同的效力与权利义务的分配作出与此前不同的判决，此时，法院进行逆周期的审判而出现同案不同判的现象。金融风险具有系统性，不同金融交易的风险紧密相连而形成系统性风险，在具有系统性风险的领域，为应对金融危机而对非典型合同纠纷案作出逆周期的判决，似乎是可以理解的。在同一金融周期中，对金融领域非典型合同纠纷案应当尽量做到同案同判，但在不同金融周期中，应当将非典型合同纠纷案与其所在的金融周期作为同案同判的事实，而不宜离开所在的金融周期而孤立地考虑金融领域非典型合同纠纷案的同案同判。因此，应当根据金融交易的顺周期性而理解交易公平理念。

---

① 参见黄飞鸣：《金融体系的顺周期性问题解读》，载《经济评论》2010 年第 2 期。

② 张金城、李成：《银行信贷、资本监管双重顺周期性与逆周期金融监管》，载《金融论坛》2011 年第 2 期。

在交易公平的适用中,还需要因应金融领域非典型合同的相对变化,考量非典型合同权利义务的个体公平与整体公平。非典型合同包括混合合同与衍生合同,无论是混合合同还是衍生合同,均会在典型合同与非典型合同之间形成母子合同关系,且形成母子合同组成的合同群落。在金融领域非典型合同纠纷案的法律适用中,应当注意到母合同权利义务的平衡并不意味着其子合同(衍生合同或混合合同)权利义务的平衡,进一步而言,适用于母合同的公平观念或法律准则,不一定适用于衍生合同或混合合同。整体不等于部分之和,孤立的部分也不等于整体中的相应成分,这是系统论的基本观点。对局部来说成立的结论对整体并不必然成立,否则就犯了合成谬误。同理,对整体正确的理念或规则对局部也不一定适用。母合同对权利义务的公平分配,可能因为合同衍生或合成而被打破,因此,母合同的公平并不意味着衍生合同或混合合同的公平,非典型合同权利义务分配的公平与否,需要视合成或衍生的实际情形而重视、检视。同时,在法律适用中,还要考虑母子合同所组成合同群落的系统性。例如,资产管理合同等往往会形成嵌套合同,当事人通过合同群落而分配其权利义务,可能存在的情形是:从整个合同群落上看,合同权利义务的分配是公平的,但是,从其中单个合同上看,则无公平可言。例如,在一个案件中,案涉《框架协议》《贷款合同》《贷款合同之补充协议》《股票质押合同》《保证合同》《四方合伙协议》等多个合同,形成了具有整体性的合同群落;作为案涉合同群落中所有交易的起点,《框架协议》对于整体交易安排作出了明确约定,过桥贷款、收益权转让与收益权回购等步骤密切相连,形成了整体性的合同群落,"作为第三步交易环节的所谓'收益权回购',金鸿沣承诺了保底回购价格(西藏信托支付款项的双倍),几乎可以视为是单纯的利益输送。无法想象,如果没有前两步交易环节,金鸿沣何以承诺如此不利的条款。据此,三步交易环节有头有尾有始有终,构成一个完整的整体,不可分割"。① 在这类案件中,仅从单个合同看是不公平的,但从整体交易上看,其权利义务分配是公平的。可见,金融领域非典型合同纠纷案的交易公平,既要考虑孤立的、单个合同的公平,也要考虑合同群落的整体公平。金融领域非典型合同纠纷案法律适用需要考虑金融交易的相对变化与整体性特征,正确地理解交易公平。

---

① 西藏信托有限公司与宁波金鸿沣投资合伙企业(有限合伙)、杨某发、彭某合同纠纷案,北京市高级人民法院(2021)京民终403号民事判决书。

四、金融领域非典型合同纠纷案法律适用中的合同自由与交易效率保护

在金融领域非典型合同纠纷案的法律适用中，合同自由与交易效率具有较大的一致性，但也存在一定的差异。在多数情况下，尊重合同自由是提高交易效率的前提。在当事人具有足够理性的情况下，尊重当事人的自治有助于提高交易效率，于此，二者表现出高度的一致性。认为当事人会选择最有效率的方式，这是对当事人理性的信任。但是，在金融交易之中，一些当事人并不总是足够理性的，存在“弱而愚”的金融消费者与中小投资者。金融产品的复杂性、金融交易的专业性、金融交易信息的高度不对称等，可能加剧金融消费者与中小投资者“弱而愚”的状态。事实上，在金融交易之中，金融消费者与中小投资者会出现从众行为，在交易中表现出羊群效应。① 这种跟随行为是自治性的行为，但可能并不是有效率的，它甚至可能会导致严重的损失。此时，尊重当事人的合同自由也许无助于促进交易效率。金融法的一些制度尤其是其中的强制性规范可能阻止大规模的从众行为。本部分的讨论，基于金融领域非典型合同纠纷案法律适用中的合同自由与交易效率存在一致性的情况，而对于二者的冲突，则在本章最后部分（价值冲突规则）中予以讨论。

（一）非典型合同的自由与效率意义

从合同种类上看，创设非典型合同既是金融自由的体现，也是交易者改进金融效率的重要方式。不同的合同类型体现了不同的合意，也存在不同的效率。当事人只有拥有了自由选择合同类型的权利，才拥有合同自由，才能以合成或分解典型合同的形式改进交易效率。根据梅因的观点，人类社会的进步是一个从身份到契约的进程。如果没有非典型合同的不断创新，那么，契约的种类将非常有限，契约自由将被局限于非常狭小的范围内，合同效率的改进方式也将受到严重的局限，从身份到契约的意义将受到严重影响。通过非典型合同的金融创新，人们创造了大量的新型合同，创造了大量新型的投融资方式，这为从身份到契约准备了广阔的空间，从而使契约生活成为自由生活的体现，使契约成为改进交易效率的重要工具，也使从身份到契约成为一件有意义的事情。对非典型合同的尊重，就是对合同类型选择自由的尊重，有助于满足当事人增进交易效率的意愿。

---

① 参见苗永旺、王亮亮：《金融系统性风险与宏观审慎监管研究》，载《国际金融研究》2010 年第 8 期。

从合同发展史上看,创设非典型合同既是合同自由的表现,也是改进交易效率的基本方式。在交易史上,正是非典型合同的涌现创新了交易类型,从而产生了各种交易市场并随之产生了各种财富创造机制。在市场经济中,交易是财富之源。但是,交易类型与交易市场并不是天生的,而是后天创造的。买卖合同创造了买卖合同市场,而租赁合同创造了租赁市场,金融衍生品交易创造了金融衍生品市场,非典型合同创造了非典型合同相应的交易市场,如此等等。合同的历史就是一部非典型合同不断涌现的历史,也是一部以非典型合同创造交易市场与财富的历史。在金融领域中,没有非典型合同带来的合同创新,金融交易的种类将停滞不前,金融市场的发展也将停滞不前,投资与融资的创新机制将窒息,合同自由与交易效率也将无从谈起。

从交易成本上看,创设非典型合同是达成合同自由与交易效率的根本方式。这可以通过科斯的理论得到解释。科斯认为,交易是存在交易成本的,正是因为这种成本的存在,人们通过设立企业来替代交易,以节约交易成本。科斯的理论指出了节约交易成本的一种方式:以企业替代合同的方式。其后有观点认为,设计交易程序,可以节约交易成本,这指出了节约交易成本的第二种方式:程序方式。① 还有观点认为,通过法律行为的相互替代,即单方法律行为、合同与决议之间的相互替代,根据场景选择交易成本最小的行为类型,也可以节约交易成本。② 这一方式通过法律行为之间的相互替代而节约交易成本。以上内容共指出了三种节约交易成本的方式。非典型合同的自由创设,意味着当事人能通过合同的合成与分解而创设混合合同与衍生合同,从而达到节约交易成本的效果。例如,如果交易者只想获得股票收益权,那么,通过从股权转让合同中分解出股权收益权转让合同,就可以避免整个股权转让合同的麻烦,当事人就只需要就股票收益权进行磋商,这种自由选择既可能节约缔约成本,也可以节约当事人的资本。衍生合同对交易效率的意义在于,在当事人只需要某一合同的部分权利的情况下,交易者将上述合同的部分权利分解出来,创设相应的衍生合同,这样既可以节约当事人的资本,也可以减少缔约磋商的复杂性,从而有助于效率的提高。同理,通过合同的合成,创设混合合同,一揽子解决当事人的需求,避免单个合同的逐一谈判,也可能节约交易成本。可见,允许当事人自由地分解或合成既有合同而创设非典型合同,可能节约交易成

① 参见陈醇:《商行为程序研究》,中国法制出版社 2006 年版,第 14 页。

② 参见陈醇:《从公司合同说到组织说:法律行为视角下的公司与公司法》,载《财经法学》2020 年第 6 期。

本。这就出现了第四种节约交易成本的方式：通过创设非典型合同而节约交易成本。交易成本因交易而产生，因而，改变合同本身的结构而节约交易成本，这是从交易本身着手的成本节约方式，也是釜底抽薪的方式。创设非典型合同是节约交易成本的根本性方式，它通过改变交易而节约成本，因而可以称作节约交易成本的内在方式。综上所述，允许当事人自由地创设非典型合同是节约交易成本的四种方式之一，且是节约交易成本的内在方式。

从专业化与协作上看，创设非典型合同也是促进合同自由与提高交易效率的重要方式。经济的发展既是专业化的过程，也是专业化基础上自由协作的结果。基于意思自治的分工与合作是经济发展的重要动力。分工表现于权利之上，就是权利的分解，表现于合同之上，就是合同的分解，即生成衍生合同；合作表现于权利之上，就是权利的合成，表现于合同之上，就是合同的合成，即生成混合合同。合同的分解与合成是生成非典型合同的两种常见方式，也是自由地分工与协作的两种常见方式。非典型合同是分工与合作的成果与基本形式，在金融审判中尊重当事人创设的非典型合同，有助于人们自由地分工与合作，有助于提高交易效率。

（二）对合同自由与交易效率的适度保护

在金融领域非典型合同纠纷案的法律适用中，需要对合同自由与交易效率进行适度保护。合同自由与交易效率是上述法律适用中的重要价值基础，有必要对之进行保护，这是毋庸置疑的。但是，这种保护是适度的，而不是无限的，这是因为非典型合同必须遵守法律与行政法规中的强制性规范。所谓适度，是指在保护上述两种价值之时，也需要考虑交易安全与金融公平，必须遵守保护后两种价值的强制性规范。当上述价值存在冲突时，必须根据一定的冲突规则对合同自由或交易效率进行一定的限制。强制性规范决定了上述法律适用中对合同自由与交易效率保护的限度。

为适度保护合同自由与交易效率，在认定非典型合同与典型合同的关系时，应当尊重非典型合同的独立地位。非典型合同与一定的典型合同存在类似之处，在金融领域非典型合同纠纷案的法律适用中，应当认真甄别典型合同与非典型合同的关系，不能因为二者之间的类似性而否认非典型合同的独立地位。这包括如下情况：第一，尊重当事人创设非典型合同的意图，不要因为类似性而将非典型合同归结为典型合同。尊重二者的差异，才能保护当事人创设非典型合同的自由与效率的考虑。有学者将典型合同制度的功能总结为：设定依据框架的功能和分析基准功能，为解释非典型合同提供重要分析工具;内容调整功能和合同内容形成功能;创造辅助功能和合同内容合理性的评价标准功能,也因此具有维护交易秩序和社会秩序的功能(也因此被称为"半强行性规定"),成为促进合同实质自由的重要工具。① 以上概括比较抽象,没有说明上述功能发挥的限度与具体场景,因而稍有不慎,就可能将典型合同当作非典型合同的框架与标尺。一些法院偏向于以典型合同制度作为一种"半强行性规定"来评价非典型合同:"法院实务于非典型契约发生契约漏洞时,往往勠力于契约的定性;定性时又忽略新型商事契约的特性,一旦定性为典型契约后,即认为可当然适用该类典型契约下设之任意规定。"②典型合同制度因此可能成为非典型合同的模板,并进而固化为金融领域非典型合同的牢笼。这种削足适履的思维必然会造成合同强制与效率损害。第二,尊重当事人对非典型合同独立性或与相关合同整体性的安排。在不违反强制性规范的情况下,不要违反当事人的意思将各自独立的合同认定为合同联立,也不要违反当事人的意思将整体性的合同群落拆分为各自独立的合同。当事人的安排有其效率上的考虑,也是合同自由的体现。尤其值得注意的是,在认定合同联立与进行穿透式审判之时,既要考虑强制性规范,也要合理尊重当事人的意思,以适度保护合同自由与交易效率。

在上述法律适用中适度保护合同自由与交易效率,应当认识到非典型合同相对于典型合同的差异是非典型合同的价值所在。对典型合同与非典型合同关系的认识,是以二者差异的客观存在为前提的。所谓非典型合同,就是与典型合同有差异的合同。非典型合同与典型合同只可能类似而不可能完全相同,这是一个简明的事实与前提。人们创设非典型合同的目标在于重新组合、增减既有典型合同的权利义务。如果非典型合同仅仅是重复典型合同的内容,那么,它既不是真正意义上的非典型合同,当事人也缺乏创设的动力。非典型合同的本质在于它相对于典型合同的差异,否认了这种差异,也就否认了非典型合同存在的价值。非典型合同相对于典型合同的差异可能在内容上,也可能在结构上,还可能在合同目的等其他方面之上。差异的多样性决定了非典型合同的多样性及其存在的多元价值。经济与社会的发展激发非典型合同的创新,创新越大,与典型合同的差异就越大;创新的合同类型越多,与典型合同存在差异的合同就越多。在金融领域非典型合同纠纷案的法律适用中,应当尊重这种差异,不能以典型

---

① 参见周江洪:《典型合同与合同法分则的完善》,载《交大法学》2017年第1期。

② 王文宇:《契约定性、漏洞填补与任意规定:以一则工程契约终止的判决为例》,载《台大法学论丛》2009年第2期。

合同为标杆而忽视上述差异甚至否认上述差异及其多样性。否则，就可能严重地损害非典型合同的自治与效率。

在金融领域非典型合同纠纷案的法律适用中，应当正确地认识非典型合同的法律适用理论，避免不当参照适用造成的合同强制与效率损害。非典型合同法律适用理论中的吸收说，就是合同强制与效率损害的典型例子："如果在法律效果上主要部分吸收非主要部分、完全排除非主要部分的法律适用，则是对当事人意志不尊重的表现，是一种隐藏的合同强制主义，是违背了合同自由的。"①以吸收说为典型的合同强制损害了合同自由尤其是合同类型自由。合同自由包括合同类型自由，这要求不能将合同自由中的"合同"仅仅理解为典型合同，而应当理解为一个包括非典型合同在内的开放性合同体系。否则，合同自由就成为典型合同的自由。这种画地为牢的合同自由不是合同自由的原义。通过参照适用而以典型合同制度强制非典型合同，这是合同之间的强制，是一种内部强制。其他部门法强制性规范对合同的强制，往往是合同的外部限制，因而往往比较明显，而合同之间的强制，是合同内部对合同自由与交易效率的限制，非常具有迷惑性。"典型合同并非是抑制当事人合同自由的僵化的框架，而是对当事人的契约自由提供支持的重要工具，是当事人之间事先设计权利义务的重要工具。"②对典型合同制度的参照适用不应当以损害非典型合同的自治与效率为代价；相反，应当有助于非典型合同的自治与效率，这才是对参照适用理论的正确定位。因此，在金融领域非典型合同纠纷案的法律适用中，应当慎重地选用非典型合同的法律适用理论。

在金融领域非典型合同纠纷案的法律适用中，即使参照适用典型合同规范，也应当将之仅仅当作参照物，而不是僵硬的裁判标尺。在符合参照适用的标准之时，二者类似之处可予以参照，而差异之处则应当予以变通。也就是说，参照适用是一种求同存异的参照，而不是求同舍异的参照，否则就会损害非典型合同的自治与效率。"参照适用通过同其所同，填补法律漏洞；通过异其所异，对被参照适用的法律规定进行适当变通调适，避免不合宜的等量齐观。"③这种参照适用应当是：第一，典型合同规范体系可以为非典型合同提供一定的分析框架，但是，应当将这种分析框架当作一种思想原料，而不要将之当作非典型合同的真正结构。典型合同之中蕴含了

① 杨崇森：《混合合同之研究》，载郑玉波主编：《民法债编文选辑》，台北，五南图书出版社 1984 年版，第 211 页。
② 周江洪：《典型合同与合同法分则的完善》，载《交大法学》2017 年第 1 期。
③ 王雷：《非典型合同和典型合同中的参照适用》，载《财经法学》2023 年第 3 期。

一定的结构原理,比如买卖合同就存在一个相对固定的权利义务结构框架。但是,合同结构是千变万化的,且不同的结构体现出不同的功能。非典型合同可能在结构上不同于典型合同。如果将典型合同的结构套用于相应的非典型合同,就可能妨碍非典型合同的性质与功能。第二,典型合同的权利义务可以为非典型合同提供一定的材料,但是,不要将之直接当作非典型合同的内容。非典型合同可能对典型合同的权利义务进行剪裁,也可能进行重组,还可能将两个或多个典型合同的内容进行剪裁与重组,甚至加入一些新的内容。第三,典型合同的目的可能为非典型合同的目的提供指引,但更多的情形是,非典型合同有自己的合同目的。"名为某合同实为某合同"的说法是要慎重的,实践中一些合同可能只是对传统合同名称的简单更改,并没有改变合同目的,也可能是非典型合同的创设,改变了合同的目的。应当区分这两种情况而分别对待。合同目的是重要的,因为合同权利义务的设定均与合同目的密切相关。在不违反强制性规范的前提下,非典型合同的目的与典型合同的目的一样,都应当得到尊重与保护。非典型合同的创新体现于合同结构、内容与目的等之上,只有尊重非典型合同在结构、内容与目的上的创新,才有可能尊重非典型合同的自治,才能保障非典型合同的效率。总之,典型合同制度应当是合同自由与交易效率的示范,而不能成为合同自由与交易效率的障碍。

（三）强制性规范适用中合同自由与交易效率的最大化

金融领域非典型合同纠纷案的裁判必须遵守强制性规范,但是,在适用强制性规范之时,应当审慎地区分强制性规范的目的、类型与作用对象等,尽量减少对非典型合同的强制。强制性规范对合同效力的不当强制,既是对合同自由的限制,也可能影响交易效率。《九民纪要》第 30 条指出,一些法院动辄以违反强制性规定为由认定合同无效,不当扩大无效合同范围,为了避免这种失误,法院应当考量强制性规定所保护的法益类型、违法行为的法律后果以及交易安全保护等因素慎重判断强制性规定的性质。《合同编通则解释》第 16 条明确了《民法典》第 153 条第 1 款关于"该强制性规定不导致该民事法律行为无效的除外"的范围,认为由行为人承担行政责任或者刑事责任能够实现强制性规定的立法目的的,则不应当认定合同违反强制性规定。在金融领域非典型合同纠纷案的法律适用中,不仅要考虑合同自由与交易效率,还要考虑交易安全、交易公平,后两种价值往往通过强制性规范予以保护。与其他合同一样,金融领域的非典型合同应当受到强制性规范的限制。因为交易安全与交易公平的重要性,金融法对金融领域非典型合同的限制往往比对一般合同的限制更为严格。尽管如此，该领域的法律适用仍然需要区分强制性规范的目的、类型与作用对象等，不能将所有强制性规范均理解为效力性强制性规范，也不能将违反强制性规范的非典型合同全部裁判为无效。相较于缔约过失责任、履行阻却，无效裁判是对非典型合同最严厉的否认。在不减损强制性规范目的的情况下，金融领域非典型合同纠纷案的法律适用应当尽量减少无效裁判。该领域的法律适用应当考虑强制性规范的规范目的，从强制性规范的类型认定、作用对象、合同利益等诸多方面尽量减少对非典型合同的强制，尽可能保障非典型合同的自由，进而达到保护交易效率的效果。

在金融领域非典型合同纠纷案中适用强制性规范，应当坚持特别法的强制性规范优先适用的原则。同一位阶的金融特别法与私法一般法等均可能规定强制性规范，前者可能详细地规定强制性规范的目的、适用范围与实施方式，准确地界定强制性规范实施的程序细节，后者则属于一般性规定，缺乏上述内容。特别法的特别之处在于，它比一般法更为详尽地考虑了各种情况，能够区别对待各种特殊情况，而不是像一般法那样仅仅作出含混的规定或作出简单粗暴的“一刀切”式调整。特别法对强制性规范的详细规定能够避免强制性规范的随意性与扩张性，从而防范强制性规范的滥用。而一般法可能因为一大二空，极容易导致强制性规范的滥用。金融领域非典型合同受到一般法与金融特别法的调整，在金融领域非典型合同纠纷案的法律适用中，面对同一位阶的法律规定，应当遵守立法法的要求优先适用特别法，这有助于减少强制性规范对非典型合同自治与效率的损害。

在金融领域非典型合同纠纷案的法律适用中，为了尽可能地保护合同自由与交易效率，在适用强制性规范时应当考虑比例原则。根据非典型合同是否违反强制性规范，上述法律适用可以作两种处理：第一，适用强制性规范，但通过选择强制性规范所作用的合同环节或所限制的合同利益，尽量使上述环节最小化或利益限制最小化，尽量裁判非典型合同有效，从而尽可能地保护合同利益。第二，根据比例原则，衡量各种裁判方案，决定是否适用强制性规范，或在什么程度上适用强制性规范。在上述法律适用中，公共利益是重要的，但不能没有利益衡量，不能为了些许公共利益而损害私人的重大利益。比例原则要求金融审判控制强制性规范的强制方式与程度，禁止不择手段与过度强制，要求对非典型合同的强制与强制性规范所追求的目的之间必须相称，防止二者在效果上不成比例。“为了防止和限制国家权力过度干预民事主体的自由空间，将比例原则引入民法，具有重大的理论和实践意义。”①在裁判合同的效力时，“合同与社会公共利益的关联性、合同无效的必要性和实效性的判断主要是事实判断的过程，而合同本身的恶劣性、社会公共利益的重要性以及合同无效的均衡性则主要属于价值的判断过程”。② 将比例原则引入金融领域非典型合同纠纷案的法律适用中，其意义也非常重大。即使在违反强制性规范的情况下，也必须考虑合同利益与强制性规范所保护利益的大小，选择适当的手段来限制非典型合同，以求在保护公共利益的同时，将对合同自由与交易效率的损害最小化。

在金融领域非典型合同纠纷案的法律适用中，为保护合同自由与交易效率，还要求考虑非典型合同参照适用的实施成本与谬误成本。在确定是否参照适用典型合同之时，如果类似性的判定过于困难，或者可能存在较大的谬误可能，那么，可以考虑不予以参照适用，而考虑适用通则。也就是说，参照适用虽然是获取非典型合同法律规则的重要方法，但这一方法的运用需要考虑其实施成本与谬误成本，减少不当参照适用对合同自由与交易效率损害的风险，反对不计成本的参照适用。

五、小结：解决价值冲突的法律适用规则

在金融领域非典型合同纠纷案的法律适用中，应当明确以上基本价值的冲突规则。在金融审判中，以上基本价值并不总是并行不悖的，相反，它们可能产生各种冲突。合同自由可能与交易安全冲突，交易安全也可能与交易效率相冲突，如此等等。金融领域非典型合同的金融特征可能使其法律适用偏向于交易安全，而其合同特征则使之偏向于合同自由，其非典型性特征则可能使之存在价值偏向的多样性。例如，考虑到非典型合同对交易公平的影响，可能会偏向于交易公平，而考虑到其对于金融安全的影响，可能会偏向于交易安全，如此等等。如果在上述法律适用中缺乏价值冲突规则，那么，就可能导致价值偏颇。例如，因为强调交易安全而忽视合同自由，或因强调交易公平而忽视交易效率，出现顾此失彼的现象。为了应对上述价值冲突，防范不合理的价值偏颇，有必要建立合理的价值冲突规则。上文阐述了该领域法律适用中的价值基础及其适用要点，一些地方已经注意到了上述价值的冲突与偏颇。例如，在讨论合同自由与交易效率时注意到了对强制性规范的遵守，就旨在避免合同自由与强制性规范所保

① 郑晓剑：《比例原则在民法上的适用及展开》，载《中国法学》2016 年第 2 期。
② 黄忠：《比例原则下的无效合同判定之展开》，载《法制与社会发展》2012 年第 4 期。

护的交易安全或其他价值观的冲突，其目标在于综合考虑各种价值的均衡。但是，以上价值冲突还需要一个体系性的规则。阿列克西提出了重力公式，通过比较在特定案件中原则的重要性（“重力”）而确定应当优先的原则，其中重力由原则被满足的重要性程度、抽象重力和被侵害的经验性前提的确定性程度三个要素相乘得出。① 我国学者认为可以借鉴上述理论，在私法中可以通过具体的优先条件或变量确立相冲突原则中优先适用的原则。② 阿列克西的理论及其改良版本，确立了原则重要性的比较方法及其公式，尽管公式中的参数失之于抽象，但作为观念性的指向仍然具有很大的意义，可以借鉴于金融领域非典型合同纠纷案法律适用的价值取向之上。本书认为，在金融领域非典型合同纠纷案的法律适用中，或应倡导如下价值冲突规则：

第一，保护价值底线规则。该规则的意思是，在上述法律适用中，交易安全、合同自由、交易公平与交易效率，各个价值的最低限度要求应当得到保护。什么是上述价值的最低限度要求？以合同自由为例，可以从以下两个方面进行判断：一是不自由的程度是否损害了宪法所规定的基本金融权利，或者使私人无法行使宪法所规定的基本金融权利。如果达到了这样的限度，那么，这种限度就是合同自由的底线要求。“司法者必须基于实现或保护基本权的理念，来判断法律行为是否以及如何无效。”③延伸这一观点，金融审判也应当从基本权利的实现或保护之上确定其价值底线。二是对合同自由的限制足以使交易安全、交易效率等其他价值失去其应有的意义。例如，没有最基本的合同自由，交易安全就成为画地为牢的安全，这种过于严厉的要求使交易安全、交易效率等都失去了应有的意义。保护价值底线规则旨在保障最低限度的价值。在金融审判中不应当过于忽视某一价值，而至少要保持这些价值的最大限度。例如，即使是在金融危机时期，也应当保护合同自由的最大限度和底线，而不能为了交易安全而完全忽视合同自由。

第二，价值平衡规则。该规则的意思是，在金融领域非典型合同纠纷案的法律适用中，交易安全、合同自由、交易公平与交易效率应当平衡，不应当过分强调其中的某一价值，也不应当过分贬斥另外的价值。合同法或

① 参见［德］罗伯特·阿列克西：《法：作为理性的制度化》，雷磊编译，中国法制出版社2012年版，第172～174页。

② 参见彭诚信：《从法律原则到个案规范——阿列克西原则理论的民法应用》，载《法学研究》2014年第4期。

③ 章程：《从基本权理论看法律行为之阻却生效要件——一个跨法域释义学的尝试》，载《法学研究》2019年第2期。

金融法的每个价值均有其独特之处，既没有重复，也不能相互替代，因而，保持它们之间的平衡应当是经常性的做法。私法强调平等，不同的价值观体现了不同主体的权益，因此，价值平等是主体平等的价值要求。金融领域非典型合同属于私法的内容，因此，私法的平等观念落实于上述法律适用的价值关系之上，也就是说价值平衡。例如，过分地强调交易安全，忽视交易公平、交易效率与合同自由，是有害处的。在金融法中，不存在压倒其他价值的唯一价值，这与民法中诚实信用帝王条款地位的说法是不同的。如果将交易安全或交易公平推崇到一个不应有的高度，那么，金融法中的资产管理合同、金融衍生品合约等将无容身之地。在金融交易中，存在大量以投机为目标的非典型合同，这些合同可能难以得到传统民法中公平原则的认可，但金融法因投机行为的价格发现功能、资本集中功能等而对之予以不同程度的认可。在金融领域非典型合同纠纷案的法律适用中，以交易安全或交易公平来过度限制合同自由或交易效率，应当适可而止，否则，就像过高的道德要求一样，陈义过高而无法做到，反而落入更加虚伪的泥潭，从而出现群体性违法与选择性执法的现象。“改革开放以来的许多制度创新都是从‘违法’开始的，但是这些创新者，或者说制度企业家们的命运却各个不同。特定时期的政策调整，使有的人被定罪判刑进了监狱，有的人却利用先动优势成为戴着无数光环的改革先锋，而大部分人因为遵纪守法失去了致富的好机会。”①过高的交易安全要求反过来会严重地损害交易安全与交易公平。

第三，稀缺价值优先规则。在金融领域非典型合同纠纷案的法律适用中，交易安全、合同自由、交易公平与交易效率一般应当保持平衡，这是价值平衡规则的要求。为了维持这种平衡，当某种价值特别稀缺之时，应当对这种稀缺价值予以弥补，在特定时期允许弱势价值优先。例如，在金融危机时期，金融审判仍然应当保持底线的合同自由、交易公平等，但应当将交易安全优先于其他价值。而在严厉的金融抑制时期，合同自由可能成为弱势价值，此时应当考虑其相对于其他价值的优先地位，直至达到价值平衡。在特定情形下的稀缺价值，也就是阿列克西重力公式中所说的受到较多侵害的价值；在其他参数相同的情况下，根据阿列克西的重力公式，稀缺价值应当比其他价值具有更大的重力，从而应当居于优先的地位。稀缺价值优先，这一规则的目标是保障和促进某些严重受损的价值，使之达到正常水平，从而达成诸种价值的平衡。金融市场具有一定的顺周期性，在上

---

① 戴治勇：《选择性执法》，载《法学研究》2008 年第 4 期。

述周期中,金融审判可能因应某种价值稀缺而奉行某些价值优先规则,如此,会形成不同时期的不同价值偏向。例如,我国对“职业放贷人”的规制经历了严格禁止、适度宽松和强化监管三个阶段,体现了不同时期对安全与效率两个价值取向的权衡和取舍。①

第四,整体价值最大化规则。在金融领域非典型合同纠纷案的法律适用中,有时可能存在不同的法律适用方案,且不同的法律适用方案可能导致不同的价值冲突,其严重程度各不相同。例如,在对赌合同纠纷案等的法律适用中,以强制性规范作用于合同的效力环节,否认合同效力以保障交易安全,这是一种法律适用方案,而承认合同的效力而将强制性规范适用于合同履行环节,裁判履行阻却是另一种法律适用的方案。前一方案是对合同自由的根本性否认,可能使交易安全与合同自由之间、合同效率与交易公平之间发生严重的冲突;后一方案在保障交易安全的同时保存了合同的效力,可能减少强制性规范对交易效率与合同自由的限制,从而在保障交易安全与交易公平的同时也减少对其他价值的损害。法律适用方案选择的重要性于此可见一斑。金融审判应当尽可能选择价值冲突最小的裁判方案,以减少价值冲突并达成整体价值的最大化,这就是整体价值最大化规则。过于强调某一价值而无视价值冲突及其严重程度,是金融审判中容易出现的错误。在价值冲突之时,应当寻求整体价值最大化的方案。需要强调的是,在金融审判中,交易安全往往受到重视,而价值冲突的讨论极为少见,寻求整体价值最大化的思维更没有得到应有的重视。在金融领域非典型合同纠纷案的法律适用中,应当树立这样的思维:当存在价值冲突之时,应当探寻更好的裁判方案,金融审判的整体价值常常是可以最大化的。

① 参见李有、沈伟:《金融司法的安全和效率周期之困——以“职业放贷人”司法审判为切入》,载《中国法律评论》2020 年第 5 期。

第四章　金融审判中非典型合同与典型合同类似性的结构识别法[①]

金融领域非典型合同纠纷案的法律适用需要参照适用相关法律,而类案裁判也需要参照适用相关案例,二者均必须进行类似性的识别。《民法典》第467条第1款规定,非典型合同可以参照适用最相类似典型合同的规定。这一款规定了非典型合同的参照适用,其中最相类似合同的识别,必然需要类似性的识别方法。民法典编纂中大量使用了"参照适用"这一立法技术,以达成简化条文、规范存储、增进体系化和查缺补漏的功能。[②] 民法典中还存在大量参照适用的规范,均涉及类似性的识别方法。[③] 同时,最高人民法院《关于案例指导工作的规定》(法发〔2010〕51号)第7条规定:"最高人民法院发布的指导性案例,各级人民法院审判类似案例时应当参照。"在上述各种参照适用中,类似性的判定是参照适用的"枢纽"。参照适用必须将拟调整的法律事实和被参引制度具体化的法律事实进行比较,它们的类似程度决定了参引的程度。"指导性案例发挥作用的关键在于,通过'识别'确定系争案件与指导性案例之间是否存在类似性。"[④]因此,在上述两种情况中,识别类似性均是合理裁判的基础。比较二者在类似性识别方法上的异同,结合最新的合同结构研究,或有助于改进金融审判中非典型合同纠纷案类似性的识别方法。

一、类似性识别的不同方法

(一)非典型合同法律适用理论中的因式分解法

传统非典型合同的法律适用理论主要目标是解决非典型合同的法律

---

① 本章内容已公开发表,收入本书时略有删节,参见陈醇:《非典型合同纠纷案中相似性的结构识别法》,载《经贸法律评论》2023年第3期。

② 参见王利明:《民法典中参照适用条款的适用》,载《政法论坛》2022年第1期。

③ 例如,《民法典》第647条规定:"当事人约定易货交易,转移标的物的所有权的,参照适用买卖合同的有关规定。"第656条规定:"供用水、供用气、供用热力合同,参照适用供用电合同的有关规定。"第851条第4款规定:"当事人之间就具有实用价值的科技成果实施转化订立的合同,参照适用技术开发合同的有关规定。"

④ 王利明:《我国案例指导制度若干问题研究》,载《法学》2012年第1期。

规则问题,类似性的识别并不是该理论的主要内容,但在该理论之中隐含了类似性识别的方法。

非典型合同的法律适用理论以因式分解法识别非典型合同与典型合同之间的类似性。所谓因式分解法,是指通过分解非典型合同,进而比较非典型合同与特定典型合同而识别二者类似性的方法。因式分解法产生于混合合同的法律适用理论。德国法认为混合合同可以分为类型联合合同与类型融合合同两种基本形式。类型联合合同的各项(不同类型的)给付应当分别适用其所属的典型合同类型的法律规定,即分离组合理论(Trennungs-und Kombinations theorie)。[①] 分离组合理论是对裁判经验的总结,在一起混合合同纠纷案中,当事人之间约定了不同类型的给付之债(货物包装和货物运输),法院将案涉混合合同分解为两类给付义务而分别适用了特定给付类型相对应的典型合同的法律规则,即适用承揽合同与运输合同的法律规则。[②] 由此形成了结合说,即将混合合同分解为若干典型合同并在调和与统一后分别参照适用相应典型合同制度的法律适用方法。如前所述,德国学者认为分离组合理论不宜适用于类型融合合同,因为该类合同的给付难以截然区分为两个或两个以上的典型合同,因而发展形成了"统一或吸收理论":起决定性作用的是关于"占优势"典型合同的法律规定,其他典型合同的元素则被吸收在内。由此形成了吸收说,即将混合合同分解为主要部分与非主要部分并参照适用主要部分相应典型合同制度的法律适用方法。该学说认识到了类型融合合同在截然区分为两个以上典型合同方面的困难,但其中主次合同要素及其法律适用的区分,仍然需要以主次要素的分离为基础,也就是说,因式分解法仍然是类型融合合同法律适用的基本技术,只是其中分离技术产生了变化:从截然区分其中典型合同的不同类型转向了区分其中典型合同的主次关系。有学者认为,除上述类型联合合同与类型融合合同以外,还存在"对待给付为其他类型的合同"。[③] 对待给付为其他类型的合同,其合同的各项给付原则上分别适用属于该类型的法律。[④] 此中存在一个分离的过程,也贯彻了因

① Vgl. Medicus/Lorenz, Schuldrecht Ⅱ Besonderer Teil, 18. Aufl., Verlag C. H. Beck 2018, § 57 Rn. 5.

② 该案详见德国联邦最高法院的民事司法判决 BGHZ 173,344(德国联邦最高法院民事判决汇编第 173 卷第 344 页)。该判决对分离组合理论的提出具有指导性意义。

③ 参见[德]迪特尔·梅迪库斯:《德国债法分论》,杜景林、卢谌译,法律出版社 2007 年版,第 475 页。

④ Vgl. Medicus/Lorenz, Schuldrecht Ⅱ Besonderer Teil, 18. Aufl., Verlag C. H. Beck 2018, § 57 Rn. 16.

式分解法的技术。非典型合同的法律适用学说还存在类推适用说，该学说也以因式分解法作为基本技术。非典型合同的结构具有复杂性，正是因为这样，非典型合同的法律适用有多种学说，以应对其中不同种类的结构情况。但是，无论是何种学说，在类似性的识别方法上，均运用了因式分解法。

（二）类似性的其他识别方法

德国学者的类推适用理论给出了类似性的识别方法，包括类似性的比较节点与类似程度标准。根据学者对德国法中类似性判断学说的总结，这些学说可分为构成要件类似说、实质一致说和同一思想基础说三种；在类似性的识别方法上，前者主张以构成要件类似为识别方法，中者主张以法定案型与待决案件事实的一致性为类似性的识别方法，后者主张以利益状态的同一性为类似性的识别方法。① 有学者发展了构成要件类似说，认为类案类似性的识别应当对各构成要素整体参照，以裁判要点为认识起点，以事实比对为关键环节，以实质理由为决定要素。② 另有学者则发展了同一思想基础说，认为应当从初阶类似（事实要素的类似和结构关系的类似）和高阶类似（价值判断和利益类型的衡量）上判定类似性。③ 德国学者及其后继者的观点认为，在识别参数之上，其共同特征是较为抽象，以构成要件、法定案型、利益或上述因素的综合体作为类似性的识别方法；在类似程度之上，则以“同一”“一致”等词汇表达其类似程度，隐含了一定的类似程度标准。

以上述类似性的识别方法为基础，我国学者提出了参照适用的一般化类似性识别方法，其重点是确定比较节点。有学者认为应当区分限定参照和概括参照，根据事实要素、结构关系等确定类似性，然后通过价值评价确保准用结果的妥适性。④ 这一观点汲取了类推适用理论中重视价值与案型等方面的合理观念，在类似性识别方法中加入了结构与价值等方面的考量。有学者区分了类推适用与参照适用，以构成要件类似说为基础，认为应当从案件基本事实、法律关系、案件争议点、争议法律问题等判断类似性，从而确定是否参照适用。⑤ 该观点超越了构成要件类似说，确立了参照适用中类似性识别的四个要点，这四个要点紧扣裁判实践，具有很强的

① 参见黄建辉：《法律漏洞·类推适用》，台北，蔚理法律出版社1988年版，第110页。
② 参见王彬：《案例指导制度下的法律论证——以同案判断的证成为中心》，载《法制与社会发展》2017年第3期。
③ 参见张弓长：《民事司法中类推适用之类似性判断》，载《中国政法大学学报》2021年第3期。
④ 参见张弓长：《〈民法典〉中的“参照适用”》，载《清华法学》2020年第4期。
⑤ 参见王利明：《民法典中参照适用条款的适用》，载《政法论坛》2022年第1期。

可操作性。

类案类似性的识别是近年较为活跃的话题，这一领域的讨论多以类推适用理论与参照适用理论中类似性的识别方法为基础，其内容包括比较节点与类似程度两个方面。有学者在总结既有类案类似性识别的经验后提出："从待决案件的事实与'裁判要点'所包括的必要事实、待决案件所要解决的法律问题与'裁判要点'涉及的法律问题两方面判断相似性。"①这一观点运用"裁判要点"限缩了类案类似性识别参数的范围，有助于减少类案类似性识别的工作量并增强其可行性。在承认上述类似性比较节点的基础上，一些学者增加了辅助性的标准，如认为应当从事实、法律、争议和相关的类似性四个因素判断类案的类似性；②或认为主要标准是争议点类似和关键事实类似，辅助标准是案由和行为后果类似；③或认为类案类似性的识别应当以关键事实、法律争点与裁判要点作为比较节点；④或认为以判决指引的行为、关键事实作为比较节点，通过影响行为后果评价的因素确定案件的类似程度。⑤ 以上类案类似性的识别方法，从基本事实、法律关系、案件争议点或裁判要点、法律后果等节点识别类案的类似性。值得强调的是，在类案理论的类似性识别方法中，我国学者重视类似程度的论证。有学者重视类案类似程度的论证，认为同案分析应当包括案件性质上的定性分析和案件情节上的定量分析；⑥也有学者认为类似程度的判断应当注重裁判理由，结合以感知经验判断为基础的初步判断与以实质理由（裁判理由）论证的最终标准。⑦ 以上述观点为基础，有学者认为应当将递进式同质论证确立为司法判定类案的论证模式。⑧ 以上三个观点不仅重视类案节点类似性的识别方法，而且强调了类似程度的论证。

综观以上观点，可以看到，在类似性的识别方法上，类推适用理论是参照适用理论的基础，而参照理论又是类案理论的基础。前者重视构成要件、法定案型、利益等抽象因素的节点比较，中者以此为基础，根据裁判实践强调基本事实、法律关系、案件争议点或裁判要点、法律后果等节点的比

---

① 四川省高级人民法院四川大学联合课题组：《中国特色案例指导制度的发展与完善》，载《中国法学》2013年第3期。

② 参见张骐：《论类似案件的判断》，载《中外法学》2014年第2期。

③ 参见高尚：《司法类案的判断标准及其运用》，载《法律科学》2020年第1期。

④ 参见孙海波：《案例指导制度下的类案参照方法论》，载《现代法学》2020年第5期。

⑤ 参见刘宇：《间接后果主义的类案判断程序研究》，载《北方法学》2021年第4期。

⑥ 参见张志铭：《中国法院案例指导制度价值功能之认知》，载《学习与探索》2012年第3期。

⑦ 参见黄泽敏、张继成：《案例指导制度下的法律推理及其规则》，载《法学研究》2013年第2期。

⑧ 参见杨知文：《类案适用的司法论证》，载《法学研究》2022年第5期。

较，而后者较多地借鉴了参照适用理论，也多从基本事实、法律关系、案件争议点等节点的比较入手。三种类似性的识别方法呈现出递进式的发展关系，它们均不是针对非典型合同的特别方法，而是相应领域的一般方法。为了称呼的方便，下文将之统称为“其他识别方法”。

判例法国家遵循先例的做法需要类推，其类推理论丰富，其中一些观点不适合于成文法国家，而另一些观点则具有借鉴意义。遵循先例的类比推理中的发现过程包括注意或发现未决定的案例和一组或多组先例之间的类似性。[①] 但是，与成文法国家不同，它们发现案件之间的类似性，并不以（也少有）成文法规定的行为模式或法律关系作为基础，其比较节点往往是经验性质的节点。因此，以成文法中的概念、要件与行为模式等为基础的比较节点（法律关系、法律行为、法律争点与裁判要点等），在判例法国家难以找到对应物。因此，有学者评论说：“普通法中并不存在支配确定类比基准点、判断先例判决与问题案件间事实上的不同点与相同点的重要程度的事先阐明的规则，先例拘束原则对法官如何确定具有法律拘束力的类比基准点、确定是应该遵循先例还是区别先例并不能提供实质性的帮助。”[②]但是在识别方法上，英美法学者提出多种约束模型，主张从表面、结构和目的性三个层面约束类比的判断。[③] 该模型颇有借鉴意义：除在重视比较的节点（表面）之外，还应当重视结构与目的的比较。对结构的强调，有助于保证节点比较的体系性，而对目的性的强调，有助于明确比较的目标。

综上所述，参照适用需要类似性的识别方法，既有理论中存在专门适用于非典型合同的因式分解法以及参照适用理论等之中的其他识别方法。

二、非典型合同纠纷案中识别方法的例证

为了了解各种类似性识别方法在非典型合同纠纷案中的运用，下面以抵押监管合同纠纷案与股权收益权转让协议纠纷案为例，考察各种识别方法的适用情况。

（一）因式分解法的例证

本章以“抵押监管”或“质押监管”为关键词检索中国裁判文书网，截

---

① See Dan Hunter, *Reason is too Large*: *Analogy and Precedent in Law*, 50 Emory Law Journal 1197 (2001).

② 刘克毅：《试论类比法律推理及其制度基础——以普通法的运作机制为例》，载《法商研究》2005年第6期。

③ See Dan Hunter, *Reason is too Large*: *Analogy and Precedent in Law*, 50 Emory Law Journal 1197 (2001).

至2023年1月1日，找到18个相关案例，梳理后得到了6个合同内容高度类似的抵押（质押）监管协议纠纷案，发现相关法院运用因式分解法对这类非典型合同纠纷案作出了裁判（见表2）。

表2　运用因式分解法的案例

案名	案涉非典型合同及其内容	裁判理由中的类似性论证	是否适用了因式分解法
案1. 广东诚通物流有限公司与湖南省中小企业融资担保有限责任公司合同纠纷案①	《存货抵押监管三方协议》，三方协议，将抵押物交给监管方（第三方）监管	一审法院认为，案涉合同属于委托合同与保管合同二者混合的非典型合同；二审法院认为上述认定并无不当	是
案2. 中国工商银行股份有限公司天津静海支行与中国邮政速递物流股份有限公司天津市分公司、天津市亿升通钢管有限公司委托合同纠纷案②	《商品质押监管协议》，三方协议，将质押货物交由监管方（第三方）监管	一审法院认为，合同内容包括保管义务与相关委托事项，比保管合同的内容更为广泛，应认定为委托合同；二审法院认为上述定性并无不当	是
案3. 中国工商银行股份有限公司青岛山东路支行与中铁现代物流科技股份有限公司北京分公司、中铁现代物流科技股份有限公司及青岛澳海资产管理集团有限公司合同纠纷案③	《监管协议》，三方协议，将质押货物交由监管方（第三方）监管	一审法院认为，案涉合同包括处理与质物保管、监督相关的一切事务，除保管义务外，还负有报告、特殊标识以及通知银行等监管义务，为保管合同和委托合同的上一级案由即合同纠纷案；二审法院直接按照原《合同法》总则的规定进行了裁判	一审：是 二审：否
案4. 资中县农村信用合作联社与四川上辰金融仓储股份有限公司、四川沙淇实业有限公司仓储合同纠纷案④	《质物监管协议》，三方协议，将质物交监管方（第三方）存储、保管、监管	一审法院认为，因对质物享有管理、控制权，该协议为仓储合同；二审维持了判决	否

① 参见湖南省长沙市中级人民法院民事判决书，（2018）湘01民终7034号。
② 参见天津市第一中级人民法院民事判决书，（2019）津01民终2457号。
③ 参见最高人民法院民事判决书，（2019）最高法民终1938号。
④ 参见四川省内江市中级人民法院民事判决书，（2020）川10民终282号。

续表

案名	案涉非典型合同及其内容	裁判理由中的类似性论证	是否适用了因式分解法
案5. 安徽明光民丰村镇银行有限责任公司与新润源资产管理有限公司、第三人明光市振宇电源有限公司保管合同纠纷案①	《质押监管协议(适用动态质押)》,三方协议,将质物交给监管方(第三方)监管	一审法院认为,合同有保管合同的内容,也有委托合同的性质;二审法院认为,合同义务是占有并保管、监控质押物,具有保管合同义务的法律特征	是
案6. 阜新银行股份有限公司阜蒙县支行、阜新力昌钢铁铸造有限公司等金融借款合同纠纷案②	《动产抵押监管协议》,监管方(第三方)保管与监管抵押物	法院认为合同合法有效。无论证	否

从表2资料中可以看到,有三个案例认为抵押监管协议合同是混合合同,而另三个案例要么认定其为委托合同,要么认定其为仓储合同,要么没有定性。在案2中,案涉合同内容包括保管义务与相关委托事项,比保管合同的内容更为广泛,也比委托合同广泛,因此,法院将之认定为委托合同是不妥的;在案4中,案涉合同内容包括存储、保管、监管三者,法院将之认定为仓储合同,也有以偏概全之嫌。从抵押监管协议合同的内容上看,它确实包含了存储、保管、监管等权利义务,将其定性为任何单一的典型合同均是不妥当的,认定其为混合合同是正确的定性。

从表2资料中可以看到,上述案例在案涉合同名称上具有类似性,内容均为将抵押物或质物交给监管方(第三方)保存与监管。不同的法院对案涉合同纠纷案采用了不同的裁判方法,多数法院运用了因式分解法,只有个别法院忽视了类似性问题且没有运用因式分解法。多数法院论证了案涉合同与特定典型合同的类似性,但所有裁判均没有认识到类似不等于最相类似,均没有进行最相类似方面的比较与论证。以上案例中案涉合同内容高度类似,因式分解法得到了较多的运用,但法院对所分解的因式有不同的认识,运用的结果因而大相径庭。

(二)其他识别方法的例证

为了进一步弄清非典型合同纠纷案中类似性的识别方法,本章又以

① 参见安徽省滁州市中级人民法院民事判决书,(2019)皖11民终913号。

② 参见辽宁省阜新市中级人民法院民事判决书,(2021)辽09民初171号。

“收益权转让”为关键词检索中国裁判文书网，截至 2023 年 1 月 1 日，找到 24 个相关案例，梳理后得到了 10 个合同内容高度类似的股权收益权转让合同纠纷案，发现相关法院在类似性识别方法之上，完全没有运用因式分解法，而运用了其他识别方法，即通过合同目的、权利义务等参数的比较，认定了案涉合同的性质并进行了参照适用（见表 3）。

表 3 运用其他识别方法的案例

案名	案涉非典型合同及其内容	裁判理由中的类似性论证	是否以典型合同作为参照物	是否适用了因式分解法	是否运用了其他识别方法
案 7. 广西有色金属集团有限公司与五矿国际信托有限公司营业信托纠纷案①	《股权收益权转让暨回购合同》，一方转让 87.37%的股权收益权，另一方支付 5 亿元，回购溢价率为 13%/年	一审法院认为，该合同既包括信托法律关系，也包括回购法律关系，与通常意义上的借款及还款不同；二审法院认为，双方形成了股权收益权返售回购法律关系，原审法院认定并无不当	是	否	是
案 8. 安信信托股份有限公司与北京天悦投资发展有限公司、北京天域新城房地产开发有限公司、王某瑛、黄某海合同纠纷案②	《股权收益权转让及回购协议》，一方转让公司 100% 的股权收益权，另一方支付 3 亿元及按每年 13.5%计算的溢价款以回购前述股权收益权	一审法院认定系争合同不属于典型合同，应当参照原《合同法》分则中最相类似的借款合同的相关规定处理；二审法院认为适用法律正确	是	否	是

① 参见最高人民法院民事判决书，(2016)最高法民终 231 号。

② 参见最高人民法院民事判决书，(2017)最高法民终 907 号。

续表

案名	案涉非典型合同及其内容	裁判理由中的类似性论证	是否以典型合同作为参照物	是否适用了因式分解法	是否运用了其他识别方法
案9. 陈某银、李某、陕西省国际信托股份有限公司与庄某、余某凤营业信托纠纷案①	《股票收益权转让合同》,一方转让210万股的收益权,另一方支付15,220,000元与利率为8%/年的股票收益权实现款	系争合同不属于典型合同,应当参照借款合同相关规定处理	是	否	是
案10. 中国建设银行股份有限公司北京望京支行与中国华阳投资控股有限公司、中国华阳经贸集团有限公司合同纠纷案②	《转让合同》,一方将其持有的华峰公司80%的长期股权的收益权出让给另一方,另一方支付固定的回购溢价款	法院认为建设银行望京支行以收取回购溢价款的形式获得固定收益,应当参照借款合同的相关规定予以处理	是	否	是
案11. 陕西省国际信托股份有限公司、蔡某侠、曾某靖与庄某某、余某凤合同纠纷案③	《股票收益权转让合同》,一方以信托资金受让另一方持有股票的收益权,股票收益权实现款的利率为8%/年,信托计划期限不超过24个月	本案中的交易结构使陕西省国际信托股份有限公司无须承担股票收益权的任何风险,即使收益为零其亦可以通过回购取得固定收益……应当参照原《合同法》分则中借款合同相关规定处理为宜	是	否	是

① 参见陕西省高级人民法院民事判决书,(2019)陕民终698号。

② 参见北京市第三中级人民法院民事判决书,(2019)京03民初114号。

③ 参见陕西省高级人民法院民事判决书,(2019)陕民终699号。类似判决还有陕西省高级人民法院民事判决书,(2019)陕民终701号;陕西省高级人民法院民事判决书,(2019)陕民终697号。

续表

案名	案涉非典型合同及其内容	裁判理由中的类似性论证	是否以典型合同作为参照物	是否适用了因式分解法	是否运用了其他识别方法
案12.众应互联科技股份有限公司与北京易迪基金管理有限公司、宁波冉盛盛瑞投资管理合伙企业(有限合伙)合同、无因管理、不当得利纠纷案①	《股权收益权转让及回购合同》,一方转让公司12%股权收益权,另一方支付60,000,000元,回购溢价率为8%/年	一审法院认为,在合同性质上应属于以股权收益权转让及回购连同相关股权质押为操作方式的融资行为,不能确定为单纯的借贷关系;二审法院认为,一审判决认定事实清楚,适用法律正确	是	否	是
案13.白山市城市建设开发有限公司、吉林省华邦建筑集团有限公司借款合同纠纷案②	《资产收益权转让合同》,一方转让股权收益权,另一方支付转让价款与溢价,两种溢价率分别为6.5%/年与5.9%/年	认定为借款合同。无理由	是	否	是
案14.湖州融汇嘉恒融资租赁有限公司与利爵有限公司等合同纠纷案③	《股权收益权转让合同》,一方转让1000万股的股权收益权,另一方支付3036.44万元,回购溢价率为14%/年	合同性质上应属于以股权收益权转让及回购等为操作方式的融资行为,不应简单确定为单纯的借贷关系	是	否	是

① 参见北京市高级人民法院民事判决书,(2019)京民终232号。
② 参见吉林省白山市中级人民法院民事判决书,(2021)吉06民初40号。
③ 参见北京市第三中级人民法院民事判决书,(2021)京03民初53号。

续表

案名	案涉非典型合同及其内容	裁判理由中的类似性论证	是否以典型合同作为参照物	是否适用了因式分解法	是否运用了其他识别方法
案 15. 河南平原控股集团股份有限公司与郑州永通特钢有限公司、董某喆、董某昊、前海索新发展科技(深圳)有限公司、董某通借款纠纷案①	《远期股权收益权受让合同》,一方转让公司100%股权收益权,另一方支付2亿元	一审法院认为,从股权收益权转让合同中对预期收益金额的约定看,是不论盈亏的固定收益,并无买入收益权的目的,应当认定为借款纠纷案。二审法院认为,一审参照最类似的借款合同的规定处理,并无不当	是	否	是
案 16. 马某菲与中业银通信息咨询服务(北京)有限公司合同纠纷案②	《特定股权收益权·转让及回购协议书》,一方转让特定股权收益权,另一方支付160,000元,溢价率为13%/年	双方之间的法律关系并非借款合同关系	是	否	是

股权收益权转让合同是衍生合同。股权包括收益权与其他权利(如知情权、表决权等),收益权只是股权的一部分,股权收益权是股权的衍生权利。因此,股权收益权转让合同只是股权转让合同的部分内容,它是股权转让合同的衍生合同。“权利的结构是权利成分的组成及其方式,它包括权利合成、权利分解和权利的单纯结构变动三个要点。”③权利的结构变动往往是通过合同而实现的,从股权中分解出股权的收益权,其合同形式即从股权转让合同中分解出股权收益权转让合同。其中,股权收益权的分解与股权收益权转让合同的出现具有相辅相成的功能:没有股权的分解,就没有股权收益权转让合同这一新合同生成的可能,而没有这一新合同的生

① 参见河南省高级人民法院民事判决书,(2022)豫民终 160 号。

② 参见北京市通州区人民法院民事判决书,(2021)京 0112 民初 20334 号。

③ 陈醇:《权利的结构:以商法为例》,载《法学研究》2010 年第 4 期。

成,分解后的收益权不能进入交易,终究也失去了分解的意义。权利分解对应合同分解,所生成的合同即衍生合同。

从表3资料中可以看到,上述案例在案涉合同名称上具有类似性,内容为一方转让股权的收益、另一方支付价款并规定回购溢价率,案涉合同的内容具有高度类似性,法院对案涉合同的性质作出了不同的认定:或认定为借款合同,或认定为借款合同的最相类似合同,或认定为其他无名合同。在以上非典型合同纠纷案的裁判中,将典型合同作为案涉合同定性或识别的基础,但是没有运用因式分解法,事实上,因为案涉合同不是混合合同,也无法运用因式分解法。从类似性的识别方法上看,案7、案10、案11、案12、案14与案15均从案件事实、法律关系等参数上比较了案涉合同与相关典型合同的类似性,运用了参照适用理论中的类似性识别方法,而案8、案9、案13与案16则没有明确具体的识别方法。其中,案10、案11从利益上进行了比较,体现了同一思想基础说中比较利益的思想,但这些裁判是在合同法律关系之中讨论利益,而不是抽象的利益讨论。在以上合同纠纷案中,所有裁判均没有认识到类似不等于最相类似,均缺乏最相类似方面的比较与论证。

(三)类似性识别方法的疑问

以上商品质押监管协议纠纷案与股权收益权转让合同纠纷案两类案件,分别采用了不同的类似性识别方法。本章的问题是:在非典型合同纠纷案的裁判中,应当采用什么样的类似性识别方法?《民法典》第467条第1款规定,非典型合同可以"参照适用最相类似"典型合同的规定。在该条款的适用中,需要运用一定的类似性识别方法,以解决两个方面的问题:一是比较节点的确定问题,即确定案涉非典型合同与拟参照典型合同的比较节点;二是类似程度论证,即案涉非典型合同(整体或部分)与拟参照典型合同是最相类似合同的论证。德国学者考夫曼举例说,狮子和狗是类似还是不同,取决于比较节点的选择,选择哺乳动物或大猫为比较节点,会得出不同的结论。① 除比较节点之外,类似程度的论证也是非常重要的,因为只有达到最相类似标准,才符合《民法典》上述条款的要求。不同的类似性识别方法可能在上述两个要点上存在差异,并可能得出大相径庭的结论。因此,确定合理的类似性识别方法,也就成为非典型合同纠纷案裁判中参照适用的关键问题之一。

---

① 参见[德]阿图尔·考夫曼:《法律获取的程序——一种理性分析》,雷磊译,中国政法大学出版社2015年版,第12页。

三、类似性识别方法的优缺点比较

下面从比较节点的确定与类似程度的论证之上，比较既有类似性识别方法的优缺点。

（一）因式分解法的优势与局限

因式分解法的最大优势在于认识到混合合同这一非典型合同类型，并根据其结构特征确定类似性的比较节点。因式分解法与提取公因式法是相通的民商法结构分析技术，二者均重视结构与分解。提取公因式法是民法的一般性方法。“正如古斯塔夫·博莫尔所说，提纲挈领地以一般化形式对其先行规定，就仿佛是‘提取公因式’。”①优士丁尼学说汇纂运用提取公因式的方法形成了民法典的通则。② 德国学者海泽以提取公因式法设立了其著作的“通则”。③ 萨维尼等学者继承并运用了提取公因式法，构建了总分式结构的《德国民法典》。④ 提取公因式法与历史方法一起成为民法学的两大方法论。⑤ 提取公因式与分解因式均重视结构，并试图将目标分解为一定的因式。在提取公因式法中，要提取公因式，必先注意到目标的结构特征，在此基础上才可能分解因式。民法的提取公因式法是以因式分解法作为前置性方法的；提取公因式与分解因式是民法之中相辅相成的两种数学思维。提取公因式法受到民法的推崇，作为其前置性方法的因式分解法也就必然会贯彻于民法之中。因式分解法中的分离技术，与民法中的因式分解思维是一脉相承的。因式分解法成为处理非典型合同纠纷案的重要法律技术，这根植于民商法对结构及其因式分解的重视。

因式分解法将非典型合同分解为典型合同，这是明智的选择。非典型合同理论中的结合说、吸收说与类推适用说有一个共同的特点，就是始终以典型合同作为最小公因式，通过将非典型合同分解为典型合同（部分或全部），比较所分解因式与典型合同的类似性而寻求所参照适用的法律。因式分解法是对上述共同选择的总结。在合同纠纷案的法律规则中，典型

---

① ［德］K. 茨威格特、［德］H. 克茨：《比较法总论》，潘汉典等译，法律出版社 2003 年版，第 221 页。

② 参见陈华彬：《潘德克吞体系的形成与发展》，载《上海师范大学学报（哲学社会科学版）》2007 年第 4 期。

③ 参见［德］迪特尔·梅迪库斯：《德国债法分论》，杜景林、卢谌译，法律出版社 2007 年版，第 23 页。

④ See Mathias Reimann, *Nineteenth Century German Legal Science*, 31 Boston College Law Review 837(1990).

⑤ See Mathias Reimann, *Nineteenth Century German Legal Science*, 31 Boston College Law Review 837(1990).

合同的法律规则是已知量,具有确定性。吸收说、结合说与类推适用说试图通过分解非典型合同,将未知量化为典型合同这一已知量而求解非典型合同的法律规则,这是正确的数学思维。因式分解法总结了这一数学思维,将非典型合同进行因式分解,分解为典型合同这一已知量。吸收说、结合说与类推适用说可能需要对所得的典型合同制度进行加工,如组合、连接、类推等,但它们均以分解因式作为基本方法,均从典型合同制度这一已知量得出非典型合同的法律规则。典型合同的法律制度是确定的;典型合同理论是经过长期努力的结果,它包含着非常丰富的教义学内容,绝非一朝一夕的简单思想火花。如果不依托既有合同制度与智识基础,而试图在此之外寻求因式,就可能事倍功半甚至徒劳无功。"类比法在法律之外可能确实不太确定。在法律上,我们有广泛的'固定点'进行调查,这使分析更容易。"①因式分解法将非典型合同分解为典型合同,找到了固定的比较节点,这才使能类似性的探析变得容易且具有确定性。

因式分解法将非典型合同分解为典型合同,这尊重了当事人创设非典型合同的思维规律。非典型合同体现了当事人创设合同的自由,它具有随意性与多样性,但并不是毫无规律的。当事人创设非典型合同,往往是对典型合同的各种加工。例如,抵押(质押)监管合同,是以保管合同与委托合同等典型合同为原料,将若干典型合同合成为一个新的合同;各种资产管理合同,也无不是以既有合同为基础的合同设计。或许不能在所有的非典型合同中找到典型合同的成分,但是,在多数非典型合同中可以找到典型合同的成分。正如德国学者所言:"很难想象一种全然新型的、与《民法典》规定的典型合同没有丝毫相似之处的合同。"②人类思维的进路具有很强的连续性,在合同类型的创设之上,也具有这种连续性。这是非典型合同与典型合同在事实上的联系。因式分解法尊重了非典型合同创设的思维规律,也尊重了非典型合同与典型合同之间的客观联系。

在阐明因式分解法技术优势的同时,也应当看到这一方法的局限。这包括两个方面。

其一,它仅仅适合于混合合同纠纷案,对衍生合同纠纷案无能为力。因式分解法是源于传统非典型合同理论的方法,其中蕴含着对非典型合同类型的预设。总结德国学者的成果,史尚宽先生将非典型合同分为纯粹非典型合同、准混合合同与混合合同三种;王泽鉴教授将非典型合同分为纯

---

① Cass R. Sunstein, *On Analogical Reasoning*, 106 Harvard Law Review 741 (1993).

② [德]迪特尔·梅迪库斯:《德国债法分论》,杜景林、卢谌译,法律出版社2007年版,第477页。

粹非典型合同、合同联立与混合合同三种。合同联立不属于单个非典型合同,而属于合同之间的联结,因而可以排除在非典型合同之外。而准混合合同可以归入混合合同。因此,混合合同与纯粹新合同是非典型合同的基本类型。因式分解法适用于混合合同,可谓恰如其分,该方法也正是为混合合同而设。而纯粹新合同则无法通过因式分解法而参照适用典型合同规范。既有非典型合同法律理论是针对混合合同而设立的,或者说,其中非典型合同的预设是混合合同。如果案涉合同纠纷不是混合合同纠纷,那么,就超出了非典型合同理论的预设,就难以适用因式分解法。可见,因式分解法受制于既有非典型合同法律适用理论的合同预设。在上文的案例中,商品质押监管协议是混合合同,其纠纷可以适用因式分解法,可以将该合同分解为复数典型合同;但是,股权收益权转让合同不是混合合同,就无法从中分解出复数的典型合同,因式分解法于此无用武之地。

其二,因式分解法缺乏类似程度的论证方法,忽视了最相类似的论证。因式分解法试图从非典型合同中分解出典型合同,问题在于,分解出的典型合同是不是最相类似的典型合同。非典型合同法律适用理论重视非典型合同类型与法律规则的讨论,而忽视了类似程度论证。同一非典型合同可能分解出不同的典型合同,运用因式分解法可能出现不同的分解结果,如果没有最相类似合同的论证,或者是不同分解结构的比较,那么,就可能出现随意性的结论。在上述商品质押监管协议纠纷案中,出现了不同的结论,就是因为商品质押监管协议可能分解出不同的典型合同,且法院没有比较不同的分解方案与结果,缺乏最相类似合同的论证,因而导致了类案不类判的情况。

(二)其他识别方法的优势与缺陷

其他识别方法建立了一些颇有特色的节点比较方法,并且也隐含着类似程度的论证。在比较节点上,或以构成要件、法定案型、利益等为比较节点,或以基本事实、法律关系、案件争议点或裁判要点、法律后果等为比较节点,或以基本事实、法律关系、案件争议点等为比较节点。在类似程度论证上,或强调实质一致,或强调同一思想,或重视案件性质上的定性分析和案件情节上的定量分析,或注重裁判理由,或强调递进式同质论证。尽管表述不同且方法存在差异,但它们的共同之处在于强调类似程度的论证。当然,其他识别方法虽然重视类似程度的论证,但没有联结《民法典》中的最相类似标准,没有将最相类似作为类似程度的论证目标,更没有提出最相类似的比较与论证方法。

其他识别方法不局限于混合合同的类似性识别,这一普适性可以为非典型合同纠纷案的类似性识别方法提供拓展的思路。类推适用理论的构成要件类似说、实质一致说、同一思想基础说，均具有一定的抽象性，裁判要点、实质理由比较以及初阶类似和高阶类似判定等方法，并不是针对混合合同的类似性识别方法，因而也就不局限于混合合同纠纷案，在其他非典型合同纠纷案中也可以适用。参照适用理论与类案理论主张从案件基本事实、法律关系、案件争议点、裁判要点、法律后果、争议法律问题等之上识别类似性的观点，也没有局限于混合合同纠纷案，而可以适用于其他非典型合同纠纷案。因式分解法以混合合同为预设，这赋予其针对性，同时也赋予其局限性，使之难以适用于混合合同之外的非典型合同，反过来，其他识别方法没有针对特定合同类型，而具有一定的普适性。这展示了一个道理：要增加类似性识别方法的针对性，就必须重视非典型合同的结构特征，而要拓展类似性识别方法的适用范围，必须增加其普适性，既不能只考虑混合合同纠纷案，还必须考虑衍生合同纠纷案。

然而，将其他识别方法运用于非典型合同纠纷案，其致命的缺陷在于缺乏确定比较节点的方法。构成要件说适合于刑法与侵权责任法等纠纷案的类似性识别，合同制度是以典型合同的类型作为区分框架的，而不是以构成要件作为区分框架的，因此将构成要件说适用于非典型合同纠纷案，因语境差异而难以确定其比较的节点。实质一致说主张从法定案型上确定比较节点，即使是在合同法的语境中谈论法定案型，也失之于抽象，难以确定法定案型到底是什么案型；该说中实质一致的标准也是不明确的，具体到非典型合同与典型合同之上，也难以确定比较的节点。同一思想基础说主张以利益状态作为比较节点，从法律比较退回到法律后面的利益比较，缺乏可操作性，具体到典型合同与非典型合同的利益之上，也难以确定到底以什么利益作为比较节点。有学者认为："笔者倾向于接受'构成要件类似说'和'实质一致说'相统一的观点，认为判断类案应尽可能缩小比较范围，'构成要件类似'首先可以将类案框定在统一法律关系或案由之下，已经把比较的范围大幅度地予以缩小。"①构成要件说的语境预设不适合于合同纠纷案，将比较范围"缩小"到典型合同与非典型合同的类似性比较时能更清晰地发现这种不合适性；实质一致说在不能确定所比较的利益之下谈论法定案型，无助于缩小比较的范围。因此，将上述两种学说综合起来，并不能改变它们在非典型合同纠纷中比较节点难以确定的困境，也并不能缩小比较节点的范围。以上三种方法作为一般性的方法，均

① 孙海波：《"同案同判"：并非虚构的法治神话》，载《法学家》2019年第5期。

无意针对非典型合同的结构特征而设计其比较节点的确定方法,作为一般方法,这是可以理解的。但是,正是这种一般性决定了它们在适用于非典型合同纠纷案时的缺陷:它们均忽视非典型合同的结构特征,无视非典型合同与典型合同之间的结构关系,如此,也就无法得到适当的比较节点。因式分解法正是通过观察混合合同的结构特征,找到了非典型合同与典型合同之间的结构关系,形成了确定比较节点的合理方法。其他识别方法过于宽泛,也就无法进行具体的结构分析,从而难以发现非典型合同纠纷案中确定比较节点的合适方法。因式分解法的优势,也正是其他识别方法的缺陷所在。

在其他识别方法的研讨中,不少学者认识到了这些方法在确定比较节点上的困境。有学者指出:“学界所讨论的如何判断同案的方法基本上可统归于‘分支法’。分支法要求同案这个节点之下划分出更多的节点。”① 其他识别方法将案件分解为若干因素(节点)并对各因素进行比较以识别类似性,它以分支法为内在方法,其难点在于比较的节点似乎可以无限下分:“‘分支法’路径最主要的问题在于无法规避节点无限下分的困境。”② 无论是类推适用理论、参照适用理论还是类案理论,其中类似性的识别方法至今仍然没有解决所隐含分支法的上述逻辑困境。因为节点并不固定,所以需要细分,即在无限细分节点的同时进行多方面、多层次的比较,至于最终节点是什么,因为分支法的无限性而不得而知。如果其节点不明,比较的层次不确定,比较的程序不透明,那么最终的结果可能并不能达到识别类似性的效果。

四、从因式分解法到结构识别法

(一)结构识别法的提出

以因式分解法为基础且汲取其他识别方法中的类似程度论证方法,本章提出结构识别法。结构识别法是通过分析非典型合同的结构,比较非典型合同中典型合同成分与典型合同的类似性,从合同目的、权利义务等方面确定二者是否为最相类似合同的方法。这一方法包括如下内容:

第一,分析非典型合同与典型合同的结构关系。其中结构分析方

---

① 黄泽敏、张继成:《案例指导制度下的法律推理及其规则》,载《法学研究》2013 年第 2 期。该文的结论对于其后文献也是成立的。例如,其后的递进式同质论证模式也以分支法为基础对既有案例与待决案件进行比较论证。参见杨知文:《类案适用的司法论证》,载《法学研究》2022 年第 5 期。

② 刘宇:《间接后果主义的类案判断程序研究》,载《北方法学》2021 年第 4 期。

法，既可能运用因式分解法分解非典型合同，得出其中所包含的典型合同（成分），也可能是分解典型合同，得出非典型合同与典型合同之间的部分与整体关系。结构识别法既包括对非典型合同（混合合同）所进行的因式分解法，也包括对典型合同进行的因式分解，即从典型合同之中分解出非典型合同。非典型合同与典型合同之间的关系可以分为三种情况：分解关系；合成关系；无关系。如果将典型合同视为母合同，那么，案涉非典型合同可能与典型合同存在如下两种关系：母合同—衍生合同；母合同—混合合同。结构识别法包括双向的因式分解，从这个意义上说，它是对因式分解法的拓展。

第二，以典型合同为比较节点。结构识别法以典型合同作为固定的比较节点，典型合同之下的各种细节均依赖于合同法的教义学与合同制度。也就是说，非典型合同与典型合同类似性的比较只在典型合同理论与制度的语境中进行。典型合同不仅包括《民法典》合同编分则中规定的典型合同，还包括其他法律制度中规定的典型合同，如公司法与证券法中规定的股权转让合同、保险法中规定的保险合同等。在类似性识别中，还要注意到复合型非典型合同纠纷案中类似性的识别。衍生合同与混合合同多是以典型合同为基础而生成的非典型合同，但这是简单的衍生与合成，可能还存在更为复杂的情况，如衍生合同与典型合同合成新的非典型合同，或混合合同与衍生合同混合而生成新的非典型合同，或混合合同再衍生而生成新的非典型合同，如此等等。在金融衍生品合约、资产管理合同与资产证券化等领域，典型合同只是非典型合同的原料，而选取什么典型合同（原料），运用什么结构创造什么新合同，合成与分解的次数与顺序，则不能预期。在复合型非典型合同纠纷案中，可以通过分解与还原的方法，找到其中的典型合同（原型）与结构特征，最终找到其中的典型合同成分及其构成方式，进而仍然以典型合同作为其比较的节点。一些非典型合同已经成型（尽管还没有得到法律如《民法典》的认可），也可以尝试以此成型的非典型合同为基础对案涉非典型合同进行类似性的识别，从而简化非典型合同类似性的识别路径。例如，对赌合同已经相对成型，它就可以成为很多非典型合同的比较节点。

第三，最相类似论证，即从合同目的、权利义务等各方面的比较而论证拟参照典型合同与案涉非典型合同二者存在最相类似关系。案涉非典型合同可能与多个典型合同相类似，此时应当遵守一定的规则来确定最相类似合同，这是参照适用的要求。结构识别法重视最相类似论证，这是因为非典型合同纠纷案中的类似性识别往往会遭遇多重类似的情况。例如，案涉混合合同既可以分解为A、B两个典型合同,也可以分解为A、C、D三个典型合同(其中B合同是C、D两个合同合成的典型合同)。出现这种情况的原因是,一些典型合同是另一些典型合同的合成或衍生之物。例如,买卖合同是很多典型合同的"母合同",可能衍生出其他典型合同,如运输合同等,正因如此,一些典型合同制度没有规定的内容,可以参照适用买卖合同制度。合同的有名化是一个渐进的过程,很多典型合同原先是非典型合同,它们也是一定时期典型合同的合成或衍生之物,后来这些非典型合同逐步有名化为典型合同。更多的情况是,案涉合同既与典型合同A类似,也与典型合同B类似,此时,必须比较二者的类似程度,以确定何者与案涉合同最相类似。

最相类似不同于类似,最相类似论证是一种择优机制,必须经过比较与论证之后才能得出结论。结构识别法的基本路径是比较典型合同与非典型合同之间的目的与权利义务等,以论证二者的最相类似关系。在比较与强调二者的相同点之时,也必须注意到二者的差异,综合考虑二者的异同,以求同存异的态度确定二者的关系。在类案类似性的识别中,前述学者提出的递进式同质论证模式,可落实于合同目的、权利义务等方面的类似性的比较与论证,以此论证模式对二者异同进行全面的比较与论证。只有这样,结构识别法才能避免以偏概全,避免只求其同而忽视其差异。

综上所述,结构识别法包括三个要点:结构分析即双向因式分解;以典型合同为比较节点;最相类似论证。双向分解法是结构识别法的结构分析方法,典型合同是结构识别法的比较节点,最相类似论证是结构识别法中类似程度的论证方法。

(二)结构识别法对既有方法的改进

结构识别法或许不是一个完美的方法,但它以因式分解法为基础且汲取其他识别方法中的类似程度论证方法,试图扬长避短,相对于既有方法或能有所改进。

结构识别法继承了因式分解法的优势,且拓展了因式分解法。因式分解法的最大优势是对非典型合同(混合合同)进行分解,将未知的非典型合同分解为已知的典型合同。结构识别法承认因式分解法在混合合同中的运用,并将这一方法予以拓展,即对典型合同进行分解而得出非典型合同,这样,就将因式分解法的对象从非典型合同拓展至典型合同。结构识别法将单向的因式分解拓展为双向的因式分解。因式分解法以典型合同为比较节点,这是其相对于其他识别方法的显著优势,结构识别法也以典型合同这一因式作为参照物或节点,这一点也继承了因式分解法的优势。

结构识别法这一节点选择，解决了其他识别方法中分支法比较节点无限下分的逻辑困境。结构识别法背靠合同法的理论与制度，以典型合同制度作为比较的节点，以典型合同理论作为其理论支撑。

结构识别法将衍生合同纳入其对非典型合同的类型预设，它能够分析典型合同与非典型合同的全部关系。因式分解法以混合合同为预设，其非典型合同类型预设是不全面的。非典型合同类型体系理论表明，在传统非典型合同类型预设之外，还存在另一种合同类型：衍生合同。混合合同是典型合同的混合之物，而衍生合同则是典型合同的分解之物，二者一合一分，"正好形成一个周延的逻辑结构"。[①] 衍生合同理论揭示了典型合同与非典型合同之间的另一种结构关系，以及混合合同与衍生合同之间的对应关系，也揭示了合成与分解两种结构模式，这为传统合同结构理论增添了新的内容。这就形成了"衍生合同—混合合同""衍生—混合"两组周延的概念，全面地展示了非典型合同的结构关系及其形成方式。世间的事物有分就有合，混合合同与衍生合同是相互对应的。通过上述两组概念及其所揭示的结构关系，可以解释典型合同与非典型合同之间的相对结构关系。因式分解法只适用于混合合同纠纷案，对衍生合同纠纷案无能为力。结构识别法拓展了因式分解法对合同结构关系的理解，它对合同结构的理解比因式分解法更为全面。结构识别法既能适用于混合合同，也能适用于衍生合同，它对非典型合同类型的预设更为全面，因而其识别范围比因式分解法更为全面。

结构识别法以典型合同为比较节点，将其他识别方法中的比较节点整合于典型合同这一节点之下。结构识别法选择典型合同为比较节点，没有流于空洞的理论，它将参照适用理论与类案理论中类似性的比较落实于典型合同的具体语境中，将基本事实、法律关系、案件争议点或裁判要点、法律后果等落实为典型合同的合同目的、合同权利义务、合同争议点或合同裁判要点等，从而为典型合同与非典型合同类似性的比较确立了具体的比较节点。结构识别法依托典型合同制度而构建典型合同与非典型合同二者类似性的比较节点。例如，法律价值与规范目的等是其他识别方法所强调的比较节点，结构识别法也重视这些比较节点，但它认识到这些比较节点在各个部门法中有其特殊的体现方式：自由、效率、公平与安全等一般性法律价值，在合同法中被特别化为合同自由、交易成本最小化（交易效率）、合同公平与交易安全等，并且贯彻于具体典型合同的类型、理论与制

① 参见陈醇：《权利的结构：以商法为例》，载《法学研究》2010 年第 4 期。

度之中。① 结构识别法在类似性的论证中将抽象的法律价值与规范目的落实为合同法的价值与规范目的，不再流于空洞的口号。同样地，其他识别方法所强调的定性与定量方法也在结构识别法中得到了落实：结构识别法以典型合同理论与制度为依托，而典型合同理论与制度包含了定性方法，如在典型合同的界定及其权利义务中多有这方面的规定，同时典型合同制度也重视定量方法，如违约金的比例上限、双倍定金规则、各个典型合同制度之中的数量规定等。结构识别法将非典型合同分解为典型合同成分并试图借助典型合同理论与制度论证类似性，也会自然而然地贯彻定性与定量并重的方法。概言之，结构识别法尊重与信任典型合同理论与制度，也自然而然地在其类似性的论证中尊重与信任了其中的价值、目的、制度与方法，而不必像其他识别方法那样另行考虑法律价值、目的等在类案类似性比较中的作用与地位。

结构识别法强调最相类似论证，它将最相类似论证与因式分解法结合于同一方法之中。其他识别方法中存在类似程度论证却没有最相类似的论证，其标准是不明确的。结构识别法将类似程度论证强化为最相类似论证，使其目标更为明确。因式分解法不重视最相类似的论证，结构识别法在继承这一方法的优点之时，试图明确最相类似标准并将最相类似论证引入该理论中。结构识别法认识到非典型合同与典型合同结构类似的多重性，认真地区分了类似与最相类似，强调从合同目的、权利义务等方面进行最相类似论证。因为多重类似性的存在，仅仅论证类似而不做最相类似论证，可能出现见到类似就予以参照的情形，如此就可能导致类案不类判的情况。在前文的案例中，仅仅考虑类似而忽视最相类似论证，导致了类案不类判的现象。最相类似论证可以保障参照适用的准确性，有助于类案类判。结构识别法中的最相类似论证及其对这一论证的强调，是其他识别方法所没有的内容。可见，在类似程度的论证上，结构识别法在继承其他识别方法优点的同时，还超越了其他识别方法。

（三）结构识别法在前文案例中的应用

结构识别法包括结构分析、比较节点（典型合同）确定与最相类似论证三个要点，下面从这三个要点之上回应前文所列的案例，以说明结构识别法的应用。在非典型合同纠纷案领域，参照适用典型合同制度既是法律的要求，也是合同裁判的习惯；从上文的案例可以看到，这一点不成问题。对结构识别法的运用，要注意的是结构分析及以此为基础的最相类似

① 参见王胜明：《关于合同法的基本原则》，载《中国法学》1999 年第 3 期。

论证。

先以前文所列抵押(质押)监管协议纠纷案为例(见表2),说明结构识别法在混合合同纠纷案中的运用。抵押(质押)监管协议在性质上是混合合同,因而运用因式分解法即可对其结构进行识别,事实上,法院也多能正确地运用因式分解法,但是,在最相类似的论证之上,多数裁判存在严重的不足,需要加强。在案1中,一、二审法院均认为案涉合同属于委托合同与保管合同二者混合的非典型合同,二者均运用因式分解法对抵押监管协议进行了分解,只是从裁判文书中无法看出最相类似的论证过程,因而从文书中可以看到案涉合同与上述两个典型合同的类似性,但是否属于最相类似合同,则未能作出论证,从文书中无法判断案涉非典型合同与所参照适用的典型合同之间成立最相类似合同关系。在案2中,一、二审法院均将案涉《商品质押监管协议》认定为委托合同,其理由是案涉合同的内容比保管合同的内容更为广泛,这一认定忽视了案涉合同的混合性质,未能正确地运用因式分解法,忽视了其中的保管合同成分,结构分析存在失误,文书中也缺乏最相类似的论证过程。在案3中,一审法院认为,案涉《监管协议》不论定性为保管合同还是委托合同均无法涵括协议约定的内容,故将其定性为合同纠纷案更为妥当。该裁判运用了因式分解法,但作出的结论是否定性结论而非肯定性结论,没有说明是否参照适用的理由,缺乏最相类似的论证过程。在案4中,一、二审法院明知案涉《质物监管协议》包括存储、保管、监管义务,且其中存储合同应当属于保管合同的内容,还是将之定性为仓储合同,其因式分解存在失误,也缺乏最相类似的论证过程。在案5中,一审法院认为案涉《质押监管协议(适用动态质押)》有保管合同的内容,也有委托合同的性质,其因式分解法的运用是正确的,而二审法院认为该协议具有保管合同义务的法律特征,否认了一审正确的结论,这是不妥当的,两级法院均缺失最相类似论证。总的来说,上述法院均运用了因式分解法,但不一定能分解出正确的因式(典型合同),且均缺乏最相类似论证,因而其参数适用或不予参照适用的正确性存在疑问,实际上所参照适用的典型合同制度也各不相同,出现了类案不类判的情况。

再以前文所列10个股权收益权转让合同纠纷案为例(见表3),说明结构识别法在衍生合同中的运用。10个纠纷案中的非典型合同均属于股权收益权转让合同,均以股权收益权为合同标的,均是股权转让合同的衍生合同,其合同成分相同。上述纠纷案中的股权收益权转让合同均与股权转让合同形成《衍生合同—典型合同》的结构,其衍生结构相同。上述合同均包含股权回购的收益率条款,这不过是对股权收益权范围的界定。上述纠纷案中的股权收益权转让合同，虽然在名称上略有差异，分别表达为《股权收益权转让及回购协议》与《股票收益权转让合同》，但其合同成分与衍生结构相同，它们具有类似性，相应的纠纷案应当属于类案，应当作出类判。在以上裁判中，法院无法运用因式分解法，因而没有对以上合同的结构进行分析，均未能认识到它们是股权转让合同的衍生合同，而是通过其他识别方法，比较与论证案涉合同与借款合同的类似性且参照适用借款合同制度作出了裁判。法院均没有掌握分解典型合同而得出其衍生合同这一技术，未能分解股权转让合同而得出股权收益权转让合同，因而也就没有比较与论证上述两种合同的类似性。法院认识到股权收益权转让合同与借款合同有类似之处，并对二者的类似性作了比较。股权收益权转让合同与借款合同确实存在类似之处，这种比较也是必要的。但是，应当认识到上述两种类似性（股权收益权转让合同与股权转让合同的类似性，股权收益权转让合同与借款合同的类似性）是并存的，在论证这两种类似性的基础上，还需要比较与论证哪一种合同与案涉合同最相类似，即进行最相类似论证。案涉合同是股权转让合同的部分内容，从结构上看，它属于股权转让合同的衍生合同，二者是整体与部分的关系；而借款合同与股权收益权转让合同虽然均存在支出金钱与收益的内容，但后者是股权部分内容的转让，而前者不涉及股权内容的转让，二者于此存在本质性的差异。忽视股权收益权转让合同中的股权内容而只强调其中的金钱与收益率（因收益率似乎与利率有类似之处），就只考虑股权收益权转让合同的部分内容，对此合同内容的理解是不全面的。所有的交易均涉及货币与收益率，不能因为这一点而将所有的交易认定为借款合同或其最相类似合同。究竟何者属于案涉股权收益权转让合同的最相类似合同，必须经过最相类似论证，才能得出结论，或许经过论证之后会得出不同的结论，但这一论证过程必不可少。

前文所列 10 个股权收益权转让合同纠纷案，均需要先对案涉合同进行结构分析，再进行最相类似论证。根据结构识别法，其裁判文书应当增加如下论证：第一，分析案涉股权收益权合同的结构特征，以相关典型合同为比较节点，分析其成分与结构。10 个纠纷案中的非典型合同均属于股权收益权转让合同，股权包括收益权与其他权利（如知情权、表决权等），收益权只是股权的一部分，股权收益权是股权的衍生权利，因此，股权收益权转让合同只是股权转让合同的衍生合同。裁判文书应当如此论证相关合同的结构。第二，增加最相类似论证。相关文书应当从合同目的、权利义务、风险特征等参数之上，考察案涉合同与股权转让合同的类似性，考察案涉合同与借款合同的类似性，比较上述两种类似性，论证并得出最相类似合同的结论。在最相类似论证之前，不应当随意得出参照适用借款合同制度的结论。① 第三，以上述论证为基础，或可将股权转让合同作为最相类似的典型合同，参照适用该制度裁判案涉合同。② 需要注意的是，股票收益权转让合同仅仅是股权转让合同的部分内容，其中只涉及股权的收益权部分，因而，如果参照适用股权转让合同制度，只能参照适用其收益权方面的规范，而不参照适用共益权等其他方面的规范，以避免过度参照。

五、小结

合同自由原则意味着合同的类型创设是一个没有止境的过程，而合同法无法将所有的合同规定为典型合同，也无法为所有的合同提供法律规则。这使参照适用成为经常遭遇的现象，类似性的识别也就成为金融领域非典型合同纠纷案法律适用的常见操作。传统非典型合同的法律适用理论以混合合同为非典型合同的预设，隐含着因式分解法，将非典型合同这样的未知量分解为典型合同已知量，其中不仅隐含着对典型合同理论与制度的信赖，而且隐含着通过已知求解未知的思维方法。这一方法的技术性是值得赞赏的。其他识别方法理论基础深厚，其方法与理论众多，但都没有针对非典型合同的特征而确定其比较节点，因而失之于一大二空。既有类似性识别方法各有其优势与缺陷，需要取长补短，且均必须加强最相类似论证，接受新的非典型合同类型智识而作出改进，本章因此提出了结构识别法。非典型合同除混合合同之外，还包括衍生合同，这是结构识别法的事实基础。结构识别法既分解混合合同而得出典型合同，也分解典型合同而得到衍生合同；结构识别法重视最相类似论证，强调类似不等于最相类似；结构识别法试图整合因式分解法与其他识别方法中的类似程度论证

---

① 顺便指出，即使在一些与借款合同差异明显的案件中，当涉及价款与违约金的裁判时，参照适用借款合同制度的利率规范也已经成为一种司法习惯。对此，《九民纪要》“关于合同履行与救济”部分告诫说：“在确定违约责任时，尤其要注意依法适用违约金调整的相关规则，避免简单地以民间借贷利率的司法保护上限作为调整依据。”但是，即使如此，在劳动合同、物业服务合同等之中，仍然有法院参照适用民间借贷合同的司法解释确定欠薪的数额或违约金的数量。参见陈某与辽宁足球俱乐部股份有限公司、宏运集团有限公司劳动争议案，辽宁省沈阳市和平区人民法院(2021)辽0102民初15073号民事判决书；安徽万兴物业服务有限公司舒城拉菲公馆分公司与夏某银、被告蔡某敏物业服务合同纠纷案，安徽省舒城县人民法院(2021)皖1523民初6921号民事判决书。

② 对此可能存在不同的意见，有讨论的余地。本章重点在于讨论类似性识别的方法，因而对股权收益权转让合同与何种典型合同最相类似，不作过多讨论。

思维,试图汲取二者的合理成分并予以完善。结构识别法虽然是非典型合同纠纷案的类似性识别方法,但或可为其他识别方法中长期困扰学界的难题提供启发。例如,因分支法比较节点无限下分的逻辑困境,或通过部门法的具体制度而得到解决。结构识别法对最相类似论证的重视,提醒金融领域非典型合同法律适用理论在讨论参照适用问题之时,应当重视最相类似的论证,将类似程度论证作为重要的理论议题。

第五章　金融审判中非典型合同与典型合同的双重类似标准

交易的创新必然体现于合同的创新之上,从而产生非典型合同。《民法典》第 467 条第 1 款规定,非典型合同可以参照适用最相类似典型合同的规定。该款将"最相类似"确定为非典型合同纠纷案的参照适用标准,这一标准可称为最相类似标准。在前一章的讨论中,指出了类似程度论证在类似性识别中的重要地位,强调了最相类似论证的重要性,但是没有认真讨论最相类似标准的合理性。本章拟以金融审判中非典型合同纠纷案为例,讨论最相类似标准的适用情况,对这一标准进行反思,并试图提出新的类似程度标准。

一、最相类似标准的形成、适用现状与质疑

(一)非典型合同规范中的最相类似标准及其相应的裁判范式

《民法典》第 467 条第 1 款中的最相类似标准源于合同法。原《合同法》第 124 条规定,法律没有明文规定的合同,可以参照本法分则或者其他法律最相类似的规定。除文字性修改之外,《民法典》第 467 条第 1 款承继了原《合同法》的内容。1997 年《合同法(草案)》在征求意见过程中,一些单位建议增加有名合同的种类,包括邮政合同、电信合同等多个合同类型;①当时的全国人民代表大会法律委员会考虑到合同法典型合同部分无法容纳如此众多的合同类型,建议保留上述草案分则中的 15 类合同,同时建议在附则中增加一条规定:"本法分则没有明文规定的合同,适用本法总则的规定,并可以参照分则最相类似的规定。"②如此,最相类似标准出现于合同法之中。

最相类似标准是一个颇有中国特色的标准。尽管多国法律规定了非典型合同的法律适用规则,但它们没有提到最相类似标准。《法国民法典》第 1107 条规定:"契约不问有名契约或无名契约,均适用本章所定一般

---

① 参见全国人大法制工作委员会民法室编著:《〈中华人民共和国合同法〉立法资料选》,法律出版社 1999 年版,第 62 页。

② 参见全国人大法制工作委员会民法室编著:《〈中华人民共和国合同法〉立法资料选》,法律出版社 1999 年版,第 15 页。

的规定。”该条仅仅规定了通则在非典型合同中的适用，却没有涉及参照适用及其类似程度标准。《德国民法典》没有规定非典型合同的法律适用，德国学者只在其学说中讨论参照适用的类似程度标准。《欧洲示范民法典草案》第Ⅱ-1：107条“混合合同”部分规定了混合合同的定义及其法律适用原则，规定了法律适用的原则但并没有说明其类似程度标准。[①]《捷克斯洛伐克民法典》第491条第2款规定：“关于产生自本法典并未规定之合同的债，它必须适用与那些合同有着密切联系的本法典规定，合同另有规定的除外。”该款运用了“密切联系”一词，但没有出现“密切联系的合同”之类的字样，当然，“密切联系”与“最相类似”二者也相去甚远。

合同法的最相类似标准可能受到了刑法领域最相类似标准的影响。我国1979年《刑法》第79条规定：“本法分则没有明文规定的犯罪，可以比照本法分则最相类似的条文定罪判刑，但是应当报请最高人民法院核准。”该条将最相类似标准作为“比照”适用的标准。1985年，我国学者对非典型合同进行了界定，并认为非典型合同“可以类推适用类似有名合同的规定”[②]。该文将“类推适用”作为非典型合同的法律适用方案，但没有明确类似程度标准。有学者认为刑法的类推适用标准可以为私法所用：“在法律对私法主体权利保护缺乏明文规定时，也应允许类推适用制定法的相类似的规定。”[③]该文也没有指明类推适用的类似程度标准，但将刑法类推适用标准借鉴于私法，为“最相类似标准”引入私法提供了理论阐述。以上文献，似乎呈现了最相类似标准从刑法到私法的理论流程。其后，刑法以罪刑法定原则取代了类推适用，但私法却将最相类似标准引入了合同法。

最相类似标准除其自身的意义之外，还是非典型合同纠纷案裁判范式选择的依据。根据最相类似标准，非典型合同纠纷案的裁判可以区分为两种范式：一是通则范式。当不符合最相类似标准时，非典型合同纠纷案不参照适用典型合同的规定，而仅仅适用通则进行裁判。二是参照适用范式。当符合最相类似标准时，参照适用典型合同的规定，且同时适用通则进行裁判。应当注意的是，这两种裁判范式的区别不在于是否适用通则，而在于是否符合最相类似标准以及是否参照适用最相类似典型合同的

① 参见［德］克里斯蒂安·冯·巴尔、［英］埃里克·克莱夫主编：《欧洲私法的原则、定义与示范规则：欧洲示范民法典草案（全译本）》（第1卷至第3卷），高圣平等译，法律出版社2014年版，第159页。

② 魏振瀛：《我国合同关系的新发展与法律调整》，载《法学杂志》1985年第4期。

③ 屈茂辉：《类推适用的私法价值与司法运用》，载《法学研究》2005年第1期。

规定。无论是否参照适用以及采用何种裁判范式,合同编通则的适用是无可置疑的,其中一些内容是不容选择的。合同编通则的规范可以分为两类:一类是强制性规范,规定合同的效力、违约责任等内容,它是任何合同都必须遵守的规范;另一类是任意性规范,即在分则的典型合同制度没有规定之时,或当事人没有约定之时起填补作用的规范。一般认为,通则是较为抽象的规定,而分则是较为详细的规定,二者形成一般与特殊的关系。这一理解对通则的部分内容而言是正确的,但对另一部分内容而言则不太合适。通则的内容既包括了合同法基本原则等一般规定,也包括了缔约、效力、履行与违约责任等通用内容。就基本原则等一般规定而言,它与分则的关系是一般与特殊关系,体现了抽象与具体的关系;而就缔约、效力、履行与违约责任等内容与分则的关系而言,二者则体现了部分与部分的关系,通则与分则的上述内容具有互补性,二者构成统一的整体。任何合同均必须遵守通则中的强制性规范,包括其中的缔约、效力、履行与违约责任方面的强制性规范,而无法仅凭分则来调整上述行为。即使存在分则,也离不开通则的上述内容。在此意义上,非典型合同纠纷案即使参照最相类似的典型合同的规定,也应当适用通则的上述强制性规范。

(二)最相类似标准的适用情况:通则范式与参照适用范式的例证

按照最高人民法院《民事案件案由规定》,实务中将非典型合同纠纷归入"其他合同纠纷"。为了考察最相类似标准的适用情况,笔者以"其他合同纠纷"为案由,检索了上海金融法院的所有民事判决书。截至 2023 年 3 月 1 日,得到 194 个案件,其中 31 个基金合同、26 个期货合约和 1 个借款合同可以归入有名合同。因为上述案件中 69 个合同为有名合同或其性质存在疑问,为减少质疑,本章剔除这 69 个合同纠纷案后,将余下 125 个非典型合同纠纷案作为考察对象。在这 125 个非典型合同纠纷案中,采用通则范式裁判的案件为 124 个,采用参照适用范式的案件为 1 个(见表 4)。

表4 采用通则范式的判决书

案件数	系争非典型合同	一审:是否采用通则范式,裁判理由简述	二审:是否采用通则范式,裁判理由简述	一、二审是否阐述了不参照适用最相类似合同规定的理由	备注
124个	其中包括7个收益权转让合同,33个保理合同①,其他为差额补足函、证券委托投资合作协议等	124个案件采用通则范式。多从意思表示真实,未违反法律法规的相关规定等方面阐明裁判理由	65个案件经历了二审,且采用通则范式,与一审理由相同	124个案件均未阐明不参照适用的理由	其中有2个收益权转让合同被认定为借款合同且无效;8个保理合同被认定为借款合同且均有效;1个《化工品购销合同》被认定为借款合同且有效。总共有11个合同被认定为借款合同

由表4可知,在检索所得的125个非典型合同纠纷案中,共有124个案件在一审中采用通则范式进行裁判,没有根据最相类似标准参照适用相关合同的规定。这些案件所涉非典型合同名称多样,其裁判理由的表述较为一致,多数表述是:各方当事人的真实意思表示,未违反法律法规之强制性规范,合法有效。当然,各案的表述略有差异。例如,在一个案例中,法院认为《债务重组协议》《支付协议》等"系合同当事人真实意思表示,合法有效";②而在另一个案例中,法院认为《合作框架协议》等"均为签约各方的真实意思表示,且上述合同的约定事项并未违反法律法规的相关规定","均属依法成立并合法有效"。③ 前者没有指明是否违反了效力性强

① 特别说明,在《民法典》生效之前,保理合同是非典型合同。

② 长安国际信托股份有限公司与长沙鸿途房地产开发有限公司、长沙康富建材贸易有限公司等其他合同纠纷案,上海金融法院(2020)沪74民初3442号民事判决书。

③ 钜洲资产管理(上海)有限公司与湖北同济堂科技有限公司等其他合同纠纷案,上海金融法院(2019)沪74民初2879号民事判决书。

制性规范,后者则考虑到此点。其中 65 个案件经过了二审,二审也采用通则范式。124 个案件均没有考虑参照适用最相类似合同的规定,也未阐明这样做的理由。从以上数据能够看出,在 125 个非典型合同纠纷案中,通则范式的采用率为 99.2%,而只有 0.8%的案件采用了参照适用范式。由此可以看到,在大量非典型合同纠纷案的审判中对最相类似标准采取了弃之不用的态度。

在上述 125 个非典型合同纠纷案中,只有柯某庆等与朔州市资产管理有限公司等其他合同纠纷案(以下简称“柯某庆案”)根据最相类似标准采用了参照适用范式。① 系争合同为《股票收益权转让及回购合同》,一方转让股票收益权,另一方给付 3000 万元且承诺回购,回购溢价率为 9.315%/年,一审法院没有比较系争合同与借款合同的差异,以及上述合同二者之间异同的权重(同大于异或者相反),也没有进行最相类似与次类似的比较,更没有考虑到同类案件的判决情况及可能的质疑。二审法院认为受让人不是通过收益权本身获取收益,而是要求转让方支付溢价回购款,该部分约定内容符合借款合同出借人不承担投资风险而只收取固定利息的特征,“但与借款合同不同,案涉合同的受让人支付转让款的同时取得了股票收益权,在收到回购价款后才返还给出让人,具有让与担保性质,属非典型担保。案涉合同混合了借款合同和让与担保两种合同的部分特征,故属于无名合同,并应参照适用最相类似的借款合同相关法律规定”。二审法院比较了二者的差异,但没有说明二者异同的权重,而坚持参照适用借款合同的规定。

为了进一步弄清参照适用范式的运用情况,笔者分别以“股权收益权转让(全文)+借款合同(理由)”与“股票收益权转让(全文)+借款合同(理由)”两种组合检索民事案件,试图得到其他法院在股票收益权转让合同纠纷案裁判中参照适用借款合同规定的资料。上述选择的目的在于聚焦“柯某庆案”的类案以方便讨论,同时也试图得到非典型合同被认定为借款合同或与借款合同最相类似合同的资料。截至 2023 年 3 月 1 日,从中国裁判文书网找到 45 个相关案例,其中有 8 个案例(不包括“柯某庆案”)运用了最相类似标准且参照适用了借款合同的规定(见表 5)。

① 参见上海金融法院民事判决书,(2022)沪 74 民终 864 号。

表5　采用参照适用范式的判决书

案名	系争非典型合同及其内容	是否参照，参照何种典型合同的规定	是否比较系争非典型合同与所参照典型合同的相同点、差异	是否衡量上述相同点与差异的权重	是否提到"最相类似"，是否进行了最相类似与次相类似的比较
案1①	《股权收益权转让及回购协议》，一方转让公司100%的股权收益权，另一方支付3亿元及按每年13.5%计算的溢价款	是，参照借款合同相关规定	是，否	否	是，否
案2②	《股票收益权转让合同》，一方转让210万股的收益权，另一方支付15,220,000元与利率为8%/年的收益权	是，参照借款合同的规定	是，否	否	否，否
案3③	《资产收益权转让合同》，一方转让80%股权的收益权，另一方支付3亿元与固定的回购溢价款	是，参照借款合同相关规定	是，否	否	是，否
案4④	《股票收益权转让合同》，一方转让股票收益权，另一方支付10,870,000元，收益率为8%/年	是，参照借款合同的规定	是，否	否	否，否

① 参见安信信托股份有限公司、北京天域新城房地产开发有限公司等与北京天悦投资发展有限公司合同纠纷案，最高人民法院(2017)最高法民终907号民事判决书。

② 参见陈某银、李某、陕西省国际信托股份有限公司与庄某、余某凤营业信托纠纷案，陕西省高级人民法院(2019)陕民终698号民事判决书。

③ 参见中国建设银行股份有限公司北京望京支行与中国华阳经贸集团有限公司等合同纠纷案，北京市第三中级人民法院(2019)京03民初114号民事判决书。

④ 参见曾某靖、蔡某侠、陕西省国际信托股份有限公司与庄某、余某凤营业信托纠纷案，陕西省高级人民法院(2019)陕民终699号民事判决书。

续表

案名	系争非典型合同及其内容	是否参照，参照何种典型合同的规定	是否比较系争非典型合同与所参照典型合同的相同点、差异	是否衡量上述相同点与差异的权重	是否提到“最相类似”，是否进行了最相类似与次相类似的比较
案5①	《资产收益权转让合同》，一方转让股权收益权，另一方支付转让价款与溢价，两种溢价率分别为6.5%/年与5.9%/年	是，参照借款合同的规定	否，否	否	否，否
案6②	《远期股权收益权受让合同》，一方转让公司100%股权收益权，另一方支付2亿元及其溢价	是，参照借款合同相关规定	是，否	否	是，否
案7③	《股权收益权转让及回购协议》，一方转让股权收益权，每年13.5%溢价率，另一方支付3亿元	是，参照借款合同相关规定	是，否	否	是，否
案8④	《股权收益权转让及回购合同》，一方支付3000万元，另一方转让股权及其溢价	是，参照借款合同的规定	否，否	否	否，否

在表5中，8个案例均参照适用了借款合同的规定，其中6个案例比较了系争合同与借款合同的相同点，但8个案例均没有比较二者的差异，也没有衡量二者相同点与差异的权重，虽然适用了最相类似标准，却只有4个案例提到了最相类似标准，8个案件均没有进行最相类似与次相类似的

---

① 参见白山市城市建设开发有限公司、吉林省华邦建筑集团有限公司借款合同纠纷案，吉林省白山市中级人民法院（2021）吉06民初40号民事判决书。

② 参见河南平原控股集团股份有限公司、郑州永通特钢有限公司等借款合同纠纷案，河南省高级人民法院（2022）豫民终160号民事判决书。

③ 参见安信信托股份有限公司与北京天悦投资发展有限公司、北京天域新城房地产开发有限公司、王某瑛、黄某海合同纠纷案，上海市高级人民法院（2016）沪民初26号民事判决书。

④ 参见桐城市建设投资发展有限公司、桐城市供销资产投资运营有限公司等金融借款合同纠纷案，安徽省安庆市中级人民法院（2021）皖08民初151号民事判决书。

比较。

股票收益权转让合同纠纷案是否应当参照适用借款合同，存在不同的观点。在以上案例中，案涉合同中收益的固定性常常被当作参照适用借款合同规定的基本理由。但有法院认为，约定融资款的使用用途、回购款的固定计算方式等是融资类合同的一般属性："此类约定并非金融借款或民间借贷合同专属条款，不能因案涉合同约定了上述内容就据此认为该条款为借贷条款而无效。"①另有法院从权利义务上提出了不同的意见："本案各方当事人系选择通过约定股权收益权的转让及回购交易来实现资金的融通，在合同性质上应属于以股权收益权转让及回购连同相关股权质押为操作方式的融资行为，不能确定为单纯的借贷关系，应属于新类型股权交易法律关系。"②还有法院也认为案涉合同性质上应属于以股权收益权转让及回购等为操作方式的融资行为，不应简单确定为单纯的借贷关系。③"柯某庆案"二审法院也强调了系争合同与借款合同的差异。

从以上案件可以看到，上海金融法院的绝大部分案件采用了通则范式，而没有采用参照适用范式。而在采用了参照适用范式的案件中，最相类似标准的适用只重视求同而忽视了求异，更未能衡量同异的权重，因而，上述案件虽然适用了最相类似标准，但存在严重的瑕疵，不能排除次相类似或低度类似的怀疑。

（三）其他法律适用理论中的高度类似标准

除《民法典》第 467 条第 1 款所规定的最相类似标准之外，在其他法律适用理论中还存在不同的类似程度标准。非典型合同纠纷案的裁判涉及类似程度标准，类推适用理论、非典型合同法律适用理论与类案理论等其他法律适用理论也需要类似程度标准。④ 在这些理论中，采用的类似程度标准多是高度类似标准。高度类似是一个与低度类似相对的概念，它是指参照物与被参照物之间的相同点多于差异的类似；而所谓低度类似，是指参照物与被参照物之间的相同点少于差异的类似。高度类似的特点是二者存在类似性，但其相同点大于其差异。

---

① 国元证券股份有限公司与赵某栋、刘某合同纠纷案，安徽省合肥市中级人民法院(2019)皖 01 民初 2538 号民事判决书。

② 众应互联科技股份有限公司等与北京易迪基金管理有限公司合同、无因管理、不当得利纠纷案，北京市高级人民法院(2019)京民终 232 号民事判决书。

③ 参见湖州融汇嘉恒融资租赁有限公司与利爵有限公司等合同纠纷案，北京市第三中级人民法院(2021)京 03 民初 53 号民事判决书。

④ 参照适用与类推适用既存在相同之处，也存在差异。参见王利明：《民法典中参照适用条款的适用》，载《政法论坛》2022 年第 1 期。

类推适用理论隐含着高度类似标准。德国类推适用理论中的类似学说包括构成要件类似说、实质一致说与同一思想基础说三种。上述三种学说既包含了一定的类似标准,也包含了以比较节点为主要内容的类似性识别方法。构成要件类似说认为应当以构成要件为比较节点识别类似性,该学说没有直接阐明其类似程度标准,但从其例子中可以看出,它采用了高度类似标准。“设有法定案型 A,其内涵特征可析述为 M1、M2、M3、M4、M5 几点,系争案件 B 之内涵特征有 M2、M3、M4、M6、M7 几点,相互比较可知 A、B 案型之类似特征为 M2、M3、M4 三点,而若斯三点在法律评价上对 A、B 两案具有重大意义,则可认定两案具有‘类似性’。”①从所举例子看,5 个要件中有 3 个要件相同,达到了 60%的类似性。从中可以得知,高度类似是其类似程度标准。构成要件类似说几乎为通说,但适用于合同纠纷案,可能需要转换,因为侵权责任与犯罪认定均存在构成要件,而于合同方面,少有构成要件之类的说法,但其类似程度标准仍可为非典型合同纠纷案的参照适用提供参考。实质一致说主张类似性的认定“应视系争法律规定之法定案型与待决案型事实间是否具有‘实质一致’,若系肯定,即可予以类推适用。唯何为‘实质一致’,本说并未提出妥帖认定标准,且亦可能与目的性扩张、制定法外法律续造之认定相混淆,是本说不妥”。② 此说以比较事实作为类似性的比较节点,“事实”的概念过于宏大,该学说也没有界定“实质”的含义,因而,它在类似程度的识别方法上比构成要件说更为空洞;“实质”的内容不明,使之难以付诸操作,但即使如此,其中“一致”表明其类似程度是 100%的“实质”类似,其类似程度标准应当是高度类似标准。同一思想基础说从利益上比较类似性,“此说基于系争案件事实与法定案型事实间之思想基础而认为,若斯二者具有‘同一利益状态’,亦即同具基本思想,则即可予以认定二者具有‘类似性’”③。该学说以利益比较作为类似性的识别方法,从法律术语走向利益的衡量,但与实质一致说一样,该学说指明了类似程度标准是“同一”即 100%的类似,其类似程度标准也应当是高度类似标准。综上所述,类推适用理论提出了颇有差异的类似性识别方法,但在类似程度标准之上,均隐含了高度类似标准。其类似程度标准与最相类似标准不同。

非典型合同法律适用理论也隐含了高度类似标准。非典型合同的法律适用理论重视非典型合同的结构分析,据此得出非典型合同与典型合同

---

① 黄建辉:《法律漏洞・类推适用》,台北,蔚理法律出版社 1988 年版,第 110 页。
② 黄建辉:《法律漏洞・类推适用》,台北,蔚理法律出版社 1988 年版,第 111 页。
③ 黄建辉:《法律漏洞・类推适用》,台北,蔚理法律出版社 1988 年版,第 111~112 页。

的关系,但其中也隐含着一定的类似程度标准。非典型合同法律适用的主要学说有吸收说、结合说与类推适用说三种。这三种学说存在差异,但其在类似性识别方法上存在共性:通过解构非典型合同,找到与之相类似的典型合同(成分),再以结合、吸收、类推的方法得到其法律规则。这三种学说均以混合合同为预设,以因式分解法为类似性的识别方法。吸收说将非典型合同分解为主要成分与次要成分,主张适用作为其主要成分的典型合同规定来裁判整个非典型合同。据此学说,非典型合同与典型合同在主要成分上存在类似关系,二者的类似必然是主要部分的类似即高度类似,可以说它采用的是高度类似标准。结合说将非典型合同分解为若干成分(典型合同),主张整合其中典型合同的规定来裁判非典型合同纠纷案,其中非典型合同被完全分解为典型合同,因此,非典型合同的分解之物与参照涉及的各个典型合同是一致的。也就是说,结合说采用了内容一致性的类似程度标准,是一种高度类似标准。类推适用说没有明确指出其类似程度标准,因为类推适用理论本身存在类似程度标准,如前文所述,类推适用理论的类似程度标准是高度类似标准。综上所述,非典型合同法律适用理论采用了高度类似标准。这一标准与最相类似标准也不太相同。

类案理论中也出现了高度类似标准。类案的裁判也需要涉及类似程度标准。在讨论类案之间的类似关系时,如前文所述,有学者认为类似程度要求是"盖然相似性"。① 可惜论者点到为止,未能详细或深入阐述上述标准的内容与依据。上述学者的"盖然相似性"显然借鉴了英美法系中的证据规则。英美法民事诉讼中的证据证明标准一般为盖然性标准,即某一事实存在的可能性要大于不存在的可能性。此中类似程度标准即高度类似标准。"英美法系的'盖然性占优势'的标准与大陆法系坚持的'高度盖然性'标准并无本质上的差别。"②有学者甚至量化了盖然性标准:较为可靠指证据的真实性超过 50%甚至 75%,毋庸置疑指证据有 85%以上的真实性。③ 这些理论尝试为高度类似标准提供定量的数据。类案理论中的盖然相似性说法,虽然未能明确表明其观点来源,也未进行深入详细的阐述,但它引入了英美民事诉讼法中的盖然性标准,为类案理论以及所有需要考虑类似程度的理论指出了一个借鉴的方向,这是值得肯定的。类案研

① 参见雷槟硕:《指导性案例适用的阿基米德支点——事实要点相似性判断研究》,载《法制与社会发展》2018 年第 2 期。

② 毕玉谦:《试论民事诉讼证明上的盖然性规则》,载《法学评论》2000 年第 4 期。

③ 参见[美]迈克尔·D. 贝勒斯:《法律的原则——一个规范的分析》,张文显等译,中国大百科全书出版社 1996 年版,第 67 页。

究者在讨论类似程度时说:“若两种案型既非同一亦非歧异而在重要性质或特征上具有高度的类似性,则基于‘等者等之,不等者不等之’的平等原则,借类推适用之手段,以既有规范来处理待决案型。”①该观点提出“高度的类似性”,与以上学者提出的“盖然相似性”可相互映衬,但可惜该学者也没有详细阐述“高度的类似性”的内容及其与此前类似程度标准的关系。综上所述,类案理论中也出现了高度类似标准,也与最相类似标准不同。

综上所述,除《民法典》第 467 条第 1 款之外,其他法律适用理论中均采用或出现了高度类似标准。这些理论均存在确定类似程度的需要,这是它们均关注类似程度标准的原因。在上述各种理论中,识别类似性的方法各不相同。例如,类推适用理论从构成要件、事实与利益等之上识别类似性,而非典型合同法律适用理论则以因式分解法识别类似性,类案理论从事实、裁判要点等之上识别类似性,但上述理论在类似程度标准上均采用或出现了高度类似标准。

令人惊奇的是,以上高度类似标准与最相类似标准虽然同为类似程度标准,却没有相互渗透:非典型合同参照适用理论的最相类似标准没有影响其他法律适用理论中的类似程度标准,而高度类似标准也没有影响非典型合同参照适用理论中的类似程度标准。在通则范式的裁判中,最相类似标准被弃之不用;在参照适用范式的裁判中,最相类似标准未能排除低度类似与次相类似的怀疑。本章拟讨论的问题是:在非典型合同纠纷案的裁判中,应当根据何种类似程度标准确立其裁判范式?或者说,应当如何解释与适用《民法典》第 467 条第 1 款的规定?有学者认为,对《民法典》第 467 条第 1 款的解释,“最为关键的就是正确认定‘本法或者其他法律没有明文规定的合同’以及‘参照适用’这两组概念”②。“‘适用’‘参照’等法律术语十分鲜明地彰显了拟处理的案型与被引用的法条所规范的案型之间相同与否及类似性高低的程度。”③上述定位未必能解决上述款项中的类似标准问题;该款中的“适用”与“参照”也并没有说明其中的类似程度标准。类似程度标准及其后面的裁判范式选择还需要更多的研究。

二、最相类似标准的利弊分析

面对上述状态,需要冷静地考虑最相类似标准的利弊。

---

① 朱广新:《合同法总则》(第 2 版),中国人民大学出版社 2012 年版,第 20~21 页。

② 朱广新、谢鸿飞主编:《民法典评注:合同编 通则》,中国法制出版社 2020 年版,第 39 页。

③ 易军:《买卖合同之规定准用于其他有偿合同》,载《法学研究》2016 年第 1 期。

(一)参照典型合同制度的精致安排

最相类似标准确立了一个比较性的类似程度标准,它为参照适用范式确立了条件。非典型合同可能与若干典型合同类似,这种类似性存在差异,最相类似标准隐含着比较的观念,通过比较将最相类似典型合同的规定作为参照适用的对象,这为非典型合同纠纷案的裁判提供了思路。原《合同法》规定了最相类似标准,《民法典》对此规定予以承继,这给出了参照适用范式类似程度的法定标准,从而使非典型合同纠纷案的参照适用范式有据可寻。无论理论的完备程度与实践效果如何,最相类似标准都是一个中国特色的贡献。

最相类似标准联结了非典型合同与典型合同,从而使非典型合同的裁判能够参照典型合同制度的精致安排。典型合同的权利义务安排不仅详细周密,而且具有高度的体系性,它体现了合同制度的系统理性。"'参照适用'粘合了民法典的规范体系。"①具体到非典型合同纠纷案,依据最相类似标准的参照适用,将非典型合同的简明规范黏合于典型合同制度之上。从合同价值观上看,典型合同制度考量了合同自由、公平等各种合同价值的精致平衡,通过详尽的条款精密地贯彻了合同自由、公平等各种合同价值。在权利义务网络上,典型合同制度对合同当事人权利义务做出了系统性的精致分配,经调适而形成的规范体系,体现了一种历经打磨的成型理性安排。从权利义务与违约责任等上看,典型合同制度是经过精致设计的规范系统,它吸收了历次司法解释的精华。② 典型合同制度提供了范本,增加了法院填补漏洞时的解释确定性。③ 当事人所签订的非典型合同可能存在这样那样的缺陷,其中可能存在权利义务的各种纷争,这需要裁判者运用精密的制度对非典型合同的权利义务进行衡量;同时,当事人的约定可能更多地看到合同利益而忽视交易安全等其他方面,在金融交易领域,金融安全可能被当事人忽视,金融审判需要平衡金融安全与合同自由之间的关系。非典型合同纠纷案的裁判以典型合同制度为参照物,可以参照典型合同制度的精细权利义务分配,充分参照上述成型理性安排,引入上述价值观及其平衡机制,矫正当事人约定中的偏颇。《民法典》合同编通则规定了大量一般性规范,但一般性条款多较为抽象,如果采用通则范

① 张弓长:《〈民法典〉中的"参照适用"》,载《清华法学》2020 年第 4 期。

② 参见王文胜:《从已有司法解释看民法典合同编分则草案的完善》,载《法治研究》2019 年第 1 期。

③ 参见王文宇:《契约定性、漏洞填补与任意规定:以一则工程契约终止的判决为例》,载《台大法学论丛》2009 年第 2 期。

式进行裁判，可能就只能适用抽象的通则规定，无法得到参照适用典型合同制度的精致之利。

最相类似标准隐含了类似程度层级的比较观念，这一观念如果得到有效的贯彻，可以排除次相类似的怀疑。尽管在一些非典型纠纷案中没有进行最相类似与次相类似的比较，但这不是最相类似标准的固有缺陷，而是对此标准的不正确操作。最相类似标准中的“最”字，隐含了比较的观念，即要求进行最相类似与次相类似的比较。这种类似程度比较是最相类似标准的题中应有之义。最相类似标准中隐含的比较观念，是难能可贵的类似梯度观念，它提醒人们注意类似程度的层次性。与典型合同A类似的非典型合同，也可能与典型合同B甚至典型合同C类似，且类似程度各不相同。最相类似标准实际上预料到了这种类似程度的多重性与层次性，通过其中隐含的比较观念，试图在该标准的操作中找到最相类似的合同，淘汰次相类似合同，从而增加参照适用的适当性。

最相类似标准为非典型合同纠纷案的参照适用范式提供了路径，进而使特别法的优先适用成为可能。“在无名合同的法律适用上，应遵循‘从特别到一般’的原则。”①据此，似乎应当建立“约定—最相类似合同规定—总则”的适用顺序。② 而按照原《合同法》第124条及《民法典》的规定，法律适用的顺序是“约定—通则—最相类似合同规定”，其中，将通则排列在最相类似合同规定的前面。有学者认为这种排序违反了“从特别到一般”的法律适用规则：“我国合同法之结构乃‘从一般到特别’，而其法律适用则应逆转其向，即应‘从特别到一般’……第124条之文义未能彰显此种法律适用顺序，有所不当。”③另有学者在评价原《合同法》第124条时持相同的见解：“对于分则没有规定的合同类型应首先‘参照’适用分则。”④《民法典》的相关评述也赞同上述学者的观点，认为应当优先参照适用最相类似合同的规定，其后才能采用通则范式。⑤ 只有适用最相类似标准，才可能参照适用典型合同的特别规定，因此可以说，最相类似标准为特别法在非典型合同纠纷案中的参照适用范式提供了“入场券”。

---

① 朱广新、谢鸿飞主编：《民法典评注：合同编　通则》，中国法制出版社2020年版，第32页。

② 在此顺序中，对约定优先原则并无异议。参见杨小强：《非典型合同论》，载《中山大学学报（社会科学版）》1997年第S1期；刘兰芳：《无名合同及其法律适用》，载《人民司法》1999年第3期；姚新华：《契约自由论》，载《比较法研究》1997年第1期。

③ 易军：《买卖合同之规定准用于其他有偿合同》，载《法学研究》2016年第1期。

④ 耿林：《民法典的规范表达研究》，载《清华法学》2014年第6期。

⑤ 参见朱广新、谢鸿飞主编：《民法典评注：合同编　通则》，中国法制出版社2020年版，第35页。

综上所述,最相类似标准为参照适用范式提供了基础,有助于为非典型合同找到适当的典型合同制度,进而参照适用该制度的精致理性安排,为非典型合同权利义务的分配提供精致的法律规则。

(二)最相类似可能降级为低度类似

最相类似标准最大的问题是,其中类似可能是高度类似,也可能是低度类似,或者说,它不能排除低度类似的怀疑。最相类似是基于比较得出的概念,无论类似程度如何,均能在既有典型合同谱系中找到与案涉非典型合同最相类似的参照物。这就是最相类似标准的弊端所在。最相类似可能常常被误解为高度类似,但是,最相类似本质上只是一个相对性的概念,它与高度类似或低度类似并不存在固定的对应关系。如果引入数量观念加以分析,就会更加容易理解。

可以从数量上说明最相类似标准的相对性。根据类似的程度,可以将类似分为不类似、低度类似、高度类似与相同等类似程度层级。其中,不类似的类似程度为0,而相同的类似程度为100%,为了指称的方便,可以将介于二者之间的类似分为两类:其一,低度类似,即大于0而小于50%的类似;其二,高度类似或称盖然性类似,即大于等于50%而小于100%的类似。当然,低度类似与高度类似还可以根据其具体数量进行更为细致的分类。准确地计算两个合同的类似程度,也许有一定的困难,但这不妨碍上述分类的意义:这种分类有助于区分最相类似与最高类似。最相类似并不必然是高度类似,因为它是一个比较的概念,它只是几个类似之中的最高值。假定某非典型合同Q与典型合同A、B、C、D、E等类似,从量上看,如果该非典型合同Q与B、C、D、E的类似程度分别是1%、2%、3%、4%,而与A的类似程度是5%,该非典型合同Q与A最相类似,与B最不相类似,而与C、D、E的类似介于上述二者之间。在此比较的语境下,非典型合同Q与A最相类似,因而按照法律可以参照适用典型合同A的规定,但是,令人失望的是,非典型合同Q与A之间的类似只不过是低度类似而已。最相类似可能不是高度类似,而是低度类似。最相类似标准之中包括了一个"最"字,但这还不足以使之成为一个较高的类似程度标准。当然,高度类似也并不一定是最相类似。假定某非典型合同Q与典型合同A、B、C、D、E等类似,类似程度依次为51%、60%、70%、80%、90%,所有典型合同均与该非典型合同高度类似,但只有E与之最相类似。

最相类似标准如果不能同时满足高度类似标准,就可能降级为低度类似标准。对最相类似标准的信赖,或许与对典型合同制度充足性的认识有关。如果典型合同类型足够丰富或者具有足够的代表性,即具备充足性,那么,通过认真的检索与比较,任何一个非典型合同均能在合同法(编)制度中找到高度类似且最相类似的合同,如此,最相类似与高度类似就会出现重合的情况。或有观点认为,典型合同制度具有高度的代表性,绝大多数非典型合同能从中找到高度类似的典型合同,从而使最相类似达到高度类似的效果。这种假定基于对典型合同制度充足性的高度自信。但是,这种信心缺乏统计数据与法理的支撑。在统计数据上,典型合同制度的选择并不是执行概率论的结果,也没有任何统计数据作为支撑,因而无法得出典型合同制度具有统计学上典型性的结论;在法理上,典型合同确实具有一定的典型性,但不能否认的是,典型合同制度的形成一方面存在路径依赖即传统合同优先,另一方面也依赖于主张某一合同入典的学者的数量与影响力。这种典型合同的"选拔"机制或许能保证比较大的典型性,但到底有多大,就无法得知了。事实上,一些重要的、现实之中多用的合同并没有入典。① 更重要的是,在金融与投资等交易领域,合同的创新并不会停下自己的脚步,日新月异的非典型合同正是为了打破传统而创设,从典型合同制度中未必总能找到与之高度类似的典型合同。如果上述充足性不能成立,最相类似标准容易降级为低度类似标准:如果在某些领域只有少量典型合同甚至一个典型合同,不存在与案涉非典型合同高度类似的典型合同,即使根据最相类似标准进行最优与次优比较,最相类似标准也终将降级为低度类似标准。

最相类似标准容易降级为低度类似标准,也与最相类似标准的操作程序有关。在上述非典型合同纠纷案中,不少案例只比较了案涉非典型合同与所参照的典型合同的相同点,而无意于比较二者的差异,更无意于衡量其中相同点与差异的权重,这是一种求同舍异的操作程序。根据最相类似标准,应当注重最优与次优的比较,但要从中得出重视异同的比较与异同的权重之类的操作程序,是非常困难的。由最相类似标准容易得出求同的观念,却难以得到求异的观念。本来,比较就意味着既考虑相同点,也考虑差异。"这种比较应该简洁地提醒读者前面讨论过的案例中的关键事实,并在类比的情况下显示这些事实与客户的事实相比如何,或者在区分的情况下这些事实有何不同。"②但最相类似标准对"类似"的强调使之未能发展出差异的比较观念与差异的比较程序。"他们发现两个案件的相似

① 参见周江洪:《典型合同与合同法分则的完善》,载《交大法学》2017 年第 1 期。

② Stephanie Roberts Hartung & Shailini Jandial George, *Promoting In-depth Analysis: A Three-Part Approach to Teaching Analogical Reasoning to Novice Legal Writers*, 39 Cumberland Law Review 685(2008-2009).

之处,忽略可能存在的差异,然后宣布案件的结果。在这样做的时候,他们未能确定和论证必要的补充判断。"①这样,最相类似标准与求同舍异的操作程序形成了非良性的互动:前者成为后者的操作依据,而后者为前者隐藏了差异,从而只可能发现最相类似,而不可能发现差异之处大于类似之处的情况,即低度类似的情况。

最相类似标准可能混淆高度类似与最相类似的差异,而沦落为一个具有欺骗性的标准。基于对典型合同制度的过度信赖,人们可能将最相类似标准误解为高度类似标准。而实际上,最相类似标准可能降级为低度类似标准,求同舍异的操作程序助长了这种降级。例如,在一个案例中,法院认为案涉《差额补足函》的权利主体、补足义务内容与资产管理合同中的债权人、债务人不具有同一性,不属于资产管理合同的从合同,其性质应当属于独立合同。② 这一案例被当作典型案例,印证了独立合同认定的艰难。③将一个非典型合同认定为"独立合同"(独立的非典型合同),与将之归结为一个典型合同,可能产生截然不同的裁判结果。如果将上述合同定性为担保合同和债务加入,则可能因未依照法律和公司章程规定履行决议程序而导致无效。由此可以看到,不仅非典型合同与典型合同的类似之处应当得到重视,二者的差异也应当得到重视。"研究非典型合同时,未必强要将其归入某类典型合同,而应更关注其特性。"④有学者强调参照适用中的差异性考量:"差异性的考量是从反面进行验证,从而排除法律规则的适用。"⑤有学者指出,在现代经济体系中,厂商的需求日趋多元化,交易形态也日益细致化,现行契约法的类型设计及其中任意规定未必合适,反而可能忽略了无名合同背后的多重选择,以及体系外面的宽广世界。⑥ 只有摒弃求同舍异思维,才能避免它与最相类似标准的不良互动。

(三)低度类似标准下的口袋合同现象

最相类似标准如果降级为低度类似标准,就可能使一些典型合同成为具备万能参照功能的"口袋合同"。所谓口袋合同现象,是指在非典型合同纠纷案的参照适用中,因类似程度要求太低而导致大量非典型合同纠纷

① Cass R. Sunstein, *On Analogical Reasoning*, 106 Harvard Law Review 741(1993).

② 参见上海市高级人民法院民事判决书,(2020)沪民终618号。

③ 该案为2021年全国法院资产管理合同纠纷的十个重要案例之一,其亮点在于将上述合同认定为独立合同而不是担保合同。

④ 谢鸿飞:《合同法学的新发展》,中国社会科学出版社2014年版,第639页。

⑤ 王利明:《民法典中参照适用条款的适用》,载《政法论坛》2022年第1期。

⑥ 参见王文宇:《契约定性、漏洞填补与任意规定:以一则工程契约终止的判决为例》,载《台大法学论丛》2009年第2期。

案不当地参照适用某一个典型合同规定的现象,其中典型合同因为被当作众多非典型合同的不当参照对象而被称作口袋合同。口袋合同的概念借鉴了口袋罪的概念。"口袋罪是我国刑法学界对于某些构成要件行为具有一定的开放性的罪名的俗称",因其犯罪构成要件缺乏限制性的外延而导致此类罪名的扩张适用,从而与罪刑法定原则形成了紧张关系。① 口袋合同现象的成因有二:一是不作最相类似与次相类似的比较,只要阐明非典型合同与典型合同类似就参照适用典型合同规定的情形。这一情形的特征是不考虑类似程度,见到类似就将之视为最相类似而形成口袋合同现象。二是根据最相类似标准且做了次相类似比较,但因为其中最相类似也不过是低度类似而形成的口袋合同现象。前一情形可通过最相类似标准的操作程序改变,即进行次相类似比较而得到改善,它不是最相类似标准的问题,而是其操作程序的问题,后一情形则属于最相类似标准本身的问题。某些典型合同与不少非典型合同存在某种程度的低度类似,根据最相类似标准参照适用该典型合同的规定,这样的典型合同就可能成为不少非典型合同的万能参照物。

最相类似标准可能导致的口袋合同现象对合同自由的危害在于,法官会参照适用典型合同的规定来剪裁非典型合同内容,导致削足适履的裁判。这种裁判既可能将典型合同规定中的强制性规范适用于非典型合同纠纷案,也可能将典型合同的任意性规范适用于非典型合同纠纷案。不当地参照适用典型合同的强制性规范,可能导致对非典型合同的不当强制。例如,在实务中,一些非典型合同与借款合同类似,就可能因此而不当地参照适用借款合同的强制性规定,从而形成对这类合同的不当强制,甚至参照适用借款合同的效力性强制规定而否认相关非典型合同的效力。不当地参照适用典型合同的任意性规范,也可能导致削足适履的裁判效果。此时,典型合同的任意性规范可能不适合于案涉非典型合同:"任意规定的存在却容易造成法律见解的僵化,而未必能完美的满足个案需求,也未必能与其他意定条款紧密结合。"②该学者比较了商事契约与民事契约的区别以及典型合同与非典型合同的区别,认为既有的典型契约之任意规范未必能体现商事非典型契约的本质与特色,进而要求认真"比较这些特色和法律中之典型契约是否有相类似之处,再决定是否援引任意法规填补契约漏

① 参见陈兴良:《口袋罪的法教义学分析:以以危险方法危害公共安全罪为例》,载《政治与法律》2013 年第 3 期。

② 王文宇:《契约定性、漏洞填补与任意规定:以一则工程契约终止的判决为例》,载《台大法学论丛》2009 年第 2 期。

洞”,避免不合理的套用与不合理的结果;①“应考量契约目的、诚信原则、交易惯例等因素,适于适用任意规定时才适用,不适合时便应摒除不用。”②该学者对参照适用典型合同任意性规范提出了质疑,从多方面表达了对参照适用任意性规范的不满,认为它不利于商事非典型合同的自治。对任意性规范的参照适用是以一定的类似程度标准为准则的,或者说,类似程度标准是参照适用的基本内容之一。因此,可以肯定的是,以上质疑之中包含了对参照适用类似程度标准的某种质疑,只是没有明确说明而已。虽然该学者的观点未能认识到类似、最相类似与高度类似三者的区分是不合理“套用”典型合同任意性规范的根本原因,但强调不要随意参照适用任意性规范的观点,提醒人们在非典型合同纠纷案的裁判中注意任意性规范的负面效应,这是一种独到的见解。

口袋合同现象中削足适履的裁判使最相类似标准的优势荡然无存,在此情景下,更多的非典型合同纠纷案可能采用参照适用范式,但是,此时采用参照适用范式不如采用通则范式。法院采用参照适用范式,优势在于根据最相类似标准参照适用典型合同的精致权利义务安排,而一旦参照适用范式导致了削足适履的裁判,该范式的优势就演变为其劣势。通则范式的缺陷是失之抽象甚至疏漏,但无论如何,抽象甚至疏漏都还存在解释与填补的可能,并不必然会导致错误适用,也不会成为合同自由的牢笼。法官在适用通则时存在自由裁量权,但这并不必然导致削足适履的裁判,而口袋合同现象中的所谓参照适用必然会导致削足适履的结果。因此,如果最相类似标准沦落为低度类似标准,那么,参照适用范式就应当让位于通则范式。

三、类似程度标准的完善

为了避免最相类似标准导致的削足适履式裁判,必须完善非典型合同纠纷案参照适用的类似程度标准。“相似的确定需要某种度量,使类比者能够评估哪些相似性是重要的,哪些是不重要的。”③于此,或应以最相类似标准为基础,借鉴其他法律适用理论中的高度类似标准,更新非典型合

① 参见王文宇:《非典型(商业)契约的漏洞填补——论任意规定与补充解释的择用》,载《月旦法学杂志》2009 年第 164 期。

② 王文宇:《契约定性、漏洞填补与任意规定:以一则工程契约终止的判决为例》,载《台大法学论丛》2009 年第 2 期。

③ Frederick Schauer & Barbara A. Spellman, *Analogy, Expertise, and Experience*, 84 University of Chicago Law Review 249(2017).

同纠纷案裁判中的类似程度标准。

（一）从最相类似标准到双重类似标准

最相类似标准与高度类似标准各有所能，也各有所不能，二者需要整合以扬长避短。最相类似标准能排除次相类似，但不能排除低度类似的怀疑；高度类似标准能排除低度类似，却不能排除次相类似。如果将二者联结起来，整合为一体，那么，就有望形成一个既能排除次相类似也能排除低度类似的类似程度标准。

整合最相类似标准与高度类似标准，本章提出双重类似标准。其中双重类似是指案涉非典型合同与所参照适用的典型合同之间存在高度类似且最相类似的关系，相应的类似程度标准即为双重类似标准。当符合这样的双重类似程度标准之时，案涉非典型合同纠纷案才能参照适用该典型合同的规定。例如，案涉非典型合同 A 与典型合同 B、C、D、E 等具有类似性，若其中 A 与 E 最相类似且高度类似，那么，E 就符合双重类似标准，就可以参照适用典型合同 E 的规定来裁判非典型合同 A。双重类似标准的要义在于坚持类似标准的双重性，即既要符合最相类似标准，也要符合高度类似标准。这种整合旨在防范参照适用的类似程度标准降级为低度类似标准或次相类似标准。双重类似标准继承了非典型合同纠纷案参照适用理论中的最相类似标准。同时，它也引入了类推适用理论、非典型合同法律适用理论与类案理论中的高度类似标准，试图结合最相类似标准与高度类似标准，以此完善非典型合同纠纷案的类似程度标准，而形成上述两大标准的“化合物”，从而达到取长补短、相辅相成的理论效果。

双重类似标准试图引入其他法律适用理论中的高度类似标准，而其他法律适用理论中的高度类似标准各有其语境，因而，将其类似程度标准整合于双重类似标准时，需要根据非典型合同纠纷案的语境对其中高度类似标准进行改造。在非典型合同纠纷案的语境下，类推适用理论中的构成要件类似说应当理解为案涉非典型合同与特定典型合同之间权利义务等合同要素的类似程度学说，即要求其合同目的、权利义务等合同要素双重类似；实质一致说也应当理解为案涉非典型合同与特定典型合同在合同目的、权利义务等之上的双重类似，而不宜流于一大二空，也不宜要求完全一致；同一思想基础说从利益上比较类似性，应当具体到合同利益包括信赖利益、返还利益与期待利益上的双重类似性。[①] 双重类似标准也应当与非

---

① See L. L. Fuller & William R. Perdue Jr. , *The Reliance Interest in Contract Damages*, 46 The Yale Law Journal 52 (1936).

典型合同的法律适用理论结合起来,以改造传统非典型合同法律适用理论中的类似程度标准:在吸收说中的主次合同成分确定上贯彻双重类似标准,而不仅仅是高度类似标准;在结合说中,对非典型合同与典型合同的分解与指认,也应当考虑双重类似标准;类推适用说应当将其类似程度标准明确为双重类似标准。类案理论中的盖然类似性标准在被整合于双重类似标准时,应当增加最相类似标准,以形成盖然类似且最相类似共存的双重类似程度标准。综上所述,因应非典型合同纠纷案的语境,改造类推适用理论、非典型合同法律适用理论与类案理论中的高度类似标准,且添加最相类似标准,可以从合同目的、权利义务、合同利益、合同成分与结构等之上识别案涉非典型合同与特定典型合同的双重类似关系。双重类似标准在高度类似标准之外增加了最相类似标准,同时汲取了其他法律适用理论中高度类似标准这一营养成分。

双重类似标准中贯穿了一些新的理念。这些新理念体现为如下四个方面:第一,双重类似标准中的差异理念。案涉非典型合同与典型合同既存在差异,也存在相同点,这包括合同目的、权利义务、合同利益、价值等之上的相同点与差异。这是双重类似标准强调的事实基础。不存在差异,则不是非典型合同。双重类似标准重视典型合同与非典型合同之间的差异,而不仅仅是相同点。只强调相同点,就可能忽视二者的差异之处,而可能导致求同舍异的思维。双重类似标准以相同点作为参照适用的桥梁,同时以差异作为排除低度类似与次相类似怀疑的依据,因而同异在双重类似标准中均受到关注。这一点与其他类似程度标准存在根本性的区别。第二,类似程度的层级性与多维性。类似程度是有层级的,类似并不必然是最相类似或高度类似,后二者只是类似程度中的特殊情况。因此,必须区分类似的梯度。同时,类似程度可以从多个维度进行区分。例如,最相类似与高度类似,就是不同的类似维度视角下的术语。双重类似标准认识到类似程度的层级与多维性,主张从多个维度界定与区分类似程度的层级。第三,最相类似与次相类似的相对理念。最相类似是一个比较性的概念,它是相对于次相类似而言的,只有通过比较,才能确定最相类似。单纯的类似并不是最相类似,没有比较就没有最相类似,这就是最相类似的相对理论。双重类似标准包括相对性理论,强调最相类似与次相类似的比较。第四,高度类似与低度类似的相对理念。同样地,高度类似也是一个相对性的概念,它是相对于低度类似而言的,只有通过比较,才能确定最相类似。类似并不必然是高度类似。高度类似需要比较案涉非典型合同与典型合同的相同点与差异,如果其相同点大于差异,则为高度类似,相反,则为低度类似。“在构成要件类似性的判定上,与其说是系争案件与法定案型之间相同点的判定,不如说是系争案件的构成要件中,与法定案型的相同点和不同点,依立法意旨何者更加重要的问题。”①构成要件说虽然存在瑕疵,但其中权衡相同点与差异二者权重的思想,是值得重视的正确思想。

(二)双重类似标准的合理性

双重类似标准克服了两种类似标准的缺陷并发挥了二者的优势,达到了取长补短的效果。在非典型合同纠纷案中,如果存在多重类似的情况,可以运用最相类似标准排除次相类似的怀疑,确定最相类似的典型合同,同时,运用高度类似标准保障高度类似,确定高度类似且最相类似的典型合同,以供参照适用其规定。双重类似标准的优势在于实现了不同理论中类似程度标准的跨越与联结。与最相类似标准或高度类似标准相比,双重类似标准能够更为全面和准确地体现类似程度的差异,从而能够更为准确地决定是否参照适用。任何理论的进步是相对于其前期理论而言的,相对于最相类似标准或高度类似标准而言,双重类似标准更为合理。

双重类似标准有助于保护合同自由。在非典型合同领域,合同自由体现为法律与裁判对非典型合同的尊重,尤其是尊重它相对于典型合同的差异,因而,低度类似标准下的参照适用,因忽视这种差异而极容易损害非典型合同的自由。双重类似标准可以避免对低度类似典型合同规定的参照适用,这可以减少对典型合同的强制,减少削足适履式的裁判,从而达到保护合同自由尤其是保护其中差异性内容的效果。意思自治是私法的基本原则,其在非典型合同之中也不应当例外。不当的类似程度标准可能导致口袋合同现象及削足适履式的裁判,其客观效果是以典型合同的类型与内容限制非典型合同的类型与内容,这可能严重背离意思自治。双重类似标准有助于保护非典型合同的类型自治与内容创设等方面的自由,从根本上保护非典型合同的自治。

双重类似标准能为交易创新留下更大的空间,并有助于节约交易成本。非典型合同可能是典型合同的合成之物,也可能是典型合同的衍生之物,还可能是全新的创设,无论如何,均体现了交易者在合同结构或内容上的创新。当事人创设非典型合同的目标往往是节约交易成本。非典型合同的创新增加了当事人工具箱中的合同选择,使当事人有可能选择交易成本较小的合同来达成自己的目标。“节约交易成本的关键是增加合同的适

① 屈茂辉:《类推适用的私法价值与司法运用》,载《法学研究》2005 年第 1 期。

合性……从合同的生成方式与类型上看,就是允许更多的合同生成方式并自由地选择上述方式以创设更多可供选择的合同类型。”①非典型合同的创新增加了合同的类型并丰富了合同的内容,这便于当事人选择最合适的合同来节约交易成本。合同自由、交易创新与减少交易成本,在非典型合同之中具有很强的一致性。不当的类似程度标准可能导致不当的强制或削足适履的裁判,这种强制往往作用于非典型合同与典型合同的差异部分。而非典型合同与典型合同的差异往往就是非典型合同的创新,创新度越大,则其与典型合同的差异越大,基于低度类似的强制或削足适履,对创新的损害也就越大。双重类似标准提高了类似程度标准,减少了低度类似标准对非典型合同创新部分的强制与削足适履,从而能够容忍非典型合同的更多创新,达成节约交易成本的目标。

双重类似标准可能为非典型合同提供更为适当的交易安全规则。交易安全是合同法的重要原则,在金融交易领域,它是金融安全的重要内容。典型合同中的强制性规范为典型合同提供了适当的交易安全规则,非典型合同纠纷案对典型合同规定的参照适用,可以将上述规范尤其是强制性规范引入非典型合同纠纷案,从而保障非典型合同的安全。但是,参照适用为非典型合同所带来的交易安全保护是有前提的:非典型合同与典型合同越类似,这种保护就越合适,否则,可能会导致张冠李戴,效果往往适得其反。在最相类似标准沦落为低度类似标准的情况下,针对特定典型合同的交易安全规范因参照适用而不当地适用于案涉非典型合同纠纷案,这会导致双重恶果:一方面,非典型合同真正的交易风险没有得到规制;另一方面,它却受到了典型合同交易安全规范的不当强制。如同药不对症一样,这不仅无助于保障交易安全,反而损害了合同自由与交易安全。同时,非典型合同作为一种合同创新,其中也可能包括交易安全制度的创新。例如,各种具有担保功能的非典型合同均是合同创新的成果;金融创新的表现之一是创设非典型合同,在合同创新的同时,也会创新违约预防制度等金融安全制度。② 这些交易安全创新,体现了保障交易安全的民间智慧,也正是非典型合同的特色所在,其也是典型合同与非典型合同的差异所在。通过对非典型合同中交易安全设计的承认、总结与提炼,法律与裁判均可能更好地保障交易安全。双重类似标准更能容忍典型合同与非典型合同的差异,包括其中新型交易安全设计,因而更有可能承认其中交易

① 陈醇:《论衍生合同》,载《北方法学》2022 年第 4 期。

② 参见陈醇:《论金融法中的违约预防制度》,载《环球法律评论》2019 年第 2 期。

安全设计,进而为总结与提炼其中交易安全规则准备基础。可见,双重类似标准有助于为非典型合同找到更为合适的交易安全规范,并可能为承认与创设新型交易安全规则留下更大的空间。

双重类似标准正确地处理了非典型合同与典型合同之间的平等关系。典型合同具有一定的代表性,其教义与法律规范均是合同法理性的长期积淀。这为非典型合同纠纷案提供了极为宝贵的资源,典型合同制度的精致安排是值得参照的。但是,参照适用必须适当,必须符合一定的类似程度标准,否则就有东施效颦的各种弊端。口袋合同现象既是一种不适当的模仿,也体现了典型合同与非典型合同之间的不平等关系,即将典型合同当作非典型合同的标杆,甚至要求非典型合同服从典型合同制度。在民商法的视野中,主体是平等的,合同也是平等的,非典型合同与典型合同应当享有平等的待遇,二者之间不应当存在隶属或服从关系。非典型合同纠纷案对典型合同规定的参照适用,不是一种强制,而是一种基于合适才参照的选择。双重类似标准为非典型合同的参照适用标准确立了更为合理的标准,它坚持在双重类似下的参照适用,这体现了合同平等原理,避免将参照适用理解为非典型合同对典型合同制度的服从。双重类似标准既尊重了典型合同的理性与制度体系,又没有盲从典型合同的理论与制度安排。这是有原则的尊重。双重类似标准正确地处理了非典型合同与典型合同之间的平等关系。

（三）两种裁判范式各自的适用范围

非典型合同纠纷案中的参照适用范式仅仅适用于符合双重类似标准的情况。根据双重类似标准比较非典型合同与典型合同的类似程度,可能得到二者关系的五种情形:完全不类似;低度类似且最相类似;低度类似且次相类似;高度类似且最相类似;高度类似且次相类似。在上述五种情形中,只有高度类似且最相类似的情形才能参照适用特定典型合同的规定,其他情况则不应当参照适用典型合同的规定。在非典型合同之中,存在纯粹非典型合同,这一类非典型合同与典型合同完全不同。这类合同不存在参照适用的问题,不应当参照适用典型合同规定。在低度类似且最相类似的情形下,不应当参照适用典型合同的规定,否则会导致口袋合同现象。在非典型合同纠纷案中,可能还存在将典型合同误认为非典型合同的情况,这种情况应当直接适用典型合同的规定,不存在参照适用的问题。如果能够顺利地实施双重类似标准,那么,就可以初步划定参照适用范式的范围。

双重类似标准并不总是能够得到顺利实施的,这是因为类似程度比较存在复杂性，这可能导致双重类似标准的实施存在严重的困难。如前文所述，改造类推适用理论、非典型合同法律适用理论与类案理论等中的类似程度识别方法，可以从合同利益、合同目的、权利义务等各方面识别相关合同的类似程度。即使如此，也不能消除类似程度比较的复杂性。正是因为这样，在类案理论中，学者们或提出结合以感知经验判断为基础的初步判断与以实质理由（裁判理由）论证的识别方法，或提出递进式同质论证的论证模式。但无论何种类似程度的识别方法或论证方法，均不是也不可能成为完全数学意义上的定量模式。前文所提到的类似程度比例数据，只是一种纯粹理论化的表达，而裁判实务中的类似程度往往是无法量化的。17世纪的学者莱布尼茨和伯努利将概率与法律传统联系起来，"不幸的是，伯努利在18世纪的继承者们并没有保留概率和法律传统之间的联系"①。有论者指出，诉讼法中的盖然性标准带有浓重的主观色彩，是对最终案件事实调查结果"心理认知状态"的描述。② 与此相类似，高度类似与最相类似的判断带有浓重的模糊性与主观性。双重类似标准的实施因类似程度比较的复杂性而可能存在疑难，或者说，双重类似标准的实施可能存在巨大的成本。

当双重类似标准的识别成本过大时，应当排除参照适用范式的适用。在最相类似标准之下，需要识别最相类似的典型合同，这种判断是需要智识与成本的；双重类似标准在此基础上，还需要识别高度类似的典型合同，这又增加了一个比较维度，需要更多的智识与成本，也更可能出现争议。如果以通则范式对非典型合同纠纷案进行裁判，则不需要进行上述比较与选择，上述成本与争议均可能得到避免。或许正是为了避免这样的"麻烦"，前文所列出的大量案例采用通则范式裁判了非典型合同纠纷案。科斯认为，交易是需要成本的；其后，交易成本最小化甚至成为法学研究的支柱性目标。③ 法律适用也是需要成本的，参照适用更是如此。科斯所说的成本是交易成本，而此处参照适用的成本是指识别双重类似标准的成本。双重类似标准提高了类似性程度要求，增加了类似程度的识别程序，也增加了该标准的识别成本。如果双重类似标准的识别成本过大，超越了参照适用的好处，此时或许应当考虑通则范式，以节约裁判成本。大

① Glenn Shafer, *The Construction of Probability Arguments*, 66 Boston University Law Review 799 (1986).

② 参见张斌：《英美刑事证明标准的理性基础——以"盖然性"思想解读为中心》，载《清华法学》2010年第3期。

③ See Peter H. Schuck, *Legal Complexity: Some Causes, Consequences, and Cures*, 42 Duke Law Journal 1(1992).

量非典型合同纠纷案采用通则范式，明显减少了裁判的难度，避免了双重类似标准的识别成本。

双重类似标准的实施还受到谬误成本的困扰。基于最相类似标准的参照适用不是一件简单的事情，上文的资料展示了这一标准的操作经常产生的谬误，如将类似当作最相类似、忽视次相类似的比较等。这些谬误产生谬误成本。双重类似标准比最相类似标准更为复杂，流程更多，也更容易出现谬误。与通则范式相比，参照适用范式可能存在更大的谬误成本。在检索与案涉典型合同类似的全部典型合同之时，如果没有严密的检索程序，往往就无法保证检索的全面性；而类似程度的双重比较，需要从合同目的、权利义务等多方面进行周详的考虑，既需要全面而专业的合同法智识，也需要高度的耐心与责任感。在既有的裁判之中，类似程度的比较或付之阙如，或点到为止，耐心与周详的类似程度比较还难得一见。双重类似标准多了一个流程，就多一个谬误的可能。在此背景下，不能低估双重类似标准操作中的谬误成本。非典型合同纠纷案在参照适用上的谬误是同案不同判的重要原因，同一个案件经过上诉乃至再审改判的情况时有发生。例如，在对赌合同、股票收益权转让合同纠纷案等领域，因参照适用方面的不同观点而导致的同案不同判是常见的现象。例如，对赌合同的司法裁判就发生了多次转向，"从关注'对赌协议'的法律效力转向合同的可履行性"①。这些谬误既需要当事人付出额外的成本，也导致了对法律与司法权威性的损害。因此，如果参照适用范式的谬误成本相对较大，采用通则范式可能是一种有效率且正确的选择。

综上所述，在非典型合同纠纷案裁判范式的选择上，需要考虑双重类似标准及其实施成本（识别成本与谬误成本），只要符合上述标准且上述标准的实施成本较小时，才采用参照适用范式，否则，通则范式可能更为合理与便捷。

四、《民法典》类似程度标准的解释与裁判程序

以上文的讨论为基础，下面拟对《民法典》相关条款的解释、法律适用理论提出一些建议，并对前文案例的裁判提出一些建议。

（一）《民法典》第 467 条第 1 款的解释

上文从各个方面讨论了非典型合同纠纷案裁判中的类似程度标准与

---

① 刘燕：《"对赌协议"的裁判路径及政策选择——基于 PE/VC 与公司对赌场景的分析》，载《法学研究》2020 年第 2 期。

裁判范式选择，以此为基础，于此尝试提出《民法典》第 467 条第 1 款的解释要点。这一款的解释要点如下：第一，双重类似标准是采用参照适用范式的积极条件。只有当案涉非典型合同与特定典型合同的类似程度符合双重类似标准之时，才可以参照适用该典型合同的规定，否则，就不应当参照适用。第二，如果双重类似标准的实施成本过大，就应当采用通则范式。这是参照适用范式的消极条件。双重类似标准的实施成本应当作为参照适用与否的考虑因素。第三，在满足上述两个方面条件的基础上，优先参照适用典型合同的规定，即根据“遵守约定—参照适用典型合同的规定—适用通则”的顺序进行裁判。第四，在不能满足上述两个条件的情况下，应当采用通则范式。以上理解以双重类似标准替换了最相类似标准，或者说，将最相类似标准解释为双重类似标准，同时，这种理解从参照适用的疑难程度上考虑了参照适用的实施成本。这一理解通过类似程度标准区分了参照适用范式与通则范式各自的适用范围。

对《民法典》第 467 条第 1 款的解释，需要强调“疑难从无”规则。如果在非典型纠纷案中双重类似标准的实施存在疑问与困难，那么，为避免过大的识别成本与谬误成本，就应当认定无力确定双重类似的典型合同，不予参照适用，这就是“疑难从无”规则。“疑难”是“容易”的对应词汇，它包括疑问与困难，即可能导致过大的识别成本与谬误成本的情况。在非典型合同纠纷案的类似程度判断中，疑难包括比较案涉非典型合同与相关典型合同二者异同的疑难、确立上述异同权重上的疑难、确定双重类似上的疑难等。“疑难从无”规则与“疑罪从无”规则在原理上有类似之处，它奉行的信念是：与其不计成本或冒险地采用参照适用范式，不如采用通则范式求得基本正确。在《民法典》合同编中，通则既具有统领分则、弥补法律漏洞等功能，也应当具有避免参照适用疑难、节约参照适用成本尤其是避免谬误的功能。“疑难从无”规则试图避免不顾忌疑问与谬误的强行参照适用，以便为当事人的合同自由留下更大的空间。

综上所述，《民法典》第 467 条第 1 款可以解释为：最相类似是指在高度类似基础上的最相类似，它本质上是双重类似（最相类似且高度类似），目的在于排除低度类似或次相类似的怀疑；非典型合同纠纷案的裁判可以采用通则范式与参照适用范式两种裁判范式；双重类似标准及其实施成本是划分参照适用范式与通则范式的界线；其中“可以”应当理解为符合双重类似标准且实施成本较小时“才可以”参照适用相应典型合同的规定。

(二)双重类似标准的裁判程序

作为区分参照适用范式与通则范式的标尺,双重类似标准必须落实为裁判中的操作程序。双重类似标准的操作程序应当包括:第一,全面地检索与案涉非典型合同类似的典型合同,明确类似典型合同的谱系。这一步以一定的合同法教义与经验为基础,根据非典型合同与典型合同的结构关系,如合成关系或衍生关系,检索所有典型合同而完成。只有全面地检索,才有可能保证类似程度比较对象的全面性,才能保证双重类似标准的实施。裁判文书应当简略地说明检索而得的典型合同类型。在上述谱系中,有时可能只有一个典型合同,有时可能存在两三个甚至多个典型合同。第二,比较案涉非典型合同与典型合同的异同。通过分析案涉非典型合同与典型合同的结构关系,从合同目的、权利义务、合同利益、价值等方面探寻案涉非典型合同与典型合同的异同。这一步既要求同,也要求异,鉴于既有裁判中差异比较的缺位,于此切忌进行求同舍异的操作,而强调必须从差异视角对二者的类似程度保持高度的怀疑。第三,进行最相类似与次相类似比较。如果案涉非典型合同与复数典型合同均存在相同点与差异,此时,应当进行最相类似与次相类似的比较,得到与案涉非典型合同最相类似的合同。这一比较的目的是排除次相类似的怀疑。必须在文书中阐明比较的主要内容,不得将类似论证作为最相类似论证。第四,识别高度类似与低度类似。得到最相类似的典型合同之后,还必须权衡案涉非典型合同与特定典型合同的类似程度,如果其相同点大于差异,则为高度类似,相反,如果其差异大于相同点,则为低度类似。在裁判文书中必须阐明二者存在盖然性的类似,以排除低度类似的怀疑。第五,若在以上任何阶段存在疑难,则遵循"疑难从无"规则,阐明疑难所在,以及不予参照适用的理由。以上五步是非典型合同纠纷案裁判中必不可少的操作程序,在裁判中必须完成,且作出记载。

在非典型合同纠纷案的裁判中,必须重视双重类似标准的事实、证据与相关法律规范,回应或记载适用中的质疑或不同意见。案涉非典型合同的事实与证据是双重类似标准适用的基础,而典型合同的规定是双重类似标准的制度依据,裁判文书应当记载相关事实、证据与法律规范。尤其是在当事人及其律师对类似典型合同的名称、案涉合同与典型合同的异同、最相类似与高度类似等存在质疑之时,必须在相应的程序环节予以回应。参照与否与参照何种典型合同的规定影响裁判结果,当事人很可能质疑参照适用范式的某一环节,在裁判理论部分应当针对当事人的上述质疑给予充分的回应,说明采纳与否的意见并阐明理由。在文书篇幅的分布之上，建议将双重类似标准的争议当作争议焦点，且在裁判理由中作为重点内容。类似程度的认定具有较大的主观性，双重类似标准虽然给出了识别类似程度的标准，但并不能从根本上减少这种主观性，因此，裁判者之间也可能得出并不相同的结论。有学者指出，不同法官对确信度的认知和感受是存在差别的，我国民事诉讼法规定合议庭评议且评议中的不同意见必须如实记入笔录，正是基于对这种差别的尊重。① 基于非典型合同纠纷案的复杂性，建议此类纠纷案的裁判采用合议制，且在合议记录中记载类似程度认识的分歧，存在重大争议的案件应当报审判委员会讨论决定。

在非典型合同的裁判之中，必须遵守"疑难从无"规则，避免强行采用参照适用范式产生的损害。裁判者在认识到参照适用范式利益的同时，也应当认识到不当参照适用可能带来的损害。双重类似标准是一个比最相类似标准更为合理的标准，但它仍然需要面对适用的疑难。有学者在评价高度盖然性证据标准的实施时说："高度盖然性并不否认在诉讼中对客观真实的追求。需要强调的是，作者无意否认在民事诉讼中对客观真实的追求，只是认为这是理想化的。"②双重类似标准的实施也是一样的，它只能向理想状态努力，而不能期望达到理想状态。法官应当遵守"疑难从无"规则，在此状态下，采用通则范式不是一种偷懒的行为，而是对法官有限理性的承认。

(三)对前文案例裁判的一些建议

根据双重类似标准与"疑难从无"规则，上海金融法院大量非典型合同纠纷案采用通则范式予以裁判，或许是一个正确的选择。前文的案例直接排除了参照适用范式，而没有任何理由，这是存在欠缺的。上海金融法院应当根据双重类似标准及其操作程序，认真阐明不采用参照适用范式的原因，阐明是因为不符合双重类似标准而不予参照适用，还是因为遵守"疑难从无"规则而不予参照适用。

同样地，前文适用最相类似标准且采用参照适用范式的股票(权)收益权转让合同纠纷案，应当阐明其符合参照适用的条件，且根据双重类似标准的五个操作程序，阐明参照适用的事实、证据与理由。

从既有非典型合同纠纷案的裁判上看，金融审判应当重点矫正六个方面的偏颇：第一，矫正确定类似合同谱系上的随意性，提倡检索性方法。在前文的裁判中，一些裁判没有检索与非典型合同相类似的典型合同，而直

① 参见毕玉谦：《试论民事诉讼证明上的盖然性规则》，载《法学评论》2000 年第 4 期。

② 陈响荣等：《诉讼效益与证明要求——论在民事诉讼中应确立高度盖然性原则》，载《法学研究》1995 年第 5 期。

接认定一个或两个典型合同是案涉非典型合同的类似合同,这显示出很大的随意性。于此要注意的是,在检索上述类似典型合同之时,既要考虑典型合同与非典型合同之间的合成(混合)关系,也要考虑典型合同与非典型合同之间的衍生关系,不可忽视衍生合同与其母合同之间的类似关系。第二,矫正求同舍异的做法,重视求异。在类似程度的比较中,求同是习惯性操作,而求异则在前文的案件中多被忽视。差异是类似程度比较中排除低度类似怀疑的关键因素,在前文案件中需要加强这方面的论证,做到既重视相同点,也重视差异。第三,矫正将类似等同于最相类似的做法,重视最相类似与次相类似的比较。前文的案件多只指出类似而不比较类似程度,未能排除次相类似的怀疑。不应当将类似有意无意地等同于最相类似,而应当根据上文的比较程序,排除次相类似的怀疑。第四,矫正口袋合同现象,重视排除低度类似的怀疑。前文的案例忽视了异同权重的权衡,未能认真地排除低度类似的怀疑。在重视异同的基础上,应当比较异同的权重,加强高度类似方面的论证,排除低度类似的怀疑。第五,矫正忽视疑难的裁判态度,在必要时承认双重类似标准判断上的疑难。前文的案例中没有任何案例承认双重类似标准判断中的疑难,这低估了类似程度标准适用的复杂性。第六,增加参照适用相关观点、事实、证据与理由的阐述,并对当事人的相关观点与疑问进行回应。参照适用与否是非典型合同纠纷案法律适用的关键,各方在参照适用方面的观点、事实、证据、争议与理由应当得到重视,应当予以回应并记载于文书之中,甚至应当作为争议焦点予以重点阐述。以上列出了前文判决书中需要矫正的内容,具体到各个裁判文书,则应当针对各个非典型合同纠纷案的特色决定阐述的重点。

下面分别以参照适用范式与采用通则范式的一个案件为例,具体说明裁判中的矫正措施。“柯某庆案”是根据最相类似标准采用参照适用范式裁判的案例,其裁判应当加强说理。从程序上看,该案的裁判应当增加如下内容:第一,全面检索与案涉《股票收益权转让及回购合同》相类似的典型合同。与案涉合同相类似的合同至少有两个:股票买卖合同与借款合同。该案应当将股票买卖合同列为案涉合同的类似典型合同之一。第二,增加案涉合同与股票买卖合同、借款合同二者异同的比较。该案二审判决书比较了案涉合同与借款合同的异同,但没有比较它与股票买卖合同的异同。第三,增加最相类似与次相类似比较、高度类似与低度类似比较,且阐明上述比较是否存在疑难,最终决定采用何种裁判范式。该案只阐明了类似,而没有进行双重类似的全面比较,也没有说明比较中是否存在疑难。第四,回应当事人对案涉合同性质的主张。在本章第一部分采用通则范式的124个案件中，中崇投资集团有限公司与蓝某强其他合同纠纷案①是采用通则范式裁判的案件，双方签署的《担保函》约定，蓝某强承担《增资扩股协议书》投资本金及相应利息的补足义务。该案判决书论证了案涉合同与担保合同之间的差异，采用通则范式裁判了案涉合同。尽管法院对二者之间差异的阐述暗示了案涉合同与担保合同之间的类似程度不符合最相类似标准，但该案最好明确说明不采用参照适用范式的理由，即因不符合双重类似标准或遵循“疑难从无”规则而不采用参照适用范式。此类文书应当阐明不采用参照适用范式的理由，回应且记载法律适用中的不同意见。

五、小结

《民法典》第467条第1款以最相类似为区分标准规定了两种裁判范式（通则范式与参照适用范式）。如果没有进一步的解释，最相类似标准可能导致上述两种裁判范式的随意采用。结合最相类似标准与其他理论中的高度类似标准，可以形成双重类似标准，并完善该标准的实施程序，这有助于在非典型合同纠纷案中选择合理的裁判范式。本章以金融审判中的非典型合同纠纷案为例，试图阐明非典型合同纠纷案裁判中的类似程度标准。本章所主张的非典型合同纠纷案参照适用的类似程度标准整合了最相类似标准与高度类似标准，引入了其他法律适用理论中的高度类似标准。似乎其他法律适用理论也应当汲取非典型合同理论中的最相类似标准而形成双重类似标准。双重类似标准是非典型合同裁判的类似程度标准，它似乎也可以作为类推适用理论、类案理论等其他法律适用理论之中类似程度的判断标准。或许可以说，双重类似标准应当是法律适用中的一般性类似程度标准，其实施程序也应当是一般化的实施程序。双重类似标准或许有助于统一与完善法律适用的类似程度标准，进而能够为更多案件中裁判范式的选择提供依据。

① 参见上海金融法院民事判决书，（2018）沪74民初1409号。

第六章　金融审判中非典型合同法律规则生成的同构论

前文已经讨论了衍生合同理论、类似性的结构识别法以及参照适用的双重类似标准,这为非典型合同的法律适用准备了三大基础:衍生合同理论完善了非典型合同的类型体系;结构识别法为典型合同与非典型合同之间的类似性识别提供了方法;双重类似标准为最相类似典型合同的确定提供了甄选标准。基于以上理论或方法,本章拟讨论非典型合同参照适用中法律规则的生成。在参照适用模式中,典型合同的规定是已知量,而非典型合同的法律规则是未知量,法官需要根据已知量"求解"未知量,因此,如何以前者为"原料"而生成后者,也是非典型合同参照适用中的重要问题。

一、非典型合同参照适用中法律规则生成的传统理论及其疑问

如前几章所述,非典型合同理论是以非典型合同与典型合同的结构关系为基础的理论。因此,讨论金融领域非典型合同参照适用中法律规则的生成,或许也需要考虑非典型合同结构的多样性,并以此事实为基础来评价非典型合同法律规则生成的传统理论。

(一)非典型合同结构的多样性

既有非典型合同的类型理论主要以混合合同为预设,它已经意识到了混合合同结构的多样性。根据非典型合同的结构差异,史尚宽先生将非典型合同分为纯粹非典型合同、准混合合同与混合合同三种,这一观点认识到了非典型合同结构的多样性,包括混合合同结构的差异。王泽鉴教授将非典型合同分为纯粹非典型合同、合同联立与混合合同三种。合同联立不是一个独立的合同,不应当成为非典型合同的类型。排除合同联立,该观点根据非典型合同的结构将非典型合同分为纯粹非典型合同与混合合同两种。综合以上观点可以看到,传统非典型合同理论对合同结构的两种基本认识:第一,它主要以混合合同为预设。传统理论将非典型合同分为混合合同(包括准混合合同)与纯粹非典型合同,其重点为混合合同。第二,它意识到混合合同结构的多样性。传统理论从结构上对混合合同进行了分类,这是其对非典型合同结构多样性的认识。

传统非典型合同的类型理论从结构上对非典型合同进行分类，其根本缺陷在于忽视了衍生合同。衍生合同理论认为，除混合合同之外，还存在衍生合同，即从母合同中分解而得的子合同。衍生合同是与混合合同对应的类型，二者均以一定的母合同为基础，从结构上看，衍生合同是母合同的分解之物，而混合合同是母合同的合成之物。二者一正一反，形成了对应性的结构。从结构上看，非典型合同的类型应当分为混合合同、衍生合同与纯粹新合同三种。这种分类从结构上较为全面地概括了非典型合同的类型，与传统分类相比，能够更为全面地体现非典型合同的结构差异。这种分类展示了非典型合同结构的多样性，对传统非典型合同类型及其结构理论进行了拓展，它应当成为非典型合同法律规则生成理论的类型体系基础。

非典型合同的结构具有多样性，这是意思自治的必然结果。混合合同结构具有多样性，与此类似，衍生合同结构也具有多样性。相同内容的交易，当事人可能采用一个合同或者多个合同来完成，从而形成多样性的结构。例如，同一个交易，当事人可能运用非典型合同 A 完成，也可能运用非典型合同 B 和 C 两个合同完成，还可能运用非典型合同 D、E 和 F 三个合同完成，或者是运用非典型合同 Q、W、R 和 T 四个合同完成。在上述非典型合同中，可能 A 是 B、C 的混合合同，C 是 E、F 的混合合同，也存在的情况是，Q、W、R 和 T 四个合同与 A、B、C、D、E 和 F 没有关系。这进一步地展示了非典型合同结构的多样性。商主体为规避类型化合同的约束或风险，有意识地混淆各种合同性质。在某个案例中当事人用一个合同表达的内容，在另一个案例中当事人可能用两个或多个合同来表达相同或类似的内容，所涉合同的数量与结构具有随意性。从计量角度看，合同没有固定的单位，某个案例中的一个合同，在另外的案例中可能是几个合同。这容易理解：任何一个合意，都包含众多的“小合意”，且均可以分解为无数多的“小合意”。当事人在合意种类的选择上具有随意性，这种随意性使非典型合同的结构具有多样性的特征。

对赌合同是近年多见的非典型合同，它可能由一个合同完成，也可能由多个非典型合同完成，从而呈现了非典型合同结构的多样性。本章检索 2011 年 1 月 1 日至 2023 年 12 月 15 日中国裁判文书网中的对赌合同纠纷案，根据合同名称与数量的差异，筛选后留下 18 个案例，以说明对赌纠纷中非典型合同结构的多样性（见表 6）。

表 6　对赌合同纠纷案例

对赌合同案件	其中合同名称	合同数量	是否援引典型合同规定
案 1. 苏州工业园区海富投资有限公司与甘肃世恒有色资源再利用有限公司等增资纠纷上诉案，甘肃省高级人民法院(2011)甘民二终字第 96 号民事判决书	《增资协议书》《中外合资经营》	2	否
案 2. 张某芳、深圳一电实业有限公司与旺达纸品集团有限公司、林某师民间借贷纠纷二审案，广东省高级人民法院(2014)粤高法民四终字第 12 号民事判决书	《股权转让协议书》《股权转让补充协议书》	2	否
案 3. 苏州高鼎远志创业投资中心与陈某、南京德乐科技有限公司等股权转让纠纷一审案，苏州市中级人民法院(2016)苏 05 民初 691 号民事判决书	《股份转让协议书》《增资扩股协议书》《关于有关事项之约定和承诺》《发起人协议》	4	否
案 4. 强某延、曹某波股权转让纠纷再审案，最高人民法院(2016)最高法民再 128 号民事判决书	《增资协议书》《补充协议书》《股权转让协议》	3	否
案 5. 通联资本管理有限公司、成都新方向科技发展有限公司与公司有关的纠纷再审案，最高人民法院(2017)最高法民再 258 号民事判决书	《增资扩股协议》	1	否
案 6. 山东飞源科技有限公司与孔某借款合同纠纷案，山东省高青县人民法院(2018)鲁 0322 民初 3370 号民事判决书	《股权转让协议》《谅解备忘录》	2	否
案 7. 新疆盘古大业股权投资有限合伙企业、梓昆科技(中国)股份有限公司与公司有关的纠纷再审审查与审判监督案，最高人民法院(2019)最高法民申 4797 号民事裁定书	《增资协议书》《增资协议之补充协议》	2	否

续表

对赌合同案件	其中合同名称	合同数量	是否援引典型合同规定
案 8. 中国吉林森林工业集团有限责任公司、鹰潭蓝海济世投资管理有限合伙企业合伙协议纠纷、股权转让纠纷二审案，最高人民法院(2019)最高法民终 1642 号民事判决书	《股权转让合同》《增资协议书》	2	否
案 9. 广发信德投资管理有限公司、富领科技发展有限公司二审案，广东省高级人民法院(2019)粤民终 1694 号民事判决书	《增资协议》《补充协议》《中外合资经营合同①》《中外合资经营合同②》《股权回购协议》	5	否
案 10. 江苏华工创业投资有限公司与扬州锻压机床股份有限公司、潘某虎等请求公司收购股份纠纷再审案，江苏省高级人民法院(2019)苏民再 62 号民事判决书	《增资扩股协议》《补充协议》	2	否
案 11. 华夏人寿保险股份有限公司、北京龙文环球教育科技有限公司等股权转让纠纷民事二审案，最高人民法院(2020)最高法民终 1250 号民事判决书	《股权转让协议》《〈股权转让协议〉之补充协议》《补充协议》《收购协议》《补偿协议》《履行保障承诺书》	6	否
案 12. 芒果传媒有限公司、中南红文化集团股份有限公司合同纠纷二审案，最高人民法院(2020)最高法民终 1161 号民事判决书	《非公开发行 A 股股票之股票认购协议》《补充协议》《补充协议二》《担保承诺函》	4	否
案 13. 深圳市广华创新投资企业、大连财神岛集团有限公司请求公司收购股份纠纷再审案，最高人民法院(2020)最高法民再 350 号民事判决书	《投资协议》《增资协议书》	2	否

续表

对赌合同案件	其中合同名称	合同数量	是否援引典型合同规定
案14. 江苏金茂低碳产业创业投资有限公司、西藏金茂经信创业投资有限公司与江苏瑞雪海洋科技股份有限公司、徐某等股权转让纠纷一审案，江苏省南通市中级人民法院(2020)苏06民初541号民事判决书	《增资协议》《增资协议的补充协议》《协议书①》《协议书②》	4	否
案15. 陈某芳、王某存合资、合作开发房地产合同纠纷二审案，最高人民法院(2020)最高法民终614号民事判决书	《股份转让协议》《项目投资合作协议》	2	否
案16. 蒋某、厦门信达物联科技有限公司等股权转让纠纷民事二审案，最高人民法院(2021)最高法民终959号民事判决书	《确认和承诺》《股权收购及增资意向协议》《股权质押合同》《股权转让及增资协议》	4	否
案17. 翟某伟、青海国科创业投资基金合同纠纷民事申请再审案，最高人民法院(2022)最高法民申418号民事裁定书	《增资协议之补充协议》	1	否
案18. 翟某伟、青海汇富科技成果转化投资基金其他科技成果权纠纷民事申请再审案，最高人民法院(2022)最高法民申419号民事裁定书	《增资协议之补充协议》	1	否

表6中的18个案例均是对赌纠纷案，但是，各个案例中的非典型合同存在多样性。虽然纠纷所涉内容大同小异，如多数包括了股权转让与回购等内容，但其中的非典型合同名称颇有差异，有的叫作增资协议，有的叫作增资扩股协议，如此等等；合同数量也颇有差异，有案例以1个合同完成，有案例以2个合同完成，还有案例以3个以上的合同完成，从而呈现了

其中非典型合同结构的多样性。应当说,将之归类为对赌纠纷案,是对以上所有合同(群落)共性的概括。非典型合同结构的多样性体现了当事人合同偏好的多样性。当事人智识水平与经济状态各不相同,其需求也各不相同,他们会根据自己的状态来选择对自己有利的合同结构。以上资料展现了对赌纠纷中非典型合同结构的多样性,事实上,在股票收益权转让合同、新型金融衍生品合约、资产管理合同等金融类非典型合同之中,也存在上述结构多样性,限于篇幅,不再一一展示。

非典型合同结构的多样性与权利结构模式的多样性是对应的。同一个权益,可以采用无数种不同的结构,尽管最优的设计方案或许只有一种,但从理论上说,人们可以对它进行任意的设计,且事实上也存在不同的结构设计。交易的本质是权利的交换,多样性的权益必须通过多样性的合同才能完成交换,如此,权利结构的多样性与非典型合同结构的多样性是相辅相成的,二者之间呈现出对应关系。

(二)非典型合同法律规则生成的传统理论及其疑问

传统非典型合同理论基于其对合同结构的认识,建立了非典型合同法律规则的生成学说。传统非典型合同的规则生成学说主要有吸收说、结合说与类推适用说三种。整理这三种学说,可以看到其法律规则生成的步骤与方法:第一步,将案涉合同预设为混合合同,进而预设其结构。在以上三种法律适用理论中,吸收说实质上将混合合同的结构预定为主次结构(姑且如此称呼),结合说将混合合同的结构预设为结合结构(姑且如此称呼),类推适用说将混合合同的结构预设为拼凑结构(姑且如此称呼)。这三种结构是传统理论中混合结构的三个内容。第二步,分解案涉混合合同,析出其中所包含的典型合同。其中,吸收说将案涉非典型合同分解为主次两部分,结合说将案涉非典型合同分解为若干部分,类推适用说也将非典型合同分解为若干部分。第三步,根据案涉混合合同的结构特征确立其法律规则的结构,再生成非典型合同的法律规则。其中,吸收说依据案涉非典型合同的主次结构,舍弃次要部分对应的法律规则,而将主要部分对应的法律规则作为案涉非典型合同的法律规则;结合说汇集非典型合同各部分相应的法律规则,进而依据案涉非典型合同的结合结构,作为案涉非典型合同纠纷案法律规则的结构,据此将上述法律规则混合为一体,而生成案涉非典型合同的法律规则;类推适用说找到各部分相应的法律规则,根据混合合同可拆分的拼凑结构,分别类推相应部分的法律规则。比较以上三种理论,可以看到三种理论对案涉非典型合同的结构有不同的理解;三种理论均根据其对混合合同结构的不同理解而生成了其法律规则的结构。综合来说,传统非典型合同的法律规则生成理论是以结构为核心的理论,始终围绕非典型合同的结构而进行,最终根据非典型合同的结构而生成其法律规则,联结非典型合同与法律规则的纽带是二者的结构关系。

近年有学者对非典型合同法律规则生成理论发表了一些见解,但仍然以非典型合同与其法律规则二者的结构关系为中心。有学者认为,混合合同的本质是典型给付的混合,合同解释应当先于法律适用,数项给付之间存在主从关系的,原则上依据主从关系的法律规则调整;给付之间不存在主从关系的,则依据合同的整体目的确定。① 从结构上看,该观点将非典型合同分为主从关系的合同与非主从关系的合同,强调了合同结构在非典型合同法律规则生成中的基础性地位,认为应当根据案涉非典型合同的结构而决定其法律规则的结构,重视合同目的的引领作用,反对简单适用拼接法。该观点将合同结构分为主从结构与非主从结构,这种结构分类与吸收说中的结构观念大致相同,而与结合说等其他学说中隐含的结构观念差异颇大,相应地,在法律规则生成的方法上也是如此。该观点未能说明为什么主从结构的合同与非主从结构的合同要采用不同的法律规则生成方法,特别是前者为什么可以根据合同的主从结构决定法律规则的主从结构,而后者则不能。

以上既有理论均为非典型合同法律规则的生成作出了贡献,但也存在一些共同的疑问。兹分述如下:

疑问之一,在非典型合同法律规则的生成中,为什么要重视非典型合同的结构?既有理论将非典型合同主要定位于混合合同,都重视对混合合同及其结构的分析,将其结构分别理解为主次结构或主从结构、结合结构与拼凑结构等。合同的结构分析先于法律适用,这是既有理论的行事顺序。虽然既有理论都重视非典型合同的结构分析,但是没有一个理论说明这种重视的理由。非典型合同的结构对非典型合同具有重要意义吗,对非典型合同的法律规则生成具有重要意义吗?既有理论只是重视非典型合同的结构分析,而没有回答上述疑问。

疑问之二,既有学说均因应非合同的结构而确定其法律规则的结构,呈现出"合同结构—规则结构"的传递关系,这种传递关系的原理是什么?吸收说认为非典型合同是一种主次结构,并因应这一结构而确定其法律规则的主次结构;结合说认为非典型合同是一种结合结构,并因应这一结构而确定其法律规则的结合结构;类推适用说认为非典型合同是一种拼

① 参见许中缘:《论混合合同适用的问题与方法》,载《法律科学》2023 年第 3 期。

凑结构,并因应这一结构而确定其法律规则的分立结构。近年来,学者的以上观点也体现这种结构的传递关系。非典型合同是合同,而其法律规则是规则,一个是法律的调整对象,另一个是法律规则,二者是有区别的。因应前者的结构而确立后者的结构,甚至将前者的结构传递于后者,这是需要论证的。但是,传统理论没有这样的论证。非典型合同的法律规则生成理论需要讨论非典型合同结构与其法律规则结构的一般关系及其理论依据。

疑问之三,既有理论中非典型合同的结构预设是否全面,是否足以适应非典型合同结构的多样性?既有理论对非典型合同的结构既有共性的预设,也有其个性化的预设。传统理论中非典型合同的主要结构预设是混合结构。这是既有理论对非典型合同结构的共性预设。在上述共性预设之下,又存在主次结构、结合结构与拼凑结构三种不同的结构预设。这是个性化的结构预设,体现了对混合结构的不同理解。

既有学说对非典型合同的结构预设,难以适应非典型合同结构的多样性。吸收说从结构上将混合合同分解为主要部分与次要部分,该说试图以主次结构概括所有混合合同的结构。但是,并不是所有的非典型合同均存在明显的主次之分。例如,在某一包含 A 和 B 两个典型合同的混合合同中,A 合同与 B 合同的比例是 95%∶5%,这是一种情况,但也可能存在二者比例为 50%∶50%的情况,当二者存在明显的主次之分时,吸收说这种"四舍五入"的法律规则生成方法似乎还有一定的道理,但如果二者分量大致相同,吸收说的法律规则生成方法就存在困难:此时是 A 合同的法律规则吸收 B 合同的法律规则,还是 B 合同的法律规则吸收 A 合同的法律规则?无论如何吸收,均存在顾此失彼的弊端。即使是在主次分明的情形下,吸收说也存在忽视次要合同成分相应法律规则的问题。无论次要合同成分在整个非典型合同中的比例如何,这种忽视均会导致次要合同成分与主要合同成分在法律规则上的"张冠李戴"。吸收说以主次结构概括非典型合同结构的多样性,必须面对的问题是:是不是非得以损害次要成分法律规则的妥当性为代价才能生成非典型合同的法律规则?结合说的出现正好解决了吸收说的问题,那就是无论混合合同的成分比例如何,其中大小成分均应当得到尊重,据此应当结合其相应的法律规则而形成混合性的法律规则。结合说不需要抛弃次要部分相应的法律规则,较好地解决了吸收说顾此失彼与张冠李戴的问题。但是,结合说虽然主张结合相应典型合同的规范,但对于到底如何"结合"相应典型合同的规范,还是语焉不详。结合说认识到混合合同是若干典型合同经结合而形成,因而其法律规则也可以结合而成,但至于混合合同的结合方法如何,即按什么方法结合,则没有予以考虑。相应地,相应法律规则的结合及其结构模式,也不在考虑范围之内。结合说指出了非典型合同是一种"化合物",其法律规则也应当是"化合物",至于"化合物"的详细结构如何,则语焉不详。"化合物"的结构是千差万别的,混合合同的结构也是千差万别的,将某种混合结构当作万能结构而作为结合说的万能结合方式,就像将水分子的结构当作其他所有分子的结构一样,显然不能适应非典型合同结构的多样性。类推适用说主张分别类推适用相关成分对应的典型合同制度,不考虑成分之间的关联,这对于成分间关联小的混合合同是大致适用的,但对于成分间关联性大的混合合同,则无法适用。将整体分解为部分的做法,在一些场合可以勉强适用,但不可能成为一般性的法律规则结构学说。比较三种传统学说,可以看到其非典型合同结构预设均存在顾此失彼之嫌;即使在自己框定的混合合同区域,也难以适应非典型合同结构的多样性。

更为重要的是,传统学说将非典型合同定位于混合合同及其混合结构,这忽视了衍生合同及其衍生结构。非典型合同不只是混合合同与纯粹新合同,还包括衍生合同。衍生合同是由某一典型合同衍生出的非典型合同,它与典型合同的关系是部分与整体的关系,衍生合同与其母合同之间形成衍生结构(母合同—衍生合同),无法归入传统混合结构之中。传统理论忽视了衍生合同这一重要的类型,而衍生合同是与混合合同对应的类型,如此,传统理论的合同结构预设可能丢失了半壁江山,相应的规则生成理论也可能丢失了半壁江山。

(三)本章的问题与方法

本章拟讨论上述三个疑问,分三部分展开论证:结构对于非典型合同的价值;非典型合同与其法律规则的结构传递原理;非典型合同法律规则生成的新理论。

因为所涉疑问是结构问题,所以本章拟采用结构主义理论分析非典型合同及其法律规则生成的结构原理。语言学家索绪尔认为,语言学既要重视历时性,也要重视语言之间的联结结构即共时性。① 这是结构主义理论的源头。其后,结构主义理论被运用于社会学、心理学等各个领域,并得到了发展。例如,社会学者或将结构主义理论与社会学结合,发展出社会系

① 参见[瑞士]费迪南·德·索绪尔:《普通语言学教程》,裴文译,江苏教育出版社2002年版,第89~90页。

统理论,[1]或根据结构主义理论将社会团结分为机械团结和有机团结;[2]心理学者将结构主义理论运用于心理学,发展出格式塔理论,试图揭示心理结构的特征与结构价值的独特见解;[3]法学家将结构主义理论运用于法学,继承了结构主义理论否认结构主体性且强调结构的客观性等观点;[4]生物学家将结构主义理论运用于生物细胞进化机制的研究,认为超循环结构是生物进化的结构优势所在;[5]系统论是结构主义理论的集大成者,认为事物的结构影响事物的性质与功能,且是生成系统整体涌现性的关键。[6] 结构主义理论已经相当丰富,这为本章分析非典型合同及其法律规则的结构提供了丰富的理论源泉。

二、非典型合同结构的双重价值

在非典型合同纠纷案的裁判中,参照适用相应典型合同的规范,似乎必须考虑非典型合同的结构。例如,某一非典型合同 X 由典型合同 A 和 B 组成,如果 X 的结构不影响其性质与功能,那么,直接拆分 X 而分别适用 A、B 相应的规范就可以了。但事实可能并非如此。非典型合同的结构对其自身有何意义?这就是非典型合同结构的价值之维。如果非典型合同的结构存在价值,那么,非典型合同纠纷案的裁判就需要考虑这种结构价值;也只有认识到非典型合同结构的上述价值,才有可能在其法律规则生成时尊重与保全上述结构价值。下面以典型合同为参照物,讨论非典型合同结构的价值。

(一)非典型合同结构的工具性价值

非典型合同的结构是实现非典型合同目的的工具。任何合同均有其目的,当合同目的不能通过既有典型合同实现之时,当事人会创设非典型合同。系统论认为,改变系统的结构可能改变系统的性质与功能。改变权利的结构往往会改变权利的性质与功能。于合同之上,改变合同的结构往

---

① 参见[美]塔尔科特·帕森斯:《社会行动的结构》,张明德等译,译林出版社 2003 年版,第 787~850 页。

② 参见[法]埃米尔·涂尔干:《社会分工论》,渠东译,三联书店 2000 年版,第 233~235 页。

③ 其核心思想为心物同型论、结构的客观性与变调性等。参见[德]库尔特·考夫卡:《格式塔心理学原理》(上册),黎炜译,浙江教育出版社 1997 年版,第 78 页。

④ See Thomas C. Heller, *Critical Legal Studies Symposium: Structuralism and Critique*, 36 Stanford Law Review 127(1984).

⑤ 参见[德]M. 艾根、[德]P. 舒斯特尔:《超循环论》,曾国屏、沈小峰译,上海译文出版社 1990 年版,第 92~97 页。

⑥ 参见颜泽贤、范冬萍、张华夏:《系统科学导论——复杂性探索》,人民出版社 2006 年版,第 98 页。

往会改变合同的性质,并生成新的功能。当事人利用这一原理,通过改变典型合同的成分与结构来改变合同的性质与功能,以实现其合同目的。具体来说,就是以典型合同为基础,创设混合合同或衍生合同,来实现其目的。如此,设计非典型合同的结构就是实现非典型合同(目的)的重要方法。为了称呼的方便,本书将非典型合同结构对非典型合同(目的)的价值称作工具性价值。下面从安全、效率、公平与自治四个方面,讨论非典型合同结构对于实现上述合同价值的作用。

金融领域非典型合同的结构安排可以作为保障非典型合同安全的方法。这体现在以下几个方面:第一,在非典型合同中融入风险预防条款,以实现保障金融安全的目的。在非典型合同创设之中,当事人可能将典型合同中的风险预防条款并入所设计的非典型合同之中。例如,在对赌合同之中,投资者为了避免股权估值风险的不确定性而并入担保条款或回购条款,这就将风险预防条款并入了股权转让合同之中,通过合成而形成非典型合同。又如,准备金条款是保险合同等之中重要的金融安全保障条款,在非典型合同的创设中,当事人将准备金条款作为非典型合同的内容,现今,准备金规定已经成为金融领域不少典型合同与非典型合同的常用条款。第二,通过结构安排创设以监督功能为基本内容的非典型合同,以实现保障金融安全的目的。不少合同之中包含了监督方面的条款,当事人可能将此条款分解出来并进行细化,从而形成以监督为基本内容的非典型合同,以达到保障金融安全的目的。例如,抵押(质押)监管协议将抵押物的保存与监管等合成为一个合同的内容,通过结构安排而将监督作为其基本功能,该合同作为抵押合同的辅助合同,有利于金融安全的实现。第三,通过结构安排分解典型合同中的风险而生成以风险作为基本内容的合同,将非典型合同作为分离金融风险的工具。这种衍生合同以风险为标的,其功能之一就是将风险从其他合同中分解出来,这种分解可能生成新的风险,但同时也对预防金融风险产生两个方面的作用:一是将风险分解出来以便金融法作出特别的调整,为高风险交易建立专门的风险预防制度。二是对分解出来的风险作对冲式设计,以降低一些合同的风险。例如,非典型金融衍生品合约是以从特定合同中分解出来的风险作为基本内容的合约,它可能参照适用相关的风险预防制度,同时可以为未来履行的合同提供风险对冲,从而降低后者的交易风险。第四,通过结构安排生成多样性的非典型合同,从而成为交易者分散风险的工具。“不要将鸡蛋放在同一个篮子里”,这是通过分散交易而分散风险的基本原理。分散交易的前提是多样化交易模式的存在。只有存在多样化的非典型合同,交易者才有更多的选择空间,分散交易才有可能。非典型合同的结构安排是创设多样化合同的方法,通过多样化的合同安排可以生成多样化的非典型合同,从而使交易者能够将资产配置于不同的非典型合同之中以规避风险。

通过非典型合同的结构安排提高非典型合同的效率。非典型合同的结构安排是影响合同效率的基本因素之一,当事人可能通过如下结构安排来增进合同的效率:第一,通过对典型合同的合成与分解而形成交易成本较小的非典型合同,以替代典型合同,从而节约交易成本。科斯认为,交易是存在交易成本的,节约交易成本是提高交易效率的基本方式。以企业替代交易是节约交易成本的传统方法。当交易者只需要某一典型合同的部分权利义务之时,通过分解合同,可以避免合同其他部分的谈判与履行成本,从而可能节约交易成本。典型合同形成了固定的"合同套餐",但有时人们只需要此"合同套餐"的部分内容,或者需要多个典型合同的合成之物,合同的合成与分解增加了人们的选择空间,以便人们选择交易成本最小的合同。第二,通过非典型合同形成新的交易市场。非典型合同的创新往往形成新的交易市场。例如,股权收益权转让合同会形成此类收益权转让市场,从而为经济发展增加新的动力。在历史上,作为新型合同的交易往往是新型交易市场的基础。例如,租赁合同是租赁市场的基础,担保合同是担保市场的基础。上述合同在一定时期内是非典型合同,并且是新型市场的发展动力。正是非典型合同的结构安排拓展了市场交易的类型,形成了不同时期的新型市场,成为促进经济效率的重要引擎。非典型合同群落所生成的交易市场,是增进效率的重要动力。第三,通过结构安排节约资本,从而增进合同的效率。当私人只需要典型合同的部分内容之时,通过分解典型合同而订立衍生合同,可以节约资本;当私人需要几个典型合同的综合性权利义务之时,一揽子订立混合合同,也可以享受"批发价格"而节约资本。第四,通过结构安排来取代企业与其他法律行为,以节约交易成本。合同作为意思自治的重要工具之一,可以替代企业与其他法律行为,从而达到节约交易成本的功能。[①] 但是,典型合同的类型有限,其替代功能也因此受到限制。非典型合同通过对典型合同进行结构变换,增加了合同的类型,从而为替代企业或其他法律行为提供了更多的选择。这种选择可以增加合同的替代功能,从而可以作为节约交易成本的工具。

非典型合同的结构安排可以成为增进公平的重要工具。这可能体现

---

① 参见陈醇:《从公司合同说到组织说:法律行为视角下的公司与公司法》,载《财经法学》2020年第6期。

在以下几个方面:第一,通过对典型合同的结构变动,打破典型合同中的不平等。典型合同是权利义务较为固定的合同,往往形成了较为固定的权利义务模式。这种模式化的权利义务于一定的时期逐步形成,体现了一定时期的公平观念。随着市场经济的发展,一些典型合同中的权利义务模式可能存在不公平的现象,但由于利益固化而难以更改其权利义务安排。此时,通过非典型合同可能打破上述固化的权益,从而生成更为公平的非典型合同。第二,非典型合同为私人找到新型交易空间,从而减弱交易垄断造成的不平等状态。在金融垄断的背景下,一些典型合同已经成为垄断的工具。为了突破垄断,私人可能对典型合同的结构进行变动而设计非典型合同,这可以减弱垄断造成的不公平。例如,在法律允许的范围内,私人创设了不少投融资方面的非典型合同,这些方式为民间集中资本提供了新型的交易方式,有助于缓解金融垄断造成的不公平。第三,非典型合同的结构安排对于增进交易公平的方法论意义在于,人们可以认识到合同结构公平是公平的重要方面,从而在法律制度及其适用中重视结构公平。合同结构公平是指私人在变动合同结构上的平等待遇,它要求将合同结构的变动权公平地赋予私人,而不是一些主体拥有更多的结构变动权,而另一些主体只能墨守成规。表现于金融领域的非典型合同之上,就是一些主体能够自由地创设与运用金融领域的非典型合同,而另一些主体则不能如此。例如,金融衍生品的创设就涉及创设非典型合同的结构变动权。因顾忌金融安全,这种结构变动权受到法律的严格限制,这是可以理解的,但是,这种限制必须公平,否则,就违背了合同结构公平的原理。非典型合同的结构公平为交易公平提供了新的视角,从而可以成为增进交易公平的工具。

非典型合同的结构安排可以成为增进合同自治的工具。交易者通过对非典型合同的结构安排,可实现如下自治价值:其一,通过结构安排创设不同于典型合同的新合同。通过对典型合同的合成或分解,私人可以创设新型合同。合同自由既包括缔结典型合同的自由,也包括创设新型合同的自由。通过结构安排创设非典型合同,这是实现合同自由的重要方式。在民法中,结社自由隐含了主体结构安排的自由,权利结构的变动体现了权利领域结构安排的自由,而非典型合同的结构安排则体现了合同领域的结构自由。这三种自由均以结构安排为工具,从三个不同的维度为私人的意思自治提供工具。其二,通过结构安排打破格式合同中的意思强制。格式合同由提供方制定,另一方只有接受与否的选择权,这严重损害了另一方的合同自由。私人为了自己的利益,可能通过合成或分解的传统合同,挣脱固化的格式合同,生成新的权利义务模式。其中结构安排成为私人摆脱格式合同意思强制的工具。其三,通过结构安排创设适合于弱者的合同类型。在私法中存在"弱而愚"的人,因为交易资格、资本数量要求等,他们可能无法参加一些有利可图且存在"门槛"的交易。通过分解或合成既有合同,这些弱势主体可能合成资本或规避不合理的交易资格要求,从而参加上述交易而分享其利益。这有助于弱势主体的意思自治。其四,非典型合同的结构安排可能创设新型的交易方式,从而规避一些严苛、不合时宜且正待修改的法律规则。金融领域的法律规则时常面临着过时的危机,一些法律规则虽然严苛且不合时宜,但其修订需要时间。此时,私人通过结构安排而创设非典型合同,可以达到规避此类法律规则的结果。当然,这种规避需要严格地予以限制与更多的讨论。

以上从金融安全、金融效率等四个方面阐述了非典型合同结构的工具性价值。无论非典型合同采用何种结构,它均体现了交易者的价值追求,均以结构安排作为实现合同目的的工具。当事人对非典型合同的结构安排,可能是为了服务于某一价值目标,也可能是服务于多种价值目标,但无论如何,非典型合同的结构安排可以作为当事人实现其合同价值目标的工具。

(二)非典型合同结构的独立性价值

非典型合同的结构安排除具有上述工具性价值之外,还具有独立性价值。所谓非典型合同结构的独立性价值,是指其结构本身具有不依赖于合同目的或内容的独立性价值,这种价值的存在与合同目的或内容没有必然的联系。非典型合同的结构安排不同于合同目的或内容的安排。从理性上看,非典型合同的结构安排本身就是一种独立的理性活动,其中凝结了独立的人工理性。这种理性不会因为合同目的或内容的改变而改变,因而具有独立的价值。例如,混合合同的合成结构①均蕴含着独立的人工理性,无论混合合同的内容如何,合成结构的特质不会改变,合成结构中独立的人工理性不会改变。非典型合同的结构是其内部诸要素之间联结方式的总和,要素的划分、联结的方式,尤其是有序性、整体性等方面的设计,均体现了非典型合同结构安排的理性。人们倾注其智识而设计非典型合同的联结方式,形成整体性的结构模式,从而产生整体性的效果。这种整体性的结构安排是一种独立的智力成果。非典型合同的结构理性是其结构之中固有的理性,它的存在不依赖于任何其他因素,因而具有独立的价值。

---

① 本书采用"合成结构"这一称谓,目的在于强调它是人工设计的结果,而不是随意地结合、混合或拼凑。以此区别于传统理论中隐含的各种结构预设。

非典型合同结构的独立性价值最显著的体现是，尽管非典型合同的类型、目的或内容不同，但在其采用相同的结构之时，它就具有一些相同的性质与功能。有学者以生物细胞结构为例，列出了催化链、分支系统和超循环三种结构模式，认为上述三种结构存在固定的优点与缺陷。① 其中链状结构是线性的、非闭合的，各组成部分之间没有形成循环性的闭合结构，它缺乏信息的协同和整合机制，不仅无法实现信息和功能的整体化及其涌现效应，而且信息在没有直接联系的参与者之间的传递要经过中间环节，信息在中途丢失的风险较大，信息传输的效率较低，这使它在竞争中难以成为适者而被淘汰；而超循环则可以形成一个自催化的循环结构，自复制因此得到强化和优化，生命因此才可能进化。② 超循环论隐含的结论是，合理的结构是生物成为适者并得以生存的原因，生物结构具有独立的性能，这种功能不因为载体内容的变化而变化。这是阐述结构独立性价值的典型例子。将超循环论中结构价值独立性理论用于非典型合同领域，可以得出的结论是，混合合同或衍生合同中的合成结构或衍生结构，均有其独立性价值。

合同结构安排的独立性价值还表现于，在非典型合同的结构设计中，不同的交易可能采用相同的结构，从而具有相同的性质与功能。不同的非典型合同，只要采用类似的结构，就具有一些类似的性质，而这种结构类似程度越高，其性质与功能的类似程度也就越高。例如，金融衍生品均采用了衍生结构，即均具有衍生品才有的性质与功能，且其中结构类似程度越高的衍生品，其性质与功能越接近。传统理论将非典型合同预设为混合合同并据此建立其法律适用理论，正是因为同为合成结构的合同，其性质与功能存在类似之处，在法律适用原理与制度上具有类似之处。本书从结构上将非典型合同分为混合合同与衍生合同，也是认识到混合合同有合成结构的性质与功能，衍生合同具有衍生结构的性质与功能，二者的结构影响到各自相应的法律规则。非典型合同的分类是根据合同结构模式而进行分类，而不是根据非典型合同的目的或内容进行的分类。非典型合同结构具有独立性价值，而非典型合同的结构分类隐含了对上述独立性价值的理解。可见，既有理论已经认识到了非典型合同结构的独立性价值，进而根据这种独立性价值建立了一定的法律适用学说。

---

① 参见［德］M. 艾根、［德］P. 舒斯特尔：《超循环论》，曾国屏、沈小峰译，上海译文出版社 1990 年版，第 92~97 页。

② 参见［德］M. 艾根、［德］P. 舒斯特尔：《超循环论》，曾国屏、沈小峰译，上海译文出版社 1990 年版，第 17、106 页。

非典型合同结构的独立性价值与程序的独立性价值极为类似。程序是对行为步骤与方式的安排,它可以理解为行为的结构安排。程序的独立性价值受到了重视。罗尔斯认为赌博从实体之上难以找到其正义之处,但赌徒能够心悦诚服,是因为其程序是正义的,其中隐含着程序正义的理论,并将程序正义区分于实体正义,他以赌博为例从正义之上证明了程序的独立性价值;①萨默斯等对程序的独立性价值进行了明确的指认,认为法律程序不仅有助于结果的实现而具备工具性价值,而且其自身就具有和平、自愿、公平、及时等独立性价值。② 程序是行为的存在方式;③而合同结构安排是合同的存在方式。二者都是形式,都具有独立性的价值。程序的独立性价值理论可为非典型合同结构的独立性价值提供启发与佐证。在讲求形式理性的法学之中,二者的独立性价值都应当受到重视。

综上所述,非典型合同的结构有助于合同目的的实现,有其工具性价值;非典型合同结构中凝结了独立的理性,也有其相对于非典型合同的独立性价值。这就是非典型合同结构的双重价值。认识到非典型合同结构的工具性价值,可以看到结构在实现非典型合同目的时的重要作用;而认识到非典型合同结构的独立性价值,可以看到结构的独立性或超然性。非典型合同结构的工具性价值,说明了非典型合同的法律适用应当重视其结构;而非典型合同结构的独立性价值在非典型合同法律适用中的意味,则有待下文进一步的阐明。

三、同构论的提出与证成

在案涉非典型合同与典型合同存在双重类似关系的情况下,法院参照适用范式裁判非典型合同纠纷案,此时,相关典型合同的法律规则是已知的,非典型合同法律适用理论要解决的问题是:法官应当以何种结构生成非典型合同的法律规则?

(一)同构论的提出

既有非典型合同的法律适用理论提供了上述问题的线索。既有理论均因应非典型合同的结构而生成其法律规则的结构,呈现出"合同结构—规则结构"的传递关系,将这种结构传递关系进行拓展,可以提出非典型合同法律规则的生成理论:同构论。

---

① 参见[美]罗尔斯:《正义论》,何怀宏等译,中国社会科学出版社 1988 年版,第 84 页。

② See Robert S. Summers, *Evaluating and Improving Legal Processes-A Plea for "Process Values"*, 60 Cornell Law Review 1(1974).

③ 参见陈醇:《商行为程序研究》,中国法制出版社 2006 年版,第 8 页。

所谓同构论,是在遵守强制性规范的前提下,因应非典型合同的结构而确定其法律规则的结构,且根据法律尤其是金融法的价值观对上述结构进行调适,以生成非典型合同法律规则的方法。简言之,同构论就是以非典型合同的结构确定其法律规则的结构以生成其法律规则的方法论。同构论有四个要点:第一,根据非典型合同的结构而确定其法律规则的结构,这是同构论的结构传递原理,体现了非典型合同与其法律规则在结构上的传递关系。结构传递原理既是同构论的基本内容,也是同构论对结合说、吸收说、类推适用说等传统理论经验的继承与拓展。第二,遵守强制性规范尤其是合同结构生成的强制性规范是同构论的前提。金融法的强制性规范可能对金融交易的结构生成进行限制,如禁止创设一些衍生结构或合成结构。如果非典型合同的结构生成违反了强制性规范,就应当根据强制性规范的类型与认定规则,质疑非典型合同的效力。既然结构生成是非法的,也就不能为非法行为提供法律规则,也就无所谓非典型合同法律规则的生成了。第三,根据相关法律的价值观对所生成的非典型合同法律规则进行调适。这种调适往往是为了在非典型合同的法律规则中贯彻相关法律的价值观,避免非典型合同法律规则尤其是其结构偏离金融法的精神。如果说对强制性规范的遵守是同构论的前提,那么,上述规则调适是对非典型合同法律规则价值观的结果保障。第四,在适用范围上,同构论适用于所有非典型合同,而不是仅仅适用于混合合同。传统理论仅仅以混合合同作为非典型合同的预设,也仅仅以混合结构作为非典型合同的结构预设,而同构论对非典型合同类型的预设不再局限于混合合同,它还包括衍生合同,在结构预设之上,也不再局限于合成结构,还包括衍生结构。

结构传递原理是同构论的基本原理,其依据是结构的变调性及其后面的结构独立性价值理论。变调性是格式塔心理学中的一个术语,它指的是事物结构或人类的一些行为模式具有像歌曲乐谱一样的独立性,即无论怎样改变其内容,只要不改变其结构,就能保证其结构的价值,正如在乐谱中填入不同内容的歌词仍然能保持相同的旋律一样,这种改变内容而不改变其结构而能保持事物或行为结构基本品质的特性叫作变调性。① 具体到结构传递原理上,它指非典型合同的结构模式能被运用于其法律规则上而不会改变该结构模式的特质,因而能保持二者基本品质的一致性。格式塔心理学认为,心物是同型的,心物在构造特征上相近(心物同型论),这是

① 参见[德]库尔特·考夫卡:《格式塔心理学原理》(上册),黎炜译,浙江教育出版社 1997 年版,第 16 页。

格式塔变调性的理论基础。① 格式塔心理学的心物同型论或许不一定正确，但可以肯定的是，结构的独立性价值是其变调性的基础：因为结构模式的理性具有独立性价值，所以该模式可运用于不同的事物而不会改变此结构模式的基本理性，从而得以保持其独立性价值。结构的独立性价值是结构变调性的依据，非典型合同结构的独立性价值是同构论中结构传递原理的依据。传统非典型合同法律适用理论以非典型合同的结构模式为基础，认为混合结构在运用于其法律规则之时不会改变该模式的特质，其中也隐含着对结构模式变调性的认同，只是它还处于经验阶段，没有上升到理论的高度罢了。

同构论要求按照结构传递原理，因应非典型合同的多样结构而确定其法律规则的结构。非典型合同至少包括混合合同与衍生合同，根据同构论，衍生合同因为其结构与混合合同不同，其法律规则的结构不可能是合成结构。衍生合同的法律规则应当根据其衍生结构而定，衍生结构的多样性决定了其法律规则的结构不能事先确定，而只能因应衍生合同的结构而变化。如果衍生合同 A 是从母合同(典型合同)B 中衍生而得，那么，A 的法律规则可能从 B 的法律规则中衍生而出，法律规则的衍生方法与内容视衍生合同的结构情况而定。一次衍生生成的衍生合同，其法律规则可以从母合同法律规则中一次衍生而得，同理，多次衍生所形成的衍生合同可以从其母合同中多次衍生而得。分离母合同中的主义务、次要义务与附随义务而得的衍生合同，相应的法律规则也应当从母合同中分离而得到，且需要根据情况进行一定的填补。以上各种情况，均应当坚持同构论中的结构传递原理。同理，混合合同存在各种混合情况，其法律规则的结构也应当因应混合合同的结构变化而变化：如果混合合同 A 是母合同 B 与 C 等(两个以上的典型合同)的合成之物，那么，A 的法律规则是 B、C 等法律规则的合成之物，以结构传递原理为依据，其法律规则的具体联结方式根据混合合同的联结方式而定。传统理论列出了四种合成结构的情况，这只是从给付角度给出的典型合成结构模式，并不能概括合成结构的多样性，但为合成结构模式提供了范例。可见，衍生合同与混合合同之类的称谓，均只是对其总体结构特征的宏观总结，其具体结构均具有无限的可能性，同构论的精髓正是结构传递原理，即因应非典型合同结构的多样性而确定其法律规则的结构，而不局限于有限的列举。

① 参见[德]库尔特·考夫卡：《格式塔心理学原理》(上册)，黎炜译，浙江教育出版社 1997 年版，第 78 页。

同构论主张因应非典型合同结构的多样性而确定其法律规则的结构,其中"因应"应当被理解为,除非基于强制性规范与金融法价值观的要求,否则,严格地遵守结构传递原理,尽量保持非典型合同与其法律规则在结构上的一致性。即同构论的一致性要求。一致性要求阐明了非典型合同与其法律规则在结构上的一致性程度。结构一致性要求使同构论不同于结合说、吸收说与类推适用说等学说。后三者局限于经验,而没有从理论上明确非典型合同与其法律规则在结构上的一致性程度。一致性要求为非典型合同的法律规则生成提供了结构一致性的限度,从而有利于法律适用中的具体操作。如果非典型合同的法律规则生成理论只是指出了法律规则的生成方向而缺乏具体的限度,那么,可能因为限度的区别而出现功能不同的结构模式。例如,同为合成结构,但混合的比例与联结方式不同,可能生成性质与功能完全不同的化合物。同样地,即使是知悉了结合说,也可能因为结合的比例与方式不同而产生不同的结合结果。多样性的非典型合同具有多样的结构模式,其法律规则的结构也应当根据结构一致性而呈现多样性。一致性要求有助于将非典型合同结构的多样性贯彻于其法律规则的结构之中,保持二者在结构细节上的一致性。

同构论试图建立非典型合同与其法律规则的结构联动关系,动态地应对非典型合同在结构上的多样性,以解决非典型合同结构的多样性与其法律规则固定性之间的冲突。传统理论以混合结构为预设而生成其法律规则,这种静态的结构预设可能与非典型合同多样性之间存在冲突,形成刻舟求剑的困境。同构论要求因应非典型合同的结构而生成其法律规则的结构,并尽量保持二者的一致性,这种结构传递的联动机制有助于动态地应对非典型合同结构的多样性。基于静态结构预设的传统理论,其结构预设是有局限的,不可能应对结构变动的无限性,就可能成为一种不符合非典型合同实践的错误预设,甚至可能因为对法律规则的不当结构控制而造成对非典型合同结构多样性的阉割。同构论认识到这一点,它根据非典型合同的结构变化而变动相应法律规则的结构,这避免了以常量描绘变量的困难,避免了法律规则对非典型合同结构的阉割。同构论的结构传递原理是一个适应动态移植的结构传递原理,从而使同构论成为生成非典型合同法律规则的动态机制。

总之,作为非典型合同法律规则生成理论的同构论,始终因应非典型合同的结构而生成其法律规则的结构,且要求尽量保持二者在结构上的一致性。这使之能够适应非典型合同类型与结构的多样性。

(二)同构论的合理性

同构论有助于保护非典型合同的合同自由。绝大多数非典型合同是以典型合同为基础的,是对典型合同进行合成或分解而得,也就是说,非典型合同与相应典型合同的差异在于其合成结构或衍生结构之上。结构差异是典型合同与非典型合同的根本性差异,非典型合同结构设计的自治也因此成为非典型合同领域合同自由的本质。同构论要求因应非典型合同的结构而确定其法律规则的结构,且尽量保持二者在结构上的一致性,这可以避免非典型合同与其法律规则的结构差异对非典型合同的限制,从而保障非典型合同的结构自治。这种尊重是对非典型合同领域合同自由的本质性尊重。

同构论在强调非典型合同与其规则之间结构一致性的同时,也强调对强制性规范的遵守,这既体现了对结构自治的认同,也体现了对结构自治的适当限制。金融法以强制性规范限制结构自治,以防范非典型合同的结构安排损害金融安全与金融公平等金融法价值。同构论强调非典型合同法律规则的结构安排必须遵守强制性规范,目的在于遵守强制性规范以保护金融安全与金融公平等金融法价值。同构论的这一要求将非典型合同框定于强制性规范之内,既给非典型合同的结构自治留下了余地,也不至于造成对金融法价值的损害,这体现了同构论对金融法价值的兼顾。

同构论有助于保护非典型合同的价值。非典型合同结构设计蕴含着当事人的价值安排及其合意,并不是随意排列。如果罔顾非典型合同的结构而粗暴地生成其法律规则,可能导致削足适履的裁判后果,必定会损害非典型合同的结构价值。同构论要求以非典型合同的结构为模板而生成其法律规则的结构,这是对非典型合同价值的尊重。因此,同构论有助于保护非典型合同的价值安排。因应非典型合同的结构而确定其法律规则的结构,同构论使非典型合同与其法律规则在结构及其价值上的一致性成为可能,从而最大限度地保护非典型合同的结构及其背后的价值。非典型合同结构具有独立性价值,也具有工具性价值,同构论可以保护非典型合同结构的独立性价值,进而达成非典型合同结构的工具性价值,即保护非典型合同结构所服务的合同目的与合同内容。同构论依据结构的独立性价值与变调性而得以成立,同时,同构论也成为非典型合同结构独立性价值的保护理论,进而成为非典型合同价值的保护理论。

同构论有助于保护非典型合同的创新。非典型合同的创设者通过结构设计而创设新合同。从理论上看,同一内容的交易,可以采用无数种不同结构的非典型合同,由此产生了非典型合同结构创设的无限可能性。合同的结构是可以设计的，私人会根据自己的情景与偏好创设非典型合同。结构创新是非典型合同创新的根本，从某种意义上说，非典型合同的创新本质上是结构创新。同构论主张因应非典型合同的结构而确定其法律规则的结构，而不是以法律规则所确定的某些固定结构模式去剪裁非典型合同的结构。同构论有助于适应与保护非典型合同结构模式创设的多样性，避免以固化的结构模式控制非典型合同的结构创新。同构论也是非典型合同创新的保护理论。

同构论发展了传统理论，避免了传统理念的缺陷。同构论发展了传统理论体现在以下两个方面：第一，同构论拓展了传统理论非典型合同中的结构预设。同构论不再仅以混合结构作为其预设的结构，在合同类型上也不再局限于混合合同。同构论既可以适用于混合合同，也可以适用于衍生合同，且对上述非典型合同进行开放式的合同结构预设，可以避免静态合同结构预设的弊端。第二，同构论要求因应非典型合同的结构确定其法律规则的结构，这将传统学说的经验上升为理论，且改进了传统学说的方法。既有理论均因应混合合同的结构而确立其法律规则的结构，但是存在不同程度的瑕疵。结合说将非典型合同的结构理解为结合结构，对于混合合同而言，这一理解是正确的，但不适合于衍生合同；吸收说将非典型合同的结构理解为主次结构，这一理解未必正确，且舍弃次要部分的方法也未必妥当；类推适用说将非典型合同的结构理解为拼凑结构，完全否认了结构设计的理性。因为对非典型合同结构的理解存在这样那样的瑕疵，传统理论在“合同结构—规则结构”的传递关系中，也必然传递这样那样的瑕疵。传统理论没有阐明“合同结构—规则结构”的传递关系，其中非典型合同结构与其法律规则结构的一致性，完全基于混合合同的结构经验，缺乏原理上的论证，因而是经验性的做法，未能上升到一般方法论的高度。同构论拓展了传统非典型合同法律适用理论，完成了从经验到理性的升华。

同构论从结构上为非典型合同与其法律规则建立了动态的桥梁。典型合同有其法定的法律规则，如何从静态的典型合同规范中导出非典型合同的法律规则，这是非典型合同法律适用理论的基本任务。列举式的非典型合同分类及其结构模式理论只能列出有限的类型及其结构模式，不能适应非典型合同结构的多样性特征。同构论的结构传递原理要求非典型合同法律规则的结构跟随非典型合同结构的变化而变化，这从根本上解决了非典型合同结构多样性给其法律规则结构安排带来的难题。根据同构论，可望因应结构多变的非典型合同纠纷案生成动态的、合适的法律规则。同构论为非典型合同提供了一个灵活的法律规则生成方法。

四、同构论下非典型合同法律规则的生成程序

同构论为非典型合同法律规则的生成提供了基本思路，但在非典型合同纠纷案的裁判中，还需要将同构论落实为具体的步骤，并注意这些步骤中的细节。需要说明的是，同构论以采用参照适用范式（能够识别类似性且符合双重类似标准）为其前提，如果不符合参照适用的条件，那么，也就不需要考虑非典型合同的法律规则生成问题。因而，下文不讨论是否符合参照适用的条件，而只讨论非典型合同法律规则的生成程序。

（一）同构论的实施步骤

依据同构论生成非典型合同的法律规则，这可以落实为具体的步骤。这包括如下四个步骤：第一步，非典型合同的结构探明。这一步以典型合同为比较对象，运用因式分解法探求非典型合同与典型合同的关系，以确定非典型合同的结构。第二步，法律规则原料的收集。这一步旨在找到所涉典型合同的法律规则，即确定参照适用的法律规则对象。第三步，结构移植。根据同构论，这一步将非典型合同的结构移植于法律规则的结构，确立非典型合同的初步法律规则。第四步，法律规则的调适。这一步根据相关法律的价值观对上述初步法律规则进行结构调适，使所生成的法律规则符合相关法律的价值观，从而得到非典型合同的最终法律规则。根据以上步骤得到非典型合同的法律规则之后，法官据此再解释法律规则并得到裁判结果。下面对上述步骤的注意事项逐一予以说明。

在第一步非典型合同的结构探明之中，应当以全面的合同类型预设为基础，探明案涉非典型合同的结构。同构论的运用以因式分解法为基础，通过探求非典型合同与典型合同的关系而获知非典型合同的结构。这包括两种基本的情况：一是若非典型合同为混合合同，它由若干典型合同合成，则其结构为若干典型合同组成的合成结构；二是若非典型合同为衍生合同，由某一典型合同分解而得，则其结构为以某一典型合同为母合同的衍生结构。传统理论将非典型合同的类型预定为混合合同，因这种假定历史悠久，可能形成思维惯性，因此，在探求非典型合同与典型合同的关系之时，要防范上述思维惯性，不可事先将非典型合同预定为混合合同并将其结构预定为合成结构，而应当通过典型合同与非典型合同的比较而辨认非典型合同的结构，考虑衍生合同及衍生结构的可能。如果案涉非典型合同为衍生合同，则因式分解的对象不是非典型合同而是典型合同，即从典型合同中分离出部分内容而形成衍生合同。传统理论中的因式分解一般是对非典型合同的分解，而衍生合同所涉因式分解的对象与传统理论颇为

不同。一些复合结构的合同需要考虑典型合同的分解与组合,或者是非典型合同的分解与组合,甚至是上述合同的再组合或再分解。值得注意的是,合成结构与衍生结构只是对上述两类结构的宏观概括,而不是精致的描述。即使同为合成结构或衍生结构,因非典型合同结构的多样性而可能存在差异,因而,不应当对非典型合同的结构作出过多的预设,而应当客观地确认非典型合同的结构,以避免削足适履的现象。

在第二步法律规则原料的收集中,应当考虑到非典型合同可能与多个典型合同存在类似性,需要以双重类似标准应对多重类似的问题,选择正确的法律规则原料。非典型合同可能与多个典型合同相类似,这是因为典型合同之间本身具有类似性。例如,某一典型合同可能是另一个典型合同的衍生合同,或者是另两个典型合同的混合合同,或者某一个典型合同是另一个典型合同的特殊合同等。此时,应当适用双重类似标准选择合适的参照对象,将符合双重类似标准的典型合同确定为参照的合同对象,以其法律规则作为参照适用的法律规则原料。在适用双重类似标准确定类似合同时,既要注意到二者内容的类似,也要注意到其联结方式的类似性;既要注意到二者的相同之处,也要注意到二者的差异。找到了参照适用的合适法律规则对象,就为非典型合同的法律规则生成准备了必备的材料。

在第三步结构移植中,应当在同构论的指导下根据非典型合同的结构而生成其法律规则的结构,其中包括对参照适用的法律规则对象进行适当的剪裁或填补,按照非典型合同的结构生成非典型合同的初步法律规则。结构以成分与联结方式为基本内容,因而,结构的移植应当注意成分的数量及其联结方式。有学者指出了混合合同法律适用中的一些错误做法,如将混合合同当作单一典型合同予以对待,忽视混合合同的整体性,忽略混合合同内部权利义务关系的牵连性等。① 这些错误做法没有认真地理解混合合同的合成结构。根据同构论,应当贯彻非典型合同与其法律规则在结构上的一致性要求,即在移植中尽可能保持二者在结构上的一致性,以保持结构的双重价值,保护当事人的结构自治。非典型合同是典型合同的合成之物或分解之物,非典型合同的法律规则也应当是典型合同法律规定的合成之物或分解之物。根据同构论的一致性要求,非典型合同的成分与联结方式是其法律规则成分与联结方式的结构模板。为了贯彻同构论中的一致性要求,可能需要根据非典型合同的结构对所涉法律规则进行剪裁,如同木工对原料进行剪裁以适应既定的框架一样;也可能需要根据非

---

① 参见许中缘:《论混合合同适用的问题与方法》,载《法律科学》2023 年第 3 期。

典型合同的结构特征而补充一些法律规则,正如木工因原料不足而需要补充另外的原料一样。如果非典型合同之中存在不同于典型合同的新成分,就需要补充新成分相应的法律规则。如果非典型合同是衍生合同,那么,就应当将衍生结构移植于其法律规则,即从典型合同规定中分解出部分规则,并将此部分规则独立为一个新的法律规则整体,再对此整体予以明确化与精细化,或将在典型合同制度中处于次要地位的法律规则上升为非典型合同的主要法律规则。如果非典型合同是混合合同,那么,就应当将合成结构移植于其法律规则,就需要合成典型合同的法律规则而得出非典型合同的法律规则,这包括将典型合同的法律规则进行合并,去除二者重复的内容,删减在典型合同中占有重要地位而在非典型合同中不应当再占据重要地位的权利义务法律规则,添加一些联结非典型合同规则的纽带性法律规则,以建立法律规则的整体性。

在非典型合同法律规则的生成中,强制性规范的生成值得特别讨论。非典型合同的强制性规范在形式上可以分为两类:一类是通则或一般规定中的强制性规范,这类规范适用于所有的合同,当然适用于非典型合同,只需要直接适用。只有分则才需要参照适用:"《民法典》合同编通则对所有合同均直接适用,不区分有名合同与无名合同。"①另一类是根据所参照典型合同制度的强制性规范而生成的非典型合同强制性规范。非典型合同不同于典型合同,参照适用典型合同的强制性规范,不等于直接适用上述强制性规范。"'参照'不是'依照'或'适用',其文义为'参考并仿照'。"②在非典型合同的法律适用中,必须根据同构论,将典型合同的强制性规范作为原料,以非典型合同的结构为框架,生成非典型合同的强制性规范,并以相关法律的价值观为依据对其结构进行调适。如果非典型合同是混合合同,则应当将其所参照适用的若干典型合同制度中的强制性规范进行合成,形成新的强制性规范,并根据相关法律的价值观考量所生成强制性规范的合理性;如果非典型合同是衍生合同,则应当将其所参照适用的若干典型合同制度中的强制性规范进行分解,得到作用于衍生合同权利义务的强制性规范,将之作为衍生合同的强制性规范,并根据相关法律的价值观考量所生成强制性规范的合理性。在非典型合同强制性规范的生成与调适过程中,要反对两种错误倾向:一是将所参照典型合同的强制性规范直接适用于非典型合同。既然非典型合同是典型合同的合成或衍生

① 王雷:《非典型合同和典型合同中的参照适用》,载《财经法学》2023年第3期。

② 易军:《买卖合同之规定准用于其他有偿合同》,载《法学研究》2016年第1期。

之物,非典型合同的强制性规范也应当是其规范的合成或衍生之物。典型合同的强制性规范不能直接适用于非典型合同,否则会导致强制性规范的张冠李戴。二是认为非典型合同不需要遵守强制性规范,完全不参照适用相应典型合同的强制性规范。这种以非典型合同与典型合同的差异为理由而抛弃典型合同强制性规范的做法,也是不正确的。毕竟非典型合同是典型合同的合成或衍生之物,其权利义务还因为合成或衍生而得到了不同程度的延续,其中强制性规范也应当相应地延续。根据同构论,既不能无条件地参照适用典型合同的强制性规范,也不能无条件地反对适用典型合同的强制性规范,而应当以结构一致性要求为原理,强调非典型合同与其强制性规范在结构上的一致性,从而生成适合于非典型合同的强制性规范。

第四步,根据相关法律的价值观及其强制性规范对上述初步法律规则进行调适,以生成非典型合同的最终规则。这一步且留待下文阐释。

以上步骤与传统理论的步骤不太相同。同构论与传统非典型合同法律适用理论均重视非典型合同的结构探明与所参照法律规则原料的确定这两个步骤,但是,传统理论除局限于混合合同这一非典型合同类型预设、对非典型合同的结构模式预设存在错误之外,它没有强调结构移植这一步骤,也没有强调结构移植步骤中的一致性要求。传统理论根据经验进行了一定程度的结构移植,移植什么结构以及移植中结构的一致性程度均是不明确的。另外,本书的同构论与传统理论中的结合说均重视法律规则调适这一步骤,但二者是有区别的:前者是基于同构论而进行的法律规则调适,尊重结构一致性要求,往往是根据相关法律的价值观及其强制性规范进行的法律规则调适,且一般为微调;后者则忽视法律规则调适的基础,而可能成为基于自由裁量权的随意调适。

(二)同构论下非典型合同法律规则的调适

在非典型合同纠纷案的参照适用中,如果没有遭遇强制性规范的禁止,那么,依据同构论,非典型合同的结构应当与其法律规则的结构尽量一致。但是,如果上述一致性与相关法律的价值观存在冲突,违反了法律的强制性规定,那么,就应当对非典型合同的法律规则尤其是其结构进行调适。只在违反强制性规范之时,同构论才应当受到限制,才需要对非典型合同的法律规则进行调适。这是保障非典型合同结构自治的基本要求。因此,尊重相关法律的价值观及其强制性规范,并根据强制性规范调适非典型合同的法律规则,也是同构论的重要内容。

非典型合同的法律规则必须尊重相关法律的价值观,遵守体现法律价值的强制性规范。同构论要求因应非典型合同的结构而确定其法律规则的结构,这是对非典型合同的自由尤其是结构自治的尊重。但是,如果实施同构论时只强调对结构自治的保护而忽视了对结构自治的适度限制,其结果可能导致所生成的法律规则违反金融公平、金融效率、金融安全等价值观。法律尤其是金融法为了保障其价值观,会规定不少强制性规范,尤其是针对典型合同结构变动的强制性规范。这些强制性规范往往是对金融安全、金融效率、金融公平与金融自由的强制性保护。在非典型合同的法律规则调适中,遵守强制性规范是对法律价值的尊重。

在确立了非典型合同的初步法律规则之后,应当根据相关法律的价值观对其进行调适,以保证非典型合同的法律规则符合相关法律的价值观。这包括如下三个方面:

第一,根据金融安全原则调适非典型合同的法律规则。非典型合同可能形成新的金融风险,对此,非典型合同的法律规则应当予以考虑。当非典型合同所生成的金融风险可能具有系统性即可能形成系统性风险之时,应当遵守金融法中预防系统性风险的强制性规范,否认非典型合同的效力或要求其采取预防系统性风险的强制性措施。非典型合同是典型合同的合成或衍生之物,其风险是不相同的。例如,股权转让合同与股权收益权转让合同的风险不同,后者的风险可能小于前者,因而,根据金融安全原则的要求,证券法中适用于股权转让合同的强制性规范不应当适用于股权收益权转让合同。也应当看到,一些母合同对金融安全并无威胁,但其金融衍生品合约却可能存在金融安全问题,这就需要考虑衍生品的风险预防制度。例如,股指期货合约与股权转让合同相比,前者是后者的衍生合同,具有比后者更大的金融风险,根据金融安全原则的要求,应当遵守更为严格的风险预防规范。在金融审判中,应当根据非典型合同的风险特征调适其强制性规范,通过添加或删减相关金融风险预防制度,找到适合于非典型合同的风险法律规则。

第二,根据金融法的自治与效率原则调适非典型合同的法律规则。在生成非典型合同的强制性规范时,也还需要贯彻自治与效率这两个价值观。自治就是尊重当事人的合意,而当事人的选择多被认定为对他们自己是最优的效率配置。正是因为贯彻了自治与效率原则,同构论才得以成立。因此,同构论本身就是对自治与效率原则的贯彻。但是,在混合合同中,要防止一方当事人凭借部分合同内容优势而强迫另一方当事人签订合同另外内容的情况。这方面的典型例子是让与担保合同,当事人可能因为担保合同部分而不得不签订让与合同部分,从而存在损害合同自由的情况。同时,衍生合同也可能存在合同自由问题:一方当事人通过合同衍生,使一些合同违背了另一方当事人的交易目的。例如,资产管理产品嵌套合同,就可能运用衍生合同而实现一方对另一方的强迫。因此,在非典型合同法律规则的调适中,需要寻求合同当事人真实的合意,考察合同是否存在意思表示不自由的情况,对合同的权利义务进行适当的调整,以保护实质性的合同自由。

第三,根据公平原则调适非典型合同的法律规则,以平衡各方的权利义务。非典型合同法律规则必须尊重双方的合意,在此基础上,应当根据合同的性质,适当考虑合同权利义务的平等性。非典型合同法律规则的公平考量主要包括以下三个方面:一是双方权益的平等,即一方的权利义务与另一方的权利义务大致相等;二是当事人一方权利义务的大致均衡,即其所得与所付出的大致相等;三是当事人权利义务的总体均衡,即从整体上看,双方权利义务是大致相等的。在调适非典型合同的法律规则时应当将合同自由与合同公平结合起来考虑:在双方自愿且明知风险的情况下,应当承认双方权利义务的安排,哪怕其安排不太公平,但是,在一方不自愿且一方或双方不知情的情况下,应当考虑双方权利义务的均衡,使之大概相等。无论是混合合同还是衍生合同,其母合同权利义务的均衡并不意味着非典型合同的权利义务均衡,因为它们往往经过了新的结构设计,可能打破了原先的均衡状态。在混合合同法律规则调适中,必须综合考虑混合合同的总体而不是局限于部分权利义务;在衍生合同的法律规则调适中,必须考量衍生合同权利义务的平衡,而不能局限于母合同,因为衍生合同只是母合同的一部分,且并不必然是双方权利义务相等的部分。在非典型合同的法律规则调适中,必须考虑风险与收益的一致性,即高风险与高收益的平衡,不能将高风险的衍生合同当作普通合同来考虑其收益,从而造成高风险与一般收益之间的失衡。对混合合同的公平考虑也必须重视收益与风险的均衡。

同构论作为生成非典型合同法律规则的方法,有其合理性,但也需要防范同构论所生成法律规则与相关法律尤其是金融法价值观及其强制性规范的冲突,因而本章专门将法律规则的调适作为非典型合同法律规则生成的重要步骤。这就既确立了非典型合同法律规则生成的基本方法,也保障了所生成的法律规则与相关法律尤其是金融法价值观的一致性。如此,非典型合同的法律规则就成为同构论与法律价值观共同作用的结果。非典型合同结构对其法律规则结构的基础性地位,要求同构论在确立非典型合同法律规则中居于基础性的地位,而相关法律尤其是金融法价值观对非典型合同法律规则的调适,则体现了相关法律对同构论偏颇的克服。

五、小结

非典型合同纠纷案采用参照适用范式的困难在于,法官没有直接可供适用的法律规则,而必须通过对典型合同规范的加工而得。以典型合同制度为“材料”而生成非典型合同的法律规则,法律规则的结构是法律规则生成的关键所在。同构论正是确定非典型合同法律规则结构的方法。它通过因式分解法获知非典型合同的结构,以非典型合同所涉典型合同规定为材料,将非典型合同的结构移植于其法律规则之上,再根据相关法律的价值观调适上述法律规则,得到非典型合同的最终法律规则。以结构主义为基础,同构论在非典型合同与其法律规则之间、在非典型合同与典型合同之间、在二者的法律规则之间建立了桥梁。典型合同规定只是非典型合同法律规则的原始材料,同构论为非典型合同法律规则的生成提供了方法。据此,非典型合同纠纷案的裁判兼备了法律规则材料及其生成方法。

第七章　衍生合同纠纷案裁判中的参照适用

传统非典型合同法律适用理论的合同预设是混合合同,迄今为止非典型合同纠纷方面的案例分析及其理论阐述均局限于混合合同纠纷案。衍生合同也是非典型合同的重要类型,但因为上述局限,传统理论缺乏衍生合同纠纷案裁判的理论与案例。因此,在衍生合同纠纷案中如何认定双重类似、如何以同构论生成非典型合同的法律规则,也就无人涉及。一些金融衍生品合约已经有名化而成为典型合同,另一些则未能有名化而只是非典型合同。在非典型金融衍生品合约纠纷案中,原油宝合约纠纷案影响较大,具有典型性,且相关案件的审理时间分布于 2020 年至 2023 年年底,历时长,争议较多;[①]原油宝合约属于非典型金融衍生品合约,其纠纷案也因衍生合同特征及其专业性而具有研究价值。本章拟以原油宝合约纠纷案为代表,讨论衍生合同纠纷案裁判中的参照适用,以期为这类合同纠纷案的裁判提供参考。

一、对原油宝合约纠纷案的不同裁判及其理论争议

原油宝合约纠纷案涉及一般法与多个特别法的合同法律制度,其定性与法律适用具有复杂性。

(一)原油宝合约纠纷案定性及其法律适用中的不同做法

在评价相关裁判之前,先阐述一下原油宝合约的特征。原油宝合约是指中国银行向投资者发行的挂钩国际原油期货合约的金融产品,投资者可以根据自己的判断在中国银行开设综合保证金账户,进行做多或做空交易。与直接参与国际期货交易不同,原油宝合约只是"挂钩"国际期货合约。"挂钩"是一个带有文学色彩的词汇,原油宝合约实际上是对普通期货合约的改造。原油期货合约风险大,交易数额大(一手为 1000 桶),普通投资者既无力承担这种风险,也缺乏足够的资本直接参与国际期货交易。

---

① 涉"原油宝"的案件被列为不同层级法院的典型案例:江某均诉中国银行股份有限公司南通钟秀支行合同纠纷案,被最高人民法院民二庭列为 2020 年全国法院十大商事案例之四;沈某珍诉广发银行股份有限公司上海虹口支行金融服务合同纠纷案,上海市虹口区人民法院(2016)沪 0109 民初 25028 号民事判决书,被列为 2017 年度上海法院金融商事审判十大典型案例之二、上海市虹口区人民法院发布《2012—2022 年金融审判十大案例》之四。

为此,中国银行先以自有资金进行期货合约的交易,再对自己所承受的期货合约(权利义务)进行两个方面的改造,以拆分为基本方法形成了原油宝合约:一是改造保证金比例。原油宝合约改变期货交易10%保证金的做法,而采用100%保证金。其目标在于降低期货以小博大的功能,以降低交易风险。但是,原油宝合约保持了做空与做多及其相应价格涨跌的风险(买空与卖空导致的价格涨跌风险)。二是拆分数额。中国银行将国际期货合约较大的数额拆分为"纸原油",其起点为1桶,最小递增单位为0.1桶。这就降低了交易标的的数额。中国银行所进行的国际期货交易是以"手"为单位的,它买入之后,进行了数额上的拆分。原油宝合约呈现出"买方—银行—卖方"的结构,在这种结构中,中国银行作为中间机构,对接国际期货交易与原油宝合约。

原油宝合约纠纷案的不同判决书表达了对原油宝合约的不同定性。根据法院的定性与处理方法,可以分为四类情况:

第一类,否认性定性,即认为原油宝合约不属于期货合约,但不指明它到底属于什么类型的合同。江苏省南京市鼓楼区人民法院认为,原油宝合约采用了100%保证金,这不同于期货交易的保证金模式,不具有期货杠杆交易的典型特征,因此不属于期货交易;据此,中国银行按照银行业适当性标准而非期货业适当性标准销售原油宝合约,因此中国银行没有违反期货交易应有的适当性义务,但是,中国银行在产品设计上未考虑原油期货产品会出现负油价极端情况,在交易过程中未能向投资者提示负油价带来的风险,且未执行协议中强制平仓的约定,因此应赔偿投资者因此造成的损失。① 另一个案件的一审法院认为:"原告刘某奎与被告通过网上电子签约了《商品交易协议书》,建立了商品交易合同关系,系双方当事人真实意思表示,内容不违反法律、法规禁止性规定,合法有效";《商品交易协议书》和《中国建设银行个人账户商品交易业务产品介绍及交易规则》均约定被告账户商品系100%保证金交易,不具备期货产品杠杆交易的基本特征,故原告诉称"其原油产品属于期货性质"的主张,缺乏事实和法律依据;该案二审法院维持了一审判决。②

① 参见江某均诉中国银行股份有限公司南通钟秀支行合同纠纷案,本案是涉中国银行"原油宝"民事案件在全国范围内第一批开庭审理的3个案件之一。本案双方达成调解协议,中国银行南通钟秀支行赔偿江某均损失22,167.6元、退还其保证金28,885.95元。另两个案件以判决结案,判决中国银行承担原告全部穿仓损失和20%的本金损失,返还保证金余额,并支付相应资金占用费。

② 参见刘某奎、中国建设银行股份有限公司大连市分行合同纠纷案,辽宁省大连市中级人民法院(2021)辽02民终9645号民事判决书。

在上述否认性定性的裁判中，一个二审法院在其裁判文书中详细地阐明了上述否认性定性的理由：从交易场所上看，案涉合约属于场外投资交易产品；从交易双方来看，案涉合约是工商银行与客户双方达成的交易，而期货交易当事人是期货参与者；从交易特征上看，案涉合约没有杠杆特点，采用全额保证金，因此案涉交易不属于2007年《期货交易管理条例》（国务院令第489号）规定的期货交易以及与期货相关的衍生产品，而根据《银行业监督管理法》第18条的规定，工商银行已将案涉产品向国务院银行业监督管理机构报送并备案，并无证据表明国务院银行业监督管理机构不予批准或禁止工商银行开展该业务。① 除去法律依据，可以看到上述裁判的理由包括两个方面：一是原油宝合约与期货合约的区别；二是原银行与保险业监督管理委员会没有禁止原油宝合约业务，故它不属于期货合约。

第二类，认为属于金融衍生品合约。有法院认为，“本案系原、被告之间在金融衍生品交易过程中产生的纠纷”，被告除自担负价损失外，其未按照《个人产品协议》的约定进行强制平仓，导致原告原可以止损的部分本金损失，被告的行为构成违约，应对该部分损失承担相应违约赔偿责任，酌定被告赔偿原告本金损失的20%即133,809.98元并自行承担相应的负价损失。②

第三类，认为属于金融服务合同。在一个案件中，一审法院认为，“该产品与期货交易产品在交易场所、价格形成方式、交易双方、有无杠杆交易等方面存在本质的区别。同时该产品不属于金融衍生产品，也有别于金融理财产品”；二审法院认为，《交易协议》《产品介绍》《交易规则》作为双方确认的金融服务合同，系双方真实的意思表示，该产品与期货交易产品在价格形成、有无杠杆交易等方面存在本质的区别，也有别于金融理财产品，并不违反法律、行政法规的强制性规定，应为有效。③

不只是原油宝合约纠纷案，在王某峰与南京文化艺术产权交易所有限公司等金融衍生品种交易纠纷案（以下简称“南京文交案”）中，法院也遵循了类似的思路，认为案涉合同不属于期货合约，而属于金融服务合同。在该案中，南京文化艺术产权交易所有限公司在平台上出售投资产品（钱

① 参见唐某南、中国工商银行股份有限公司合同纠纷案，辽宁省大连市中级人民法院（2021）辽02民终9985号民事判决书。

② 参见黄某英与中国银行股份有限公司上海市零陵路支行金融衍生品种交易纠纷案，上海市黄浦区人民法院（2022）沪0101民初3217号民事判决书。

③ 参见丁某等与中国工商银行股份有限公司、中国工商银行股份有限公司浙江省分行、中国工商银行股份有限公司台州椒江支行合同纠纷案，浙江省台州市中级人民法院（2021）浙10民终2397号民事判决书。

币、邮票),交易会员(投资人)在购买后取得相应产品的所有权,投资者可以选择在交易平台上出售并取得差价,也可以提取实物,投资者有盈利、平仓与亏损三种可能。原告认为该交易是金融衍生品交易,请求平台赔偿其因文物交易而亏损的482,684.15元。① 这一交易在合同结构上与典型的金融衍生品既有相同之处,也存在差异。其差异在于:它可以是实物交易,且不能卖空;它要求全额保证金,而不是一定比例的保证金。其相同之处在于:它可以不提取产品,而只赚取差价,这与期货交易可以不提取实物相同;它存在"平仓"等期货交易规则;它是多人参加的集中撮合性质的系统性交易,有较大的交易风险;它以会员制参加交易,参加者具有群体性,这与期货交易会员的群体性相同。法院认为:"原告在被告南京文交所经营网站注册成为交易会员,并从事相关投资、交易等行为,被告南京文交所按约定为原告提供涉案交易的资金结算等服务,双方形成服务合同关系。该服务合同应系双方真实意思表示,其内容不违反法律、行政法规的效力性强制性规定,属合法有效……原告作为金融市场的投资者,理应自行承担对其在交易过程中的风险与亏损。"

第四类,没有考虑定性,直接适用合同法(《民法典》合同编)通则进行裁判。其典型表述是:"双方当事人就投资'原油宝合约'产品事项签订《产品协议》……系双方真实意思表示,协议内容不违反法律、行政法规的强制性规定,合法有效",但中国银行白山分行未依约强制平仓,构成违约,在产品设计及交易过程中未考虑和提示负油价带来的风险,因负油价极端事件而造成的穿仓损失,应由中国银行白山分行承担。②

以上四种做法,体现了法院在原油宝合约纠纷案定性与处理中的不同观点。第一类认定是否认性定性,即认定原油宝合约不属于期货合约,第二类定性将原油宝合约认定为金融衍生品合约,第三类定性将原油宝合约认定为金融服务合同,第四类仅仅将之认定为合同,而不考虑其具体类型。其中,第一类否认性定性虽然定性不明,但判决理由较为详细,而其他做法的理由均较为简略。

① 参见北京市石景山区人民法院民事判决书,(2018)京0107民初25080号。

② 参见薄某虹、中国银行股份有限公司白山分行等合同纠纷案,吉林省长春市二道区人民法院(2022)吉0105民初673号民事判决书。该案适用通则裁判,未对案涉合同进行定性。类似的案件有:王某禹、中国银行股份有限公司白山分行等合同纠纷案,吉林省长春市二道区人民法院(2022)吉0105民初1007号民事判决书;王某林、中国银行股份有限公司吉林市分行合同纠纷案,吉林省长春市二道区人民法院(2021)吉0105民初2723号民事判决书;张某秋、中国银行股份有限公司吉林市分行合同纠纷案,吉林省长春市二道区人民法院(2021)吉0105民初2724号民事判决书。

以上四种做法,对原油宝合约的定性存在各种差异,但也存在如下五个方面的共性:第一,以上做法都不考虑最相类似合同及其参照适用问题。以上法院实施了一种非此即彼的选择方案,即要么将原油宝合约定性为某一类合同,要么否认其为某一类合同,根本不考虑最相类似或参照适用的问题。第二,在以上定性中,存在求异思维,却缺乏求同思维,缺乏双重类似标准的操作。前三种定性均认定原油宝合约不属于期货合约,强调了原油宝合约与期货合约的差异,但没有比较二者的相同之处,更没有衡量上述异同的比重。也就是说,以上定性不考虑类似性及其类似程度。在原油宝合约纠纷案中,呈现出了舍同求异思维,有意无意地忽视了二者的相同点及其类似程度比较。第三,在以上求异思维中,特别强调了保证金与杠杆率方面的差异。几个案件均强调原油宝合约与期货合约在保证金上的差异,进而强调二者在杠杆率上的差异。第四,以上裁判均适用合同法(《民法典》合同编)通则的规定进行了裁判,均没有参照适用典型合同的规定进行裁判。无论法院认为原油宝合约不是期货合约,还是认定原油宝合约属于其他合同,均依合同法(《民法典》合同编)通则进行了裁判,没有适用或参照适用典型合同法律制度。这不是个别现象,在其他非典型衍生品案例之中,法院甚至运用民事法律制度中的情势变更原则裁判案涉非典型合同纠纷案。① 在金融衍生品纠纷案的裁判中,似乎存在一种向一般合同认定与一般规范适用倾斜的趋势。第五,在以上做法中,均认为中国银行违反了某种适当性义务,但因为适用合同法(《民法典》合同编)通则,而上述通则中是没有金融法意义上的适当性义务的,所以以上法院所适用的适当性义务究竟以什么法律为依据,均存在疑问。

(二)原油宝合约定性的学术观点与本章的问题

原油宝合约纠纷案引发了一些学术讨论。有学者指出,从中国银行官网可见,原油宝合约属于个人理财的网页下,且该网页下有产品名称、产品说明等介绍内容,但在法律层面,原油宝合约并不属于理财产品,因为《商业银行理财业务监督管理办法》第 3 条规定理财业务是指商业银行接受投资者委托对受托的投资者财产进行投资和管理的金融服务,即《关于规范金融机构资产管理业务的指导意见》(银发[2018]106 号)中所指的资产管理业务,其交易结构是"委托人—受托人(管理人)",而原油宝合约完全由投资者自主决定,不存在委托理财关系,故原油宝合约并不能归类为商

① 参见楼建波、刘燕:《情势变更原则对金融衍生品交易法律基础的冲击——以韩国法院对 KIKO 合约纠纷案的裁决为例》,载《法商研究》2009 年第 5 期。

业银行理财产品，而应划分为金融衍生品。[①] 另有学者也认为原油宝合约与《银行业金融机构衍生产品交易业务管理暂行办法》所称衍生产品相符，且属于其第4条第二类衍生品即“非套期保值类衍生产品交易”，原油宝合约的发行有不合规之嫌。[②] 也有学者认为，除没有杠杆外，原油宝合约的交易方式基本与期货交易类似。[③] 总的来说，既有观点认为原油宝合约属于金融衍生品合约或与期货合约类似。

值得注意的是，以上学术观点均将金融服务合同与委托理财合同视为相同的合同。“金融服务合同的含义，即金融机构与客户签订的以金融商品及金融服务为交易对象的权利义务协议。”[④]实践中，将理财合同纠纷归属于金融服务合同纠纷这一案由之下，已成为金融法院的一般性做法。[⑤]有学者认为，委托理财成立委托代理合同关系；[⑥]“委托理财的法律性质宜定位于委托代理合同”[⑦]。也有学者认为，委托理财合同授权范围没有界定，不是收取代理费而是根据实际效益提取剩余利润，理财受托人一般需要提供财产担保并交给投资委托人质押，它有别于委托代理合同。[⑧] 尽管观点有所差异，但以上观点均认为委托理财合同与金融服务合同是同一合同的不同称呼，且委托理财合同以“委托—代理”关系为基础。本书认为，原油宝合约法律关系中不存在“委托—代理”关系，而是投资者自力为之的合同，它不属于委托理财合同；它的标的不是商业银行的金融商品与金融服务，也不属于金融服务合同。

从以上裁判观点与学术观点中可以看到，原油宝合约定性上众说纷纭。原油宝合约之中不存在“委托—代理”关系，它显然不属于委托理财合同或金融服务合同。它是否属于期货合约或金融衍生品合约，则需要进一步的讨论。本章的问题是：金融衍生品的本质特征是什么？原油宝合约

---

① 参见李依琳、康习风：《中国商业银行金融产品市场的法律监管——以“原油宝”为例分析》，载《中国外资》2021年第19期。

② 参见董彪：《金融衍生品风险与责任配置的法律分析——以“原油宝”事件为例》，载《南方金融》2020年第9期。

③ 参见邓雅蔓、周琦：《追问中行“原油宝”事件 高风险产品为何变为常规理财？》，载《中国经济周刊》2020年第8期。

④ 李依朔：《我国金融机构缔约说明义务研究——以金融服务合同为视角》，首都经济贸易大学2019年硕士学位论文，第7页。

⑤ 参见沈某珍诉广发银行股份有限公司上海虹口支行金融服务合同纠纷案，上海市虹口区人民法院（2016）沪0109民初25028号民事判决书。

⑥ 参见张瑞强：《委托理财合同风险责任条款性质探析》，载《法律适用》2004年第9期。

⑦ 史殿美、任美群：《委托理财合同的风险承担》，载《人民司法·应用》2007年第15期。

⑧ 参见张冬：《论委托理财合同的风险责任——兼议新〈证券法〉的委托理财条款》，载《学术交流》2006年第2期。

与期货合约到底是何关系，据此，应当如何确立其法律适用方案？下文拟先探讨金融衍生品的本质特征，再据此比较原油宝合约与期货合约的异同，进而确定其法律适用规则，以期为这类纠纷案的裁判提供一般性的参考。

（三）相关观点回顾

以上裁判与观点均不考虑最相类似合同的探寻、双重类似标准的操作及典型合同规定的参照适用，这是因为传统非典型合同理论没有衍生合同的法律适用理论。既有无名合同的类型理论均只注意到合同与合同的混合，而没有注意到合同的分解或衍生，因而没有涉及衍生合同。衍生合同是一种重要的非典型合同类型，它与混合合同一样，应当受到重视。但这一观点并没有影响到原油宝合约纠纷案对原油宝合约的定性，衍生合同在传统非典型合同的类型体系中缺乏应有的地位，其法律适用规则就更不用说了。非典型合同理论对衍生合同的忽视，导致的结果是在非典型金融衍生品的裁判之中，法院根本不考虑这类合同与什么典型合同类似，根本不考虑衍生合同对典型合同规定的参照适用。《民法典》第 467 条规定"参照最相类似合同的规定"，在衍生合同纠纷案的裁判之中完全被忽视了。

以上裁判与学术观点涉及原油宝合约与期货合约或金融衍生品的关系，为了方便讨论它们之间的关系，于此回顾一下金融衍生品本质特征方面的观点。有学者从权利结构上分析金融衍生品，认为任何未来债权均包括现债权及其价格涨跌的风险（未来债权＝现债权+价格涨跌的风险），金融衍生品是未来债权的分离之物，且是债权中最具有投机性的部分即价格涨跌的风险部分。① 该观点没有从合同上分析金融衍生品，却指出了衍生品的交易对象是未来债权的衍生部分或衍生权利，即未来债权的风险部分。这一观点包括两个值得注意的内容：一是金融衍生品的衍生性；二是金融衍生品本质上就是风险。由此可以推出金融衍生品是未来履行合同的一部分，即未来履行合同的风险部分。金融衍生品的衍生性是公认的特征，有学者认为："金融衍生品是指一种金融合约，其价值取决于一种或多种基础资产或指数；合约的基本种类包括远期、期货、掉期（互换）和期权等。"②该学者强调了金融衍生品的衍生性。对于上述第二点，有学者认为，金融衍生品的最大特点是以风险为标的，是关于风险价值的合约，这一

① 参见陈醇：《权利的结构：以商法为例》，载《法学研究》2010 年第 4 期。

② 沙石：《金融衍生品微观交易的宏观内涵》，载《清华金融评论》2016 年第 8 期。

风险价值具有不确定性、可度量性和经济价值性三个特征。[①] 以上观点分别从权利与交易标的上强调风险在金融衍生品中的地位,强调了金融衍生品的两个特征:衍生性与风险性。另有学者认为,金融衍生品与传统合同的显著区别在于"当前订约、未来履行"及其导致的特殊履约风险、缔约风险等,为此,应当构筑一个以"合同"为中心的衍生交易法律问题分析框架。[②] 该学者从时间视角讨论金融衍生品的特征,将合同作为分析金融衍生品的基本工具,这有别于从权利结构上分析金融衍生品,从而将金融衍生品归结于合同制度之下,建立了金融衍生品与合同制度之间的关系,为讨论这类合约的法律适用尤其是适用合同法律制度准备了基础。与前面观点的差异在于,该观点认为金融衍生品的特征不在于衍生性与风险性,而在于订约与履行的时间,即金融衍生品的未来性。值得注意的是,该观点主张未来性的同时,也强调金融衍生品的风险,但其所主张的风险与前面观点所主张的风险存在根本性的区别:前者认为金融衍生品的标的就是风险,后者则认为金融衍生品的风险产生于订约与履行的未来性。综上所述,对于金融衍生品本质特征的讨论,既有文献或强调其衍生性、风险性,或强调其未来性,还未能得出一致性的结论。以上文献对金融衍生品本质特征的研究,为非典型金融衍生品合约纠纷案的法律适用提供了观念基础,但它们均没有直接论及非典型金融衍生品合约纠纷案的法律适用。

在原油宝合约与期货合约或其他金融衍生品合约的区分中,保证金与杠杆率数量与功能的区别是其关键,其理论也值得回顾。有学者认为,期货保证金不是违约金、定金与抵押金或质押金,而是特殊的担保。[③] 有学者梳理了保证金的各种学说,如金钱质押说、信托担保说、特殊担保说等,认为"总体上可将保证金定位于质押财产"[④]。以上观点多强调保证金的担保功能,没有讨论保证金与杠杆率数量的意义,且将保证金当作金融衍生品的辅助性担保措施,而不是将之当作金融衍生品交易的标的或对价。在期货交易等之中,保证金就是金融衍生品交易的基本标的与对价,因此,以上观点将保证金当作担保措施,并不适当。有学者认为,在微观层面,杠杆率即指微观主体权益资本与总资产的比率,是衡量债务风险

---

① 参见吴烨:《衍生品交易中风险价值的法学分析》,载《中南民族大学学报(人文社会科学版)》2016 年第 3 期。

② 参见刘燕、楼建波:《金融衍生交易的法律解释——以合同为中心》,载《法学研究》2012 年第 1 期。

③ 参见方芳、牛文通:《浅析期货保证金的法律性质》,载《中外法学》1997 年第 2 期。

④ 万国华、李铭:《我国期货保证金的法律性质和权属》,载《南京社会科学》2015 年第 6 期。

的重要财务指标，能够反映微观经济主体的还款能力。① 该观点指出了杠杆率与风险的关系，也指出了杠杆率的功能，这说明杠杆率是衡量风险的重要指标，其功能是从履约能力上衡量风险。在期货交易中，常用保证金与合约价值的比例来衡量杠杆率。有学者认为："履约准备金规范要求交易者保留一定数量的履约准备金以预防违约，即为履行合同义务准备一定的资金。"②与其他观点不同的是，该观点认为保证金就是金融衍生品的履约准备金，本身就是该类合约的对价而不是辅助性的担保措施，同时，保证金的功能是履行合同。综上所述，可以认为，保证金是履行合同的准备资金，其功能是减少违约风险；以保证金为基础的期货交易杠杆率，是衡量履行合同风险的指标之一。

二、金融衍生品的本质特征及其典型合同

为了弄清原油宝合约与期货合约或金融衍生品的关系，下面讨论金融衍生品的本质特征及其与期货合约的关系。

（一）金融衍生品的三个本质特征

既有文献对金融衍生品的本质特征有不同的理解，不同的观点认为金融衍生品具有衍生性、风险性或未来性。本章认为，金融衍生品的本质特征可以总结为三个：衍生性、风险性与投机性。兹分述如下：

1. 金融衍生品的衍生性

金融衍生品具有衍生性，这可以从价值、合同与权利三个角度予以解读。从价值上看，金融衍生品的价值取决于一种或多种基础资产或指数，其价值衍生于另外的价值。从合同上看，任何金融衍生品均是某一合同（母合同）的衍生之物，即母合同的部分，这就是金融衍生品的衍生性。金融衍生品合约属于衍生合同的一种，而衍生合同是相对于母合同而言的，二者形成"母合同—衍生合同"关系。从权利上看，"金融衍生品从一定的金融工具中分离出来，从经济学上看，这是一种价值的分离，而从权利上看，其本质是一种合同债权的分解"③。这是从权利结构视角分析母合同债权与金融衍生品合约债权之间的关系。例如，期权就是买卖某种未来债权的选择权。相应地，任何未来履行的合同均包括两个部分：以标的物给付为内容的部分与买卖该合同债权的选择权部分。将上述选择权部分

---

① 参见纪敏、严宝玉、李宏瑾：《杠杆率结构、水平和金融稳定——理论分析框架和中国经验》，载《金融研究》2017 年第 2 期。

② 陈醇：《论金融法中的违约预防制度》，载《环球法律评论》2019 年第 2 期。

③ 陈醇：《权利的结构：以商法为例》，载《法学研究》2010 年第 4 期。

从未来履行的合同中独立出来,成为独立的合同,这就是期权合约。任何未来履行的合同均包含了标的物得不到给付的风险,如贷款合同不能得到还本付息的风险,如此,未来履行的合同可以分为两个部分:以标的物的给付为中心的部分;以风险负担为内容的部分。美国人将后者独立为一个不同于未来履行合同的衍生合同,且将之证券化,这种证券就是信用违约互换(Credit Default Swaps, CDS)。① 信用违约互换也是金融衍生品从母合同中分离出来的重要典型。综上所述,所有的金融衍生品均是特定合同的分解之物,即将母合同的风险部分分离出来所形成的独立合同,它们均具有衍生性。金融衍生品以其名称,直接地表达了其衍生性。

2. 金融衍生品的风险性

所谓金融衍生品的风险性,指的是金融衍生品交易是以风险为标的的交易,交易标的本身就是风险,而不仅是指金融衍生品存在较大的交易风险。金融衍生品合约正是以保证金作为上述增值或贬值风险的对价而形成的合约,交易者根据增值或贬值的大小随时增减保证金的数量,以平衡双方的权利义务。这就形成了以"保证金 = 风险(增值或贬值)"为基本内容的交易关系。金融衍生品不关心标的物的给付请求权,而只关心价格变动造成的增值或贬值风险,它是以增值或贬值风险为内容的合约。也就是说,金融衍生品的基本内容就是风险,即取得风险收益的权利或承担风险亏损的义务。正如有学者所指出的那样,金融衍生品的最大特点是以风险为标的,是关于风险价值的合约。② 可能人们认为,任何合同都包括了风险方面的权利义务,如买卖合同就存在标的物灭失风险等的承担问题。但是,风险在一般合同与金融衍生品交易中所占的比重是不同的:在金融衍生品交易中,风险是合约的全部内容,而在一般合同之中,风险只是整个合同的部分内容甚至是附带性内容。

以市场风险为全部标的,这也是金融衍生品与理财产品的重要差异。根据《商业银行理财业务监督管理办法》第 3 条的规定,理财产品包括向投资者支付收益、不保证本金支付和收益水平的非保本理财产品。该办法第 11 条规定,商业银行发行投资衍生产品的理财产品的,应当具有衍生产品交易资格,并遵守衍生产品业务管理的有关规定。该办法第 9 条规定,商

① See Robert F. Schwartz, *Risk Distribution in the Capital Markets: Credit Default Swaps, Insurance and a Theory of Demarcation*, 12 Fordham Journal of Corporate & Financial Law 167 (2007).

② 参见吴烨:《衍生品交易中风险价值的法学分析》,载《中南民族大学学报(人文社会科学版)》2016 年第 3 期。

业银行应当根据投资性质的不同,将理财产品分为固定收益类理财产品、权益类理财产品、商品及金融衍生品类理财产品和混合类理财产品。据此可知,理财产品可能是不以风险为全部标的的其他产品,如固定收益类的理财产品、权益类理财产品、商品等。在人类的交易史中,物权一直是交易的中心内容,以上理财产品也将大量以物权为内容的交易纳入其中。在以物权为内容的交易之中,风险跟随所有权转移一直是其基本规则:"只有所有权人承担风险才具备风险转移令人信服的理论基础。"①在这种规则之下,风险附属于所有权,"标的物"与"给付"之类的概念,一直以"物"为重心,而"风险"则附属于"物"之中。保险法是风险交易的法律规则,它将对投保人有可保利益的风险作为独立的标的而形成独立的保险合同,这是人类第一次将与自身具有法律上利害关系的风险作为独立的交易对象;而金融衍生品交易更进一步,将市场交易的风险(多没有保险利益)作为标的而形成金融衍生品交易。理财产品包括以物权为内容的产品,并不以风险为全部内容,而可能将风险作为附带性内容。商人是为卖而买的,其目标是追逐差价,但是,是买卖整个标的物及其风险,还是只买卖其中风险,二者相应的合同是大相径庭的。

金融衍生品的风险性决定了其保证金的性质:履约准备金。在金融衍生品交易中,保证金随着价格的涨跌变化而变化,也就是随着市场风险的变化而变化。在金融衍生品交易中,人们所支付的保证金是风险的对价,预付的保证金可能是市场风险对价的全部,也可能是部分,投资者按照价格的涨跌而增减保证金。从这个意义上说,保证金是一个动态的准备金,它并不是固定的。在期货交易之中,风险的最大值一般不超过所交易货物的价格,而常见情形是不超过货物10%的价值,因而保证金往往只需要所交易货物价款的10%。其倒数就是杠杆率。

杠杆率是以保证金为基础而衡量金融衍生品交易风险的指标。在实物交易之中,人们必须付出整个实物价款的100%,而不能只支付部分货款,但是在金融衍生品交易之中,人们所支付的保证金只是货款的部分(如10%的部分)。以保证金为对价的金融衍生品因而可能以较小的资本达到相应货物买卖合同的目标,以保证金为对价的金融衍生品交易就如同杠杆一样,具有以小博大的功能。这被形象地称为杠杆功能。正确地理解杠杆率,需要注意两点:第一,在观念上,杠杆率这一指标的目标是衡量风险,它不应当成为探索真正风险的障碍。设计杠杆率这一指标,目的是衡量交易

① 赵家仪、陈华庭:《我国买卖合同中的"交付"与"风险转移"》,载《法商研究》2003年第2期。

的风险,这是显而易见的。金融衍生品交易的标的是风险,杠杆率的计算旨在衡量最大风险与保证金的比率:在保证金不变的情况下,最大风险越大,杠杆率越大。人们在观念上会形成一些常识性的杠杆率度量,一旦将这些常见的杠杆率度量当作了金融衍生品合约的风险度量,人们就容易误以为它们是固定的风险指标,是完全正确的指标,从而将上述杠杆率度量等同于合约的真正风险。但是,常识中的或合同所规定的杠杆率不必然等同于具体合同的真正风险。在具体案件之中,还应当认真地探索真正的风险及其度量,而不能止步于常识与合同规定。第二,在计算方法上,目前期货交易杠杆率的计算方法,并不总能正确地衡量风险。在期货交易中,杠杆率是指整个货物价值价款与保证金的比率,即"杠杆率=货物价值/保证金"。在此计算公式中,将货物价值视为最大风险。通俗地说,这就是"顶多赔光整个货物"观念的体现。这一计算公式在绝大多数情况下是正确的,也就是说,上述公式的计算结果与"杠杆率=最大风险/保证金"这一公式的结果是一致的。一般而言,期货合约的最大风险就是整个货物的价值。但是,原油宝合约的"穿仓"事实提供了另一种可能:最大风险≠货物价值。因为即使原油价值为0,也必须依法储存而需要储存费用,所以可能出现负价值的情况。其实,现代社会很多期货即使价值为0,均必须依法予以处置,它们均是需要费用的。因而,从理论上说,上述期货的最大风险并不是货物价值。因此,以"杠杆率=货物价值/保证金"公式所计算的杠杆率,并不能衡量其真正的风险,而只有"杠杆率=最大风险/保证金"这一公式才能得出正确的结果。或许在期货交易初期,不存在期货负价值的情况,其时的环保法等也不要求支付污染物的存储与处理费用,但是世易时移,情况发生了改变,期货交易杠杆率的计算公式也因此需要更新。

3. 金融衍生品的投机性

人们对投机性可能存在多种理解,本章所称投机性,是指当事人对自己无利害关系的市场风险进行买卖而赚取差价的行为。有学者将投机与套期保值相对应,并给出了其甄别方法。① 其中套期保值就是为规避自身所可能遭遇的市场风险而作的期货交易,与自身所可能遭遇的市场风险相对应,本章将投机性与他人所遭遇的市场风险直接对接,而给出上述投机性的概念。一般合同的直接目标是取得特定物品的物权,而大量金融衍生品的目标仅是买卖风险而取得风险收益,而既不是为了取得物品的物

① 参见张倩、冯芸:《套期保值还是投机——基于中国上市公司的实证分析》,载《中国工业经济》2014 年第 12 期。

权,也不是为了规避或对冲自身可能遭遇的市场风险,更不是为自己具有保险利益的标的进行保险。为本不具有利害关系的市场风险利益而进行交易,这种交易具有投机性。在投机性交易中,一方的收益必定是另一方的损失,金融衍生品合约的双方并不能创造其他的收益,属于零和博弈。金融衍生品是射幸合同,但与保险合同不同,在这种射幸合同之中,当事人并无保险利益。这使金融衍生品不同于普通金融交易,也不同于保险合同。需要说明的是,投机性虽然不能从保险利益等之上解释金融衍生合约存在的价值依据,但能从发现价格、集中资本等各种功能上解释其存在的价值依据。

未来性不是金融衍生品合约的本质特征。金融衍生品合约的根本特征不在于"当前订约、未来履行"。即使是一般合同,多数也是"当前订约、未来履行",毕竟现货交易或当即履行完毕的合同是少数,"一手交钱一手交货"的合同只是例外。金融衍生品合约多数以"未来履行"的合同为母合同,从中分解出一定的风险作为金融衍生品合约的标的,这使之与"未来履行"发生了联系,但是,它的本质不在于未来履行,而在于未来履行的市场风险。未来履行与未来履行的市场风险,二者是不同的。2007 年《期货交易管理条例》第 11 条规定,期货交易所应当实施保证金制度和当日无负债结算制度;其后,《期货和衍生品法》第 39 条规定,期货交易实行当日无负债结算制度。这说明了期货交易实际上是当日结算的交易,并不是未来履行的交易。正是合同的未来履行,使履行存在较大的市场风险(价格涨跌的风险),因而这种风险才有分解出来的价值;同时,因为这种风险有一定的存在时间(从现在到未来,即远期),所以将分解出来的市场风险独立为一种交易标的,且能够在一定时间内流通。未来履行确实为风险的分离与风险的买卖准备了条件,也就是说,只有未来履行的合同,才有可能分解出金融衍生品。但是,母合同毕竟是母合同,它不是衍生合同;母合同的未来履行特征,也不是金融衍生品的特征。金融衍生品合约是以保证金为对价的市场风险交易,某一时间的价格是特定的,该时点的市场风险是可以计算的,相应地,其保证金是可以确定的。只要交易方愿意平仓,金融衍生品合约是可以当即履行的,从这个意义上说,金融衍生品合约并不是未来履行的合约。由此可知,未来履行只是金融衍生品合约的母合同的特征,而不是金融衍生品合约本身的特征。

综上所述,金融衍生品合约的本质特征在其衍生性、风险性与投机性之上,未来性不是它的本质特征。

(二)作为金融衍生品合约领域典型合同之一的期货合约

新旧法律都规定了金融衍生品交易领域的典型合同。《银行业金融机构衍生产品交易业务管理暂行办法》第3条规定,本办法所称衍生产品是一种金融合约,其价值取决于一种或多种基础资产或指数,合约的基本种类包括远期、期货、掉期(互换)和期权;衍生产品还包括具有远期、期货、掉期(互换)和期权中一种或多种特征的混合金融工具。其后,《期货和衍生品法》第3条规定,期货交易是指以期货合约或者标准化期权合约为交易标的的交易活动;衍生品交易是指期货交易以外的,以互换合约、远期合约和非标准化期权合约及其组合为交易标的的交易活动。这两个法律文件的规定大致相同,但也有所区别:前者指明了衍生品的衍生性,后者删除了此点;前者将期货合约归入衍生品,而后者将期货合约独立出来。在学理上,期货合约与期权合约均属于金融衍生品合约,但《期货和衍生品法》将期货合约与(其他)金融衍生品合约区分开来,以便分别调整。在期货合约与其他金融衍生品合约统一立法的思想上①,将相对成熟的期货合约与期权合约从金融衍生品合约中分离出来,这在立法技术上是可以理解的,但《期货和衍生品法》所展示的并列关系并不意味着期货合约不属于金融衍生品合约,而只是说明期货合约或期权合约是典型的、相对成熟的金融衍生品合约。在《民法典》之中,也存在规定一般典型合同的基础上,再规定其中特殊典型合同的情况,如运输合同与客运合同、承揽合同与建设工程合同等就是一般与特殊关系。因而,期货合约与金融衍生品合约,应当理解为特殊合同与一般合同的关系。

期货合约是金融衍生品合约的典型形态之一,它具有一般金融衍生品合约的三个特征,且较为典型。这种典型性表现在:第一,期货合约虽然是金融衍生品合约之一,但它与实物交易关系密切,是最基本的金融衍生品合约。期货合约是从未来履行的合同中分化而来的,它往往规定在将来某一特定的时间和地点交割一定数量的货物,这说明它与未来履行的合同是"近亲",是最基本的金融衍生品合约。第二,期货合约中所买卖的风险具有典型性。期货合约不一定要进行实物的交割,而往往是取得实物价格变动的差价,因而它的本质是买卖远期货物的涨跌差价。价格涨跌的市场风险是金融衍生品最基本的风险,也是金融衍生品交易最常见的风险或标的,因而,从标的内容上看,期货合约也是典型的金融衍生品合约之一。第

---

① 参见刘少军:《我国"期货法"制定中的主要问题研究》,载《南昌大学学报(人文社会科学版)》2017年第6期。

三,期货合约具有显著的投机性。期货合约可以分为套期保值类的合约与投机类合约,前者不属于投机交易,后者则属于投机交易。商法中为卖而买的交易均具有一定的投机性,但是,期货交易以保证金作为价格涨跌风险的对价,而不是整个标的物的对价,从而使少量的保证金可以专门用于买卖风险,而与实物交易相比,期货交易只需要标的物价款几分之一的资金,在这种对比之下,期货合约的投机性就十分显著了。第四,期货合约是标准性合约,其交易是大规模群体交易。金融衍生品交易多是群体性交易,且多是标准化交易,群体性的标准化交易赋予交易巨大的流通性,交易速度得以加快,交易量得以加大。标准化的群体性交易往往具有系统性,需要应对系统性风险,因为交易的从众效应与同向性,往往会形成群体性的效应。金融衍生品合约中的非标准化合约难以形成规模性的群体性交易,其他金融衍生品合约可能形成大规模的群体性交易,无论如何,期货合约所形成的规模性、群体性交易时间较早且具有持久性,在金融衍生品群体性交易中占有非常重要的地位。

作为金融衍生品合约的典型形态,“当前订约、未来履行”也不是期货合约的典型特征。《期货和衍生品法》第 3 条规定,期货合约是指期货交易场所统一制定的、约定在将来某一特定的时间和地点交割一定数量标的物的标准化合约。这与 2017 年《期货交易管理条例》第 2 条的规定大致相同:“本条例所称期货合约,是指期货交易场所统一制定的、规定在将来某一特定的时间和地点交割一定数量标的物的标准化合约。”在以上定义中,均强调了“当前订约、未来履行”,似乎期货交易是以实物交割为主要目的,而实际上,期货交易一般不会产生实物交割,而交易的目标多只是为了赚取涨跌的差价,它的真正交易标的是价格涨跌的市场风险。期货合约的本质是“价格涨跌的风险=保证金”。在期货交易中,买方即使拥有实物交割的权利,也不会等到实物交割,而一般会进行平仓操作。法律制度也没有规定买方一定要等到合同期满而进行实物交割。因为上述规范强调“当前订约、未来履行”,而没有强调其衍生性、风险性与投机性,从以上期货合约概念之上,只能看到期货交易的时间特征,而并不能看到期货交易的衍生性、风险性与投机性,反倒是能解读出“当前订约、未来履行”这一特征。这样就容易将期货交易解读为一般买卖合同,只是履行期限为远期罢了。这样的概念存在误导性。

但是,《期货和衍生品法》的其他条款却表达了期货交易的衍生性、风险性与投机性。该法第 22 条规定了保证金制度,第 23 条规定了持仓限额制度,第 41 条规定了追加保证金、自行平仓与强行平仓制度,第 42 条规定了结算担保金以及结算机构的风险准备金制度,第44条规定了期货合约到期时平仓制度,第50条规定了期货经营机构的适当性义务,第87条规定了涨跌停板幅度等风险控制措施。这些规定承继了2017年《期货交易管理条例》第11条规定的风险预防制度、第34条规定的追加保证金与自行平仓等内容。以上法条要求对保证金与涨跌风险进行无负债结算,这本质上说明了期货合约是即时履行合同,其中保证金与风险的交易结算,说明期货交易的标的是未来履行的合同衍生而出的价格涨跌风险,并不是实物的未来交割,这说明了期货的衍生性;当保证金不足时,追加保证金或者自行平仓、强制平仓这些选择,并不关心实物的未来交割,而平仓作为一种交易结果,更是明确了风险性及其与保证金互为对价的地位;涨跌停板制度、限制最大持仓量等风险控制措施,旨在限制风险与期货交易的投机性,这印证了期货交易的风险性与投机性。期货法律制度的其他条款也印证了上述观点。例如,《期货和衍生品法》第4条说明期货市场具有发现价格、管理风险、配置资源的功能,并鼓励利用期货市场和金融衍生品市场从事套期保值等风险管理活动。这承接了2017年《期货交易管理条例》第41条的规定。套期保值交易的相对概念是投机交易,这间接肯定了期货交易的投机性特征。于此可以看到,在以上法律制度中,期货交易等概念与期货交易规范之间存在一定的反差,前者并不能很好地表达期货交易的本质特征,而后者从具体的规范安排之上体现了上述特征。提取公因式是民商法一般概念与一般条款的形成方法。① 期货交易的概念应当从具体规范内容之上提取,即具体规范内容决定一般概念。只有这样,才能契合于民商法一般概念形成中的提取公因式法,才能避免概念与规范之间的内在冲突。

综上所述,期货合约属于金融衍生品合约领域的典型合同之一,它是较为典型的金融衍生品合约之一,具有金融衍生品合约的衍生性、风险性与投机性,且还具有标准化的特征。

三、原油宝合约纠纷案可以参照适用期货合约的规定

《民法典》合同编第467条第1款规定,非典型合同纠纷案可以参照适用最相类似合同的规定。根据这一规定,以前文的理论为基础,可以得出原油宝合约纠纷案法律适用的基本思维进路:第一步,确定案涉合同的性质,即确定案涉合同是典型合同还是非典型合同。如果是典型合同,则适

① 参见陈醇:《作为民商法立法原理的公因式与一般式》,载《法治研究》2018年第6期。

用典型合同的法律制度，不存在参照适用方面的问题；如果不是典型合同，则考虑非典型合同的法律适用。第二步，在将原油宝合约确认为非典型合同的基础上，运用双重类似标准判断是否存在最相类似合同并考虑可否参照适用特定典型合同的规定。这包括根据双重类似标准论证原油宝合约与某一典型合同最相类似且达到高度类似的程度，再根据同构论参照适用该典型合同的规定。

（一）原油宝合约是一种新型的非典型合同

原油宝合约与期货合约存在差异，不是期货合约。原油宝合约是对普通期货合约的改造，这决定了它与期货合约的密切关系。期货合约具有衍生性、风险性与投机性三个特征。原油宝合约从数量上拆分了原油期货合约，表明了它是期货合约的衍生之物，它也具有衍生性，但衍生性的内容不同；原油宝合约改变了期货合约的保证金制度，采用所谓100%保证金，原油宝合约也改变了期货合约的风险设计，在风险性上它与期货合约异同并存；原油宝合约仍然以原油价格涨跌的市场风险为标的，所投资的市场风险不属于投资者自身的风险，它具有投机性，但因投机的风险内容不同，它与期货合约也存在区别。另外，原油宝合约与期货合约均是标准化合约，二者均具有标准性，但二者的标准单位不同。从这些方面看，原油宝合约尽管与期货合约存在相同之处，但原油宝合约毕竟只是期货合约的衍生品，在风险内容、投机性之上，也与期货合约存在本质性的区别。既有裁判强调了原油宝合约与期货合约的区别，但其中一些理由需要重新阐明。前述裁判文书认为原油宝合约是100%保证金交易而不具备期货合约杠杆交易的基本特征，这是不正确的观点。虽然原油宝合约以100%准备金进行交易，但它还具有杠杆性。如前文所述，应当从“杠杆率=最大风险/保证金”这一公式上理解原油宝合约的杠杆率，而不是从“杠杆率=货物价值/保证金”上理解原油宝合约的杠杆率。据此，如果原油宝合约的保证金大于等于最大风险，那么，它就不是杠杆交易；如果保证金小于最大风险，那么，它就是杠杆交易或具有杠杆性。在原油宝合约纠纷案中，原油宝合约投资者填入保证金后还存在亏损，正好说明原油宝合约在理论上具有无限的风险，在案涉合同中保证金实际上也小于最大风险。事实证明原油宝合约具有杠杆性。因此，前文裁判中认为原油宝合约不是期货合约是对的，二者在杠杆性上存在差异也是对的，但认定原油宝合约没有杠杆性，则是错误的。至于交易双方、产品报价方式、交易场所三者的差别，不是关键性的差异，因为当事人、报价方式与交易场所不能决定交易的性质，当事人违法在规定场所之外进行的期货交易，只要本质上符合期货交易的条件,也是期货交易,至于有没有效力瑕疵,那是另一个问题。同样地,原油宝合约是否报送并备案,是否挂在理财产品项下,也只是其违反强制性规范与否的问题,与原油宝合约的合同属性关系不大。

原油宝合约不是其他典型的金融衍生品合约。《银行业金融机构衍生产品交易业务管理暂行办法》第 3 条规定了期货合约、期权合约、远期合约、掉期(互换)合约。其后,《期货和衍生品法》第 3 条规定了期货合约、标准化期权合约、互换合约、远期合约和非标准化期权合约等。原油宝合约以期货合约为基础,不以选择权为基础,也不是简单的远期买卖合约,因此,它显然不同于期权合约与远期合约;它不属于风险的互换交易,也不属于掉期(互换)合约。有法院认为原油宝合约属于金融衍生品合约,但没有指明其是否属于上述典型的金融衍生品合约。事实上,原油宝合约与上述典型衍生品合约存在较大的差异,不能被认定为其中之一。

原油宝合约也不是《民法典》合同编或其他金融法制度中的典型合同。尽管金融领域没有完善的合同谱系理论,在理论上,仍然可以将原油宝合约归入投融资交易的序列中。在此序列中,《民法典》合同编中的典型合同显然不能体现原油宝合约的本质特征。例如,借款合同是典型的投融资交易,但是,它不具有衍生性、风险性与投机性。借款合同以还本付息为主要内容,它不是其他权益的衍生品,没有衍生性;它不以风险为主要标的,它的收益一般是约定的本息,不具有衍生品的风险性;它不涉及他人的风险,没有投机性。它一般也不是标准化的合同,且多没有群体性。原油宝合约纠纷案和南京文交案中的合同虽然均涉及买卖,但与一般买卖合同存在重大的差异,二者均涉及保证金、平仓等非常特殊的合同条款,并不以实物的交割(物权的转移)作为目标,而主要是赚取价格涨跌的价差。《民法典》合同编、保险法、证券法等之中的典型合同,如融资租赁合同、保理合同、保险合同、证券买卖合同等,均不能体现原油宝合约的衍生性、风险性与投机性,于此不一一赘述。

原油宝合约不是委托理财合同或金融服务合同。委托理财合同或金融服务合同均不是典型合同,原油宝合约与上述二者也存在差异。委托理财合同或金融服务合同是委托合同的非典型形态,其特点是委托他人代为理财而不是投资者自力投资。原油宝合约是投资者自力理财,不存在委托代理关系。另外,大量理财产品不具有衍生性,也并不是所有的理财产品以市场风险为主要标的。前文一些法院的裁判逻辑是:既然原油宝合约不属于期货合约,那么它就属于商业银行的一般理财合同;在"南京文交案"中,法院也采用了相同的思维,即案涉文物交易既然不属于期货交易,就属于一般金融服务合同。金融交易并不是两分为期货交易与理财交易，相应的合同也并不是两分为期货合约与理财合同，除了期货合约与理财合同，金融交易还包括大量的其他合同形式，因而，上述非此即彼的认定存在明显的思维漏洞。原油宝合约既不是期货合约，也不是一般理财合同，而是其他投融资合约。还应当注意到的是，无论《商业银行理财业务监督管理办法》还是《关于规范金融机构资产管理业务的指导意见》等金融监管法律文件，均只有理财产品或资产管理合同的规定，而没有理财合同的准确阐述。"理财产品"只是一个概括性的术语，它只是对一个合同群体的统称，而不是对某一具体合同的界定，相关金融监管法律文件中也没有该合同权利义务的详细规定，而只是为了金融监管的需要，规定了商业银行或其他金融机构在经营理财产品时的一些义务。毕竟，这些法律文件只是管理性制度，它的重心在于如何进行理财产品的金融监管，而并不是对理财产品相关合同的缔约过程、权利义务与违约责任等的民商法调整。适用行政法文件裁判理财产品相关合同纠纷案特别是确定双方的权利义务，其周详性与妥当性是值得怀疑的。因此，相关裁判将原油宝合约认定为理财合同，在定性上是不妥当的。

（二）原油宝合约与期货合约的双重类似关系

在确定原油宝合约为非典型合同的基础上，就应当以双重类似标准来判别其是否参照适用以及参照适用何种典型合同的规范。援引《民法典》合同编第 467 条第 1 款的规定，非典型合同可以参照适用最相类似且高度类似合同的规定。这就需要确认两个事实：其一，某一典型合同是否构成了原油宝合约的最相类似合同；其二，其类似是否达到高度类似的标准。在上述原油宝合约的裁判中，法院没有将原油宝合约认定为非典型合同，也就未能考虑这样的问题：原油宝合约不同于期货合约，但它与期货合约存在最相类似且高度类似关系吗？当然，法院也可以论证原油宝合约与其他典型合同的双重类似关系。如果找不到符合双重类似条件的典型合同，那么，原油宝合约就是纯粹新合同，就应当采用通则范式而不参照适用典型合同的规定。

在原油宝合约纠纷案中，法院必须比较原油宝合约与相关典型合同的异同，才能根据双重类似标准确定是否可以参照适用。既有裁判方法的错误在于，它只比较了原油宝合约与相关典型合同的差异，而没有进行双重类似性的比较。在上述案例中，一些法院认为原油宝合约不是期货合约或理财合同，但是没有比较二者的类似性；而另一些法院认定原油宝合约属于金融衍生品合约或金融服务合同，却没有比较它们之间的类似程度，没有进行最相类似与高度类似的比较。原油宝合约是期货合约的衍生物,它因与期货合约的关系而与期货合约类似,也因其衍生品属性而与其他金融衍生品合约类似,只是类似程度存在差异罢了。因此,为了确定与原油宝合约存在双重类似关系的典型合同,在比较对象上,除应当比较该合约与期货合约的类似性之外,还应当比较该合约与其他金融衍生品合约之间的类似性;在比较方法上,既应当比较二者的差异,也应当比较二者的类似之处。

原油宝合约与期货合约高度类似。原油宝合约的权利义务来源于期货合约的内容,它是原油期货合约的衍生品。从前述裁判文书看,在衍生性与投机性之上,它与期货合约具有高度类似性,这可能不会有什么争议,争议在于二者在风险性之上是否存在高度类似性。既有裁判认为,原油宝合约通过100%保证金、最小递增单位为0.1桶两个措施,减少了原油期货合约的杠杆率并降低了交易的数额,从而降低了原油宝合约的风险,使原油宝合约在风险上小于相应的原油期货合约。本章认为,原油宝合约只是变更了期货合约的部分风险,即将期货合约的一些风险变更为另外的风险,它并没有减少期货合约的风险。这可以从其杠杆率与风险增减两个方面予以说明。

原油宝合约虽然采用了所谓100%保证金,但仍然属于杠杆交易。原油期货可能出现负价值,原油宝合约的最大风险不是原油期货的价款,而是原油期货价款与负价值之和,因而,运用公式"保证金比例=原油期货价款/保证金"算出的100%的保证金比例,是不准确的;准确的保证金比例应当通过公式"保证金比例=(原油期货价值+负价值)/保证金"计算而得。此时,保证金的比例随着原油期货负价值的变化而变化,它显然不可能是100%。原油宝合约纠纷案的事实证明,100%的保证金比例是相对于事先假定的风险(原油期货的价款)而言的,这种事先假定的风险是错误的,原油宝合约的风险比事先假定的风险大得多,原油宝合约的保证金远远少于原油宝合约的真正市场风险,100%保证金的说法不是正确的计算结果。因此,原油宝合约仍然是杠杆交易,只是在杠杆率上,可能与期货合约存在一些差异。

另外,与期货合约相比,原油宝合约在减少了一些风险的同时,也从三个方面增加了风险。这包括:其一,限制了交易时间,这种限制导致不能及时平仓的风险。国际期货交易是不限制交易时间的,这有利于投资者及时平仓止损。但是,原油宝合约限制了交易时间,规定在晚上10:00之后不能交易。这加大了交易风险。其二,拆分原油期货合约是一个证券化过程,带来了证券化的各种风险,包括证券化所带来的从众效应、顺周期行为等。① 其三,原油宝合约被置于商业银行理财项目的名下,这导致它不受期货法风险预防制度的调整,而只受到理财风险预防制度的调整,因而没有建立涨跌停板制度、信息披露制度、操纵市场禁止制度等众多制度。如果说期货交易是强风险与强风控的组合,那么,原油宝合约就是高风险与弱风控的组合,后者的最终交易风险并不一定比前者小。原油宝合约呈现出“买方—银行—卖方”的结构,在这种结构中,中国银行作为中间机构,既可能减少风险,也可能加强风险。原油宝合约仍然是具有风险性的合约,并且其风险性不少于期货合约,当原油价格跌破 0 元时,它的风险逐步增加。原油宝合约投资者亏损了 100%的保证金,还欠下了巨额的债务(“穿仓”)。而普通期货合约在亏损保证金后即会自动平仓,亏损额一般不会超出保证金即不会“穿仓”。事实胜于雄辩。我们不能只看到原油宝合约减弱期货合约风险的一面,还应当看到它加强风险的一面。可以说,原油宝合约的风险与期货合约的风险性相同甚至更大。

综上所述,原油宝合约与期货合约在衍生性与投机性上是相同的,二者只是在风险性上大同小异。二者的三个特征中有两个特征相同,一个特征大同小异,因而可以说二者是高度类似的合约。前述法院在裁判文书中认为,杠杆交易是期货交易的典型特征,原油宝合约 100%的保证金使之不同于杠杆性的期货交易,因而不是期货交易。这样的阐述未能紧扣期货交易的三个本质特征,也未能正确地理解原油宝合约的风险性(表现为杠杆率),因而导致在原油宝合约定性上的错误。

以上述比较为基础,也可以确定,原油宝合约与期货合约最相类似且高度类似。原油宝合约与其他典型金融衍生品合约存在一定的类似性。原油宝合约与所有的金融衍生品合约均属于衍生品,且一些金融衍生品合约也存在投机性特征,但因为原油宝合约衍生于期货合约,它在衍生内容与风险内容上,更类似于期货合约,而不是其他金融衍生品合约。相比之下,原油宝合约与期货合约的类似程度高于它与其他金融衍生品合约的类似程度。《民法典》合同编中的借款合同、证券法中的股票买卖合同等,在衍生性、风险性与投机性之上,与原油宝合约的差异均大于其相同之处。委托理财合同或金融服务合同均不是典型合同,且其权利义务等也与原油宝合约相去甚远。

---

① See Patricia A. Mccoy, Andrey D. Pavlov & Susan M. Wachter, *Systemic Risk Through Securitization*: *The Result of Deregulation and Regulatory Failure*, 41 Connecticut Law Review 1327(2009).

综上所述,原油宝合约不是典型的期货合约,但是,它与期货合约存在双重类似关系。

(三)同构论下原油宝合约风险分配规则的生成

原油宝合约与期货合约存在双重类似关系,根据《民法典》非典型合同的法律适用规则,其纠纷案可以参照适用期货合约的规定。原油宝合约是投资者与中国银行订立的合同,如果不存在特别情形,投资者应当依合约自行承担价格涨跌的风险。其中的争议焦点在于商业银行是否履行了适当性义务。因此,在原油宝合约纠纷案中,焦点在于参照适用适当性义务与信息披露义务方面的规范。

期货法律制度规定了适当性义务与信息披露义务。2017 年《期货交易管理条例》没有全面规定适当性义务,只在其第 21 条规定了期货公司的风险防范义务,包括建立、健全并严格执行业务管理规则、风险管理制度,遵守信息披露制度,保障客户保证金的存管安全,按照期货交易所的规定,向期货交易所报告大户名单、交易情况。该条例第 24 条第 1 款规定,期货公司应当事先向客户出示风险说明书,经客户签字确认后,与客户签订书面合同。以上条款只是与适当性义务相关的条款,涉及适当性义务的内容,但很不全面。2017 年施行的《证券期货投资者适当性管理办法》(中国证券监督管理委员会令第 130 号)第 3 条较为全面地规定了适当性义务的内容;①第 7 条将投资者分为普通投资者与专业投资者,并规定普通投资者在信息告知、风险警示、适当性匹配等方面享有特别保护;第 24 条规定了经营机构对投资者的信息披露义务,进行告知、警示,内容应当真实、准确、完整,不存在虚假记载、误导性陈述或者重大遗漏,语言应当通俗易懂,告知、警示应当采用书面形式送达投资者,并由其确认已充分理解和接受。其后,《期货和衍生品法》第 50 条规定了适当性义务,将 2017 年《证券期货投资者适当性管理办法》中的适当性义务吸纳于其中;第 51 条规定了期货经营机构虚假陈述的责任。这是相关法律规范,遵从法律不溯及既往原则,原油宝合约纠纷案可以参照适用的法律规范是 2007 年《期货交易管理条例》与 2017 年《证券期货投资者适当性管理办法》的相关规范。

根据同构论,应当根据原油期货合约与原油宝合约之间的结构关系而

---

① 该条规定,向投资者销售证券期货产品或者提供证券期货服务的机构应当遵守法律、行政法规、本办法及其他有关规定,在销售产品或者提供服务的过程中,勤勉尽责,审慎履职,全面了解投资者情况,深入调查分析产品或者服务信息,科学有效评估,充分揭示风险,基于投资者的不同风险承受能力以及产品或者服务的不同风险等级等因素,提出明确的适当性匹配意见,将适当的产品或者服务销售或者提供给适合的投资者,并对违法违规行为承担法律责任。

参照适用前者的法律规则。原油宝合约是期货合约的衍生合同,故可以从前者的法律规则中衍生出后者的规则。根据同构论,这一规则衍生应当考虑如下两个方面:第一,原油宝合约承继了期货合约的基本权利义务,因此,也就可以适用期货合约的基本法律规则,结合原油宝合约纠纷案的争议,在其基本权利义务上,也就可以适用期货合约的适当性义务规范与信息披露义务规范;第二,在衍生过程中,原油宝合约改变了期货合约的一些风险,如上所述,一方面减少了一些风险,另一方面又增加了一些风险,原油宝合约与一般期货合约的风险相比,风险内容的结构发生了变化,但风险总量没有多大的变化,因此,适当性义务与信息披露义务的内容结构应当随之变化,但上述两种义务的强度要求不应当降低。综合上述两个方面,本章认为,原油宝合约纠纷案中的商业银行应当遵守适当性义务与信息披露义务,达到 2017 年《证券期货投资者适当性管理办法》第 3 条的强度要求,其中强度是“勤勉尽责,审慎履职”“全面了解投资者情况,深入调查分析产品或者服务信息”“科学有效评估”“充分揭示风险”。但在适当性义务的调整对象上,应当相应变更为原油宝合约的投资者及原油宝合约的信息与风险,而不仅仅局限于原油期货合约的投资者、信息与风险,其中还包括原油宝合约的特有风险,如交易时间限制导致的风险等。同样地,在信息披露义务上,商业银行应当达到 2017 年《证券期货投资者适当性管理办法》第 24 条规定的要求,即达到“真实、准确、完整”“不存在虚假记载、误导性陈述或者重大遗漏”“语言应当通俗易懂”,在程序上应当“采用书面形式送达投资者,并由其确认已充分理解和接受”。这就是原油宝合约纠纷案应当适用的规则。

适用上述规则,可以得出商业银行违反了上述适当性义务与信息披露义务的结论。商业银行在销售原油宝合约的过程中,在产品设计上未考虑原油期货产品会出现负油价的极端情况,在交易过程中未能向投资者揭示负油价带来的风险,且未执行协议中强制平仓的约定;商业银行限制了交易时间,可能导致不能及时平仓的风险;商业银行未能揭示拆分原油期货合约带来的证券化风险,未建立与原油宝合约风险相当的涨跌停板制度等风险预防制度。这说明商业银行既未勤勉尽责、审慎履职,未深入调查与分析产品或者服务信息,未充分揭示风险与披露原油宝合约的风险,也未合理地匹配投资者与产品。因此,它应当承担违反上述义务而导致的损失。

前文所述的几个裁判,其法律适用值得商榷。一些裁判将原油宝合约认定为金融衍生品合约,但按照违约责任而认定商业银行承担违约责任。

违反适当性义务与信息披露义务的责任是法定责任而不是约定责任，因此，上述认定是不合理的。一些裁判将之认定为理财合同或金融服务合同，这一定性是不准确的，尽管因为适当性义务是投融资交易领域的一般性法定义务，这种类似之处可能导致不同认定的裁判结果大同小异，但是，这种认定毕竟是不准确的，其大致相同的裁判结果是歪打正着的结果。还有一些裁判作否认性判断，即认定原油宝合约不属于期货合约甚至不作定性，既然如此，这些裁判就不能确定所适用的法律，更不能确定所适用的适当性义务。非常奇怪的是，上述裁判依照法理作出了违反适当性义务的判决。金融法的基本原理是，某一金融交易的风险越大，适当性义务、风险揭示义务、风险预防义务等的要求就越高。期货合约与金融衍生品的风险一般大于其他理财产品与其他资产管理产品，在适当性义务、风险揭示义务、风险预防义务等之上，期货合约与其他金融衍生品合约的要求应当较高，既有的法律规范也遵守上述原理而作出了规定。上述裁判中在适当性义务的适用中未能区分其强度与层次，在法理上，上述裁判也存在瑕疵。

四、小结

原油宝合约纠纷案提出了衍生合同的参照适用问题。传统非典型合同法律适用理论主要针对混合合同纠纷案，没有衍生合同纠纷案法律适用方面的理论与案例。衍生合同纠纷案的参照适用，需要按照双重类似标准确定所参照适用的典型合同，进而以同构论为指导生成衍生合同的法律规则。在原油宝合约纠纷案中，法院重视原油宝合约与相关合同的差异比较，以确认原油宝合约是否属于期货合约或金融服务合同等，相关裁判没有进行类似性的比较，更没有考虑参照适用相关典型合同的规定。期货合约是金融衍生品合约领域的典型合同之一，其特征不在于“当前订约、未来履行”等，而在于其衍生性、风险性与投机性。从上述三个特征上看，原油宝合约与期货合约存在双重类似关系，故可参照适用期货合约的规定，根据同构论生成其争议事项的法律规则，以分配违反适当性义务等导致的损失。

无论是期货合约还是其他金融衍生品合约，均以风险的买卖为其标的，如何识别其风险也就成为判断相关合同是否双重类似的关键。非典型合同的风险往往也具有非典型性，这给识别上述风险的异同造成了困难。将案涉衍生合同与期货合约或其他金融衍生品合约的风险进行比较之时，不应当局限于典型合同所列出的风险及其强度指标，而应当根据交易的实际情况全面考察风险的性质、范围等而增减其强度指标，全面探寻非典型合同相对于典型合同的真正风险变化,从而比较二者在风险上的异同。原油宝合约纠纷案既有判决存在的一些不妥之处,多是因为局限于期货合约的杠杆率计算公式并以此衡量原油宝合约的风险,而不是从原油宝合约纠纷案的实际情况出发来全面探寻原油宝合约相对于期货合约等的真正风险变化。在风险识别上的错误导致二者异同比较上的错误。

饶有趣味的是,金融领域非典型合同的审判中呈现出两种截然不同的思维。在类似借款合同的非典型合同纠纷案的裁判中,法院倾向于运用"求同舍异"思维,即强调案涉非典型合同与借款合同的相同点,而有意无意地忽视案涉非典型合同与借款合同的差异(参见本书第八章的阐述)。而在原油宝合约纠纷案中,法院则倾向于运用"求异舍同"思维,即强调原油宝合约与期货合约的差异,而忽视其类似之处。判断两个合同的类似程度,必须同时关注其相同点与差异,因此,上述法院的思维倾向均需要纠正,都应当按照"求同存异"思维比较案涉非典型合同与相关典型合同的异同,从而确定二者是否存在双重类似关系,进而决定是否可以参照适用相应典型合同的规定。

在衍生合同纠纷案中,多重比较是探寻最相类似关系的必经之路。非典型金融衍生品合约可能与其母合同类似,也可能与其他典型金融衍生品合约类似,这就是它在类似性上的多重性。在金融审判中,不宜看到一个类似的合同就将之认定为案涉合同的参照物,甚至将案涉合同归结于其类型之下,而应当承认类似的多元状态,比较各种类似合同之间的类似程度,根据类似程度的差异指认高度类似且最相类似的合同。

第八章　金融审判中参照适用范式的合同制度前提及其愿景

根据《民法典》合同编的规定，非典型合同纠纷案可以参照适用最相类似典型合同的规定，参照适用范式成为解决非典型合同纠纷案的重要范式。非典型合同的参照适用范式既需要讨论参照什么与如何参照等司法问题，也需要关心如何建立优良的典型合同制度以方便参照适用等立法问题。本章拟从投融资领域非典型合同参照适用的角度，讨论参照适用范式对典型合同制度的要求及其完善措施。

一、参照适用范式对典型合同制度的要求及其疑问

（一）参照适用范式对典型合同制度的要求

在金融审判中，参照适用范式的前提是合同制度中存在与案涉非典型合同高度类似且最相类似的典型合同，这是参照适用范式对合同制度的要求。只有合同制度之中存在与非典型合同存在双重类似关系的典型合同，才能在非典型合同的法律适用中找到合适的"最相类似合同的规定"。如果在合同制度中找不到符合双重类似标准的典型合同，在金融审判中就难免将低度类似的典型合同作为非典型合同的参照物，这往往会带来裁判上的困难，甚至造成削足适履的裁判。从理论上看，非典型合同是无穷无尽的，合同制度无法为所有的非典型合同提供符合双重类似标准的典型合同，但它可以为出现频率较高的非典型合同提供符合双重类似标准的参照物。例如，买卖合同就与很多转移所有权的合同高度类似，作为典型合同，买卖合同制度可以为很多非典型合同纠纷案提供参照适用的标杆。[①] 双重类似标准本质上对合同制度提出了要求。

参照适用范式要求合同制度中的典型合同具有典型性。典型合同是

---

① "买卖是人类社会最基本、最普遍的交易形式，在市场经济体制下尤其如此。买卖合同是典型合同之中的典型形态。大陆法系各国或地区的债法无不把买卖列为各种典型合同之首。《合同法》分则同样首先以最大篇幅（第 135～174 条）规定了买卖合同，并通过参照性法条的立法技术彰显了买卖合同规定对一切有偿合同的准据法作用（第 174 条）""民法典应当拓宽买卖合同的适用范围，使之成为规范一切移转财产（包括有体物与无体物）处分权或所有权的规范依据。"朱广新：《民法典之典型合同类型扩增的体系性思考》，载《交大法学》2017 年第 1 期。

具有典型性的合同,这包括两层意思:一是它体现了典型合同本身的所有特征,足以全面地代表其自身;二是它虽然不能体现与之类似的非典型合同的全部特征,但能够体现这些合同的主要特征。在合同纠纷案的裁判中,前一种情况应当将案涉合同认定为典型合同,直接适用该典型合同制度;后一种情况应当将案涉合同认定为非典型合同,可以参照适用该典型合同的规定。在后一种情况中,因为典型合同能够体现非典型合同的主要特征,所以典型合同能够成为符合双重类似标准的参照物。于此,典型合同不仅代表了其自身,还代表了与之存在双重类似性的非典型合同。"典型合同之所谓'典型',大致有两层含义:一是可堪当其他合同之模范(model),如关于买卖合同的法律规定可以作为其他有偿合同的规范参照,关于有名合同的规定可以类推适用于非典型合同;二是其给付种类或合同类型在复杂多样的交易形态上具有普遍性、代表性,如租赁合同之在约定期限内持续使用收益他人之物的特征、承揽合同之付出劳务完成一定工作成果的特征等。"①这强调了典型合同的双重典型性:不但应当代表其自身,而且必须是非典型合同的"模范",且被代表的非典型合同群体必须具有一定的规模即普遍性。

参照适用范式还要求合同制度中的典型合同类型具有充足性。参照适用范式对典型合同制度的另一个要求是:合同制度中的典型合同类型充足,绝大多数非典型合同能够在其中找到符合双重类似标准的参照物。如果发现大量内容相同的非典型合同在既有典型合同谱系中难以找到与之存在双重类似标准的参照物,就应当考虑将一些非典型合同典型化,以满足参照适用范式对典型合同充足性的需求。这往往包括两个方面的工作:第一,确认司法实践中遭遇了大量同类非典型合同纠纷案。如果在试图采用参照适用范式时只有个别非典型合同不能找到上述参照物,那么,即使问题真正存在,也没有必要考虑典型合同类型的扩容。第二,穷尽既有典型合同制度,确认不存在符合双重类似标准的典型合同。司法实践中遭遇的高频非典型合同应当在合同法上有自己的代表。这既是参照适用范式对合同制度的要求,也贯穿着一个基本的合同公平理念:A 和 B 同为重要的非典型合同类别,既然合同制度中存在能够代表 A 类非典型合同的典型合同,那么,也就应当存在能够代表 B 类非典型合同的典型合同。否则,合同制度就失之于厚此薄彼,违反了合同公平原则。典型合同与非典型合同存在代表与被代表关系,这种关系的合理性,既体现了对传统合同

① 朱广新:《民法典之典型合同类型扩增的体系性思考》,载《交大法学》2017 年第 1 期。

类型的尊重,也体现了对新合同类型的公平待遇。

与典型合同的典型性与充足性相关的观念是,任何典型合同的代表功能都是有限的。所谓代表功能的有限性,是说每一个典型合同虽然均能代表一定范围的合同尤其是非典型合同,但它所代表的范围是有边界的,不是万能的。合同法不可能建立具有万能代表功能的典型合同。正是因为典型合同代表功能的有限性,才存在典型合同的充足性问题。不同领域的非典型合同存在差异,这决定了每一类典型合同均只能代表一定范围的非典型合同;如果非典型合同超越了特定典型合同所能代表的边界,就需要其他典型合同来弥补该典型合同所不能。例如,买卖合同是一个代表功能非常强大的合同,但是,它的代表功能也是有限度的,将之当作代表所有合同的典型合同,甚至将之作为"合同之母",是一个错误的认识。在考虑任何典型合同的代表功能之时,应当考虑两个内容:它所代表的合同;它所不能代表的合同。前者是典型性的体现,后者是其有限性的体现。超越了特定典型合同的代表范围,不当地扩张典型合同的代表范围,可能出现强制性的"被代表"现象。正确地理解参照适用范式,就应当明确合同制度中典型合同的典型性、有限性与充足性,做到有所为与有所不为。

(二)既有观点对上述前提的忽视

非典型合同的既有文献多有参照适用理论,而法律适用理论的关注点是正确地适用现行法而不是质疑现行法,这使之局限于法律适用,而不会讨论合同制度中典型合同的典型性与充足性。非典型合同法律适用理论有吸收说、类推说与结合说三种学说,这三种学说均试图根据现行法找到非典型合同的法律依据,而不是质疑现行法中典型合同谱系的代表功能及其完备程度。应当说,在非典型合同法律适用理论之中也可以反思典型合同制度的不足,从而为典型合同的立法提出建议。但是,在非典型合同法律适用理论中未见这种反思。或许是因为这种反思不符合法律适用理论将现行法奉为神圣的传统,所以论者不愿意离经叛道。

在《民法典》合同编以及原《合同法》的制定过程中,对什么合同可以入典或入法(而成为典型合同),有不少讨论,但在投融资领域典型合同的典型性与充足性问题之上,讨论较为少见。有学者认为:"投资的类型日益增加,投资的种类不断丰富,产生了许多新类型的投资合同。例如,基金投资协议、期货买卖、国债买卖、私募基金投资协议等形式。"①该学者列出了

① 王利明:《典型合同立法的发展趋势》,载《法制与社会发展》2014年第2期。

一些金融交易，也意识到了投融资领域合同的重要性。如果还能向前走一步，或能讨论该领域合同的入典及其典型性与充足性问题，甚至可能提出将投资合同作为金融交易的典型合同而入典的观点。有学者认为，《民法典》合同编新增合同类型的最大清单包括服务类合同，方案一是专章规定服务合同，方案二是专章制定金融类服务合同的一般规则，涵盖信用卡、储蓄、存款等合同，以及基金投资、期货买卖、国债买卖、私募基金投资等合同。① 该观点试图以金融服务合同通则代表金融交易，这有利于发挥通则的作用。但是，如果没有足够的典型合同代表金融交易，仅仅依靠通则似乎是不够的，因为非典型合同的参照适用范式以一定的典型合同为基础，而不是以通则为基础，通则毕竟不能提供合同权利义务等方面的细节。同时，将金融交易相对应的合同归纳为金融类服务合同，也不一定妥当。例如，借款合同、金融衍生品合约等均是金融交易领域的合同，将这些合同归纳为服务合同，在强调金融服务的同时，轻视了其中投融资获利的目的，也轻视了资金和风险的地位，并不合适。服务与投融资还是存在差异的，它也不同于资金与风险，借款合同、对赌合同与理财合同等投融资领域的合同与服务合同相比，存在明显的区别。值得肯定的是，上述两位学者直接关注了金融交易中的典型合同问题，是诸多文献中难得的观点。

在合同入典的讨论中，更多的观点关心的是合同入典的标准、数量、意义等问题。“进入合同法编的基本标准：重要且必要。所谓重要是指此类合同在市场交易中具有普遍性，所谓必要是指此类合同客观上缺失规范，确有法律调整的必要性、迫切性。”②这一标准是合适的，也可以作为投融资领域合同的入典标准。“新增典型合同至少应考虑三个方面的因素：一是在类型形态上虽具有普遍适用性，但应考虑列入合同编与以其他法律、行政法规予以规定，哪种方式更为恰当（体系性思考）；二是能够弥补现行典型合同在类型形态的欠缺或不足，丰富合同编典型合同的类型形态（体系性思考）；三是在社会经济发展中具有重大意义（重要性思考）。”③ 该观点强调入典的合同必须具有重要性，同时也从体系性上讨论了合同入典的标准。“新合同类型入典不仅要在实质因素上考虑普遍性、特异性及可抽象性要求，还需考虑到不同规范之间的关联以及法典内部展开的流动

① 参见李建伟：《我国民法典合同法编分则的重大立法问题研究》，载《政治与法律》2017 年第 7 期。

② 李建伟：《我国民法典合同法编分则的重大立法问题研究》，载《政治与法律》2017 年第 7 期。

③ 朱广新：《民法典之典型合同类型扩增的体系性思考》，载《交大法学》2017 年第 1 期。

性过渡。"①在以上合同入典的讨论中，既有观点关心的是合同入典的标准、数量、意义等问题。综合起来，其要求是：进入合同编分则的典型合同必须具有重要性与必要性，且符合合同法既有的体系性。有学者认为："解决非典型合同法律适用上困难的有力举措，是将更多的合同种类纳入立法，亦即使其有名化。"②以上观点强调了增加典型合同的必要性与意义。但是，这种增加典型合同的思维并不必然导致投融资领域典型合同的增多。这主要是因为所增加的典型合同多存在路径依赖，即新增典型合同要么是通过比较法方法得出的结论，即遵循"其他国家有我国也应当有"的思维导向，要么依赖于传统，即传统上已经存在的合同优先入典，而对投融资交易与金融审判二者的现实需求考虑甚少。

既有观点没有直接论及现行典型合同的典型性和充足性，但从体系上暗示了这种典型性和充足性的存在。有学者根据梅迪库斯的合同体系思维，将典型合同组合为三类：一是永久让与的合同，包括买卖合同，供用电、水、气、热力合同，赠与合同；二是定期限交付的合同，包括借款合同、租赁合同、融资租赁合同等；三是劳务或者工作给付合同，包括以承揽合同为统帅的合同，如建设工程合同、运输合同在内的以提供工作成果为给付类型的合同，以及只是提供劳务的合同，包括保管、仓储、委托、行纪、居间等合同，认为以上合同类型按照财产转让、财产许可使用、提供劳务等逻辑顺序形成了典型合同的体系。③ 这一分类以财产权为中心建立了典型合同的类型体系，且将金钱视为财产权的一种而将之纳入上述体系之中。如此，似乎所有的交易都离不开财产权的转让、他物权的转让与劳务转让三类。相应地，上文所列出的典型合同也就似乎全面地代表了所有的合同，包括投融资领域的非典型合同。既有典型合同类型体系的分类标准并不是全面而周延的，况且，分类标准的全面性和周延性也不等于其中合同类型的典型性与充足性。以上典型合同类型体系在落实于投融资交易时，其典型性与充足性存在三个疑问：其一，在投融资交易中，不能证明"定期限交付的合同"只包括既有的借款合同、租赁合同、融资租赁合同等，而不包括其他合同。既有合同类型体系毕竟是一种列举，在投融资交易中，定期交付的合同类型并非仅限于借款合同，以借款合同作为定期交付合同的代表，其典型性与充足性需要证明，且似乎存在疑问。例如，对赌合同就是定期交易的合同，但借款合同似乎就难以代表对赌合

① 昝强龙：《新合同类型入典的标准与限度》，载《民商法论丛》2020 年第 1 期。
② 李建伟：《我国民法典合同法编分则的重大立法问题研究》，载《政治与法律》2017 年第 7 期。
③ 参见朱广新：《民法典之典型合同类型扩增的体系性思考》，载《交大法学》2017 年第 1 期。

同。其二,投融资交易多是未来履行的合同,但它可能不一定是定期交付的合同,也不属于永久让与或劳务工作给付合同。例如,期权合约就不是定期交付的合同,也不属于永久让与或劳务工作给付合同;原油宝合约也是如此。投融资交易往往是投机交易,投机交易在时间上的表现就是随机性特征,交易时间的随机性决定了从时间上分类投融资交易是不合适的。其三,投融资交易可能是风险交易,风险是投融资交易的重要标的之一,而对于财产权或劳务的转移可能不太关心。例如,期货交易的合同目的是赚取风险性的差价,而对于期货所有权的转移,则往往不太关心,因此,从财产权或劳务交付上考虑典型合同的分类,与投融资交易所关心的核心权利义务相去甚远。以上典型合同的分类标准说明了传统交易的关注点,如财产权交付的永久性与定期性、标的是财产还是劳务或工作等,这些话题在投融资交易中未必重要,而投融资交易具有投机性、风险性等特征,在关注点上与传统交易大相径庭。综上所述,适合于传统交易的典型合同类型体系,在落实于投融资交易时,其典型性与充足性均存在明显的疑问。

在《民法典》的编纂过程中,不少论文讨论了特定非典型合同的入典问题。有学者建议物业服务合同入典,因为该合同是一种全新类型的服务合同,糅合了较强公法关系与物权关系,涉及千家万户、使用最为广泛,其标的具有物权性质,根据物权法定的原则,应当对其进行立法类型化。① 这一观点除强调重要性与体系性之外,还强调了合同纠纷案的疑难性与物权性。保证是债的担保方式之一,它既具备担保债权实现的价值,也具备促进社会融资的功能,应当将其纳入合同编分则的典型合同中。② 这一观点从体系性与重要性之上论证了保证合同入典的理由。快递服务合同在当前我国社会经济生活中具有重要性,其自身存在足以与其他类型合同(尤其是现有有名合同)相区别的独特性与复杂性,因而应当入典。③ 以上观点论证了其他各种合同的入典必要性,却没有讨论投融资领域非典型合同的入典问题。

(三)疑问:投融资领域还需要何种典型合同

在投融资领域合同纠纷案的审判中,如果要增加参照适用范式的可行性,除需要优化参照适用的方法之外,还需要考虑参照适用范式对典型合

① 参见曾祥生:《物业服务合同性质辨析——兼谈无名合同有名化问题》,载《南昌大学学报(人文社会科学版)》2007 年第 3 期。

② 参见李昊、邓辉:《论保证合同入典及其立法完善》,载《法治研究》2017 年第 6 期。

③ 参见贾玉平:《快递服务合同的有名化》,载《中国流通经济》2019 年第 1 期。

同制度的要求，即考虑投融资领域所设典型合同的典型性与充足性。下文拟讨论的问题是：在投融资领域，还需要哪些典型合同类型，才能满足参照适用范式对典型合同制度的要求？只有找到投融资领域非典型合同的适当代表，才能将部分非典型合同有名化，在上述非典型合同纠纷案的裁判中，也才能找到符合双重类似标准的典型合同（参照物），参照适用范式才能成为一种可行且合理的裁判范式。面对层出不穷的非典型合同纠纷案对合同制度的挑战，有学者指出："将普遍发生的成熟的合同关系在立法中加以明确，似乎是解决问题的一个更好的出路。"①

在投融资领域合同纠纷案的审判中，如果典型合同的类型不足而法官又热衷于运用参照适用范式，那么，其必然现象是将一些不符合双重类似标准的合同作为参照对象，从而导致口袋合同现象。前文从参照适用的类似性标准上讨论了金融审判中将借款合同作为万能参照物的口袋合同现象。这是从类似标准上所作的讨论，并没有考虑合同制度中典型合同的典型性与充足性。在缺乏足够的典型合同制度的情况下，如果坚持双重类似标准，就会导致无法采用参照适用范式，进而只能运用通则范式。因《民法典》合同编通则缺乏详细的合同权利义务规范，采用通则范式不利于法官确定合同的具体权利义务。一些裁判为了确定投融资交易中双方的权利义务，就可能降低参照适用的类似性标准，以参照适用相应的典型合同制度。从原因上看，降低类似标准是口袋合同现象的裁判原因，而典型合同制度的不足则是口袋合同现象的制度原因。只有存在足以代表投融资领域非典型合同的典型合同，才能避免金融审判中的口袋合同现象。

为考察金融审判中的口袋合同现象，笔者以"其他合同纠纷"为案由，检索了上海金融法院的所有民事判决书。截至2023年3月1日，得到194个案件，有11个案件虽然名为收益权转让合同或保理合同等，但被法院认定为借款合同（见表7）。

① 严励：《论无名合同及其法律适用》，载《云南大学学报（法学版）》2006年第1期。

表 7　被认定为借款合同的案件

案名	案涉非典型合同	一审裁判理由简述	二审裁判理由简述	是否阐述了参照适用借款合同规定的理由
案 1. 李某与上海森安物流有限公司、上海宝山罗店外贸化工仓库有限公司等其他合同纠纷案，上海金融法院（2019）沪 74 民终 676 号民事判决书	《债权转让协议》《国内保理合同》	认定涉案保理合同的性质为借贷法律关系，且并不存在法律规定的无效情形，合法有效	从该合同的实际履行情况看，涉案保理合同的性质为借贷法律关系	否
案 2. 沁源县元昌特材有限公司与上海钧瀚商业保理有限公司其他合同纠纷案，上海金融法院（2019）沪 74 民终 823 号民事判决书	《国内有追索权暗保理业务合同》	案涉合同的性质系借款法律关系。该合同经过被代理人的追认，应为有效	二审与一审理由相同	否
案 3. 上海庞统企业发展有限公司、庞某峰等与创普商业保理（上海）有限公司、上海岩雄贸易有限公司其他合同纠纷案，上海金融法院（2021）沪 74 民终 524 号民事判决书	《有追索权保理合同》《保理融资支用单》	案涉合同名为保理实为借贷关系。该合同符合《民法总则》的合同有效要件，合法有效	二审与一审理由相同	否
案 4. 蒋某与创普商业保理（上海）有限公司、上海禹乐网络科技有限公司等其他合同纠纷案，上海金融法院（2019）沪 74 民终 1048 号民事判决书	《有追索权保理合同》	性质上应属借贷法律关系，各方真实意思表示，合法有效	二审与一审理由相同	否
案 5. 焦某玉等与杉德商业保理有限公司其他合同纠纷及担保合同纠纷案，上海金融法院（2021）沪 74 民终 1044 号民事判决书	《标准商业保理合同》	《标准保理合同》无效，该《标准保理合同》隐藏的杉德公司与博司公司之间的借款合同有效	二审与一审理由相同	否

续表

案名	案涉非典型合同	一审裁判理由简述	二审裁判理由简述	是否阐述了参照适用借款合同规定的理由
案6. 焦某玉与杉德商业保理有限公司、上海博司生物科技有限公司等其他合同纠纷案，上海金融法院(2020)沪74民终515号民事判决书	《保理合同》	该《保理合同》因构成虚假意思表示而无效。然被《保理合同》隐藏的借款合同是双方当事人的真实意思表示，不存在合同无效的情形，借款合同有效	二审与一审理由相同	否
案7. 上海赢灿资产管理有限公司与朋宬、(上海)实业有限公司、冠福控股股份有限公司等其他合同纠纷案，上海金融法院(2018)沪74民初1129号民事判决书	《化工品购销合同》	案涉合同系借款法律关系，是当事人真实意思表示，合法有效	未上诉	否
案8. 上海赢灿资产管理有限公司与上海弈辛实业有限公司、冠福控股股份有限公司等其他合同纠纷案，上海金融法院(2018)沪74民初1127号民事判决书	《应收账款收益权转让及回购合同》	案涉合同实为借贷合同，系双方当事人的真实意思表示，且于法无悖	未上诉	否
案9. 上银瑞金资本管理有限公司与胡某生其他合同纠纷案，上海金融法院(2021)沪74民终1902号民事判决书	《收益权转让及回购合同》	案涉合同的性质是借款合同，违反法律强制性规定，案涉合同应为无效合同	二审与一审理由相同	否

续表

案名	案涉非典型合同	一审裁判理由简述	二审裁判理由简述	是否阐述了参照适用借款合同规定的理由
案10.上银瑞金资本管理有限公司与陶某其他合同纠纷案,上海金融法院(2021)沪74民终1903号民事判决书	《收益权转让及回购合同》	案涉合同的性质是借款合同,违反法律强制性规定,案涉合同应为无效合同	二审与一审理由相同	否
案11.弯弯月亮餐饮(上海)有限公司、陆某等与杉德商业保理有限公司其他合同纠纷案,上海金融法院(2020)沪74民终826号民事判决书	《商业保理申请书》《商业保理协议书》《延期协议书》	实质为借款合同,均真实有效	二审与一审理由相同	否

二、投融资领域典型合同类型的不足

要弄清投融资领域典型合同的典型性与充足性,先必须搞清楚投融资交易的共性,并检索既有典型合同制度,考察其是否充分体现了投融资交易的共性。在《民法典》合同编与金融法合同制度之中,可能代表投融资交易的典型合同有买卖合同、借款合同、融资租赁合同、保理合同与股权转让合同、期货合约等,下面拟在弄清投融资交易的共性之后,对投融资领域既有典型合同的典型性与充足性进行讨论。

(一)投融资交易的特殊性

投融资交易以投资与融资为基本内容,一方的投资与另一方的融资是相对的,为此,投融资交易也可能被称作投资交易或融资交易。对投融资领域合同的讨论,可以从投融资的特征上开始。有学者认为,投资是指投资者为获得预期的效益而把其所拥有的资金作为资本运用的经济活动。①这是投资的经济概念,根据这样的定义,投资既包括投入自己的企业或项目,也包括投入他人的企业或项目。但是,金融法意义上的投资,往往是指

① 参见刘昌黎:《关于投资概念的理论思考》,载《东北财经大学学报》2009年第2期。

与融资相对应的概念，即只是投入资金而不参与所投资企业或项目的经营管理。企业或项目的经营管理是融资方经营管理的内容。这是金融法中的投资与公司法中投资的区别所在。前者受金融法调整，后者受一般公司法调整。从实证上看，多数金融法教材采前一种投资概念，即认为投资者只投入资金而不参与融资方的经营管理，是纯粹“以钱生钱”的金融活动。本章在金融法的语境下使用“投资”一词，将投资与融资视为同一行为在不同视角下的表达，从而将二者统一于投融资交易之中。这样的投融资交易具有如下特征：

第一，投融资之“资”具有特殊性。投融资的标的包括金钱或有价证券等，它包括金钱但不限于金钱，在对象上具有特殊性。金钱与黄金是投融资交易的典型标的，或许正是因为这个原因，此类交易才叫作“金融”。但是，在现代社会中，投融资的标的不局限于金钱与黄金，它还可以是任何具有较强流通性与媒介功能的物品，如白银、证券等，只要它们具有足够的流通性与媒介功能，就在一定意义上具有货币的功能，从而能够成为投融资的标的。大规模的投融资交易要求标的具有可估价性、证券化与流通性三个特征，前者便于标的的量化，中者便于标的规模化并减少标的差异造成的交易成本，后者以前二者为基础，便于标的的流转。一般交易的标的或是实物的所有权与他物权，或是劳务，在主要特征上与投融资交易的标的存在明显的差异。

第二，投融资之“投”具有非参与性及其风险。在投融资交易中，投资者将资金投入他人企业、项目或其衍生产品，通过他人的企业或项目及其衍生产品而获利。投资者一般只投入金钱或证券等，依赖于他人的企业或项目及其衍生产品而获利，自己一般不参与管理与生产。投融资交易一般不以取得企业或项目及其衍生产品的控制权为目标，而以取得利润尤其是投资与收益的差额为目标。一般交易不存在资金投入他人的企业与项目及其衍生产品所带来的问题，要么是为了控制物的所有权或他物权，要么是关于劳务的交易。借款合同、金融衍生品交易、投资型保险合同等均存在非参与性特征，股权投资者是例外情况，但多数股权投资者也对行使共益权缺乏兴趣。自己不参加经营，而依靠他人的努力或市场变动而获利，这其中就存在投资效益或回报上的风险。任何经营及相关市场均存在风险，但是，对投资者而言，投资因依靠他人企业、项目或其衍生产品而获利，增加了另外的风险：他人是否努力的风险；履约意愿风险；投资者相互竞争等导致的市场风险。与其他交易相比，投资具有更大的风险性。而对融资者而言，因依靠他人资金而经营企业或项目，融资者除了要承担经营风险,还必须承担另一层风险:因经营不利而无法履行投融资合同的违约责任风险。这种风险是利用自身资金进行经营所没有的。可见,无论是对投资者还是对融资者,投融资交易本身均多了特定的风险。

投融资交易的风险性往往因为衍生性、杠杆率与系统性而增大,其风险可能数倍于普通交易。投融资企业或项目相应的权益可能衍生出其他权益,上述权益可能再次衍生,且各种权益可能联结为一体,其风险具有传染性。同时,投融资交易中有不少交易是杠杆交易,其风险也就数倍于普通交易。以期货交易为例,期货交易只需要支付整个期货价款几分之一的保证金即可购买整个期货,这就意味着期货交易的风险是普通交易的数倍。投融资交易的风险往往具有系统性,可能形成所谓系统性风险,可能引发连锁反应,出现一损俱损的情形。这也可能放大风险,从而加剧投融资交易的风险性。

第三,投融资交易的合同目的具有特殊性。投融资交易可能是为了获得固定收益,如借款合同就是为了获得固定的利率回报;也可能是为了获得风险利益,如期权交易就是为了获得风险收益,其收益依市场行情而定;还可能是为了获得混合性收益,既有固定的收益部分即保底部分,也有风险收益的部分,如一些对赌合同的目的就是获得保底收益与股权增值收益。综合来说,投融资交易的合同目的可能是获得三种收益:固定收益、风险收益或混合收益。其中各种收益还可以细分。投融资交易的合同目的并不是唯一的,而是呈现出上述多样性。在上述特殊性中,尤其值得注意的是投融资交易获取风险收益的目的与获得混合收益的目的。获得固定收益的投融资交易与买卖合同等传统合同区别不大,容易为人所接受,而获得风险收益或混合收益的投融资交易则与买卖合同等传统合同差异颇大,往往难以被人接受。投融资交易的特征不是现在缔约、未来履行。美国的金融法观念认为投融资交易是对未来利益的交易。① 其中"未来"指的是未来的利益(损失),而不是未来履行。一般合同的标的是现货,它可以是未来履行,但因为履行期限不长,货物的价格变化往往不大。而投融资交易不同,它一般是未来履行的合同,未来可能会出现较大幅度的价格涨跌。投融资交易的收益可以是常量,也可以是变量,还可以是常量与变量的混合体,后二者包括风险收益。证券交易、期货交易以及其他衍生品交易,多以获得风险收益即价格涨跌收益为目标。以期货交易为例,人们

① 参见《多德-弗兰克华尔街改革与消费者保护法案》,董裕平等译,中国金融出版社 2010 年版,第 25 页。

买入期货合约往往不是为了获得货物，而是为了获得价格涨跌的风险收益。投融资交易的收益具有特殊性，这使之区分于买卖合同等传统交易。

第四，法律依据与权利义务具有特殊性。投融资交易相应的合同既受《民法典》合同编调整，也受金融特别法调整，且特别法多样，其数量庞大。这些特别法包括商业银行法、证券法、期货和衍生品法等，还包括大量的金融行政法规甚至是金融行政规章等。在特别法中，往往对双方的权利义务作特别的规定。例如，投融资交易多有固定的缔约程序与履行程序，以达到保护投资者、控制投资风险等目标，且多规定适当性义务、信息披露与违约预防制度等，要求融资者承担额外的义务。投融资交易都有一定的程序，借款合同存在审核与担保等程序，证券交易与期货交易等均存在严格的交易程序，其目标是控制交易风险与降低交易成本。证券交易等所有投融资交易均重视信息披露或者通知告知等制度，其目标是以信息披露来界定变量即动态的权利价值，以动态的信息来界定动态的权利。一般合同不存在严格的交易程序，对标的权益的界定也往往是界定常量的方法，即界定物或劳务的方法，如对质量、数量、性状等的物理属性描述，而并不是运用信息披露与收益条款来界定权利。

综上所述，投融资交易具有不同于一般交易的特征。从投资标的上看，投入的是资本性的金钱或有价证券等，所投入的资本具有特殊性；从风险上看，投资者将资金投入他人企业、项目或其衍生产品，投资行为具有一般交易所没有的风险性；从合同目的上看，投资是为了获得固定收益、风险收益或混合收益，其合同目的具有特殊性。投融资交易受到多种特别法的调整，规定了特殊的权利义务，其法律依据与权利义务具有特殊性。

（二）投融资交易的重要地位

局限于法律制度的简明性要求及其篇幅，典型合同的数量必然是有限的。如果某种非典型合同在整个交易中没有重要的地位，那么就没有典型化的必要，或者说，有没有典型合同代表它也就无关紧要。因此，只有投融资交易具有足够的重要性，才有必要考虑代表它的典型合同问题。

投融资交易有助于满足人们多样化的合同需求。除得到物品的所有权或使用权之外，投融资交易为人们提供了投资与融资的合同路径，人们在进行买卖合同等之外，还可以进行投融资交易。交易方式越多，合同自由的余地越大。在标的上，人们可以选择投入金钱或者股票、期货等各种有价证券，而不再局限于投入实物或劳务；在经营及其风险上，人们可以不再仅仅依靠自己的经营，而能够投资于他人的企业、项目或其衍生产品，避免了参与经营的各种麻烦与风险；在收益上，人们可以根据自己的风险偏好,选择固定收益投资、风险收益投资或者混合收益投资;人们可以根据不同的法律,选择自己偏好的投融资交易,建立自己偏好的权利义务网络。可见,投融资交易具有不同于传统合同的特殊性,为满足人们的多样化需求提供了可能。

投融资交易因其特殊性而具有各种独特的经济功能。投融资交易是金融活动的基本内容之一,它具有媒介功能、价格发现功能、融通资金功能、集中资金功能等。例如,票据交易具有投资功能、融资功能与媒介功能,期货交易具有很强的价格发现功能与融通资金功能等。集中资金功能在商法中的作用尤其值得重视,这是因为资本在商法中居于极其重要的地位。亚当·斯密指出了资本对于取得增殖性收入的意义。① 马克思强调:"不是任何一个货币额或价值额都可以转化为资金。相反地,这种转化的前提是单个货币所有者或商品所有者手中有一定的最低限额的货币或交换价值。"②据此,只有具备最低限度的资金才能开始与继续企业的生产与扩大再生产。这就需要资金积累,而集中资金是现代社会积累资金形成资本的基本方法。民间集资正是通过此方法而形成生产所需要的资本。私法尤其是商法认识到这一点,形成了一系列融通并集中资本的法律:公司法集中股东的资本;证券法通过证券的发行与交易集中资本;期货和衍生品法通过衍生品交易集中巨额的资本;商业银行法集中众人的存款再贷款给企业而形成资本。资本集中离不开投融资交易,投融资交易是集中资本的基本方式。经济的发展离不开资本的集中,合同制度必须重视投融资交易。

投融资交易既是金融危机的诱因,也为防范金融危机提供了多样化的工具箱。人类社会曾经饱受经济危机之苦,而现代社会却越来越多地受到金融危机的困扰。1998 年金融危机、2008 年金融危机等导致了许多国家的衰退,且具有极强的传染性。多样化的投融资交易,可以为金融危机的防范提供多样化的工具箱。"鸡蛋不能放在同一个篮子里",这说的是多样化投融资交易对分散金融风险的作用。每一种投融资交易都有其独特的风险,也有其独特的风险防范功能。例如,期货交易具有价格涨跌带来的风险,同时,期货交易也是一种重要的避险工具。多样化的投融资交易,既蕴含了多样化的风险,也蕴藏着多样化的、功能各异的避险功能。人们无法离开投融资交易,就必须面对其风险,且必须认识到投融资交易在

① 参见[英]亚当·斯密:《国富论》(上),杨敬年译,陕西人民出版社 2001 年版,第 315 页。

② 《马克思恩格斯全集》(第 23 卷),人民出版社 1971 年版,第 341 页。

风险生成与风险防范上的双重功能。这告诫人们应当充分了解各种投融资交易的特殊性，因应其特殊性而建立其风险防范制度，以充分利用其风险防范功能。金融危机的频繁发生，提醒人们重视投融资交易在金融风险防范上的重要地位。

投融资交易提供了各种独特的权利创设与转换机制。私法是权利法，一定要从权利上阐述投融资交易的重要意义，才契合于私法的叙事传统。金融类似于人体的血液或者大自然中的水流，所有经济活动均需要金融作为媒介，否则，价值无法转换，经济无法运转，人类社会无法发展。这一类的说辞虽然形象，但不符合私法的术语表达习惯。私法要知道的问题是：投融资交易对于权利到底有什么意义？与民法的传统合同相比，投融资交易从五个方面增加了权利工具箱的选择：第一，创造更多的权利类型。从权利类型上看，物权法的重要意义在于从所有权之中分解出更多的他物权类型，而金融法的意义在于从金融债权之中衍生出更多的金融债权。债权是意定的，但是，如果没有投融资交易及其相应的权利创新，意定的债权也就只能局限于传统的种类。投融资交易创新了交易类型与权利种类，其中债权分解与物权分解相对应，为权利工具箱准备了更多的权利类型。第二，未来权利得以成为交易对象。如果说一般合同的作用在于流通所有权与他物权，那么，投融资交易的作用在于打通现有权益与未来权益。投融资交易是对未来权益进行的交易，这从时间维度上扩展了合同交易的对象与权利概念。期货交易、买空卖空等未来权益及其交易观念是投融资交易的创造。在此之前，合同与权利均多局限于现货与既有权益。投融资交易拓展了交易与权利的时空维度。第三，投融资交易能够改变权利的数量、结构和流动性。投融资交易可以集中权利，也可以分解权利尤其是未来债权，还通过证券化、标准化而增加权利的流通性。例如，通过借款合同可以改变借贷双方的权利数量且增加权利的流通性，通过其他投融资交易，如证券发行与交易、基金份额的买卖、投资型保险合同等，可以改变权利的数量、结构与流通性。数量与质量均是权利的重要维度，财富增长与资本积累的需求中，改变权利的数量是非常重要的需求。投融资交易通过改变权利的结构，形成整体性的权利，从而改变权利的性质甚至权利的功能。①权利的流通性决定权利的交易成本，投融资交易通过增加权利的流通性而减少权利的交易成本，从而减少权利数量在交易中的流失。例如，证券化权利避免了运输、储存等带来的交易成本，而只需要较少的手续费用就可

① 参见陈醇：《权利的结构：以商法为例》，载《法学研究》2010年第4期。

以完成交易。当然,流通性与整体性的增强也给金融权利带来新的风险,使其价值可能随着市场行情的变化而变化。第四,投融资交易扩展了金融权利尤其是金融债权的数量,强化了债权在现代经济中的地位。物权与债权是两种基本的财产权,在金融权利不发达之时,合同是为物权服务的,从某种意义上说,债权是动态的物权或者是变动中的物权,而物权是静态的债权或交易的结果,似乎一切债权均是为物权服务且以物权为归宿的。在传统债权观念中,债权是不够安全的权利,只有当债权实现为物权之时,债权才得到了归宿。但是,投融资交易的发展改变了这种观念,金融权利多以债权的方式出现,大量的金融权利本身就是重要的权利存在形式,持有金融权利已经成为重要的财富持有方式。债权的数量在国民财富总值中的比例与地位上升。作为典型金融权利表现的货币成为人们衡量与持有财富的基本方式,而金融债权等权益则成为很多人的基本财富。第五,投融资交易拓展了权利的保护方法。在传统上,人们通过违约责任等保护债权,而金融法创新了债权的保护方法,程序限制与信息披露等均是保护债权的重要方法,违约预防成为金融法保护债权的一般方法,在违约之后,进行多元的违约处置,如接管、重整、限制新合同开展、限制交易规模等,也成为新的债权保护方法。① 以上列出了投融资交易对权利的主要意义,从中可以看到投融资交易在权利工具箱中的重要地位。

综上所述,投融资交易因其特殊性而有助于满足人们多样化的特殊需求,它具有价格发现、融通资金、集中资金等多种特殊的经济功能,它既是金融危机的重要诱因也是应对金融危机的重要工具箱,它提供了各种独特的权利创设与转换机制。投融资交易在交易体系、市场经济、金融生活与权利语境等中均具有重要的地位。

(三)投融资领域典型合同的不足

买卖合同被誉为“合同之母”,但是,它不是投融资领域的典型合同。任何合同都是一个交易,如果将任何交易都叫作买卖,那么,这样的买卖概念因其过于宽泛而不具有合同类型化的意义。合同法中的买卖合同是指所有权的买卖合同,它是指以物的所有权为标的的交易。它与投融资交易的相同点在于二者都是交易,且都涉及金钱。但是,买卖合同与投融资交易的差异是非常显著的:前者的合同目的是买卖物的所有权或获得价款,后者的合同目的是获得融资或收益;前者以物为标的,所谓标的物,指的就是物在买卖合同中的中心地位,后者以金钱等为标的;在前者的合同

① 参见陈醇:《论金融法中的违约预防制度》,载《环球法律评论》2019 年第 2 期。

条款之中,物的性状往往是核心条款,风险归属只是附带性的条款,而后者以金融产品的界定特别是增值收益或风险为核心条款;前者依靠对物的物理与化学描述等来界定物的价值,而后者一般通过信息披露制度来披露金融产品的价值;前者交易的是现有利益,而后者交易的是未来利益;前者一般没有特别的违约预防与违约处置制度,后者则存在复杂的违约预防与违约处置制度;如此等等。或有人认为金钱也是物,借款合同是金钱所有权的买卖。这种理解看到了借款合同与一般买卖合同的相同之处,但是,没有看到二者的差异:借款合同的合同目的是获得利息,否则对借款人而言毫无意义;借款合同的利益是未来的收益;商业银行等金融机构的借款合同有一套程序且存在严格的违约预防与违约处置制度;借款利息产生于他人企业、项目或其衍生产品的收益。这种"以钱生钱"的合同,其目标不是获得物的所有权,而是获得利息,获得增值是借款合同的基本目的。或有人将利息等同于孳息,从而试图将借款合同纳入买卖合同的范围。传统理论中孳息与利息等收益是最相近的概念,但用于指代投融资交易的收益是不恰当的,无论金融产品增值与否,它并不产生新的物,而只是价格不同。从生物学或物理学上看,钱生不出钱,所得的利息来源于借款合同一方的其他收益。"将利息、租金之类所谓的法定孳息算作孳息是对孳息本义的曲解……民法理论将孳息物区分为天然孳息与法定孳息,应当说是对孳息的简单曲解,将孳息的取得都作为原始取得存在明显的逻辑错误,也是对国外有关孳息规定的简单抄袭或照搬,并未能对之进行合理化吸收并使之本土化、现代化和科学化,更谈不上自身的创造和创新。"①这是对二者区别的中肯评论。

借款合同是投融资交易中获得固定收益的典型合同之一,但它不是获得风险收益或混合收益的典型合同。借款合同是以货币为标的的交易,但是,金融产品的种类不局限于货币,还包括股票、基金份额、金融衍生品等各种形态;借款合同的目的是获得利息,且为固定的利息或收益,但是,更多金融产品的收益是风险收益或混合收益,股票、基金份额、期货与其他金融衍生品等的收益均依赖于市场行情,其"收益"可能是正值也可能是负值,总之是一个变量,是风险收益,而一些对赌合同等则以获得混合收益为目标。正是因为多种投融资交易存在这样的风险特征,需要信息披露等制度来动态地披露其中权益的价值。同时,即使是固定收益的金融产品,也不一定是借款合同。例如,票据是传统的金融产品,其收益相对固定,但它

---

① 王明锁:《对孳息的传统种类及所有权归属之检讨》,载《法商研究》2015 年第 5 期。

不同于借款合同。借款合同的标的物是货币。① 但是,投入金钱或者是取得固定收益,均不是借款合同的独有特征。因此,将投入金钱取得固定收益的合同归结为借款合同,或以借款合同代表投融资交易,均是不适当的。在实践中,人们曾经将对赌合同认定为借款合同,其原因在于对赌合同通过保底条款、现金回购条款等而使对赌合同的投资方获得固定收益;②其后有学者认为对赌合同中的上述条款是应对信息不对称所带来的估值困难的方法,一些以上述错误观念为基础的裁判得到了纠正。③ 多数对赌合同中的收益既包括固定收益,也包括风险收益,它属于混合收益合同。综上所述,借款合同既不是取得固定收益的唯一典型合同,也不能代表取得风险收益或混合收益的投融资交易。

融资租赁合同与保理合同是重要的合同种类,但它们只是特定投融资交易与特定传统合同的耦合之物。融资租赁合同是租赁合同与借款合同的耦合:“融资租赁合同标的则是租赁物,是以融物代替融资并把借钱借物两者有机结合起来的一种合同。”④保理合同是债权转让合同与融资合同等的耦合。这两类合同体现了特定投融资交易与特定传统交易的耦合,表现于权利之上,就是债权结构的综合性设计,这种综合性设计在投融资交易中常见。这两类合同不能代表这类耦合的全体。其耦合体包含了特定投融资交易,但它们不具有一般性,因而难以代表整个投融资交易。

在《民法典》合同编的典型合同谱系中,还没有足以代表以获得风险收益或混合收益为目的的投融资交易的典型合同。如前所述,《民法典》合同编的典型合同体系由永久让与合同、定期限交付合同与劳务或者工作给付合同三类典型合同为基本内容,形成了财产转让、财产许可使用、提供劳务的交易逻辑体系。这是一个以商品交易为视野的典型合同体系,获得物品权益或劳务是其合同目的,而获得投融资的增值收益或风险收益等不是其目标,投融资交易于其中缺乏应有的地位。这是可以理解的。合同类型及其体系的发展离不开它所处的时代,罗马法没有发达的投融资交

① 参见刘定华、齐民:《借款合同三论》,载《中国法学》2000 年第 6 期。

② 在新华信托股份有限公司(以下简称新华信托公司)与诸城市江峰房地产开发有限公司(以下简称江峰房地产公司)借款合同纠纷案中,新华信托公司认为,新华信托公司与江峰房地产公司签订的《合作协议》《收益权转让合同》与借款合同在还本付息、滞纳金、复利等条款上有相同之处,一审法院采纳了此意义,认为上述《合作协议》等是名为股权转让合同、实为借款合同。参见重庆市高级人民法院民事判决书,(2014)渝高法民初字第 00010 号。这种裁判理由一度成为对赌合同的一般裁判理由,直至“华工案”才得到矫正。

③ 参见傅穹:《对赌协议的法律构造与定性观察》,载《政法论丛》2011 年第 6 期。

④ 俞宏雷、王立新:《融资租赁与借款合同之比较研究》,载《中外法学》1996 年第 2 期。

易,而作为民法典重要代表的《德国民法典》也处于一个资本与金融并不发达的时代,在上述时代,借款合同与票据是主要的金融形式,且其存在是为物权或劳务交易服务的。金融成为独立的行业是其后的事情,而股权、基金份额、期货与其他金融衍生品等产生得更晚,因此,在传统典型合同体系中缺乏投融资交易的位置,是有历史原因的。合同法主要是物品或劳务的交易法,这似乎已经成为合同法的潜在假设。在这样的观念之下,在《民法典》合同编中自然也就不可能出现足以代表风险收益或混合收益的典型合同,甚至不会考虑投融资交易在合同法中的代表问题。

《民法典》合同编中没有足以代表风险收益或混合收益的投融资典型合同,或许与专业性合同由专门法调整、不宜入典的思想有关。这种专业合同由专门法调整的思想,初看之下有一定的道理,但于具体的国情之中,它可能是错误的。我国金融法至今处于一种散在的状态,没有统一的"金融法典"(其他多数国家也如是),因而不能指望在"金融法典"之中建立一个代表投融资交易的典型合同体系。如是,股票买卖合同、保险合同、借款合同等各自分散于所在的专门法中,又因为金融法重视金融监管而不是金融合同法,这些合同在金融法中的规范参差不齐。这样的结果是,一些典型的投融资交易得到了专门法的规定但不一定全面,而更多的非典型合同则无法可依。同时,金融创新不停地更新投融资交易的类型与内容,非典型合同成为投融资领域的常见现象。投融资领域大量非典型合同在出现纠纷案之时,法院往往考虑的不是如何适用金融专门法,而是如何适用《民法典》合同编。在此背景下,专业合同由专门法调整的想法是行不通的。金融法以维护金融稳定等为目标,《民法典》合同编的规范系统不是专门法所能取代的,因此,任何跨部门法合同纠纷案的裁判均必须考虑金融法与《民法典》合同编,尤其是必须依托于体系完备的《民法典》合同编。在《民法典》合同编中规定足以代表投融资交易的典型合同,既是金融法体系不全的现状所要求的,也是《民法典》合同编作为合同一般制度的地位所决定的。

《民法典》合同编中没有足以代表风险收益或混合收益的投融资典型合同,专门法中代表上述交易的典型合同类型也存在严重的不足。票据法、证券法、期货和衍生品法等分别规定了票据合同、股票买卖合同、期货合约等典型合同,但它们均只能代表其中个别领域,缺乏一般性,更缺乏综合性。例如,票据合同只能代表票据交易,而无力代表其他投融资交易。金融创新会生成形形色色的新型投融资交易,这些合同可能是上述典型合同之中的两种或多种的混合体即某种混合合同,也可能是上述某种典型合同的衍生合同,还可能是上述混合合同与衍生合同的混合体。如前文所述,投融资交易不会局限于传统的金融产品,它可能创设出不同于传统投融资交易的中间形态、混合形态与各种变异性的交易形态。这些投融资交易具有复杂性与综合性,也同时体现了投融资交易的各种特殊性,难以被金融特别法中现有的典型合同所代表。因而,需要有更为上位的、更具有概括性的典型合同类型,才能适应投融资交易的复杂性与混合性,才能全面体现投融资交易的特殊性。

三、投融资合同概念的引入及投融资领域典型合同体系的形成

(一)投融资合同概念的引入与界定

为了补足投融资领域的典型合同,本章提出投融资合同的概念。所谓投融资合同,是指投资方将一定资金投入融资方的企业、项目或其衍生产品,而获得固定收益、风险收益或混合收益的合同。对此合同概念,说明如下:第一,当事人。当事人一方为投资方,另一方为融资方。前者投入资金,因此称作投资方;后者融通资金,因此称作融资方。第二,缔约程序。投融资合同的缔约往往具有一定的程序,并不是任意性的缔约行为。证券交易、期货交易等均是如此,即使是商业银行的借款合同,也有审核与担保程序等。第三,投资对象。投融资合同的对象一般为融资方的企业或项目,也可能是上述企业或项目权益的衍生产品。例如,股权投资是对融资方企业的投资,相应期权投资则是对上述权益衍生产品的投资。第四,基本权利义务模式。合同的基本权利义务等式是"资金=收益"模式,该合同为双务合同,一方的权利就是另一方的义务,即一方仅仅投入资金但不参与经营,另一方获得资金并按约定支付收益给投资方。需要说明的是,投融资合同往往伴随投机关系,其中投融资合同体现了投资者与融资者的合同关系,而投机关系体现了投资者之间的利益博弈关系。二者关系密切,虽不宜混为一谈,但在投融资合同法律制度中,必须考虑投机关系的调整,以保障投资者的权益。第五,合同目的。双方各有自己的合同目的,即一方的目的是融入资金,另一方的目的是得到收益。投入的资金可以是货币,也可以是股票、债权等。合同形式可以是股票买卖合同,以及综合多种投资方式的资产管理产品,还可以是对赌合同与当事人创设的非典型合同,但其权利义务上均蕴含着"资金=收益"模式,其中收益或为固定收益,或为风险收益,或为混合收益。

以上投融资合同的概念以既有研究为基础,但对既有概念有所改造。有学者认为:"金融合同是指平等主体之间以金融资产及其衍生品为对

象,明确相互权利义务关系的协议。"①其中,平等主体与明确相互权利义务是所有合同的特征,于此合同概念中没有必要重复;"金融资产及其衍生品"指明了投融资交易的对象,本章借鉴这一表述,以"企业、项目或其衍生产品"指明投融资合同的对象。也有学者在论文中运用了"金融合同"一词,而不对之进行界定。② 其中金融合同是一个新的概念,是一个需要界定的概念。有学者没有界定金融合同,而是界定了其下位概念:所谓互联网金融合同,是指平等主体的互联网金融经营者与金融消费者间以互联网金融产品或服务为交易对象的权利义务协议。去除其中"互联网"一词,或可据此推出该学者所主张的金融合同概念:所谓金融合同,是指平等主体的金融经营者与金融消费者间以金融产品或服务为交易对象的权利义务协议。金融产品可以包括金融服务,甚至可以与金融服务融合为一体,如理财产品与理财服务就很难区分,因此,可以将二者统一于"金融产品"之中;投融资合同既可以存在于经营者与消费者之间,也可以存在于经营者与经营者之间,因此,为使投融资合同概念兼容企业与企业之间的投融资交易,还是将当事人定义为投资方与融资方为好。

投融资合同包括众多类型。有学者将金融合同分为借款合同、外汇合同、证券类交易合同、金融衍生品交易合同以及为前述交易提供服务的合同(如清算合同)等五类。③ 美国《联邦规章典集》将金融合同分为即期外汇合同、外汇远期合同、外汇期权合同以及互换合同、回购合同、证券合同及类似合同。这些分类大概揭示了投融资合同的内容,但少了对非典型投融资合同的包容性。在不同的视角之下,可以对投融资合同进行不同的分类:其一,投资对象视角下的分类。从投资对象视角,可以将投融资合同分为借款合同、股权转让合同、债券买卖合同、基金份额买卖合同、期货合约与其他金融衍生品合约、对赌合同、投资型保险合同、票据转让合同、理财合同等,其中各个类型还可以再分为更多的子类型,如借款合同可分为金融机构的借款合同与民间借贷合同等。其二,收益视角下的分类。从收益视角,可以将投融资合同分为固定收益合同、风险收益合同与混合收益合同。借款合同是固定收益合同;投融资合同之中存在大量风险收益合同,如期货合约、投资型保险合同、大部分理财合同等均是如此;对赌合同

---

① 张学安:《初论金融合同的几个法律问题》,载《武汉大学学报(哲学社会科学版)》1999 年第 4 期。

② 参见申鸣阳:《强监管背景下的金融司法——以金融合同效力裁判为视角》,载《北方金融》2019 年第 12 期。

③ 参见张学安:《初论金融合同的几个法律问题》,载《武汉大学学报(哲学社会科学版)》1999 年第 4 期。

与“滴灌通”合同中既有风险收益也有固定收益，属于混合收益合同。[①] 一些规范性文件划分了上述合同中的风险界线，如《关于规范金融机构资产管理业务的指导意见》第 19 条禁止“刚性兑付”，就是对资产管理合同收益的风险性及其风险界线的规定。与固定收益合同相比，风险收益合同与混合收益合同更能体现投融资合同的风险特征。其三，典型性视角下的分类。可以将投融资合同分为典型合同与非典型合同。投融资合同既存在一定的典型合同，如借款合同、股权转让合同与期货合约等，也存在大量的非典型合同，如股权收益权转让合同、对赌合同、各种无名的资产管理合同等。其四，当事人视角下的分类。投融资合同可分为经营者与消费者之间的投融资合同，还可以分为合格投资者与融资方之间的投融资合同，以及借款人与贷款人之间的合同等。除此之外，还可以从其他视角进行更多的分类，如互联网投融资合同与传统投融资合同、原投融资合同与金融衍生品合约、可流通合约与不可流通合约等。

以上投融资合同概念汲取了投资合同概念的合理成分并对之进行了发展。投资合同是美国金融法中的重要概念。“在 SEC v. W. J. Howey Co. 一案中，美国联邦最高法院将投资合同定义为：(1)金钱投资；(2)投入共同事业；(3)期望获得收益；(4)完全来源于发起人或第三方的努力。”[②] 这就是投资合同的“豪威准则”。投资合同的意义在于，它确立了一个宽泛的“证券”范畴，从而在某种意义上成为代表大量投融资交易的合同概念，并由此将大量的投融资交易收纳于美国证券法的调整范围之内。例如，一些符合上述条件的合伙协议、房地产投资、俱乐部会员卡等均可能据此被认定为投资合同而适用证券法。投资合同概念的优点在于概括了投融资交易的基本特征，使之能够代表投融资领域中各种收益类型的合同，从而使大量以获得风险收益与混合收益为目的的投融资交易有法可依。正如学者所言，投资合同的概念为可变的、非常规的、不常见的证券提供了一个概括性的类型。[③] “联邦最高法院认为证券的定义‘包含着一条弹性的，但不是呆板的原则，它能够应付那些利用他人钱财、允诺获取利润的人炮制的无穷无尽的、花样翻新的计谋’。”[④]也就是说，投资合同为大量

① 参见唐婧：《投资小微企业的“滴灌通”缘何引起市场争议》，载《中国中小企业》2023 年第 11 期。

② C. Steven Bradford, *Crowdfunding and the Federal Securities Laws*, 2012 Columbia Business Law Review 1(2012).

③ See SEC v. C. M. Joiner Leasing Corp., 320 U. S. 344, 351 (1943).

④ 董华春：《美国证券法“投资合同”的法律辨析》，载《证券市场导报》2003 年第 4 期。

的金融创新及其产生的非典型投资合同找到了归宿。另外,投资合同中"完全依赖他人的努力获得收益"指明了投资者只投入资金而不参与资金经营管理的一般情况。于本章中,投融资合同概念汲取了上述合理成分。

大概是源于投资合同的以上优点,投资合同这一概念在我国颇受推崇。有学者建议我国金融法引入投资合同的概念:"投资合同的引入,不仅是对现今已经本土化的似证券而被证券法排除在外的金融工具的一种全新阐释,也可以为公众辨明其集资行为是为证券发行行为提供一个可资借鉴的标准。"①前述学者也运用投资合同概念来概括投融资交易,如基金投资协议、期货买卖、国债买卖、私募基金投资协议等。但是,也应当看到,投资合同毕竟是美国证券法中的概念,其中"投资于共同事业"限定了其公众性特征,而一些投融资交易并不一定具备公众性特征,如借款合同与对赌合同等就是如此,因此,这一限定需要去除,其范围需要拓展。同时,将一些投融资交易归入投资合同而纳入证券法的调整范围,未免过于严格,且证券法对证券发行的要求过高,证券交易程序比较烦琐,需要较高的交易成本,对于一些一次性的或小额的投融资交易并不合适。

借鉴投资合同概念,根据投融资交易收益的特征而将"投资人希望获得收益"拓展为获得固定收益、风险收益或混合收益,去除其中公众性限定,明确其投资对象为他人企业、项目或其衍生产品(以容纳金融衍生品等方面的投资),在法律依据上不再局限于证券法而拓展为《民法典》合同编与金融法,从而形成了本章的投融资合同概念。

(二)投融资领域典型合同体系的形成及其典型性与充足性的增强

投融资合同概念试图补充投融资领域传统典型合同的缺漏,在投融资领域形成更为完备的典型合同体系。一些体现投融资交易局部特殊性的合同,如借款合同、融资租赁合同等,已经实现了"入典"或进入金融特别法的愿望,成为典型合同,但它们在代表投融资交易之时存在明显的缺漏,导致该领域一些非典型合同难以找到符合双重类似标准的参照物。因此,有必要添加投融资合同这一概念,将之作为投融资领域典型合同的基础性概念,统领借款合同、融资租赁合同等既有典型合同类型,并代表大量的非典型投融资合同。投融资合同概念就与既有投融资领域的典型合同群落形成了和谐的关系。同时,因投融资合同可以代表风险收益与混合收益的投融资交易,它就可能与对赌合同等非典型合同存在双重类似关

---

① 李有星、杨俊:《论我国证券法定范围引发的问题及其解决方案》,载《时代法学》2012年第4期。

系,从而为投融资领域非典型合同纠纷案的参照适用提供参照物。这样,投融资合同与既有典型合同一起形成了较为完备的典型合同体系,可望弥补投融资领域典型合同体系的缺漏。

投融资合同概念既体现了投融资交易的特质,又具有足够的外延,这在保证其典型性时增加了其涵盖力,从而有助于增加投融资领域典型合同的充足性。在标的上,投融资合同概念将其合同标的定位于各种资金,既体现了合同标的的资本特质,又能代表各种投融资交易的标的形态;在对象上,投融资合同概念将其投资对象定位为他人的企业、项目或其衍生产品,既体现了投资方的非参与特征,又可以涵盖股票、债券、基金份额、期货与其他金融衍生品,以及通过权利结构的合成或分解而形成的各种金融产品;在合同目的上,投融资合同概念充分体现了投融资交易收益上的特殊性,能够涵盖全部收益类型,包括固定收益、风险收益和混合收益,如既能代表以借款合同为典型的各种固定收益,也能代表以期货合约为典型的各种风险收益,还能包括以对赌合同为代表的混合收益;在法律依据上,投融资合同概念充分体现了投融资交易法律依据的多样性与特殊性,肯定了《民法典》合同编的调整,也强调了多种金融特别法的调整,从而涵盖了多种金融权利义务。总之,投融资合同概念达成了特殊性与涵盖力的统一,从而在保证这一合同典型性的同时,也保持了该典型合同的代表性。因为充分体现了投融资交易的特殊性,投融资合同概念也就具有了典型性,又因为充分体现了投融资交易的共性特征而减少了遗漏,投融资合同概念具有充足性。

于此要阐明的是,借款合同在投融资领域非典型合同纠纷案的审判中常常受到过度的强调,但是,借款合同只是投融资领域中的典型合同之一,其典型性与代表性是有限的。在投资对象上,借款合同不能涵盖其他金融产品,如股票、债券、基金份额、期货、各种非典型性的投融资交易不可能被包含于其中,通过权利结构的合成或分解而形成的更多金融产品,也不属于借款合同的范畴;在合同目的上,借款合同强调款项与利息等内容,其中利息仅仅是固定收益的一种,它既不能代表随着市场行情而变化的风险收益,也不能代表以对赌合同为典型的混合收益。同样地,保理合同、融资租赁合同、股票买卖合同等属于投融资合同的子类型,但因相应的典型合同只能体现投融资交易的局部特征,其代表性均无法与投融资合同相比。投融资合同概念增强了投融资领域典型合同体系的典型性与充足性,一旦成为典型合同,可望为金融创新中出现的非典型合同提供符合双重类似标准的参照物,从而减少将借款合同等作为口袋合同的风险。金融创新会产生大量的非典型合同,这些合同可能不同于借款合同、股票买卖合同等,而在合同标的、风险、收益等之上具有这样或那样的创新,这些创新导致非典型合同与投融资合同存在这样或那样的差异,但因为主要特征类似而可能与投融资合同形成双重类似关系,因而符合参照适用范式的条件,可以参照适用投融资合同的规定。有了适当的投融资合同概念与制度,可望减少口袋合同现象。

投融资合同的概念契合于当下的行业分类,可为金融行业提供更为充足的典型合同概念。分工是人类社会不断进步的必经进程,分工产生不同的行业。尽管合同法理论未必意识到行业与合同类型之间的关系,分工与行业分类事实上在很大程度上决定了合同的类型。每个行业的出现均会生成相应的合同类型,如运输业的出现生成运输合同、快递业的出现生成快递合同、物业服务行业的出现生成物业服务合同,如此等等。多数情况下,行业名称与其代表性合同的名称大致相同,因为交易是行业业务的基本内容,行业多以所进行的交易而命名。如此,行业与合同之间呈现出高度的对应性。金融业是一个重要的行业,在社会经济中具有极为重要的地位,投融资业务是金融业的基本内容,因此,以投融资合同概念对应金融行业中的基本业务——投融资业务,既是行业与合同之间固有联结的必然体现,也说明了合同法理论与制度对金融业的应有重视。金融业不同于商业,因此买卖合同不能代表金融业的投融资交易;借款合同等只是金融业务的一部分,因此它们也无法全面代表投融资交易。只有投融资合同才能代表金融业的基本内容及其基本交易。投融资合同与金融业的对应关系,是投融资合同在代表投融资交易时典型性与充足性的另一种体现。

四、投融资合同有名化的愿景及其参照适用

尽管前述学者认为非典型合同有名化是解决非典型合同问题的根本性思路,但因为非典型合同的多样性与庞大数量,将所有的非典型合同有名化是不可能的。但是,将一些具有较好典型性的合同有名化,既能使一些非典型合同成为典型合同,也能使更多的非典型合同找到符合双重类似标准的参照物,倒是不失为一个好的选择。

(一)投融资合同有名化的愿景

投融资合同符合有名化的条件。从前文可知,既有的入典标准要求拟入典的合同具有重要性、必要性与体系契合性。除此之外,入典的条件中还应当加入典型性,即能够代表一定数量与类型的非典型合同。这是典型合同中"典型"的应有含义。具体阐述如下:第一,投融资合同是投融资交

易的基本表现形式,它涵盖了股票交易、债券交易、期货交易、对赌合同、借款合同、资产管理产品等大量投融资交易类型,正如投融资交易具有普遍性与重要性一样,投融资合同也具有普遍性与重要性。第二,既有的典型合同中包括借款合同、融资租赁合同、保理合同等与金融相关的合同,但这些合同只能体现投融资交易的部分特征,都只是投融资合同的子类型,迄今为止还没有哪一个典型合同能够充分地代表投融资交易,大量的投融资交易尤其是大量以风险收益或混合收益为目的的非典型合同,还难以在典型合同制度中找到符合双重类似标准的参照物。这增加了非典型合同纠纷案法律适用的难度,甚至可能导致口袋合同现象,这说明投融资合同入典具有必要性。第三,投融资交易是与商品交易、劳务出让等并列的交易,投融资合同入典,符合这种并列关系,可以使合同编的合同类型更加整齐与全面,因此,它有助于完善典型合同的体系;同时,投融资合同能够统领借款合同、保理合同等既有投融资领域的典型合同,不会与既有合同体系相冲突。因此,投融资合同入典具有体系契合性。第四,投融资合同能够代表投融资交易,包括代表既有的典型合同系列,如保理合同、借款合同等,以及代表非典型合同系列,如对赌合同、股票收益权转让合同等;从法域上看,投融资合同既能代表《民法典》合同编中的一些典型合同与相关非典型合同,也能够代表金融法如证券法、期货和衍生品法、商业银行法等法律制度中的典型合同与相关非典型合同。它能够改变投融资交易缺乏足够典型合同代表的状态,因此,投融资合同入典符合典型性要求。

投融资合同入典将是一项远期的工作。《民法典》颁布未久,考虑到法的安定性要求,近年内不宜对之进行修改。但从长远而言,投融资合同入典还是必要的。"'合同编'增加哪些典型合同,原则上应该结合民商合一架构的特点,从体系性、一致性、重要性等方面进行考虑。特别是那些实践中非常普遍又经常发生争议,影响社会稳定,短时间难以单独立法的典型合同,应当增加进来。"①投融资领域中的非典型合同纠纷案,如对赌合同纠纷案、与借款合同低度类似的投融资合同纠纷案等,在实践中非常普遍,其相应的合同应当有名化。但是,在一些法律刚刚制定或修订之际,相应合同近期单独"入典"或进入金融法是不太现实的。变通的做法是在司法解释或司法会议纪要中先建立投融资合同的概念,如同对待对赌合同那样,先在相关司法文件中完成有名化的前期工作。这样的优点是可以不修

---

① 龙卫球:《民法"合同编"的编纂进展、主要发展与完善思路》,载《内蒙古社会科学(汉文版)》2019年第4期。

改法典或金融法，且有一个较为柔性的逐步论证与接受过程。对投融资合同宜作较为抽象的规定，但必须抓住投融资交易的本质，使之能够为所有投融资交易提供基本规范，即发挥其代表性与涵盖功能。无论远期入典还是近期的司法文件，均应当在此思路下考虑投融资合同的规范。

从法律规范考虑，投融资合同法律规则的内容需要审慎安排。对其核心内容设计与说明如下：

第一，概念。投融资合同是指投资方将一定资金投入融资方的企业、项目或其衍生产品，而获得固定收益、风险收益或混合收益的合同。

说明：这一概念试图简练地表达投融资合同的当事人（投资方与融资方）、合同标的（资金）与投资对象（以融资方的企业、项目或其衍生产品为对象的金融产品）、双方的基本权利义务（资金＝收益，不参加经营管理）和双方的合同目的（一方获得融资，另一方获得收益）。

第二，原则。投融资合同的缔约与履行，必须兼顾合同自由与金融安全，保护金融消费者权益。在保护金融安全与不损害金融消费者权益的前提下，应当尊重当事人的合同安排，包括对交易风险与收益的安排。

说明：这一条强调合同自由与金融安全的关系，具体到投融资合同之中，就是在不损害金融安全的基础上尊重当事人对交易风险的安排。如果当事人各方均为老练的交易者，在明知交易风险的情况下订立合同，于订立合同之后又以交易风险分配违反情势变更原则、金融安全原则或公平原则为由要求裁判合同无效的，法律不应当予以支持。投融资合同的本质是获取投资收益尤其是风险收益，投机性是多数投融资合同的特征，期货合约、原油宝合约、（其他）金融衍生品合约等投融资合同，均是以风险收益为目的的交易，风险收益就是交易的目的，否认这种合同的效力本质上就是否认上述交易本身。同时，一些非典型合同，如对赌合同等，也以风险收益作为其合同目的，此时不能因为风险分配不符合买卖合同等传统合同理念而否认合同的效力。买卖合同与投融资合同不是同类合同，其风险的地位与分配规则不同。情势变更原则等也不宜简单适用于投融资合同纠纷案，因为风险收益就是因情势的变动而存在，如果适用情势变更等原则，那么，以风险收益为合同目的的投融资合同将失去存在的依据。于此应当深入地理解与肯定风险收益这样的合同目的。

第三，遵守金融安全与金融消费者的强制性规范。具有群体性与关联性或系统重要性的投融资合同，其缔约、履行与违约责任应当遵守法定的违约预防与违约处置制度。合同当事人一方为金融消费者的投融资合同，应当遵守金融消费者保护制度。

说明:这一条要求投融资合同纠纷案遵守上述强制性规范,尤其是金融特别法中的金融安全制度与消费者保护制度中的强制性规范。其中引入了系统重要性的概念,以便从群体规模、关联性等之上预防系统性风险。在确定投融资合同的缔约过失责任、效力与违约责任、履行方式之时,应当将上述金融安全规范与消费者权益保障规范作为重要的强制性规范,分别作用于投融资合同的缔约、效力与履行环节而考虑其对于合同缔约、效力与履行的影响,即甄别投融资合同的缔约性规范、效力性规范与履行性规范而分别确定其责任。

第四,融资方及相关产品销售者的适当性义务与信息披露义务。投融资合同的融资方及相关产品销售者应当"了解产品"和"了解客户",加强投资者适当性管理,只向投资者销售与其风险识别能力和风险承担能力相适应的金融产品。必须以适当的方式披露金融产品的信息尤其是风险。禁止欺诈或者误导投资者购买与其风险承担能力不匹配的金融产品。金融机构不得通过拆分金融产品的方式,向风险识别能力和风险承担能力低于产品风险等级的投资者销售金融产品。

投融资合同的融资方及相关产品销售者,应当向投资者披露金融产品的必要信息,这既包括初次信息披露,也包括持续信息披露,并保证信息的真实、准确、完整与及时。信息披露包括回答投资者的合理疑问。金融特别法另有规定的,从其规定。

说明:前一款是保护金融消费者的一般规定,也是《关于规范金融机构资产管理业务的指导意见》(银发〔2018〕106 号)第 6 条等内容的一般化。将此条款一般化的理由是,在《证券法》《证券投资基金法》等其他法律之中,也存在类似的规定,且这一规定是对投融资合同融资方的一般性规定。这一款强调了保护金融消费者的适当性义务,以及信息披露及其对金融消费者的保护作用。

后一款是信息披露制度。《证券法》等之中已经有了比较完备的信息披露制度,这些特别法的规定自然是可以"从其规定"。但是,在其他投融资合同之中,仍然需要强调必要的信息披露,以防止欺诈。网络投融资合同之中,尤其需要强调必要的信息披露义务及其违反时的民事责任。因为投融资合同可能以风险收益或混合收益为合同目的,而风险收益随着市场行情的变化而变化,所以必须强调持续信息披露义务及其违反时的民事责任。融资方既应当作一般性的主动信息披露,还应当履行必需的说明义务,有针对性地解释投资方的疑问。

第五,投资者的区分。以获得风险收益或混合收益为目标的投融资合同,应当区分合格投资者与一般投资者,其中合格投资者是指具备相应风险识别能力和风险承担能力,购买单个金融产品不低于一定金额且符合一定条件的投资者。

说明:除区分金融消费者与其他投资者之外,还应当根据风险能力与投资者的智识水平区分合格投资者与一般投资者,因为风险投资具有较大的投机性和风险性,要求投资者具有较好的风险识别与承担能力。

第六,投资对象的界定。投资对象为融资方的企业、项目或其衍生产品,包括股票、债券、基金份额、期货、期权以及其他金融衍生品等金融产品。

说明:此处投资对象的界定借鉴了美国证券法中的投资合同概念,即投入融资方的企业、项目或其衍生产品,同时也强调了金融产品表现形式的多样性与特殊性。

第七,双方的权利义务。投资方应当依约投入资金,融资方应当依约于规定的期限支付投资收益,包括固定收益、风险收益或混合收益;融资方应当履行信息披露义务,资金管理人应当履行忠实义务与注意义务,妥善地管理与运用资金。融资方与资金管理人必须为每个投资者设立独立的账户,并保管好投资凭证。

说明:投入资金是投资者的义务,而融资方的义务除到期支付约定的投资收益之外,还必须履行受托义务或善管义务。也就是说,融资方的主要义务包括两个方面:资产管理义务与依约支付到期收益。前者是过程,后者是结果;前者是后者的保障,后者是前者的目标。从财务上看,账户独立是投资者权益保障的关键之一,同时,因为投融资合同多为未来履行的合同,投资凭证等的保管也是融资方的重要义务。

第八,履行方面的规范。为了保证投融资合同的履行,融资方应当为群体性投融资合同群落或系统重要性投融资合同建立履约准备金。投融资合同的履行应当依约而行,在法律规定的范围内,融资方既不得违反合同规定进行刚性兑付,也不得违反合同规定限制风险收益。

说明:一些特殊的合同应当建立履约准备金制度。准备金制度是金融法中群体性交易的一般性制度,但是,在 P2P 等借款合同中没有建立准备金制度,这是导致不少合同最终群体性违约的根本原因之一。投融资合同的履行应当严守合同约定,即有约必守,对以风险收益为目的的投融资合同,不能要求融资方为了息事宁人而违反合同规定进行刚性兑付。更重要的是,对于此类合同,也不要运用传统借款合同的思维,不顾忌合同的规定而限制投资方的收益水平。

第九,违约责任。没有依约支付投资收益,应当承担违约责任,同时,没有履行信息披露义务与善管义务,也应当承担相应的责任。融资方将善管义务以合同方式或法定方式移转给其他相关主体如公司董事、中介机构等的,可以依合同联立规则而追究其连带违约责任。

说明:违反合同的约定需要承担违约责任,这没有疑问。但是,违反信息披露义务、忠实义务与注意义务等法定义务应当承担何种责任?一般认为应当承担侵权责任。其中的不同理解在于上述法定义务是否属于投融资合同的一部分。依照合同法理,法定义务可以作为合同的义务,也可以成为违约责任的请求权基础,如附随义务等就是如此。① 据此法理,在融资方违反上述法定义务时,投资者既可以追究其违约责任,也可以追究其侵权责任,具体追究何种责任由投资者根据自己的利益而作出选择。上述法定义务一般由融资方的董事、高管以及相关中介机构等承担,因为承担上述义务的主体与投资方没有直接的合同关系,根据合同相对性原则,就无法追究其违约责任。现今公认的做法是以两大义务规范为请求权基础而追究董事、高管与中介机构等责任人的侵权责任。这是传统思路。另一种思路是通过合同联立理论,将两个合同的违约责任连带起来,形成连带违约责任。侵权责任思路基本上达到了这种连带违约责任的效果,只是因为侵权责任与违约责任在举证责任等方面的区别而略有不同。于此建议设立连带违约责任制度,以增加投资方的选择。

以上试图设计投融资合同入典的基本规范。这是一个初步的设计,期望能为投融资合同的规范设计提供一些有用的思路,起到抛砖引玉的作用。

(二)未来投融资领域非典型合同纠纷案参照适用投融资合同规定的注意事项

投融资合同有名化的预期结果是,一部分非典型合同可以从此以后归入投融资合同的范围,直接被认定为投融资合同;另一部分非典型合同因与投融资合同异同并存而不能归入投融资合同的范围,但因为与投融资合同存在双重类似关系,从而可以参照适用投融资合同的规定。这就解决了投融资领域典型合同不足而难以采用参照适用范式的问题。

在参照适用投融资合同的规定裁判投融资领域非典型合同纠纷案之时,应当强调合同自由原则。合同自由是合同法的基石,这一观念落实于投融资交易之中,就是投融资合同自由。与一般合同纠纷案中对合同自由

---

① 参见道文:《试析合同法上的附随义务》,载《法学》1999 年第 10 期。

的理解一样,这一自由受到较多的限制,需要处理好它与交易安全、交易公平原则等的关系,具体到金融法,就是平衡合同自由与金融安全、金融消费者权益保护等原则的关系。在没有系统重要性的投融资合同之中,如果不是出于保护金融消费者的目标,投融资合同的裁判应当尊重合同自由。这包括:允许金融创新,尊重合同创新,不能仅仅因为投融资合同的非典型合同身份而否认其效力;如果当事人各方均为老练的交易者,尽量尊重当事人约定的合同条款,尤其是尊重他们对金融风险的合同安排。如果案涉非典型合同是系统重要性合同或合同群落,应当平衡合同自由与金融安全的关系,参照适用投融资合同的规定并遵守金融安全的强制性规范,对合同的缔约、效力与履行等环节进行区隔,贯彻最小强制规则,在不影响强制性规范目的的基础上尽量维护投融资合同的效力。这是参照适用投融资合同的规定裁判相关非典型合同纠纷案的一般性规则。

在决定是否参照适用时,仍然应当坚持双重类似标准。如果投融资合同能够成为典型合同,不少非典型合同可以依据双重类似标准而参照适用投融资合同的规定。即使如此,也可能存在一些投融资交易不能参照适用投融资合同规定的情况,这是因为金融创新日新月异,总会创造一些与传统合同不太相同的非典型合同。如果新型非典型合同与投融资合同不存在双重类似关系,那么,就不应当参照适用投融资合同的规定。投融资合同制度的创设目标是避免一些非典型合同纠纷案裁判中的削足适履现象,避免将借款合同作为万能的口袋合同。同样地,在未来也不宜过度强调投融资合同作为参照物的标杆意义,更不能将投融资合同作为万能的参照物,否则将导致新的口袋合同现象。投融资合同体现了投融资交易的特征,这一说法是就目前的投融资交易而言的,它未必能概括未来的所有金融创新。随着金融创新的深入,投融资交易可能会出现新的特性。面对不断更新的非典型合同,必须始终坚守双重类似标准。同时,在双重类似标准的判断存在困难之时,还是应当遵守前文所述的“疑难从无”规则,不参照适用投融资合同的规定,而采用通则范式。本书强调投融资合同典型化对参照适用范式的意义,但也强调不应当夸大其意义而导致新的口袋合同现象。

在投融资领域非典型合同纠纷案的裁判中,应当防止参照买卖合同法或以买卖合同法思维进行裁判的做法。投融资合同与买卖合同均涉及一定的物或其未来的权益及其价款,如果不从时间、风险、准备金等之上区分二者,就可能将投融资合同当作买卖合同。例如,忽视期货合约的投机性、风险性等特征,就可能将之当作一般买卖合同。投融资领域的非典型合同与买卖合同的目的不同,重心也不同,投融资领域非典型合同的收益既可能是固定收益也可能是风险收益或混合收益,这类合同一般不适用买卖合同收益理论,因而不宜适用情势变更与显失公平制度。只有认识到投融资领域非典型合同的特殊性及其与一般买卖合同的区别,才可能正确地认识上述非典型合同的本质,也才可能正确地参照适用投融资合同的规定作出裁判。

在投融资领域非典型合同的裁判中,应当避免将借款合同当作口袋合同,防止对借款合同规定的过度参照适用。在没有投融资合同概念与制度之前,借款合同是投融资领域最为重要的典型合同,其制度也是投融资领域最具有典型性的合同制度,在投融资典型合同制度中具有极为重要的地位。这使借款合同容易被当作投融资领域具有万能代表性的典型合同,借款合同制度的过度参照适用也成为一种值得警惕的司法现象。借款合同只是投融资合同中固定收益合同的一种,保底型理财产品与一些固定收益的对赌合同等,既包含固定收益方面的内容,也包含风险收益方面的内容。在固定收益的投融资合同纠纷案中不宜将案涉合同一律认作借款合同或与借款合同存在双重类似关系的非典型合同,在风险收益的合同纠纷案中更不能将案涉合同认作借款合同或与借款合同存在双重类似关系的非典型合同。在投融资领域非典型合同纠纷案的司法裁判中要防止借款合同制度的不当扩张适用。尤其值得强调的是,如果当事人在投融资领域的非典型合同中约定了风险收益,不可以强行将之归入借款合同而否认其风险收益,不能以民间借贷合同的利息“红线”来限制当事人约定的收益,甚至因此而作出无效裁判。总之,要防止将借款合同作为口袋合同并因此作出削足适履的裁判,以避免对投融资领域非典型合同的自由造成不当的损害。

在投融资领域非典型合同的裁判中,应当区分系统重要性非典型合同与其他非典型合同,分别适用相应的违约预防制度与违约处置制度。对于系统重要性非典型合同,在参照适用投融资合同制度之时,应当参照适用相应的违约预防与违约处置制度,如果违反其中效力性规范,应当裁判合同无效;违反缔约性规范或履行性规范的,应当承担相应的责任。而对于不具有系统重要性的非典型合同,在参照适用投融资合同制度之时,因其不具有系统性风险,则一般应当维持其效力,而可以更多地尊重当事人的合同安排。

五、小结

金融业是现代社会的重要行业,投融资交易是金融业的基本内容,投融资交易应当在合同法上有自己的适当代表。参照适用范式要求非典型合同制度具有典型性与充足性。为了在投融资领域非典型合同纠纷案的裁判中满足参照适用范式的前提条件,就必须考虑投融资领域典型合同的典型性与充足性问题。借款合同等既有典型合同体现了投融资交易的某些特征,但难以代表投融资交易中以风险收益或混合收益为目标的非典型合同。买卖合同可以泛化为"一般合同"从而涵盖投融资交易,但它不能体现投融资交易的特质。投融资交易以投融资为基本内容,其本质特征在于将资金投入他人事业而于未来获得固定收益、风险收益或混合收益。根据投融资交易的上述特征提炼出投融资合同的概念,可以区别于物的所有权转让合同、他物权合同与劳务合同,并统领《民法典》合同编中与投融资交易相关的典型合同,如借款合同、融资租赁合同等,以及金融特别法中投融资领域的典型合同,并为投融资领域中的大量非典型合同提供符合双重类似标准的参照物。投融资合同制度或能起到承上启下的作用,统率既有投融资领域的典型合同,为非典型合同纠纷案的裁判提供合适的参照物,填补《民法典》合同编工具箱中典型合同类型的不足,完善投融资领域的典型合同体系。只有形成了较为全面的典型合同类型体系,才能达成投融资领域非典型合同纠纷案裁判的便捷性与准确性,也才能避免借款合同等工具箱的不当扩张适用而形成的口袋合同现象。

第九章　非典型合同纠纷案中强制性规范的分类及其认定规则[①]

一些非典型合同纠纷案具有跨部门法的特征,即跨越两个或两个以上的部门法,如股票收益权转让合同纠纷案、对赌合同纠纷案、资产管理合同纠纷案等均涉及合同法与其他部门法。在金融审判中,跨部门法非典型合同纠纷案的审判不仅要考虑其他部门法的规定,还要考虑《民法典》合同编的规定。其中,强制性规范的类型与认定规则往往影响案涉合同的效力,值得关注。

一、强制性规范的既有分类及其认定规则

在金融审判中,其他部门法中的强制性规范会对案涉非典型合同的缔约、效力与履行产生影响,频繁地导致合同无效,从而容易引发质疑。面对此类质疑,审视强制性规范的传统分类及其后面的理念,并对民商法其他理论进行梳理,挖掘其中所隐含的强制性规范分类及其理念,这或许能为上述分类提供一些新的启发。

(一)强制性规范的传统两分法及其认定规则

强制性规范理论历史悠久,从罗马法到《德国民法典》,强制性规范理论及其对合同效力的影响,已经得到了学者的关注。[②] 在我国,已经形成了效力性强制性规定与管理性强制性规定的传统两分法。

传统两分法是以司法文件的形式得到确认的。最高人民法院《关于适用〈中华人民共和国合同法〉若干问题的解释(二)》(法释〔2009〕5 号)第 14 条明确规定:“合同法第五十二条第(五)项规定的‘强制性规定’,是指效力性强制性规定。”于此正式提出了“效力性强制性规定”这一概念。同一年,最高人民法院《关于当前形势下审理民商事合同纠纷案件若干问题的指导意见》(法发〔2009〕40 号)第 15 条规定:“……人民法院应当注意根据《合同法解释(二)》第十四条之规定,注意区分效力性强制规定和管

---

① 本章内容已公开发表,收入本书时作了一些修改。参见陈醇:《跨法域合同纠纷中强制性规范的类型及认定规则》,载《法学研究》2021 年第 3 期。

② 关于强制性规范与合同效力之间关系的立法与理论嬗变,参见刘凯湘、夏小雄:《论违反强制性规范的合同效力——历史考察与原因分析》,载《中国法学》2011 年第 1 期。

理性强制规定。违反效力性强制规定的,人民法院应当认定合同无效;违反管理性强制规定的,人民法院应当根据具体情形认定其效力。"这一规定提出了与效力性强制性规定相对的概念——管理性强制性规定。上述意见提醒人们注意区分上述两种强制性规定。于此,传统两分法在司法文件中形成。不可忽视的是,上述意见第16条最后一句指出:"如果强制性规定规制的是当事人的'市场准入'资格而非某种类型的合同行为,或者规制的是某种合同的履行行为而非某类合同行为,人民法院对于此类合同效力的认定,应当慎重把握,必要时应当征求相关立法部门的意见或者请示上级人民法院。"其中强调合同行为与履行行为的区别,或能为强制性规范的分类提供某种启发。但是,上述表述点到为止,并没有据此发展出强制性规范的其他分类,而只是起到提醒人们注意认真区分传统两分法的作用。传统两分法引发了不少学者的质疑与争议。① 大概是因为这方面的意见莫衷一是,此后相当一段时间内,司法文件对此保持了沉默。直到2019年《九民纪要》,其第30条才对强制性规范的认定作了较为详细的说明。该条的立场是,既不要不当地扩张效力性强制性规定的范围,也不要过度地扩张管理性强制性规定的范围,避免将所有行政管理性质的强制性规范定性为"不影响合同效力"的"管理性强制性规定";该条主张根据上述强制性规范的性质、目的与违法后果等众多因素综合认定强制性规范的性质及其对合同效力的影响。《九民纪要》承继了传统两分法,只是在二者的甄别上规定得更为详细。《九民纪要》无力提出更好的强制性规范分类及其识别方法,而着力于阐明传统两分法及其认定标准,这是迫不得已的选择。此后,《民法典》第143条第3项将"不违反法律、行政法规的强制性规定"作为法律行为的生效要件之一;第153条第1款规定,"违反法律、行政法规的强制性规定的民事法律行为无效"。其中没有涉及"管理性强制性规定"的字样,也未能为效力性强制性规定与管理性强制性规定的区分提供新的内容。《民法典》以上条款的正确适用,有赖于强制性规范的合理分类以及相应认定规则的逐步完善。

传统两分法一直是民法学者讨论的对象,其中不少学者为两分法及其认定规则作出了可贵的努力。总结既有的学说,可以将传统两分法的认定规则分为四种:其一,利益说。该说认为应当区分国家利益与社会公共利益,以区分两类强制性规范,②或认为应当以利益衡量的方法界分两类强

---

① 相关质疑与争议,参见许中缘:《禁止性规范对民事法律行为效力的影响》,载《法学》2010年第5期;王轶:《合同效力认定的若干问题》,载《国家检察官学院学报》2010年第5期;等等。

② 参见王利明:《合同法研究》(第1卷),中国人民大学出版社2015年版,第633页。

制性规范，或认为应当将公法比例原则的操作技术用于两类强制性规定的认定之上。① 利益说从利益视角区分两类强制性规范，这是一个值得肯定的视角，但它侧重于国家利益与公共利益的区分，而这两种利益与合同利益还是有所不同的；利益说未能将利益衡量或比例原则落实于合同利益的区分与衡量之上，因此，从合同法角度看，该说未免太过抽象与空泛。其二，目的说。目的说认为应当从规范目的上认定上述两类强制性规范。② 规范目的无疑指向法律规范的灵魂，该说于此方面倒是切中了规范的要害，而问题在于，相同的规范目的可以凭借不同的规范（手段）而得以实现，仅仅考量规范目的而不比较不同规范（手段）对合同当事人的强制程度差异，这显然忽略了同一规范目的在实现方式上的多样性，以及不同实现方式对合同当事人强制性的差异。规范目的说是古老的学说，主张此说的学者也因此受到批评："研究此一问题的学者多半也还停留在德国古老的'规范目的说'，没有往前多走一步。"③有学者或许是对抽象的学说过于失望，因而试图通过案例法来区分强制性规范，该学者确立了八项可衡酌要素。④ 这种案例法的缺点是过于复杂，因放弃了对理论的追求而可能缺乏全面性与必要的概括性。其三，对象说。该说认为强制性规范旨在禁止某些对象，如合同行为本身、市场准入资格与履行行为等，故应当从禁止对象的区分上认定两类强制性规范。⑤ 对象说从禁止对象上区分强制性规范，甚至将强制性规范的认定与合同行为、履行行为等联系起来，这有利于区分强制性规范对不同禁止对象的禁止程度，但这种对象的分类缺乏统一的标准，未必妥帖，并且似乎没有考虑将禁止对象与规范目的、禁止程度等因素结合起来，其妥当性还需要进一步的思索。其四，综合说。顾名思义，综合说认为应当综合各个方面的因素，综合考虑主体资质、行为等而认定两类强制性规范。⑥ 主张综合说的学者对既有认定方法逐一进行了批评，然后提出："法律行为违法可划分为主体、目的、标的与程序性违法，应

---

① 参见耿林：《强制规范与合同效力——以合同法第 52 条第 5 项为中心》，中国民主法制出版社 2009 年版，第 208 页；宁红丽：《民法强制性规范的反思与优化》，载《法学》2012 年第 4 期。

② 参见朱庆育：《〈合同法〉第 52 条第 5 项评注》，载《法学家》2016 年第 3 期。

③ 苏永钦：《以公法规范控制私法契约——两岸转介条款的比较与操作建议》，载王雷主编：《人大法律评论》2010 年卷，法律出版社 2010 年版，第 10 页。

④ 参见苏永钦：《以公法规范控制私法契约——两岸转介条款的比较与操作建议》，载王雷主编：《人大法律评论》2010 年卷，法律出版社 2010 年版，第 14 页以下。

⑤ 参见王轶：《民法典的规范配置——以对我国〈合同法〉规范配置的反思为中心》，载《烟台大学学报（哲学社会科学版）》2005 年第 3 期。

⑥ 参见石一峰：《效力性强制性规定的类型化分析》，载《武汉大学学报（哲学社会科学版）》2018 年第 2 期。

结合强制性规范的目的并依比例原则予以具体判断。"①综合说的缺陷在于,它综合了既有认定规则的各种缺点,而且综合说的难处在于综而不合,即难以消除各种学说之间的冲突之处。以上各种学说是以传统两分法为基础的认定规则,它们视角有别,均是有益的探索,但均以传统两分法为基础,因而可能带有这一基础所固有的局限,以及特定视角上的盲区。既有学说从多个视角努力,试图建立强制性规范的认定规则,《九民纪要》综合了上述学说,将既有学术成果体现于司法文件之中。

传统两分法在保护合同自由方面是有成绩的,它破除了违反强制性规范即无效的思维模板,为保护合同效力开辟了一条具有一定合理性的道路,但这一道路及其认定细节,还存在各种争议。传统两分法提醒人们注意强制性规范对合同自由的严重限制及二者的紧张关系,并试图通过强制性规范的分流而解除部分强制性规范对合同效力的强制,从而达到缓解上述紧张关系的效果。这种努力是值得肯定的。当然,传统两分法将"效力"和"管理"当作相对应的词汇,这种对应未必妥当,基于此而作的强制性规范分类及其认定规则也可能都存在疑问,还需要更多的探索。

(二)对赌合同裁判中隐含的强制性规范分类及其认定规则

自2019年"华工案"开始,对赌合同的司法裁判就发生了根本性的转向,从关注对赌合同的法律效力转向关注该合同的可履行性。在上述裁判及其转向中,既有对赌合同纠纷案方面的裁判学说与观念变更,也隐含着强制性规范类型与认定规则方面的不同认识。前者已经受到众多学者的重视,而后者还有进一步提炼与升华的余地。

其一,合同法范式。该范式完全排除公司法强制性规范在合同效力裁判中的强制。该范式强调合同自由在合同纠纷案中的地位,强调对赌合同的合同属性,认为应当适用合同法认定其效力,同时否认该合同中的股权等公司因素,以排除公司法及其强制性规范在合同纠纷案裁判中的影响。国外的判例认为,在优先股合同纠纷案中,如果所主张的权利是相对于普通股的优先权,那么,它是契约性的。② 这一判例被认为是合同法范式的典型案例:"优先股位于公司法和合同法这两大私法范式之间的断层之上……裁判者在两者之间做出选择,有时适用公司法原则,而有时则选择

① 冉克平:《论效力性强制规范与私法自治——兼析〈民法总则〉第153条第1款》,载《山东大学学报(哲学社会科学版)》2019年第1期。

② See Jedwab v. MGM Grand Hotels, Inc., 509 A. 2d 584, 595 (Del. Ch. 1986).

合同法框架。"①在其后的判例中,法官认为,在主张优先股股东的合同权利时,不可以援引公司法强制性规范而要求董事会向其承担信托责任。②我国有学者认为,合同性而非法定性才是优先股的本质属性。③"海富案"确立了"与股东对赌有效、与公司对赌无效"的裁判规则,被学者批评为:"将'对赌协议'的合同效力与公司债权人保护的强制规范进行武断捆绑,逾越了公司法管制介入契约自治的规范边界。"④以合同自由来否认公司法强制性规范对合同效力的影响,这是合同法范式背后的强制性规范观念。

其二,公司法范式。该范式应用了传统强制性规范两分法。与合同法范式相对应,该范式强调对赌合同的公司属性,认为应当适用公司法裁判对赌合同纠纷案,如果对赌合同违反了公司法的强制性规范,该合同可能无效。"将优先股与普通股的利益竞争置于组织法而非合同法的框架下,进而在组织法中划定优先股合同权利的边界,有其正当性。"⑤这是公司法范式的典型表述。这曾是我国法院裁判对赌合同无效的基本思维,据此,包括"海富案"在内的很多对赌合同均被裁判无效。公司法范式强调公司法强制性规范对合同效力的限制,并往往将公司法的强制性规范定性为效力性强制性规定,这体现了传统两分法中的强制性规范分类与认定思维。

其三,区隔论,即区分强制性规范作用范围(效力与履行)的学说。区隔论承认公司法在对赌合同纠纷案裁判中的适用,但认为在强制性规范的作用范围上,应当区分对赌合同的效力与履行。例如,有论者认为,以效力强制性规定裁判对赌合同无效,会"抑制和扭曲私人选择",故应当将对赌协议的效力与公司债权人保护的强制性规范区隔开来。⑥有学者以美国SV投资有限公司诉思维工作有限公司案(SV Inv. Partners, LLc v. Thoughtworks, Inc.)为例⑦,提出了区分效力与履行的观点:"对赌协议的裁判核心不在于交易类型的合法性判断,而是合同履行之可能性。"⑧因

① William W. Bratton & Michael L. Wachter, *A Theory of Preferred Stock*, 161 University of Pennsylvania Law Review 1815(2013).

② See In Re Trados Inc. Shareholder Litigation, 73 A. 3d 17 (Del. Ch. 2013).

③ 参见张志坡:《论优先股的发行》,载《法律科学(西北政法大学学报)》2015 年第 2 期。

④ 潘林:《"对赌协议第一案"的法律经济学分析》,载《法制与社会发展》2014 年第 4 期。

⑤ 潘林:《优先股与普通股的利益分配——基于信义义务的制度方法》,载《法学研究》2019 年第 3 期。

⑥ 参见潘林:《"对赌协议第一案"的法律经济学分析》,载《法制与社会发展》2014 年第 4 期。

⑦ See 7 A. 3d 973 (Del. Ch. 2010), aff' d, 37 A. 3d, 205 (Del. 2011).

⑧ 刘燕:《对赌协议与公司法资本管制:美国实践及其启示》,载《环球法律评论》2016 年第 3 期。

此,应当重新理解合同逻辑,实施合同效力与合同履行的区隔。区隔论的意旨是,将公司法强制性规范的作用点从对赌合同的效力环节移向履行环节,从而以履行障碍裁判代替无效裁判。这样就限缩了强制性规范的作用范围,实质上限制了无效裁判的范围。区隔论初看之下是效力与履行的区分与隔离,实质上,其中隐含着强制性规范的分类,即区分与隔离影响合同效力的强制性规范与对合同履行的强制性规范(二者可以简称为效力性规范与履行性规范),从而在本质上重新对强制性规范进行了分类。当然,这一分类只是隐含的分类,局限于对赌合同纠纷案之中,且只是对公司法强制性规范的分类。在对赌合同纠纷案的裁判上,《九民纪要》也采纳了这一观点:与目标公司"对赌"的,一般不再根据原《公司法》第35条(现行《公司法》第53条,抽逃出资规范)等裁判无效,而是在审查符合公司法关于"股东不得抽逃出资"及股份回购的强制性规定后,裁判投资方实际履行。① 从司法实践看,我国对赌合同纠纷案的效力裁判大致呈现了一个从无效到有效的趋势。但是,《九民纪要》尽管承认上述司法实践,却并没有将上述司法实践中隐含的强制性规范分类提炼出来,而坚持了传统两分法,从而导致强制性规范的明确分类与上述司法实践中隐含分类二者的潜在冲突。

区隔论转移了公司法强制性规范的作用环节,避开了对合同效力的强制,缓和了合同自由与公司法强制性规范的冲突,同时在一定程度上又达成了合同法范式与公司法范式的目标,它为对赌合同纠纷案的裁判提供了有力的裁判理念,同时也隐含了强制性规范分类方面的重要尝试与思想。但是,区隔论尤其是其中强制性规范的作用区域转移是需要论证的。区隔论的支持者认为,合同效力与合同履行的区隔源于民法上物权变动的原因与物权变动的结果相区分的原则,有助于兼顾契约自治、防范机会主义行为以及公司法的规范目标。② 将物权行为的区分原则运用于对赌合同的裁判,这是一种类比的论证方法。对赌合同的效力与履行属于合同债权的环节,然而,物权行为与合同行为是不同的,这种区分导致了二者在民商法原理与制度上的众多差异。物权行为的区分理论能否用于合同这一债权环节之上,是值得怀疑的。并且,根据合同债权的两个环节而将对赌合同的合意及其履行分为两种意思表示,很难令人信服。因此,物权行为区分理论并不能为区隔论提供充分的论证,区隔论要有自己独立的论证。另

---

① 《九民纪要》第5条对此作了较多的规定。

② 参见潘林:《重新认识"合同"与"公司" 基于"对赌协议"类案的中美比较研究》,载《中外法学》2017年第1期。

外，区隔论虽然隐含着公司法强制性规范的分类，却没有全面地讨论公司法强制性规范与合同法的关系。

区隔论提醒强制性规范应当区隔效力与履行，却没有分别区隔与不区隔等各种情形及其处理规则。按照区隔论，是不是应当将强制性规范尽可能地认定为履行性规范，抑或是将所有的强制性规范认定为履行性规范？区隔论对此没有明确的论断。因此，区隔论还只是隐含着强制性规范的分类观念，尚不是成型的强制性规范分类理论，更未能顾及两类强制性规范的认定规则。

（三）缔约过失理论中强制性规范的分类与认定规则

德国法学家耶林提出了缔约过失理论，该理论历经发展，逐步制度化与法典化。① 我国《合同法》曾经规定了缔约过失制度，并已经形成了体系性。②《民法典》合同编第500条规定了恶意磋商等违反诚信缔约行为的责任，以此为中心，承继了原《合同法》中的规范体系。缔约过失责任的独立性受到质疑③，但是这并没有影响缔约过失理论适用范围的逐步扩大，正如学者所言："从各国司法来看，德国、日本均已把缔约责任适用范围扩大到合同有效成立的某些情况。"④

缔约过失责任规范既存在于合同法（编）之中，也存在于其他部门法制度之中。大量的金融法规定了缔约过失责任规范，如《证券法》第88条第1款规定的证券公司适当性义务规范、《保险法》第17条第1款规定的说明义务规范，二者均是缔约过失责任方面的规范。这说明了两点：第一，缔约过失理论不仅适用于一般合同（包括非典型合同）领域，也适用于跨部门法非典型合同领域。在适用于跨部门法非典型合同的情形下，缔约过失责任理论已经超越了单个合同法，而临界于两个以上的法域边缘，须由更具高度的诚实信用原则予以调整。⑤ 一些非典型合同缔约过失责任纠纷案具有跨部门法特征，必须依据跨部门法的规范予以裁判。第二，缔约过失理论是以合同流程的区分为基础的，它同时从合同流程上区分了强制性规范。缔约过失理论是对缔约阶段的评价，这改变了以效力评价作为合同唯一评价标准的观念，将缔约过程与效力评价作为两种并行的评价机

---

① 参见王洪亮：《缔约过失责任的历史嬗变》，载《当代法学》2005年第5期。

② 参见孙维飞：《〈合同法〉第42条（缔约过失责任）评注》，载《法学家》2018年第1期。

③ 参见李中原：《缔约过失责任之独立性质疑》，载《法学》2008年第7期；于飞：《我国〈合同法〉上缔约过失责任性质的再认识》，载《中国政法大学学报》2014年第5期。

④ 吴卫星：《缔约过失责任新论》，载《南京大学法律评论》2001年春季号。

⑤ 参见钱玉林：《缔约过失责任与诚信原则的适用》，载《法律科学（西北政法学院学报）》1999年第4期。

制，这从合同流程的细分之上达成了评价机制的精细化。在这种评价机制后面的合同流程理念，就是缔约与效力二者界分的合同流程观念。缔约过失理论以合同流程的界分为基点，将其评价的规范依据即强制性规范分为两种类型：针对缔约的强制性规范与针对合同效力的强制性规范。二者可分别称作缔约性规范与效力性规范。根据不同的理论及其不同的规范依据，违反缔约性规范承担缔约过失责任，而违反效力性规范可能导致合同无效。承认缔约过失责任独立性的学者，认为缔约过失责任可以独立于合同效力瑕疵导致的后果，即在合同未成立和效力瑕疵的情况下可以适用缔约过失责任，在合同有效的场合，也可以适用缔约过失责任；①合同有效并不是追究缔约过失责任的前提，因为无论合同是否有效，缔约过程中的缔约过失均违反了诚信义务，均需要承担相应的法律后果。② 不承认缔约过失责任独立性的学者，认为缔约过失责任要视合同关系是否成立而定：合同关系成立时则应适用合同责任，合同关系不存在时则可以考虑缔约过失责任。③ 近年多数学者不再强调缔约过失责任与合同效力的关联，更多地赞成缔约过失责任独立说。④ 即使质疑缔约过失责任独立性的学者，也不得不承认缔约过失责任的独立性已经成为我国学界的主流观点。⑤ 对本章而言，承认缔约过失责任独立性的学者，可以对两种强制性规范作绝对的界分，而只承认缔约过失责任相对独立性的学者，可以对两种强制性规范作相对的区分。

缔约过失理论区分了缔约性规范与效力性规范，也建立了缔约性规范的认定规则。缔约过失责任以信赖保护为基础，“合同谈判开始时，当事人处于超越普通人之间的一般关系的信赖关系之中”⑥。从目的上看，缔约性规范的目的是保护信赖。缔约过失责任以违反先合同义务、相对人的损失等为构成要件。从利益上看，缔约性规范的目的是补偿相对人的损失。⑦ 从合同流程上看，先合同义务一般始于要约生效，终于承诺到达（合意形成）。⑧ 这就明确了缔约性规范所指向的合同区间。在种类上，先合

① 参见吴卫星：《缔约过失责任新论》，载《南京大学法律评论》2001 年春季号。
② 参见孙维飞：《〈合同法〉第 42 条（缔约过失责任）评注》，载《法学家》2018 年第 1 期。
③ 参见王利明：《合同法新问题研究》，中国社会科学出版社 2003 年版，第 149 页。
④ 参见谢鸿飞：《合同法学的新发展》，中国社会科学出版社 2014 年版，第 159、165 页。
⑤ 参见李中原：《缔约过失责任之独立性质疑》，载《法学》2008 年第 7 期。
⑥ 王洪亮：《缔约过失责任的历史嬗变》，载《当代法学》2005 年第 5 期。
⑦ 参见崔建远：《合同法》，北京大学出版社 2012 年版，第 105 页以下。
⑧ 参见王利明：《合同法研究》（第 1 卷），中国人民大学出版社 2011 年版，第 338 页。

同义务包括恶意缔约、欺诈缔约等 12 种情形。① 既有理论从规范目的与所保护的利益、规范所作用的合同流程、类型列举等方面,为认定缔约性规范提供了规则。与传统两分法中的认定规则类似,上述缔约性规范的认定也重视规范目的与利益,稍有不同的是,缔约性规范的认定规则中强调了合同流程的起止阶段,从而明确了缔约性规范所作用的合同流程。尽管如此,以上规则在区分缔约性规范与效力性规范时仍然会遇到困难:缔约性规范试图保护信赖、补偿相对人的损失并作用于缔约阶段,而效力性规范也具有保护信赖、补偿相对人的损失与肯定或否定缔约阶段效力等功能,二者在目的、利益与所作用的合同流程上具有类似之处。在跨部门法合同纠纷案中,所涉公司法、证券法等如果没有明确规定哪些强制性规范属于先合同义务的内容,这种困难会更加突出。

缔约过失理论隐含的强制性规范区分比区隔论要早,但这种区分并没有受到重视。这可能是因为人们对缔约性规范的跨部门法性质认识不足。区隔论就是因公司法"入侵"合同法而产生。在一定程度上可以说,跨部门法问题是引发人们注意强制性规范的情景。缔约过失理论建立了认定缔约性规范与效力性规范的一些规则,但将之适用于跨部门法合同纠纷案之时,可能还需要对上述认定规则作进一步的完善。

除上述分类之外,有学者根据《民法典》第 153 条的规定,将强制性规范分为效力性强制性规定和非效力性强制性规定,并进而建议根据公法与私法性质的差异而区分强制性规范。② 效力性强制性规定和非效力性强制性规定的区分,在逻辑上比效力性强制性规定和管理性强制性规定的区分更为合理,但是,如果不能提出更为具体的分类标准与认定规则,这种逻辑合理性的意义也就缺乏实务意义。《合同编通则解释》第 16 条规定了不导致法律行为无效的五种强制性规范,从规范目的与法律责任上规定了认定标准。有学者认为,《合同编通则解释》第 16 条采用的是"规范目的+列举法"的方法。③ 事实上,这一规定引入了"规范目的+法律责任"的方法,这为规范目的说增加了新的内容(规范目的与法律责任的比例关系),从而有助于判断哪些强制性规范的法律责任足以实现其规范目的,进而确定它有无必要作用于合同并以无效的法律后果作为补充。同时,《合

---

① 参见崔建远主编:《合同法》(第 5 版),法律出版社 2010 年版,第 123 页。

② 参见王利明:《论效力性和非效力性强制性规定的区分——以〈民法典〉第 153 条为中心》,载《法学评论》2023 年第 2 期。

③ 参见易军:《论合同违反强制性规定无效的判断标准——以〈民法典合同编通则解释〉第 16 条为中心》,载《清华法学》2024 年第 1 期。

同编通则解释》体现了公法强制性规范与私法强制性规范的区分。公法强制性规范与私法强制性规范的区分，是从法域上对强制性规范的区分，它有助于根据特定部门法而确定强制性规范的目的及其与相应法律责任的对应关系，从而确定公法强制性规范有无必要作用于合同。对于那些没有必要作用于合同的强制性规范，自然也不涉及强制性规范作用的合同阶段及其进一步的分类问题，但是，对于私法强制性规范以及需要作用于合同的公法强制性规范，仍然需要考虑强制性规范作用的合同阶段及其进一步的分类与认定方法。例如，“违反刑法的合同的效力包括有效、无效、可撤销三种形态，此外还有部分合同的效力取决于相对人的善意”①。私法强制性规范与公法强制性规范的区分，确有效益，但还不足以解决强制性规范的类型与认定规则问题。同时，《合同编通则解释》第 16 条规定了针对履行行为的强制性规范不导致合同无效及其例外，发展了最高人民法院《关于当前形势下审理民商事合同纠纷案件若干问题的指导意见》（法发〔2009〕40 号）第 16 条的观点（强制性规定规制的是某种合同的履行行为时，合同效力的认定应当慎重把握），似乎引入了区隔论的一些因素。但是，《合同编通则解释》似乎仍然没有明确强制性规范所作用的合同介面，也未能揭示上述合同介面与强制性规范的分类或认定规则之间的对应关系。因此，对于作用于合同的强制性规范，仍然需要考虑其分类与认定方法。

基于此，下文所说的强制性规范，除非另行说明，均指作用于合同的强制性规范。《合同编通则解释》第 16 条暗示了强制性规范的一种分类：作用于合同的强制性规范与不作用于合同的强制性规范。不作用于合同的强制性规范是指《合同编通则解释》第 16 条所说的“行为人承担行政责任或者刑事责任能够实现强制性规定的立法目的的”强制性规范，而作用于合同的强制性规范是指行为人承担非合同法律责任不足以实现强制性规定的立法目的的强制性规范。前一种规范本质上与合同无关，因而，下面只讨论作用于合同的强制性规范的分类与认定规则。需要注意到，作用于合同的强制性规范与不作用于合同的强制性规范，不同于效力性强制性规范与非效力性强制性规范的区分，因为作用于合同的强制性规范可能是效力性强制性规范，也可能是非效力性强制性规范。

二、全介面理念下强制性规范的重新分类

不同于传统两分法以考虑其他部门法的利益或者目标为视角，区隔论

① 谢鸿飞：《违反刑法的合同的类型与效力》，载《法律适用》2024 年第 1 期。

和缔约过失理论均将界分强制性规范的视角转向了合同流程,这或可为强制性规范的重新界分打开另一扇大门。

(一)合同流程视角下的全介面理念

合同流程视角是观察合同法与其他部门法强制性规范之间关系的重要视角。无论是典型合同还是非典型合同,均包括缔约、效力与履行三个流程。相应地,合同法(编)制度与其他部门法接触的介面(以下简称法域介面)可以分为三个基本介面:缔约介面、效力介面与履行介面。法域介面是指不同部门法之间的耦合介面。① 转介条款中"转介"就是介面的转换,"它是沟通公法强制与私法自治的管道(转介条款),即通过它在民法中引入公法强行法规范,作为对合同的效力评价依据"②。这属于将公法规范转介于合同法的情形。在私法中也存在大量的强制性规范,也需要转介于合同法,从而形成公法转介与私法转介并行的局面。转介条款的目标是将民法(合同制度)之外的价值诉求导入民法(合同制度)。③ 转介条款中的"转介"即不同部门法接触介面的转换。然而,在转介条款的研究中,人们只注意到规范的转换,忽视了所经过的法域介面本身及其范围、选择等问题。从合同流程观察合同法与其他部门法之间的法域介面,有助于引导人们思索合同流程与法域介面的关系,并区分与选择强制性规范的作用介面。

区隔论与缔约过失理论本质上都是法域介面选择理论。区隔论将公司法的强制性规范转介为对赌合同的履行规范,而缔约过失理论将其他部门法的强制性规范转介为缔约过程规范,其核心方法论都是选择并转移强制性规范的作用介面。如果将区隔论与缔约过失理论的法域介面观念链接起来,就能得到一种全面的法域介面理念,即全介面理念。所谓全介面理念,是指人们在考虑其他部门法强制性规范与合同法之间的作用介面之时,应当综合考虑二者的全部介面并作出合理的介面选择,以确立适当的强制区间。全介面理念包括三个要点:其一,多元介面理念。其他部门法与合同法之间的法域介面有缔约介面、效力介面与履行介面三个,而不是其中一个或两个。其二,介面可分理念。上述缔约介面、效力介面与履行介面三者是相对可分的。介面可分理念试图局限强制性规范的作用区间,避免其他部门法不当地扩大其强制性规范的作用范围。其三,介面选择理念。以上述两个理念为基础,强制性规范的作用介面可以依据一定的

① 参见苏永钦:《夏虫语冰录(一二五)——法域介面解释学》,载《法令月刊》2018 年第 6 期。
② 谢鸿飞:《合同法学的新发展》,中国社会科学出版社 2014 年版,第 222 页。
③ 参见黄忠:《违法合同的效力判定路径之辨识》,载《法学家》2010 年第 5 期。

标准选择确定。合同法分别运用了缔约过失责任制度、效力制度与违约责任制度等来调整合同的各个环节,并没有运用合同无效或违约责任制度作为处理缔约过失的制度,这其中体现了合同法选择的标准。其他部门法强制性规范的作用介面,也应当尊重合同法的上述区分,根据一定的标准选择其强制性规范的作用区间。

法域介面的研究需要体系化,才能避免整个法域体系因遗漏、重复与矛盾而造成的不可预期性。① 区隔论与缔约过失理论分别隐含着"效力—履行"与"缔约—效力"的合同流程与法域介面观念,将二者连接起来,形成"缔约—效力—履行"的合同流程体系以及"缔约介面—效力介面—履行介面"的全介面体系。其中,每个介面还可以视情况进行更精细的分类。例如,缔约阶段包括要约邀请、要约与承诺三个阶段,其相应的介面也就可以分为三个。长期以来,人们没有重视合同法与其他部门法之间法域介面的细分,而以效力介面来代表整个合同介面,并将大量强制性规范引致合同效力介面。区隔论试图将公司法的强制性规范引向合同的履行介面,缔约过失理论试图将其他部门法的强制性规范引向缔约介面,二者均有助于避免直接引致效力介面而导致的效力否定性后果。然而,二者均可能存在将强制性规范过度地引致合同的履行介面或者缔约介面的后果。全介面理念确立了"缔约介面—效力介面—履行介面"的三元介面,使强制性规范的作用介面有更多的选择。在非典型合同纠纷案裁判中,这或能为正确地选择强制性规范的作用介面奠定基础。

(二)全介面理念下强制性规范的新三分法

根据全介面理念,可以将作用于合同的强制性规范分为缔约性规范、效力性规范与履行性规范,分别指向其他部门法中针对缔约介面并导致缔约过失责任的强制性规范、针对效力介面并导致合同效力瑕疵的强制性规范以及针对履行介面并导致履行障碍的强制性规范。② 例如,公司或其股东对外交易,必须遵守一些强制性规范,公司法因此存在主体资格、权限、程序等方面的众多强制性规范,现行《公司法》第 9 条经营范围及其配套法律规定、第 15 条公司对外担保规定等,均是对上述合同的强制,根据其所强制的合同介面,可认定为上述三种规范之一。如果某一合同只违反了缔约性规范,相关当事人就只依法承担缔约过失责任,并不导致合同无效及

---

① 参见苏永钦:《夏虫语冰录(一二五)——法域介面解释学》,载《法令月刊》2018 年第 6 期。

② 关于履行障碍救济方面的传统观点,参见王洪亮:《试论履行障碍风险分配规则——兼评我国〈合同法〉上的客观责任体系》,载《中国法学》2007 年第 5 期;[德]马丁·舍尔迈尔:《〈德国民法典〉中的履行障碍法:过去与未来》,朱晓峰译,载《比较法研究》2014 年第 6 期。

其法律责任。①“最能反映管制与自治新辩证关系的法域耦合,莫过于因应公私协力而必须就同一行为作分阶段或分别环节做不同处理者……”②按全介面理念细分强制性规范,正是不同部门法之间协力而区分行为阶段或行为环节的结果。新三分法有三个特征:第一,从法域介面视角对强制性规范进行分类,将合同法理念与其他部门法规范结合于同一个概念之中,形成了“缔约介面—效力介面—履行介面”的介面理念。第二,基于类型化思维,将区隔论和缔约过失理论中关于强制性规范的分类与全介面观念结合。第三,体系性与可分性的结合。上述强制性规范的三个类型既是统一的整体,又是相对独立的规范类型。过于强调其中某一类规范或忽视某一类规范,均会破坏其体系性。而混淆其中任何两类规范,也就混淆了各个类型之间的可分性。

新三分法与传统两分法采用了不同的分类标准。管理性规范与效力性规范是根据不同标准分类而得的强制性规范类别,二者不宜并列。更需注意的是,缔约性规范与履行性规范虽然是非效力性规范,但不可将二者等同于管理性规范,后者是行政法强制性规范的一种。③ 除分类标准的差异之外,新三分法与传统两分法还存在如下三点不同:其一,全介面观念与单一介面观念。新三分法采用三分法,既重视效力介面,也重视缔约介面与履行介面;传统两分法只重视效力的强制,忽视了对缔约与履行的强制,这可能导致不当的强制。其二,考虑法域结合与只考虑其他部门法强制性规范的目的。新三分法是合同法理念与其他部门法强制性规范结合的成果;传统两分法只考虑了其他部门法强制性规范的目的,与合同法完全脱节,容易忽视合同法的价值观。其三,体系与术语不同。新三分法建立了三分法组成的完整的体系;而两分法的体系在分类标准方面不准确,无法保证类型的周延性。新三分法运用了合同法术语,如缔约、效力、履行等,术语概念明确;而两分法运用了“管理性”之类的术语,该术语缺乏明确的法律理论与制度依托,容易被滥用,可能泛化无效裁判。

新三分法与区隔论、缔约过失理论均从合同法视角考虑强制性规范的

---

① 这一结论或可推广至其他合同。例如,最高人民法院《关于审理民间借贷案件适用法律若干问题的规定》(法释〔2020〕17号)第12条规定:“借款人或者出借人的借贷行为涉嫌犯罪,或者已经生效的裁判认定构成犯罪,当事人提起民事诉讼的,民间借贷合同并不当然无效……”或可将上述涉案行为视为违反缔约性规范的行为,集资人因此承担刑事责任,但所涉合同有效。当然,这需要更多的论证。

② 参见苏永钦:《夏虫语冰录(一二五)——法域介面解释学》,载《法令月刊》2018年第6期。

③ 参见应秀良:《违反行政法强制性规定的合同效力探讨——以〈房地产管理法〉为研究对象》,载《法律适用》2004年第3期。

性质,均有避免过度强调效力性规范的功能。但是,新三分法试图在观念上更进一步。这具体表现在:第一,转变了介面观念。区隔论与缔约过失理论或注重缔约介面与效力介面,或注重效力介面与履行介面,二者均将强制性规范的作用介面限定于二元,并设定了两种强制性规范。而新三分法考虑合同的全介面,即缔约、效力与履行三元介面,并据此确定了三种强制性规范。第二,体现了更为全面的体系观念。新三分法综合了区隔论与缔约过失理论中隐含的规范分类,构建了更为全面的强制性规范体系。第三,扩展了适用范围。区隔论主要适用于对赌合同纠纷案,新三分法将其适用范围一般化为跨部门法合同纠纷案。

(三)新三分法的价值依据

非典型合同纠纷案的裁判必须兼顾甚至融合合同法与其他部门法的价值,以实现整体价值的最大化,即既不能过度地限缩合同法中的合同自由等价值,也不能过度地否认其他部门法制度的价值。新三分法的这一目的是容易得到认可的,问题在于如何依照合同流程的规律,在非典型合同的裁判中既遵守其他部门法的强制性规定又同时尊重合同法的价值。缔约过失理论与区隔论通过限定强制性规范的作用介面,在一定程度上限缩了其他部门法强制性规范对合同效力环节的强制,但二者各自为政,未能贯穿整个合同流程,从而未能全面达成合同法与其他部门法之间价值的最大化。传统两分法中的"管理性强制性规定"是一个模糊的概念,它在避免"效力性强制性规范"作用范围过大的同时,存在认定上的困难且容易造成矫枉过正的现象。新三分法根据合同流程区分法域介面,在体系化思维的指导下,细分强制性规范的种类,并将强制性规范的作用范围局限于最小的区间,有助于实现最少强制的目标,或者说,达到最大限度地保护合同自由的目标,从而实现合同法与其他部门法之间最大限度的价值尊重。可以说,强制性规范的分类越合适、准确,所作用的合同流程的范围也就越适当,对合同自由的影响也就越少,也就越有助于实现合同法与其他部门法之间价值的融合与最大化。

其一,新三分法有助于最大限度地保障合同自由。现代合同法并不否认对合同自由的适度限制,但目标是对合同自由的最小限制。如果不考虑合同流程,不将强制性规范对准适当的合同流程,就可能不当地限制合同自由。区隔论与缔约过失理论均有助于缩小强制性规范的作用范围,但是,前者忽视了缔约性规范,后者忽视了履行性规范,因而可能会误认强制性规范的强制对象。新三分法借鉴与推崇"最小侵害"与"禁止过度"的比例原则[①]，以及“尽量减少无效行为的数量”的谦抑性原则[②]，在承认其他部门法强制性规范的同时，尽量选择与局限于强制性规范的作用介面，以减少对合同自由及相应制度的损害，从而将其他部门法对合同的强制局限于尽可能小的限度之内。

其二，从法律解释视角来看，新三分法贯彻了体系化方法，以实现其他部门法对合同法价值的最大尊重。在强制性规范的分类与解释之中，存在历史方法、体系化方法、目的方法等多种方法。[③] 新三分法将合同的全部流程作为一个系统，在系统中细分其他部门法的强制性规范及其与合同法的作用介面，将体系化方法由单一法域拓展至法域介面之间。在这种综合体系化思维的指导下，合同流程的顺序随之成为相应强制性规范的层次，合同流程的界分简化了介面发现的过程，进而限缩了强制性规范的适用范围，有助于更为精准地发现强制性规范的特征，有针对性地选择适当的介面与精细化地解释强制性规范，从而使法律规范及其解释更为精准，以实现强制性规范的体系化、精简化与精确化。

其三，从利益上看，新三分法有助于各部门法法益的最大保护。根据富勒等的理论，合同利益包括信赖利益、返还利益与期待利益三种，保护这三种利益是合同纠纷案损害赔偿所追求的目的。[④] 一个成功的交易可以实现上述三种利益，有效的合同正是为了实现上述交易目的。其他部门法有其他部门法的法益，其中法益通过强制性规范予以保护。新三分法承认其他部门法强制性规范所保护的法益，但是，它并不主张因此而不作选择地否认合同的效力，而主张选择性地适用缔约过失责任制度、无效制度与履行障碍制度，以便在遵守其他部门法强制性规范的同时，尽量保存合同利益。例如，在不损害其他部门法法益的情况下，将强制性规范认定为缔约性规范，只限制合同的信赖利益。在对赌合同纠纷案中，合同法范式通过保障合同效力来保护合同利益，但可能违反公司法禁止抽逃出资等方面的强制性规范，从而导致企业破产或清偿能力的过度损害，损害公司法所维护的法益；公司法范式坚守公司法强制性规范，却不考虑此强制性规范

---

① 参见黄学贤：《行政法中的比例原则研究》，载《法律科学（西北政法学院学报）》2001 年第 1 期。

② 参见王立争：《民法谦抑性的初步展开》，载《法学杂志》2009 年第 7 期。

③ 参见钟瑞栋：《强制性规范的解释与适用——公法与私法“接轨”的司法途径》，载《比较法研究》2010 年第 5 期。

④ 参见［美］L. L. 富勒、［美］小威廉 · R. 帕迪尤：《合同损害赔偿中的信赖利益》，韩世远译，载梁慧星主编：《为权利而斗争：梁慧星先生主编之现代世界法学名著集》，中国法制出版社 2000 年版，第 507 页以下。

所限制的合同利益,可能过度损害合同利益,从而导致合同利益与企业利益的严重冲突。区隔论运用区隔效力与履行的方法来实现合同利益与企业利益的最大化,但它局限于效力与履行的区隔,而忽视了缔约与效力的区隔,忽视了实现合同利益与企业利益最大化的另一种路径。新三分法试图减少其他部门法强制性规范对合同利益的限制,以实现合同利益与其他部门法法益的最大化。只在不限制合同效力就不能保护其他部门法的正当法益之时,才将其他部门法的强制性规范认定为效力性规范。①

其四,新三分法有助于承认跨部门法合同尤其是新型非典型合同的效力,从而适度保护交易创新。新三分法中缔约性规范与履行性规范的认定减少了合同效力瑕疵的可能,有助于维护合同的效力。跨部门法合同因为涉及不同的部门法,其效力更容易受到质疑,新型非典型合同的价值未能得到充分的认识之时,尤其如此,但是,跨部门法非典型合同在交易成本上却可能存在优势。例如,对赌合同、股权收益转让合同等均是跨合同法与公司法的合同,它们在节约交易成本上有独到之处。企业是替代市场交易的一种方式,其目标是节约交易成本。然而,企业的资产专用化会导致资产流动性的削弱。② 合同与公司融合的中间形态,如对赌合同与股权收益转让合同,兼具节约交易成本与资产专用化成本的功能。在这种中间形态的非典型合同纠纷案中,如果将案涉强制性规范全部归结为效力性规范③,就会否认这类非典型合同的效力,这种过于严格的效力控制容易引起资本与投资者的双重锁定,本质上就是禁止合同、公司之间的形态融合。“这种更加严重的‘投资者锁定’为投资者带来了极端的流动性不足和治理问题,这极大地增加了企业的资本成本。”④从合同上看,这不利于跨部门法非典型合同的创设尤其是新型非典型合同的创设。新三分法以全介面理念为基础,设定了两种非效力性规范,有助于避免因强制性规范而导致的非典型合同无效,从而更能尊重当事人所选择的合同形态尤其是新型非典型合同,从而达到保护交易创新的效果。

---

① 正是基于这样的思路,《九民纪要》第 5 条承认了投资方与目标公司订立的“对赌协议”的效力,但要求实际履行必须遵守公司法禁止抽逃出资与股份回购等方面的强制性规定。

② 参见[美]奥利弗·E. 威廉姆森:《资本主义经济制度:论企业签约与市场签约》,段毅才、王伟译,商务印书馆 2004 年版,第 48 页。

③ 经常涉及的强制性规范有禁止股东抽逃出资的规定、禁止关联交易的规定、公司对外担保的规定、股东会职权范围规定、董事会职权规定、有限公司股权转让的一般规定、公司减资的程序要求等。

④ Darian M. Ibrahim, *The New Exit in Venture Capital*, 65 Vanderbilt Law Review 1 (2012).

三、强制性规范的认定规则与相关建议

对于作用于合同的强制性规范而言,如果法律明确了强制性规范的类型或者指明了其作用的合同介面,那么,强制性规范的性质就是明确的。例如,合同法中的强制性规范往往明确地规定于具体的合同流程中,其作用介面较为明确,往往不存在认定的问题。但是,其他部门法在规定强制性规范的同时,往往并没有明确其强制性规范是对缔约介面、效力介面或履行介面的强制。例如,《公司法》第 22 条第 1 款规定:“公司的控股股东、实际控制人、董事、监事、高级管理人员不得利用关联关系损害公司利益。”这一规定是指向缔约介面、效力介面还是履行介面,不得而知。《公司法》第 210 条关于“公司弥补亏损和提取公积金后所余税后利润,有限责任公司按照股东实缴的出资比例分配利润”的规定是指向效力介面还是履行介面,也不明确。合同法有合同法的立法逻辑(主要是总分结构与合同流程导向),其他部门法有其他部门法的立法逻辑(如公司法以公司生死存亡的流程为导向),二者存在逻辑上的差异,没有也不太可能建立规范之间的一一对应关系。这就需要结合其他部门法中的强制性规范与跨部门法非典型合同纠纷案的实际情况,运用适当的认定方法。

(一)强制性规范的认定规则

在跨部门法非典型合同纠纷案中,应当根据全介面理念所包含的体系化思维与利益衡量思维等来认定强制性规范的类型。缔约与履行分别处于合同流程的两端,从时间上比较容易区分二者,相应地,缔约性规范与履行性规范的区分较为简单。而效力处于缔约与履行的中间,既是对缔约的肯定,也是履行的依据。因此,效力性规范与其他两种强制性规范的区分,是强制性规范认定中的难点。下面试图给出三个具体的认定规则:

其一,区分效力性规范与其他强制性规范的总体规则——最后规则。所谓最后规则,是指在不影响其他部门法强制性规范立法目标的前提下,尽量将该规范认定为缔约性规范或履行性规范,而不是效力性规范,以减少强制性规范对合同效力的影响。最后规则的操作步骤可以分为如下三步:第一,考虑案涉其他部门法强制性规范的立法目标;第二,在不影响该强制性规范立法目标的情况下,将该强制性规范解释为缔约性规范或履行性规范;第三,将上述规范适用于具体案件,承认案涉非典型合同的效力,且作出相应的裁判。有学者认为,为了保障意思自治与过多的无效裁判,法律行为效力制度的优化方案应当是:“建立‘成立推定有效’规则,并

将‘有效要件’转变为‘效力阻却事由’。”①最后规则试图从强制性规范新三分法及其认定上落实上述方案。这就要求法院在跨部门法非典型合同纠纷案的司法裁判中,以规范目的的考量为前提,比较强制性规范的不同认定对规范目的的影响,即比较将其他部门法的强制性规范认定为非效力性规范能否达到将之认定为效力性规范一样的目标。在北京盈泰财富云电子商务有限公司(以下简称盈泰公司)等与陕西省教育基金会合同纠纷案中,陕西省教育基金会(转让方)与盈泰公司(受让方)、北京西创投资管理有限公司(基金管理人)签订了《转让协议》,转让标的为转让方合法持有的基金份额及对应的权利和义务,盈泰公司主张案涉《转让协议》违反《证券投资基金法》第87条、第91条的强制性规定而无效,二审法院认为私募基金引入“合格投资者”制度,其目的在于通过风险提示与风险阻遏作用而保护投资人,而不是否认合同的效力,该规定并非效力性强制性规定,因此是否违反该强制性规范,并不影响案涉合同的效力。② 此案中,二审法院说明了《证券投资基金法》第87条、第91条的立法目标,再据此将上述强制性规范认定为非效力性规范,这是正确的做法。因为当事人只针对合同效力提出诉讼请求,所以法院没有指出违反上述强制性规范的其他法律问题,这是可以理解的。对合格投资者的审查是缔约阶段的内容,该强制性规范调整的合同介面是缔约介面即要约生效之后而承诺到达之前的阶段,因此,上述强制性规范属于缔约性规范,违反该规范应当承担缔约过失责任。此案指明了强制性规范的目的,没有否认案涉《转让协议》的效力,总的来说,此案符合最后规则的认定程序。

最后规则要求人们改变强制性规范认定上的思维习惯。在裁判跨部门法非典型合同纠纷案时,应当习惯于推定合同有效,而非质疑合同的效力,至于其他部门法法益的保护,尽量考虑留给缔约性规范与履行性规范来完成。《民法典》合同编以第500条等为中心建立了缔约过失责任制度体系,且与合同成立、生效等并列,是对上述思维的承认。《民法典》第505条关于“不得仅以超越经营范围确认合同无效”的规定,明确地废除了越权无效原则,拓展了缔约性规范的范围。随着合同纠纷案裁判法理的深入,我国履行性规范的认定与适用也有了新的拓展。在河南恒昌房地产开发有限公司、李某红合同纠纷再审案中,法院认定,转让方能否登记与取得案涉土地使用权证书,属于合同履行问题,并非合同的生效要件。③ 这一

① 易军:《法律行为生效要件体系的重构》,载《中国法学》2012年第3期。
② 参见北京市第二中级人民法院民事判决书,(2020)京02民终7993号。
③ 参见最高人民法院民事判决书,(2019)最高法民再379号。

案件将《城市房地产管理法》第 38 条、第 39 条认定为履行性规范[①],拓展了适用履行性规范案件的范围,不再局限于对赌合同纠纷案领域。这些制度与裁判均体现了最后规则的理念。

最后规则契合于强制性规范认定学说中的最小工具说。该学说认为,只有具体法律责任(刑事责任、民事责任或合同无效之外的其他民事责任)不足以实现强制性规范的目的,且需要合同无效才能取得特定效果时,才认定合同无效。[②] 新三分法与最小工具说均认为,除非这一认定不能实现其他部门法强制性规范的目的,否则,其他部门法的强制性规范应当尽可能被认定为非效力性规范。这样的认定思维也符合比例原则,或者说正是比例原则在强制性规范解释时的运用。但是,正如最小工具说的批评者所言,如果仅仅局限于规范目的说而不给出客观、具体的体系化思维路径或利益衡量标准,在实践中完全可能得出相反的结论。[③] 为落实最后规则,还需要下面具体的规则。

其二,区分缔约性规范与效力性规范的特别规则——补救规则。所谓补救规则,是指当强制性规范同时指向合同的缔约介面与效力介面时,在不违反该规范目标的前提下,应当将强制性规范尽量认定为缔约性规范而不是效力性规范,以避免为补救信赖利益而不得不牺牲整个合同利益的情况。补救规则强调了三个要点:一是强制性规范目的的确定。二是在符合规范目标的前提下缔约性规范的优先认定。缔约过失会造成信赖利益的损害,救济这种信赖利益的强制性规范,首先应当考虑的是缔约性规范,而不是效力性规范。三是在规范性质认定时,应当避免以不惜牺牲整个合同利益为代价而补救信赖利益的情况。如前文所述,尽管多数学者不再强调缔约过失与合同效力的关联,认为在合同有效时可以追究缔约过失责任,但如上述案件中被告方所主张的那样,仍然有人认为缔约过失责任只适用于合同无效、被撤销的情况。合同利益包括信赖利益、返还利益与期待利益三种,补救规则的首要目标是补救信赖利益,但是,更重要的目标是防止以损害返还利益与期待利益为代价而补救信赖利益。如果受害方只能选择合同无效来维护自身利益,这违反当事人的意愿并损害其交易利

① 该法第 38 条规定,未依法登记领取权属证书的房地产,不得转让;第 39 条规定,以出让方式取得土地使用权的,转让房地产时,应当取得土地使用权证书。

② 参见刘凯湘、夏小雄:《论违反强制性规范的合同效力——历史考察与原因分析》,载《中国法学》2011 年第 1 期。

③ 参见刘凯湘、夏小雄:《论违反强制性规范的合同效力——历史考察与原因分析》,载《中国法学》2011 年第 1 期。

益,如果受害方选择的是保持合同的效力而不能追究对方缔约过失责任,那么受害方真正成了耶林所称的他方违背诚信行为的牺牲品。① 缔约过失责任与合同无效制度均能救济缔约过失所造成的损害,二者是相对独立的合同制度。② 补救规则防止将缔约性规范认定为效力性规范,进而以无效制度取代缔约过失责任制度,从而迫使受到缔约过失损害的当事人不得不以损害整个合同利益为代价而补救信赖利益。补救规则强调缔约性规范的优先认定,旨在为受到缔约过失损害的当事人提供一个选择,使之能够在不牺牲整个合同利益时寻求自己的缔约损失补偿。在《民事案件案由规定》中,“缔约过失责任纠纷”与“确认合同效力纠纷”已经分别成为独立的案由。这说明我国的司法实践已经承认了二者的区别。《民法典》合同编将缔约过失责任、合同无效制度作为相对独立的并列制度,且呈现了缔约过失、合同效力、合同履行的制度递进体系,也体现了合同法的层次性与可分性。我国审判实务中已经具有区分缔约过失与合同无效的上述经验。《民法典》第 500 条规定了恶意磋商等缔约过失的责任、第 501 条规定了保密义务及其责任,其他部门法也规定了大量的缔约性规范。随着审判经验的积累与缔约性规范的解释与适用,补救规则或能得到更好地实施。

补救规则已经被运用于跨部门法非典型合同纠纷案的裁判。例如,在孙某丽与平安银行股份有限公司大连分行(以下简称平安银行)财产损害赔偿纠纷再审案中,平安银行为孙某丽进行了购买理财产品的风险评估,评估结果是孙某丽属于平衡型的投资者,之后,平安银行的理财经理在未向孙某丽以书面形式告知产品内容、风险提示以及购买和赎回方式等事项的情况下,在银行电脑上为孙某丽购买了三种风险评级均为高风险的基金类理财产品,再审法院认为平安银行对孙某丽购买上述三种理财产品并出现亏损存在重大过错,对于孙某丽购买上述理财产品所遭受的损失应承担主要责任,该案再审法院没有论证规范的性质而直接判决了赔偿责任。③ 平安银行理财经理的上述行为违反了《证券投资基金法》第 98 条的强制性规定。④ 法院应当将上述规范认定为缔约性规范,据此追究平安银

① 参见魏盛礼、匡爱民:《对我国缔约过失责任理论的两点质疑》,载《南昌大学学报(人文社会科学版)》2003 年第 2 期。

② 参见冉克平:《缔约过失责任性质新论——以德国学说与判例的变迁为视角》,载《河北法学》2010 年第 2 期。

③ 参见辽宁省大连市中级人民法院民事判决书,(2020)辽 02 民再 156 号。

④ 该法第 98 条规定了销售者的投资风险揭示义务与适当性义务。《证券投资基金销售管理办法》(中国证券监督管理委员会令第 91 号,现已失效)据此作了更为详细的规定,具体内容可参见其第 45 条第 1 款和第 59 条的规定。

行的违约过失责任。① 在上海博动文化传播有限公司、陈某冬等与张某锋合同纠纷案中，上诉人认为，对赌合同（其形式为承诺函）未经过股东会决议程序，因而无效，而二审法院认为，上述承诺函并未经过股东会决议程序，但可以推定股东会同意，因而仍然有效。② 未经股东会决议通过的对赌合同，违反了公司法关于股东会职权方面的强制性规范。③ 以上两个案例均涉及缔约性规范的认定，且裁判结果没有质疑案涉合同的效力，二者均契合于补救规则。

其三，区分履行性规范与效力性规范的可能规则。所谓可能规则，是指在强制性规范所调整合同的履行方式中，只要存在一些甚至一种履行方式不违反该强制性规范，就应当将此强制性规范认定为履行性规范，而不是效力性规范。近年来，不少裁判对赌合同有效的案例，就是基于可能规则的思维路径。例如，《公司法》第 53 条关于禁止股东抽逃出资和第 210 条关于利润分配等强制性规定，在对赌合同纠纷案中，对赌合同履行并不必然会违反上述强制性规范，因而应当将之认定为履行性规范。在“华工案”中，为了履行案涉《增资扩股协议》及其《补充协议》，扬州锻压机床集团有限公司（以下简称扬锻集团公司）可以有多种履行方式，其中既可以采用违反公司法上述强制性规范的方式，也可以采用一些不违反上述强制性规范的履行方法，如符合公司法利润分配规则的分年利润补偿方案、依法减少注册资本的方案等。将特定强制性规范认定为履行性规范，以保全合同的效力，并可以避免扬锻集团公司采用违反上述强制性规范的履行方式。再审判决书运用了较大的篇幅，从约定的年回报率、目标公司正常经营所应负担的经营成本以及所能获得的经营业绩、企业正常经营规律、公司法规定的减资回购合法途径、目标公司资产增长情况、股东分红情况、债务承担能力等方面，详细论证了案涉对赌合同具备履行可能性，不会违反公司资本维持原则，也不会损害公司股东及债权人利益。该案中相应的强制性规范被认定为履行性规范，而不是效力性规范，体现了可能规则的原理。可能规则既尽可能地承认了对赌合同的效力，同时也没有否认其他部门法强制性规范的目标。这一规则从履行可能上考量强制性规范的定性，应当说是一个易于操作的认定规则。

---

① “违反适当性义务的商业银行应承担缔约过失责任。”王锐：《个人理财案件中的商业银行适当性义务研究》，载《人民司法·应用》2013 年第 11 期。

② 参见上海市第一中级人民法院民事判决书，（2019）沪 01 民终 14672 号。

③ 公司法规定了有限责任公司股东会的职权范围，该种规定是否为强制性规范及其性质如何，值得讨论。

可能规则尽量限缩无效裁判的范围,但这种限缩也不是毫无底线的。如果强制性规范所框定的合同不可能存在任何合法的履行方式,那么应当将此规范认定为效力性规范,而不是履行性规范。可能规则的目标是鼓励交易,以全面地实现双方因合同而产生的信赖利益、返还利益与期待利益。不能履行的合同无法达到上述目标。有学者认为,此类合同也应当区分于无效合同。① 这是不同于可能规则的观点。基于上述学者那样的理念,《九民纪要》将侵犯其他股东优先购买权的股权转让合同认定为有效,也就是将原《公司法》第71条(现行《公司法》第84条)有限责任公司股东优先购买权规定当作履行性规范,据此承认合同效力。② 这样的裁判理由不符合可能规则,也不合理。在此情形下,运用合同无效制度保护股东以外的股权受让人是较好的选择,而维持合同的效力无法增加合同的利益,反而会拖延追究违约责任的时间且需要另外的诉讼成本。正如学者所言,"鼓励交易原则"的核心是"鼓励能够实际履行的交易",因为上述情形不存在合法的可能履行途径,所以"有效说"并不能真正鼓励交易。③《九民纪要》的相关表述,或许需要根据可能规则作适当的修改。

(二)强制性规范认定的相关建议

根据全介面理念及以上新三分法,强制性规范的立法、司法文件与相关纠纷案的裁判理由均可以有所改变,兹建议如下:

第一,司法文件对强制性规范进行重新分类与阐述。强制性规范是合同法与其他部门法法域介面之间的重要问题,而类型化是民商法解决这一问题的重要方法。传统两分法的分类标准不统一,类型也不具有周延性。应当根据法域介面的特征,更新强制性规范的类型。建议以《合同编通则解释》第16条为基础,先将强制性规范分为作用于合同的强制性规范与不作用于合同的强制性规范,再将作用于合同的强制性规范分为缔约性规范、效力性规范与履行性规范。

第二,根据不同的场景,对缔约性规范、效力性规范与履行性规范进行更为细致的分类。在本章强制性规范的类型之下,可以作更为细致的分类。合同介面的类型还可以分得更为精细,相应地,强制性规范的分类也

① 参见王晗:《自始履行不能的合同效力问题研究》,载《法律适用》2007年第5期。

② 《九民纪要》第9条规定侵犯优先购买权的股权转让合同应当认定有效,至于能否履行,效力裁判中不予考虑。

③ 参见吴飞飞:《侵犯优先购买权的股权转让合同"有效说"之反思》,载《法律科学(西北政法大学学报)》2021年第1期。一般情况下,上述合同无法得到履行,因为优先权人难以改变其意思。但也可能存在概率很小的例外,那就是出让人在合同履行期间付出较大的代价,或通过某种艰难的努力,而取得了优先权人的同意,从而使上述合同得以履行。

可以更为精细。例如,缔约性规范可以根据缔约过程分为要约与承诺两方面的强制性规范。这还需要对各种强制性规范进行耐心的总结与归类。从某种意义上说,强制性规范类型的发展与精细程度,体现了该领域法技术的发达程度。

第三,完善司法文件中强制性规范的认定规则。在强制性规范的认定上,先以"规范目的+法律责任"为标准,衡量强制性规范与法律责任之间的比例,据此认定作用于合同的强制性规范与不作用于合同的强制性规范。再根据"规范目的+合同介面"标准,以最后规则、补救规则与可能规则认定作用于合同的强制性规范,将之三分,取代《九民纪要》等法律文件中的经验性分类与认定方法,具体可采用如下表述:"法院应当衡量强制性规范的目的与法律责任的比例关系,对于行为人承担行政责任或者刑事责任能够实现强制性规定的立法目的的强制性规范,不再考虑其对于合同缔约、效力与履行的作用,而对于行为人承担行政责任或者刑事责任不足以实现强制性规定的立法目的的强制性规范,则应当根据规范目的选择所作用的合同介面。根据合同流程,合同可以分为多元介面。要判断一个强制性规范的类型,需要具有全介面观念,在不影响其他部门法强制性规范立法目标的前提下,尽量将强制性规范认定为缔约性规范或履行性规范,而不是效力性规范,以减少强制性规范对合同效力的影响。当强制性规范同时指向合同的缔约介面与效力介面时,在不违反该规范目标的前提下,应当将强制性规范尽量认定为缔约性规范而不是效力性规范,以避免为了补救信赖利益而不得不牺牲整个合同利益的情况。在强制性规范所调整合同的履行方式中,只要存在一些甚至一种履行方式不违反其他部门法的特定强制性规范,就应当将此强制性规范认定为履行性规范,而不是效力性规范。以上认定规则适用于对赌合同纠纷案中强制性规范的认定,也适用于其他跨部门法合同纠纷案中强制性规范的认定。"这就为对赌合同纠纷案提供了强制性规范的认定规则,也为其他跨部门法合同纠纷案提供了强制性规范的认定规则。

第四,在转介条款的立法与解释上,应当由单介面观念拓展至多元介面观念。《民法典》第 153 条第 1 款是转介条款,但不应当将其他部门法的强制性规范均转介于合同效力,形成所有强制性规范均通过效力这一个介面链接合同法的现象。如前所述,合同法与其他部门法强制性规范之间的关系具有多样性。当行为人承担行政责任或者刑事责任能够实现强制性规定的立法目的时,上述强制性规范不必与合同发生接触,因而不必转介;只当行为人承担行政责任或者刑事责任不足以实现强制性规定的立法目的时，上述强制性规范才与合同发生接触。即使接触，接触介面也是多维的，于此情况下，转介条款可以分为缔约性转介条款、效力性转介条款与履行性转介条款三种。故此，在需要接触的背景下，可以将《民法典》的转介条款解释为多元性的转介条款。由此，形成了对上述第153条的两点解释：一是法律、行政法规的强制性规定并不都作用于合同，当行为人承担行政责任或者刑事责任能够实现强制性规定的立法目的之时，其强制性规范不应当作用于合同，只当行为人承担行政责任或者刑事责任不足以实现强制性规定的立法目的之时，其强制性规范才作用于合同；二是即使是强制性规范作用于合同的情况，也应当选择所作用的合同介面，其中关于"违反法律、行政法规的强制性规定的民事法律行为无效"，是针对合同效力的效力性规范，其目的是将强制性规定转介于合同效力，该条中"但是，该强制性规定不导致该民事法律行为无效的除外"，则应当解释为针对缔约过程或履行的强制性规范，即缔约性规范与履行性规范，其目的是将强制性规定转介于合同的缔约环节或履行环节。其他转介条款的立法与解释也应当以全介面观念为基础，慎重考虑转介与否以及转介于适当的合同介面。

第五，其他部门法应当尽量明确地规定效力性规范。为达成法域之间的融合适用，限缩效力性规范是直接的举措，应当根据上文的认定规则，直接规定强制性规范的类别、明确效力性规范的范围。这是限制效力性规范范围的重要方法。例如，在公司法中，明确规定哪些领域不能以当事人的约定排除或替代法定的规范，否则会导致合同无效。例如，对于原《公司法》第16条（现行《公司法》第15条），《九民纪要》将之分为关联担保与非关联担保两种情形，并结合决议程序要求等确定了认定其规范类别的方法。① 这样的规定越明确，对于公司法与合同法的适用与法益保护也越有利。这要求公司法的修改全面考虑合同实践的需求与合同法规范，并尽量明确其强制性规范的类型。

第六，增加"合同履行纠纷"案由，探索合同履行纠纷之诉的裁判方法。目前，对赌合同纠纷案等的裁判已经从效力转向了履行，但合同履行纠纷没有成为独立的案由。② 这容易误导人们提出合同效力纠纷之诉，从而忽视履行方式问题，也给履行纠纷的裁判带来了很多障碍。例如，对赌

① 从《九民纪要》第18条规定看，经过股东会决议、决议程序实施回避制度、多数决定与签字符合章程规定四者，是关联担保合同的强制性规范，违反此强制性规范的担保合同无效。

② 最高人民法院《民事案件案由规定》（法〔2020〕346号）第四部分为"合同、准合同纠纷"，其下规定了"缔约过失责任纠纷""确认合同效力纠纷"等案由，但没有合同履行方面的案由，其他部分也没有此类案由。

合同纠纷案的裁判往往只针对合同效力的确定，而不关心也无力关心履行障碍的解决，①后者涉及合同法金钱之债的履行方式以及公司法回购资金来源、减资、公积金等复杂的跨部门法问题。② 履行障碍问题的解决不是效力纠纷之诉可以解决的，因此，建议增加“合同履行纠纷”这一案由，探索合同履行纠纷之诉的解决方案。例如，在对赌合同纠纷案中，根据所约定的股权回购条款、现金补偿条款及其履行方式等内容，以及公司的业绩承诺和财务状态，考虑当事人的诉讼请求，在裁判文书中重点阐述资金来源。建议设立“合同履行纠纷”这一案由，与既有的“缔约过失责任纠纷”和“确认合同效力纠纷”两个案由并列，以形成契合于全介面观念的案由体系，且与强制性规范的新三分法相对应。这样，合同介面类型、强制性规范的类型与案由类型三者，就形成了一一对应的和谐关系。

四、小结

跨部门法非典型合同纠纷案导致合同法与其他部门法之间的紧张关系，强制性规范的适当分类与认定规则有助于缓解这种紧张关系。纵观缔约过失理论、区隔论与传统两分法中的合同流程理念和强制性规范理念，全面考虑合同的信赖利益、返还利益与期待利益，可以建立合同流程、合同利益与强制性规范三者之间的对应关系。在跨部门法非典型合同纠纷案中，当行为人承担行政责任或者刑事责任能够实现强制性规定的立法目的之时，其强制性规范不应当作用于合同，而当行为人承担非合同法责任不足以实现强制性规定的立法目的之时，不能排除其他部门法对非典型合同的强制，但可以改变强制性规范作用的合同介面，通过介面的选择与局限来尽可能地保护合同利益。缔约过失理论不应当仅仅被当作信赖利益的呈现理论与保护理论，而应当被看作强制性规范的分类与认定理论，以及返还利益与期待利益的保护理论；区隔论不应当局限于对赌合同纠纷案裁判中效力与履行的区隔，还应当被视为强制性规范的区隔以及不同合同利益的区隔，且应当得到推广；传统两分法为保护合同效力与相应的合同利益作出了努力，但它应当汲取缔约过失理论与区隔论的营养。根据民商法的体系观念，运用全介面理念对上述三个理论进行整合，产生了

① 在《九民纪要》出台后，对赌合同纠纷的裁判往往肯定合同的效力，但是，这种效力纠纷诉讼难以也不应当解决对赌合同的履行障碍问题。相关案件可参见银泰达环保集团有限公司与武汉光谷环保科技股份有限公司确认合同无效纠纷案，湖北省武汉市中级人民法院(2020)鄂01民初600号民事判决书。

② 参见张保华：《对赌协议下股份回购义务可履行性的判定》，载《环球法律评论》2021年第1期。

上文的强制性规范的新类型及其认定方法。民事案由体系应当增设“合同履行纠纷”,形成“合同履行纠纷”、“缔约过失责任纠纷”与“确认合同效力纠纷”三个并列的案由。司法裁判有时走在理论之先,有时走在理论之后,因此,本章在案例的选用上,未必得心应手。期待在强制性规范的分类与认定方面,有更精致的理论与更好的司法案例。

第十章　非典型合同纠纷案中强制性规范的转致论

上一章讨论了强制性规范的类型与认定规则，这一章讨论金融领域非典型合同纠纷案审判中不同强制性规范的相互关系。针对特定合同的强制性规范可能存在多元性，此时，如何处理不同强制性规范的关系，也就成为强制性规范适用中的重要问题。

一、强制性规范的引致论及其疑问

违反强制性规范成为金融审判中非典型合同无效裁判的理由，强制性规范向来受到立法与司法文件的重视，也受到学界的重视。不少法律或司法文件已经意识到了强制性规范的多元性，而既有理论似乎对强制性规范的多元性及其适用意义缺乏足够的关注。

（一）既有法律或司法文件对强制性规范多元性的认识

《民法典》规定了影响合同效力的强制性规范的层级。《民法典》第153条规定，违反法律、行政法规的强制性规定以及违背公序良俗的民事法律行为无效。这一规定隐含着对强制性规范的层级分类：法律、行政法规中的强制性规定与其他较低层级的法律文件中的强制性规范。这一分类从法律的位阶上区分了强制性规范，但是，它没有从部门法之上区分强制性规范，也没有从一般法与特别法视角区分强制性规范。《民法典》没有后两种强制性规范的区分，更不可能涉及上述两种情形下强制性规范的适用方法。

《九民纪要》除隐含着强制性规范的上述层级区分之外，还隐含着强制性规范的部门法区分，体现了它对强制性规范多元性的新认识。《九民纪要》第30条将涉及金融安全、市场秩序、国家宏观政策、人体器官买卖、毒品买卖、枪支买卖等方面的强制性规范，以及场外配资合同、招投标等竞争性缔约方式、场外期货交易等方面的强制性规范认定为效力性强制性规定。这其中的部门法涉及刑法、行政法、证券法、期货和衍生品法等。也就是说，该纪要隐约认识到强制性规范可能存在于诸多部门法之中。该纪要也没有从一般法与特别法视角区分强制性规范。该纪要没有涉及不同部门法间强制性规范的适用问题，没有考虑一般法与特别法中强制性规范的适用顺序问题。

《合同编通则解释》从部门法之上区分了强制性规范。该解释第 16 条规定，由行为人承担行政责任或者刑事责任能够实现强制性规定的立法目的的，不应当认定为效力性强制性规定。这其中隐含着行政法强制性规范与刑法强制性规范的区分。同时，这一条也隐含着上述强制性规范的适用规则：行政法与刑法中的强制性规范，各自与行政责任或刑事责任相配套，只当行为人承担行政责任或者刑事责任不足以实现强制性规定的立法目的之时，才考虑作用于合同且产生合同责任。这一条没有说明在行政法与刑法之外，如证券法、保险法等私法之中是否存在私法性质的强制性规范，没有说明当行为人承担行政责任或者刑事责任不足以实现强制性规定的立法目的之时，上述强制性规范应当如何适用。

在法律与行政法规之外，有法官认为金融规章中的强制性规范可以作为《民法典》公序良俗条款的裁判理由。"金融规章一般不能作为认定金融合同无效的直接依据，但可以作为判断是否违背公序良俗的重要依据或裁判理由。"①其理由是："金融监管规章的强制性规定有上位法的明确依据，只不过该上位法的规定较为原则，其在结合实践经验的基础上，将该原则性的规定予以具体化，使其具有可操作性。"②从强制性规范的多元性及其适用关系上看，上述观点包括了两个值得注意的内容：第一，该观点实际上将强制性规范分为一般强制性规范与特别强制性规范。其中，公序良俗是《民法典》中的一般强制性规范，而金融规章中的强制性规定是特别法中的特别强制性规范。第二，该观点认为一般强制性规范与特别强制性规范应当结合起来，前者是后者的指导，后者是前者的具体化。上述观点对强制性规范关系的理解，与《民法典》、《九民纪要》和《合同编通则解释》均存在显著的差异。

在一些颇有争议的非典型合同纠纷案例中，法院对强制性规范的多元性及其适用存在不同的做法。在福建伟杰投资有限公司与福州天策实业有限公司等营业信托纠纷案（以下简称"信托纠纷案"）中，法院认为，天策实业有限公司与福建伟杰投资有限公司签订的《信托持股协议》内容明显违反 2010 年《保险公司股权管理办法》第 8 条"任何单位或者个人不得委托他人或者接受他人委托持有保险公司的股权"的规定，因违反了上述禁

① 刘贵祥：《关于金融民商事审判工作中的理念、机制和法律适用问题》，载《法律适用》2023 年第 1 期。

② 刘贵祥：《关于金融民商事审判工作中的理念、机制和法律适用问题》，载《法律适用》2023 年第 1 期。

止性规定且损害了社会公共利益,因而无效。① 该案适用的强制性规范包括原《合同法》的公共利益条款与《保险公司股权管理办法》中的上述强制性规范,且结合适用二者作出了裁判。在杉浦立身与龚某股权转让纠纷案(以下简称"杉浦立身案")中,法院不以违反其他法律文件中的强制性规范为由,而以违反原《合同法》中的公共秩序条款与公共利益条款为由判决合同无效。② 该案适用的强制性规范只有公共秩序条款,没有涉及金融法中的特别强制性规范,只是适用了一般强制性规范。还有一些裁判则以损害公共利益为由判决合同无效。③ 在上银瑞金资本管理有限公司与胡某生其他合同纠纷案(以下简称"股票收益权场外配资案")中,双方签订了《收益权转让及回购合同》,一审法院从获取固定本息的"真实意思"、借款合同的构成要件上将之认定为借款合同,且认为当事人本意在于通过上述合同实现场外股票融资,其行为违反了 2014 年《证券法》第 142 条关于融资融券业务特许经营的强制性规定而无效;二审法院认为该合同与借款合同不同,且不构成场外配资。④ 该案适用了《证券法》的特别强制性规范,不再适用公共秩序条款等一般强制性规范作为判决合同无效的理由。

(二)强制性规范的既有适用理论

既有理论注重强制性规范的分类与认定规则,但未能注意到强制性规范在部门法或位阶上的多元性。"在罗马法中,违反强制性规范是契约无效理由之一。"⑤如上一章所述,按照对合同效力的影响,我国司法实践将强制性规范分为效力性强制性规定与管理性强制性规定,相应地,学者致力于上述两种规范的区分,形成了利益说、目的说、对象说与综合说等多种区分学说及其相关认定规则;上一章根据强制性规范所作用的合同介面,将之分为缔约性规范、效力性规范与履行性规范,并给出了相应的认定规则。这些观点注重强制性规范的类型与认定规则,但是,它们未能从强

① 参见福建伟杰投资有限公司与福州天策实业有限公司等营业信托纠纷案,最高人民法院(2017)最高法民终 529 号民事裁定书。

② 参见杉浦立身与龚某股权转让纠纷案,上海金融法院(2018)沪 74 民初 585 号民事判决书。

③ 参见姚某与阳信欧亚木器有限公司、阳信欧亚集团有限公司民间借贷纠纷案,山东省滨州市滨城区人民法院(2018)鲁 1602 民初 2299 号民事判决书;陈某新与万向信托有限公司信托纠纷案,浙江省杭州市中级人民法院(2017)浙 01 民终 1995 号民事判决书;北京金达隆资产管理有限公司与达州市达川区财政局金融不良债权追偿纠纷案,四川省达州市中级人民法院(2019)川 17 民终 508 号民事判决书。

④ 参见上银瑞金资本管理有限公司与胡某生其他合同纠纷案,上海金融法院(2021)沪 74 民终 1902 号民事判决书。

⑤ 刘凯湘、夏小雄:《论违反强制性规范的合同效力——历史考察与原因分析》,载《中国法学》2011 年第 1 期。

制性规范所在法律制度的层级上考虑强制性规范的多元性及其适用问题，也未能从部门法视角考虑强制性规范的多元性及其适用问题。

因忽视强制性规范的多元性，传统理论以引致论为引入强制性规范的基本观点。有学者总结出德国学者对强制性规范适用的三种理解：以卡纳里斯为代表的解释规则论；以弗卢梅为代表的引致规则论；以韦斯特法尔为代表的自由裁量权论。① 我国学者多赞成以弗卢梅为代表的引致规则论："《合同法》第 52 条第 5 项所谓的强制性规定应限定为公法上的强制性规定。"②该观点认为强制性规范仅限于公法强制性规范。如上一章所述，我国学者认为强制性规范是沟通公法强制与私法自治的转介条款，其作用是将公法强行法规范引入民法，旨在以强制性规范体现民法之外价值的诉求。其中民法之外价值的诉求，指的是公法价值诉求。综合来说，既有观点包含了两个意思：其一，强制性规范仅限于公法规范，不存在私法性质的强制性规范；其二，根据规范目的论，强制性规范的目标是将公法的价值诉求引入私法，应当根据公法解释其目的。《合同编通则解释》第 16 条规定，由行为人承担行政责任或者刑事责任能够实现强制性规定的立法目的的，不应当认定为效力性强制性规定。这其中只包含行政法或刑法的强制性规范及其目的，也没有考虑其他强制性规范及其目的。

在金融领域非典型合同纠纷案的审判中，强制性规范与公序良俗的关系受到重视，这本可以为强制性规范的多元性与适用序列问题的深入研究提供契机。"公序良俗概括条款劣后于具体规则适用"③；"在适用公序良俗时应优先适用强制性规定"④；"在强制性规范和公序良俗条款适用的关系上，应当首先适用强制性规范"⑤。《民法典》规定违反公序良俗的合同无效，这应当是《民法典》中有关合同效力的一般强制性规范；部门法中的强制性规范，应当是特别强制性规范。如此，上述观点所说的公序良俗与强制性规范的关系，本质上就是一般强制性规范与(复数)特别强制性规范的多元关系；其中主张具体规则优先于公序良俗的适用观念，也就是特

① 参见苏永钦：《违反强制或禁止规定的法律行为》，载苏永钦：《私法自治中的经济理性》，中国人民大学出版社 2004 年版，第 34~35 页。

② 孙鹏：《论违反强制性规定行为之效力——兼析〈中华人民共和国合同法〉第 52 条第 5 项的理解与适用》，载《法商研究》2006 年第 5 期。

③ 于飞：《〈民法典〉公序良俗概括条款司法适用的谦抑性》，载《中国法律评论》2022 年第 4 期。

④ 王小琼：《公序良俗在金融商事领域的司法适用——以民间借贷为例》，载《北方金融》2021 年第 3 期。

⑤ 崔文星：《民法典视野下强制性规范和公序良俗条款的适用规则》，载《法学杂志》2022 年第 2 期。

别强制性规范优先于一般强制性规范的适用序列观念。但是,与强制性规范类型和认定规则研究的繁荣相比,上述观点未能深入,强制性规范的多元性与适用序列问题也未能引起人们的足够重视。

(三)对传统理论的疑问与本章的研究思路

本章想讨论的问题是:在金融领域非典型合同纠纷案的审判中,强制性规范的适用是应当采用引致论,还是应当采用其他学说?这包括如下问题:

第一,既有观点认为强制性规范都属于公法规范,私法难道没有自己的强制性规范?既有的引致论所指强制性规范仅限公法强制性规范,其引致论是以上述公法强制性规范为唯一强制性规范预设的引致论,它没有考虑私法自身的强制性规范问题,更没有考虑私法强制性规范的引入问题。如果一些强制性规范属于私法性质的强制性规范,那么,在金融领域非典型合同纠纷案的审判中,引致论还能成立吗?

第二,如果存在私法强制性规范,那么,在强制性规范的适用中应当如何处理多元强制性规范之间的关系?这包括两个方面的问题:其一,在公法强制性规范的适用中,是否需要考虑私法的语境尤其是私法中的强制性规范?其二,如何处理私法多元强制性规范之间的关系?公法强制性规范以保护公共利益与公共秩序为基本目标,但是,私法似乎也应当有自己的制度来保障公共利益或公共秩序。如果私法存在保护公共利益或公共秩序的强制性规范,那么,就应当考虑公法与私法二者在强制性规范上的关系问题,以及私法强制性规范的体系及其关系问题。

带着以上疑虑,本章第二部分论证私法需要且已经存在大量私法强制性规范,并进而比较公法与私法各自强制性规范的异同;第三部分提出转致论,阐述多元强制性规范的适用方法,包括公法强制性规范与私法的对接方法,以及多元私法强制性规范的适用方法;第四部分试图阐述转致论的适用方法,比较转致论与引致论在适用方法上的差异,并回应前文的案例。

二、调整非自治关系的私法强制性规范

或许在很多私法学人的印象中,私法只管私人的事,私人的事遵守意思自治原则,而公共利益与公共秩序,则是私法不管也不应当管的领域。据此,私法之中充满了自治性规范,而鲜有强制性规范。这些印象既不符合私法的原理,也不是私法规范的事实。

(一)私法必须且已经调整了非自治关系

只要是平等主体之间的财产或人身关系,私法都予以调整且必须予以调整。平等主体之间的上述关系,既包括基于意思自治的法律关系,也包括非自治关系。私法调整非自治关系,如侵权责任等,就需要强制性规范。这是简单的道理,自不必多论。

重要的是,私法既调整一对一的简单关系,也调整涉众关系。以罗马法为源头的私法,以简单的商品交易等为对象,其调整对象多为简单关系,形成了一系列调整简单关系的法律规范。这种传统容易使人认定私法就是调整简单关系的法。现代私法以复杂的市场经济为调整对象,它应当既调整简单关系,也调整涉众关系,其中包括一系列调整涉众关系的私法制度。例如,公司法调整发起人、股东会、董事会、监事会、员工、中介机构等涉及众多主体的关系;证券法调整证券发行与证券交易等涉众关系,其中操纵市场、虚假陈述、内幕交易等往往是涉众行为;商业银行法调整众多主体的存款与贷款关系,其风险往往具有系统性,需要对合同群落甚至金融机构群体进行系统性的调整以预防系统性风险;破产法调整债权人群落、债权人会议、破产财产分配等涉众关系;如此等等。在这些涉众关系中,众多主体、众多权利、众多行为与众多法律后果形成紧密联系的整体,往往既需要对单个主体、单个权利等进行调整,也需要对上述群体进行整体调整。例如,公司法既要规定股东会、监事会、董事会、员工等各自的权利义务,又要规定上述众多主体之间分工制约的权利结构与整体性的决策机制,从而形成复杂的权利与行为法律制度;证券法既要规定单个合同的权利义务,也要规定信息披露、操纵市场方面的涉众制度;商业银行法等既要规定单个合同的权利义务,也要规定针对所有合同的系统性风险的预防与处置制度;保险法既要规定单个保险合同,也要建立针对保险公司所有债权人的偿付能力保障制度;破产法既要规定单个债权债务的申报与分配,也必须将之纳入债权人会议制度、重整制度、破产财产统一分配制度等整体性制度之中;如此等等。涉众关系的出现源于现代市场经济的复杂性与关联性,私法必须面对这种复杂性与关联性。

当以上涉众关系或行为涉及的主体达到一定数量或涉及不特定主体时,就呈现出公共性,其中利益属于公共利益,其中秩序属于公共秩序。这些公共利益包括公司债权人的公共利益、证券投资者的公共利益、银行存款人的公共利益、保险投保人的公共利益、破产债权人的公共利益和以上述公共利益为基础的宏观金融安全利益与社会稳定利益。这些利益是众多主体或不特定主体的利益,应当归入公共利益的范围,本章前述非典型合同纠纷案裁判文书也将上述利益当作公共利益。离开了这些利益，私法领域的公共利益就会出现空洞化甚至不复存在。在私法领域，金融安全、预防金融系统性风险等公共利益就是指这些利益。同样地，证券市场秩序、保险市场秩序、金融秩序等也属于公共秩序的内容，离开了这些秩序，私法领域的公共秩序就空洞化了，甚至就不再有公共秩序。于此，应当反对那种一大二空的公共利益与公共秩序概念，那样，只会导致否认所有群体的利益，而将公共利益与公共秩序泛化为一种虚无的、任意指定的利益。根据现代社会科学中的方法论个体主义，“公共利益”必须以个体利益为基础，并最终落实到个体利益之上。基于对现行法的信心，可以认为，主要的公共利益和公共秩序、大部分善良风俗，基本上得到了现行法强制性规范的保护。或者说，私法已经调整了主要的公共利益与公共秩序。

私法中大量的涉众关系及其所导致的公共性，决定了私法不得不调整非自治关系。如果行为只涉及一个人的利益，那么，私人总能意思自治。但是，涉及众多主体的复杂关系给合意带来了困难：所涉利益越复杂，合意越困难。当然，即使是在简单关系之中，私人也往往不能达成合意，如侵权责任领域与违约责任领域，私人之间就是如此。这样，私法就不得不调整非自治关系。

私法调整非自治关系，就不得不运用强制性规范。自治是重要的，但是，涉及众多主体的复杂关系提出了一个意思自治无法解决的问题：当复数主体的自治冲突之时，谁的自治应当优先呢？同时，自治是私法的重要价值，但它不应当成为私法唯一的价值观，公平、安全等其他私法价值也是私法的价值观。私法中的公平原则要求私法平等地对待不同的自治，公平原则要求第三人平等地对待不同主体的自治（如要求金融机构平等地对待股东、平等地对待金融消费者）；交易安全原则要求考虑上述主体的自治之时，还要考虑第三人的自治与利益（如合同当事人的自治不能损害第三人的利益）。私法在调整合意关系的同时，也必须调整非自治关系；既要考虑单个主体的合同自由，也要考虑交易公平、交易安全等其他价值。将私法简单地归结为自治之法，这在面对合意关系时是正确的，但在面对非自治关系之时，这样的观念就不合时宜；在私法的价值观中，自治应当受到重视，但公平、安全等其他价值也应当得到重视。如此，私法必须调整非自治关系，必须考虑交易公平、交易安全等价值观，就必然要规定强制性规范。相应地，金融领域非典型合同就必须面对私法中的强制性规范。

(二)私法需要且已经出现了大量强制性规范

私法需要运用强制性规范来调整私人间的冲突并保护公共利益。为了区别于公法强制性规范,下文将私法之中的强制性规范称作私法强制性规范。在没有意思冲突且不违反私法价值观的领域,私法当然可以运用任意性规范,甚至不作规定。但是,在存在意思冲突或存在私法价值观冲突的领域,就需要通过私法强制性规范来解决自由选择造成的冲突并协调私法的各种价值。

私法尤其是金融私法中强制性规范的出现,常见情形有如下六种:第一,私人通过磋商与合意无法解决其冲突,必须通过强制性规范解决上述冲突。一般而言,私人关系越复杂,所涉及的人数越多,磋商达成合意的可能性越小,也就越需要强制性规范。金融领域非典型合同的违约责任、金融消费者的特别保护等,均需要强制性规范。第二,磋商与合意的成本太大甚至难以完成,只能由强制性规范规定。私法在调整涉众关系之时,难以为众多私人提供可行的磋商机制,即使提供,也无法形成一个合意或决议,此时,必须以强制性规范进行规定。例如,证券法中的信息披露内容与程序等,因为投资者无法确定(潜在的投资者众多),且众多投资者与发行人或上市公司之间难以提供一个磋商机制,即使提供了磋商机制也无法形成一个专业性的结论,此时,就不得不运用强制性规范进行调整。第三,私人之间强弱差距太大,基于公平的需要而必须由强制性规范规定。一方是强而智的金融机构,另一方是"弱而愚"的金融消费者,私人之间强弱差距太大,即使磋商也无法形成一个公平的规则。① 此时,私法通过强制性规范来保护金融消费者、控制金融机构。金融消费者保护规范、金融机构中小股东保护规范等多是强制性规范。第四,非典型合同当事人不可能关心的一些公共利益,必须以强制性规范规定。例如,金融贷款时环境保护方面的规定、债券持有人会议等事项,当事人可能不太关心,而只能通过私法强制性规范予以规定。第五,金融安全的系统性保护,私法必须以强制性规范予以保障。例如,为了预防金融系统性风险,金融法必定会运用强制性规范规定存款准备金、公积金、杠杆率、最低资本要求、最高负债限额等内容。因为这类事项关系重大,不能由任意性规范进行规定,而必须以强制性规范予以保护。第六,私法必须守护金融机构的价值底线。这种价值底线要求包括对金融消费者的权益与人类尊严的保护、个人信息保护

---

① 参见[日]星野英一:《民法中的人》,王闯译,载梁慧星主编:《为权利而斗争——梁慧星先生主编之现代世界法学名著集》,中国法制出版社2000年版,第347页。

等,也需要强制性规范的保护。

私法强制性规范可以分为强制性的权益分配规范与强制性的行为规范。强制性的权益分配规范包括强制性赋权规范与权限规范,前者规定特定权利只能归属于特定主体,而不能归属于另外的主体,后者划定权利的界限。有学者认为赋权规范是非命令性的,不属于强制性规范。① 这一理解在民法中有一定的正确性,但是,应当认识到,在商法中赋权规范有很多是赋予职权,此时,职权是必须行使且不能由他人行使的,因而,这类赋权规范也可能属于强制性规范。例如,金融法中金融公司股东会的职权规范,就存在大量的强制性规范,股东会必须行使而不能由他人行使(如对一些决议的审查权)。权利与义务是相互的,同一规范,对甲而言,它可能是赋权规范,而对乙而言,它可能是权限规范。因而,不能简单地认定赋权规范就不是强制性规范。赋权规范与权限规范这样的分类,不是从强制程度上所作的分类,与强制性规范之间没有对应性。合同法中推崇合意,但金融交易的缔约、履行与违约责任等方面,仍然存在不少强制性规范。私法对涉众行为的调整则存在更多的强制性规范,如金融机构的设立、变更、证券发行、证券交易,保险公司的运营,金融机构重组与破产等,均因为其涉众性而不得不以大量强制性规范予以法定。

私法如果没有强制性规范,它就不能调整非自治关系,随之也就无法保护公共利益与公共秩序。公共利益与公共秩序必须由公法调整,这样的观念可能导致私法退出公共领域。当一些私法理论如此慷慨地出让私法地盘的时候,刑法反倒是比较慎重。刑法的谦抑性理论认为,私法必须调整平等主体的任何生活领域,否则就不当地失去其应有的“过滤”功能:“位于现代刑事法律科学与现代刑事政策核心的,就是以刑法干预的正当性考虑与刑法干预的谦抑性思想为基础的‘道德→第一次法→第二次法’的犯罪化作业过滤原理。”②依据谦抑性理论,私法作为“第一次法”应当发挥其过滤功能,即完成对所有领域包括由众多私人组成的公共领域的调整,而不能将某些领域直接留给公法特别是刑法直接调整,只有在私法调整难见成效的情况下,“第二次法”才发挥其调整功效。正如司法权不能直接行使行政权而管理经济与社会一样,刑法认为它不能直接调整任何平等主体的生活领域,否则就失之于过于严厉。刑法的这种慈悲之心,值得私法的沉思。

① 参见孙鹏:《论违反强制性规定行为之效力——兼析〈中华人民共和国合同法〉第52条第5项的理解与适用》,载《法商研究》2006年第5期。

② 梁根林:《刑事法网:扩张与限缩》,法律出版社2005年版,第34页。

(三)两种强制性规范的异同

公法强制性规范与私法强制性规范具有一定的相同点。这主要体现在:第一,二者均调整公共利益与公共秩序。公法更注重公共利益与公共秩序的调整,因而,这容易导致人们得出如下结论:凡是调整公共利益或公共秩序的法律规范就是公法规范。这种推理在逻辑上存在错误。第二,二者均具有强制性。公法的强制性更为常见、有力与典型,这容易导致人们得出如下结论:凡是具有强制性的规范就是公法规范。这一结论存在以偏概全的错误。第三,二者具有协同性。因为调整领域相同,所以二者在目标上具有一致性。例如,刑法罪名中包括了各种"公共秩序"的表述,以此明确地保护金融秩序等公共秩序,而私法在其立法目的中强调了金融秩序等公共秩序。这加强了二者的类似性,也容易造成二者之间的混淆。

公法强制性规范与私法强制性规范具有显著的差异。这主要体现在:第一,二者的依据不同。私法所保护的公共秩序与公共利益由私法法定,而公法所保护的公共利益与公共秩序由公法法定,后者依职权行事,有严格的范围。依法行政与罪刑法定原则是公法的两个基本原则,这决定了公法并不能调整所有的公共秩序或公共利益,而只调整公法规定范围的公共利益与公共秩序。判断一个公共利益或公共秩序是否属于公法调整的对象,首先应当找到宪法与法律依据,否则,就违背了依法行政与罪刑法定的原则。私法学者应当明确:随意将某种公共利益或公共秩序定性为公法的调整对象,是违反公法职权法定原则的错误做法。第二,二者的位置不同。一般而言,在金融法之中,存在专门的监管职权部分,这一部分是确定公法强制性规范的依据。私法学者如果将此种依据之外的强制性规范作为公法强制性规范,就可能随意扩大了金融监管机构的职权。第三,二者的内容不同。私法强制性规范规定私人之间的权利义务与行为规则,而公法强制性规范规定权力(行政权或刑罚权)的行使规则。前者调整平等主体之间的关系,是对平等主体权利义务的强制分配;后者调整行政权、刑罚权且可能涉及权利,但一般只调整不平等主体之间的关系,如行政机关与相对人之间、侦查机关与犯罪嫌疑人之间的关系。这是私法强制性规范与公法强制性规范的根本界线。将那些调整平等主体之间关系的强制性规范指认为公法强制性规范,违反了公法与私法界分的原理。第四,在强制性规范的强制性上,私法强制性规范弱于公法强制性规范。私法强制性规范一般以权利义务分配与行为程式作为基本内容,不涉及行政强制措施与刑事强制措施。但是,公法强制性规范则以行政强制措施与刑事强制措施为基本内容。第五，二者的法律后果不同。违反私法强制性规范的法律后果是承担民事责任，而违反公法强制性规范的后果是行政责任与刑事责任。第六，二者所处的法律体系不同。公法强制性规范主要处于公法体系之中，私法强制性规范一般处于私法体系之中。这是一般情况，其目的是得到体系性的背景，以便从整体出发理解其中单个规范的含义、功能与目的。金融法律文件可能规定一些行政法规范与刑法规范，但大量行政法规范与刑法规范应当在公法文件之中，这是常识，也是公法体系完整性的要求。第七，二者的实施主体与行为程序不同。公法强制性规范一般有专门的行政机关或司法机关来实施，且有法定的程序，而私法强制性规范按照私法规定的行为程序由私人自己完成。

根据上述差异，判断一个强制性规范的公法或私法性质，应当遵循一定的程序。第一步看表面证据：是处于私法制度之中还是处于公法制度之中；第二步看内容：是调整"权利—权利"关系，还是调整"权力—权利"关系；第三步看职权：是属于行政监管等公法职权，还是不属于公法职权；第四步看处罚：是以民事责任为后果，还是以行政责任或刑罚为后果。第五步看强制手段：是否以行政强制措施与刑事强制措施为基本手段；第六步看实施主体与程序：是私人依私法规定的行为程序实施，还是行政机关或司法机关等依公法程序实施。

三、金融领域非典型合同效力认定中的转致论

私法中既然存在大量的强制性规范，那么，在金融领域非典型合同效力认定中，就需要解决公法强制性规范与私法强制性规范可能存在的对接问题，以及私法中多元强制性规范的适用方法问题。

（一）转致论的概念与内容

在公法强制性规范作用于金融领域非典型合同的情况下，需要将公法强制性规范转致私法的特定语境之中，实现公法与私法的对接，在此语境中解释强制性规范的目的，正确地适用强制性规范；在公法强制性规范不作用于金融领域非典型合同的情况下，只需要考虑私法一般强制性规范与特别强制性规范的关系，以特别条款解释一般条款，正确地适用强制性规范。简言之，应当在私法的特别语境中适用强制性规范。这种将公法或私法强制性规范转致私法特别语境中适用的方法，可简称为转致论。① 对于转致论这一概念，如下几点值得说明。

① 在本章中，"转致论"一词，是与"引致论"对应的词汇，它与国际私法中的转致无关。

转致论的前提是强制性规范的多元性。其前提之一是,并不是所有的公法强制性规范都作用于金融领域的非典型合同。如果公法法律责任足以达成公法强制性规范的目的,此时,它不必也不能作用于合同,也就不存在认定强制性规范与合同效力的关系问题。《合同编通则解释》第 16 条规定了公法强制性规范不作用于合同的情形,正是上述原理的体现。其前提之二是,除公法强制性规范之外,还存在私法强制性规范,且往往存在多元的私法强制性规范。例如,与金融机构相关的对赌合同与股票收益权转让合同等,可能涉及合同法、公司法、金融法等诸多部门法中私法性质的特别强制性规范。

转致论的核心思想是将公法与私法的一般强制性规范转致于私法特别法的语境中,结合其特别强制性规范系统地考虑全部强制性规范的适用。在规范目的上,既要考虑公法规范的目的,也要考虑私法规范的目的,还需要融合与平衡二者的目的。在金融领域非典型合同的裁判中,转致论强调将公法与私法的一般强制性规范置于特别法尤其是特别强制性规范的语境之中予以解释。其原理是特别法优先于一般法。在位阶相同的法律之中,这一原理自是如此;在不相抵触的情况下,"特别法优于一般法"的规则可以适用于不同位阶的法律规范中。[①] 例如,在保险公司股权代持合同纠纷案中,就应当根据保险法及其配套法律制度尤其是其中的大量强制性规范对《民法典》公序良俗条款进行解释,以认定相关股权代持合同的效力,保持语境的特殊性,避免断章取义与恣意裁判。在特定语境下系统地适用强制性规范,将其裁判理由具体化、翔实化,这可以避免对强制性规范的随意解释,避免裁判理由的一大二空。将强制性规范的体系性适用依托于特别法的语境与特别法中强制性规范的具体规定,这有助于避免过大的自由裁量权。

因应强制性规范的多元性,转致论可能存在多次转致的过程。从过程上看,转致论包括了双重含义:一是将公法强制性规范转致私法制度尤其是私法特别强制性规范的语境中。在公法强制性规范与私法的关系之上,不宜采"公法至上,私法服从"的态度,而应当相互尊重。因而,公法强制性规范在不得不作用于金融领域非典型合同之时,应当转致于私法的语境之中,以兼顾私法的制度环境与规范目的,努力融合与平衡公法与私法二者之中的强制性规范。寻求两类强制性规范目的的一致性,此所谓融

---

① 参见汪全胜:《"特别法"与"一般法"之关系及适用问题探讨》,载《法律科学(西北政法学院学报)》2006 年第 6 期。

合;解决两类强制性规范之间的冲突,并作出最终的取舍,此所谓平衡。二是将抽象的一般强制性规范转致于具体的特别强制性规范。这就是由抽象转致具体,由一般转致特殊。因为金融特别法的多样性,所转致的特别强制性规范也具有多样性。金融法包括商业银行法、保险法、证券法、票据法等多个领域,根据私法强制性规范所属特别法的不同,可能转致于证券法、保险法、商业银行法等特别法中的特别强制性规范。考虑到特别法的层次性,可能存在一次转致、二次转致与多次转致的可能。一次转致相对简明,语境比较单一,而二次转致与多次转致则涉及多个法律制度的关系问题,其适用更为复杂。

转致论与引致论是不同的法律适用理论。其差异有六个方面:第一,二者对强制性规范的假定不同。转致论将影响非典型合同的强制性规范假定为私法强制性规范与公法强制性规范,且前者往往包括多元性的强制性规范;引致论将强制性规范假定为公法强制性规范,忽视了私法强制性规范。第二,二者转介的深度不同。二者均强调转介的过程,但是,在转介的深度上,转致论除了将公法强制性规范引入私法,还强调将一般强制性规范引入特别强制性规范中予以特别化,强调将抽象的强制性规范转致于具体的强制性规范之中予以具体化。第三,二者对公法强制性规范的态度不同。转致论认为公法与私法中的强制性规范均应当得到尊重,二者的目的均应当得到考虑,因而采用融合与平衡的态度;引致论只强调公法强制性规范及其目的的转入,其中隐含了"公法至上,私法服从"的观念。第四,二者后面的原理不同。转致论遵循公法与私法相互尊重、特别法优先于一般法的原理;引致论遵循私法必须受到公法的强制、私法必须协调公法的观念。第五,二者的适用范围不同。转致论既适用于公法强制性规范引入私法的情形,也适用于私法一般强制性规范引入特别强制性规范的情形;引致论只适用于公法强制性规范引入私法的情况。第六,二者的解释方法与裁判语境不同。转致论强调在特别法的语境中系统地解释强制性规范并作出裁判,而引致论只强调将公法强制性规范引入私法。

（二）转致论的合理性

转致论以强制性规范的多元性为前提,认识到了私法的自律性。转致论以私法强制性规范与公法强制性规范的并存为前提,认识到私法自身存在强制性规范,而不是只存在公法强制性规范。强制性规范是保护公共秩序、公共利益的重要规范,也是调整非自治关系的重要规范,但是,公共秩序与公共利益的实现、非自治关系的调整,并不必然依赖于公法的强制性规范。私法本身就存在强制性规范,本身已经保护了公共秩序与公共利益,本身就已经调整了非自治关系。私法有自己的自律机制,而不是仅仅依赖于公法的他律。以自律庄严其身,这是私法必须遵守的原理,事实上私法也已经存在这种自律机制。在私域中,私法的强制性规范应当是保护其中公共利益与公共秩序、调整其中非自治关系的主导部分,而公法的强制性规范则在保护上述法益、调整上述关系中处于补充性的地位。在金融领域非典型合同的效力认定之上,应当贯彻"以私法强制性规范为主导,以公法强制性规范为补充"的思维。公法强制性规范并不必然作用于合同,即使作用于合同,也不应当居于主要的地位。转致论体现了私法"自律为主、他律为辅"的制度精神。

转致论也认识到了公法的自足性。公法本身具有足够的强制性措施与法律责任来实现其强制性规范的目的,它往往不必作用于合同,这是公法的自足性。或许有人认为,公法强制性规范是保护公共利益与公共秩序的法宝,且这种强制性需要借助合同无效制度才能实现。这否认了公法制度的自足性。行政法有足够多的强制性规范来规制违法合同。从强制性规范的体系上看,行政法有行政强制措施制度、行政强制执行制度、行政处罚制度等各种制度,其中每种制度都包括众多的强制性措施或处罚;从事务范围上看,行政职能部门包括教育、民政、卫生、统计、人事、邮政、财政、海关、土地、交通等所有方面,对这些方面均有管理权力;从行政法律文件上看,它从行政法规到各种规范性文件,数量多如牛毛,行政法一直因为其法律文件过剩而烦恼;从机关上看,行政机关强大与厚实到一直需要裁减的地步。因此,行政法有足够的资源来控制违法合同,借助合同无效制度对行政法而言没有太多实质性意义。如果想保护公共利益或公共秩序,行政法可以凭借上述制度中的大量强制性规范实现,根本不需要借助合同无效制度。行政执法也往往不会运用合同无效制度来保护公共利益或公共秩序,因为相较于行政强制措施与行政法律责任,合同无效制度实在不是一个有打击力的武器。因此,行政法强制性规范与合同无效制度的链接,可能对私法是一个巨大的损失,但对于行政法而言,实在是收效甚微,可有可无。同样地,刑法要保护公共利益或公共秩序,也根本没有必要借助合同无效制度,实质上也不屑于借助这样文弱的制度。刑事侦查与定罪量刑均是非常有力的制度,它有专门的机构、专门的刑事强制措施与刑罚制度,每一项制度都强劲有力,根本不需要运用合同无效制度。近年来,刑民交叉案件大幅度增加,这与不少当事人及其代理律师将民事案件刑事化当作重要的诉讼技巧密切相关。为何不少当事人及其律师喜欢将民事案件刑事化?那是因为合同无效制度等私法制度在强制性与执行力上远不如刑法制度。正因如此,不少当事人及其律师乐意将民事案件转化为刑事案件,以借助刑法的强制性打击对手。可见,对于刑法而言,合同无效制度也是一种可有可无的制度。案涉合同的有效与否,基本不影响定罪量刑与行政处罚。迄今为止,所有行政处罚均不以合同无效为条件,刑罚也是如此。行政法使用了一套行政法术语,除非论及行政合同,否则,合同无效在行政法中没有任何位置。同样地,刑法运用了一套自己的术语,合同无效制度对于侦查、定罪量刑等没有实质性的意义。公法不需要这样文弱的制度,也从未真正将之纳入其武库。总之,公法强制性规范非得借助合同无效制度才能实现其保护公共利益或公共秩序的想法,对私法而言,多少有些自作多情,而对公法而言,则绝对不是青眼有加,而是可有可无。引致论将合同无效制度置于公法强制性规范之下,而公法具有自足性,实际上往往并不需要这样的工具。

转致论强调在私法尤其是私法特别法的语境中解释公法强制性规范,这有助于避免合同效力的认定操作陷入公法智识的暗箱。引致论在公法强制性规范的适用上,只考虑公法的规范目的,而公法基本上是由强制性规范组成,这就意味着大量合同都可能因为不符合公法规范目的而无效。同时,引致论对公法强制性规范的解释,极可能以公法制度作为背景。这样,公法通过其强制性规范影响合同的效力,进而需要将公法的智识代入金融领域非典型合同的审判之中。从事民商事审判或金融审判的法官对公法的修改与完善多半一知半解。私法有私法的智识,公法有公法的专业性,“隔行如隔山”虽然略有夸张,但让私法领域或金融法领域的法官以公法为背景解释公法的强制性规范,这无疑是将强制性规范的解释置于一个智识黑箱之中。上述法官难以评价公法规范的适当性,也难以真正理解公法规范的目的,更无力对公法提出修改与完善的建议。合同无效制度是一个私法制度,但私法“引狼入室”后无力评价与解释公法强制性规范及其与整个私法制度的协调性,从而可能出现引致的公法强制性规范违反私法特别是合同法的基本原理。在公法与私法存在冲突的领域,这种引致将使无效制度成为牺牲私法价值的入口。任何规范的解释均需要有充足的专业背景,即对立法目标、文义、体系等众多方面有系统性的、长期的知识积累。对公法强制性规范的解释也是如此。私法或金融法从业者要达成这样的智识积累颇为困难,金融领域非典型合同纠纷案的裁判更是如此。在引致公法规范之后,对公法规范的解释成为难题,进而可能导致随意甚至错误的解释。转致论虽然无法完全克服上述困难,但它强调在私法尤其是私法特别法的语境中解释公法的强制性规范,这可以减少法官解释法律的难度,避免合同效力的认定操作完全陷入公法智识的暗箱。

转致论要求公法与私法相互尊重,这有助于形成公法制度与私法制度在合同效力认定上的正确沟通方式。即便是引致论,其目标也应当是沟通私法与公法,而沟通不等于单向引致公法强制性规范;相反,沟通需要以私法与公法各自的独立性为基础,私法不能因为沟通而放弃了其独立性,使合同效力制度成为公法的附庸。如果合同效力制度只考虑引致公法强制性规范而不考虑私法的语境,就会形成公法强制性规范对私法的控制。沟通不能以合同效力制度的公法化为代价,而必须保持这一制度的私法属性。合同效力评价是一种私法评价机制,它与违约责任制度等一起,体现了私法对合同的评价。这种独立性评价是公法与私法区分的基础。如果允许公法规范成为私法的主要评价标准,那么,民事责任、行政责任与刑事责任将无法区分。很简明的推理是:如果公法规范能成为合同效力的主要评价标准,那么,它为什么不能成为违约的主要判断标准?进而,如何区分违约责任与行政责任,或违约责任与刑事责任?同样地,如果公法规范可以作为侵权责任的主要判断标准,那么,行政违法行为就难以区分于侵权行为,最终导致侵权责任与行政责任的一体化。有学者提醒人们注意行政责任与民事责任的区分,警惕公法规范进入私法。① 这绝不是危言耸听。引致论对公法规范目的的过度强调可能是非常有害甚至是可怕的事情。如果要保持私法与公法的区分,就不能将公法强制性规范作为合同效力评价的主要标准。有学者认为,强制性规范限于公法强行法,可以借助德国法上的权限规范与权能规范,在体系上纯化私法的私法性质。② 但是,事与愿违,引致论将公法强制性规范作为合同无效制度中强制性规范的唯一源头,这容易导致合同效力制度成为公法的附庸,甚至是公法与公法的混淆。转致论强调在私法尤其是私法特别法的语境中解释公法的强制性规范,体现了私法的“拿来主义”方法。这种“拿来主义”才是私法与公法之间正确的沟通方式。

在金融领域非典型合同纠纷案的审判中,转致论有助于体现金融审判的专业性与特殊性。转致论的另一个核心要求是将一般强制性规范转致于特别强制性规范的语境之中,系统地适用强制性规范。这符合特别法优先于一般法的原理。金融特别法尤其是其中的特别强制性规范,体现了金融法的专业性与特殊性。转致论的上述转致要求有助于一般性强制性规

① 参见邓辉:《论违反强制性规范民事行为之法律效力》,载《江西财经大学学报》2004 年第 5 期。

② 参见谢鸿飞:《合同法学的新发展》,中国社会科学出版社 2014 年版,第 232 页。

范的具体化与特别化。金融审判是专业化的审判，其所依据的原理与规范也应当具有特殊性。转致论的上述要求契合于金融审判的专业性与特殊性。

（三）转致论的优势

相较于引致论，转致论具有众多优势。这包括如下五个方面：第一，转致论对强制性规范体系的认识更为全面。在金融领域非典型合同纠纷案的裁判中，影响合同效力的强制性规范既有公法强制性规范，也有私法强制性规范，而在私法强制性规范中，还包括一般强制性规范与特别强制性规范。在强制性规范的范围之上，转致论正确地拓展了引致论，契合于强制性规范的实际。第二，转致论中强制性规范的转介方向与转介深度更为合理。转致论不仅强调将公法强制性规范转致私法，还强调将一般强制性规范转致特别法。其中将一般强制性规范转致特别法的做法，体现了转致论在转介方向与转介深度的独特之处，有助于在特别法的语境中限定强制性规范，从而避免强制性规范解释上的随意性。第三，转致论对公法强制性规范的态度更为合理。转致论认识到了私法与公法的相对独立性，并奉行了相互尊重的理念。转致论试图融合与平衡公法与私法二者中强制性规范的目的。这正确地处理了公法与私法的关系，改变了引致论中“公法至上，私法服从”的错误观念。第四，转致论后面的原理更为合理。转致论以公法与私法相互尊重、特别法优先于一般法为其基本原理。引致论只考虑公法的价值与目的，而忽视私法的价值与目的；只强调私法必须协调公法，而忽视了公法必须协调私法。转致论做到了公法与私法兼顾，而引致论则存在顾此失彼之嫌。第五，转致论的解释方法与裁判语境更为合理。转致论强调在特别法的语境中解释强制性规范并作出裁判，有助于将公法强制性规范或私法一般强制性规范转致具体的语境中，从而限制其适用的随意性并增加其适当性。而引致论因未能限制公法强制性规范的语境，可能导致不顾私法语境而出现的削足适履式强制。

从制度上看，转致论揭示了合同效力制度的一般与特殊关系。合同效力制度可以区分为一般效力制度与特殊效力制度。一般效力制度只是通用的制度，但转致论要求，这一通用的制度应当根据特别法而特别化，如此，就会形成合同效力的特别制度。特殊效力制度根据金融领域各类非典型合同的特别语境，将一般效力制度具体化，得出特别性的合同效力认定标准。在金融法中，保险合同、借款合同、证券交易等各有其特别之处，金融审判应当适应这种特别性而将一般性的效力标准落实为特别的效力标准。在金融领域非典型合同纠纷案中，可以参照适用相应典型合同的特别效力制度。在私法之中,揭示特殊性并形成尽可能详细的具体标准是一种基本的技术要求,也是私法的基本任务。例如,《民法典》合同编建立了典型合同规则,而不仅仅是依靠合同编通则;在权利义务网络与违约责任上,既有通则中的统一合同权利义务与违约责任规范,在分则中又对各个合同特别权利义务网络与特别违约责任分别作出了规定,以揭示各种合同的特别之处。在《民法典》侵权责任编中,侵权责任既存在一般性的要件体系,也存在适用于各个特殊领域的特别要件体系,侵权责任法运用了巨大的篇幅来阐述各种特别情况,以期体现各类具体侵权责任要件的特别之处。同理,在金融领域非典型合同纠纷案的效力裁判之中,也需要通过转致论将一般合同无效制度置于金融法的各个特别语境之中,以期揭示各种合同效力裁判标准的特别之处。如此,转致论提醒人们注意合同效力特别制度的完善及其体系建设。金融领域众多非典型合同涉及所在特别法中的特别合同效力制度,如此,就存在一个特别合同效力制度的群体,如果将之体系化,就会形成一个合同特别效力制度的新体系。转致论的不断运用,必能促进合同效力一般制度与特别制度的结合,促进合同特别效力制度的繁荣,并有望形成一个体系化的特别合同效力制度。

四、转致论下金融领域非典型合同效力的认定

(一)转致论下金融领域非典型合同效力认定的要点

根据转致论,金融领域非典型合同效力的认定,应当注意如下要点:查明案涉强制性规范的体系;决定转致的具体路径;对强制性规范进行体系解释;阐明效力认定的专业理由;分析效力认定的经济与社会效果。兹分述如下:

1. 查明案涉强制性规范的体系。体系即系统,包括内容与结构(各组成部分之间的相互关系)。强制性规范的体系就是强制性规范的组成及其相互关系。这一步的重点是查明案涉强制性规范的内容及其相互关系。首先,应当查明案涉公法强制性规范与私法强制性规范,分清特别强制性规范与一般强制性规范。传统理论重视公法强制性规范,事实上,案涉公法强制性规范往往容易查明。除了公法强制性规范,在非典型合同纠纷案的金融审判中,还需要考虑到《民法典》总则及合同编中的一般强制性规范,以及金融法中的特别强制性规范,如果涉及公司法等,还必须考虑公司法等中的特别强制性规范。其次,查明了上述规范后,应当弄清强制性规范之间的关系,其关系可能包括并列关系、一般与特殊关系、抽象与具体关系、部分与整体关系等。例如,《民法典》第 153 条规定的“违背公序良俗

的民事法律行为无效”是一般强制性规范,金融法中一些保障金融秩序的具体强制性规范是特别强制性规范。

2. 决定转致的具体路径。转致的路径包括三种情况:一是公法强制性规范不转致私法的情况;二是公法强制性规范转致私法的情况;三是一般性强制性规范转致特别法的情况。《民法典》第153条属于转介条款,它链接了合同效力与强制性规范,但是,它没有指明强制性规范之间的关系与转致的路径。在转致论的适用中,应当指明转致与否,需要转致的,应当指明转致的路径即需要转致的强制性规范与所转致的金融特别法。所转致的强制性规范必须明确至具体条款。如果此类规范不止一个条款,应当指明各自在裁判中的地位。强调转致的具体路径,其目的是结合一般法与特别法,强调在特别法的语境中适用强制性规范。

3. 对强制性规范进行体系解释。在非典型合同纠纷案的金融审判中,必须对强制性规范进行体系解释。体系解释就是根据强制性规范之间的并列关系、一般与特殊关系、抽象与具体关系、部分与整体关系等,系统地解释强制性规范整体的目的与功能。对强制性规范的体系解释契合于金融风险的特征。金融风险是系统性风险,因连锁违约或连锁破产而可能导致一损俱损。① 金融法采取宏观视角审慎地应对金融风险,其监管也因此被称作宏观审慎监管。② 在强制性规范的体系解释中,金融风险的宏观性、系统性特征应当得到强调。同时,对强制性规范的体系解释既要考虑金融法等特别法的价值观,也要考虑《民法典》及其合同编的价值观。金融法规定了大量的强制性规范来保障金融安全,且往往以一定的强制性规范来限制金融领域非典型合同的效力,这些强制性规范包括法定资本制度、合同规模限制、履约准备金制度、资产负债比等。在解释这类金融安全规范之时,既要考虑金融安全,也要顾及合同自由等其他价值。

4. 阐明效力认定的专业理由。金融审判说理的难点在于金融法的专业性。金融法中的系统性风险、宏观审慎监管、系统重要性金融机构等常用术语与理念与一般合同法中的术语有所不同。同时,由于系统性风险造成的严重后果往往难以通过违约责任制度予以救济,因而金融法还贯彻了预防论。③ 系统论与预防论这两种方法论,不是私法常用的方法论,也不是合同法常用的方法论,因为传统私法坚持个体方法论与事后处置方法

---

① See Steven L. Schwarcz, *Systemic Risk*, 97 Georgetown Law Journal 193(2008).

② 参见苗永旺、王亮亮:《金融系统性风险与宏观审慎监管研究》,载《国际金融研究》2010年第8期。

③ 参见陈醇:《金融法违约预防与违约处置制度研究》,法律出版社2019年版,第299页。

论。例如,合同法坚持相对性,这就排除了合同法对合同之外风险的调整,同时,违约责任主要是事后性质的责任追究方法。但是,金融法中的强制性规范,往往采用系统性的方法,以应对违约风险在合同之间的传播与溢出(或称溢出效应);为了调整这种风险,金融法往往采用预防的方法,即以强制性规范预防违约风险的传染。其中典型的预防方法就是强制性的履约准备金要求、资本充足率要求、杠杆率限制、注册资本要求、偿付能力保障等各种预防违约制度。这要求金融领域非典型合同的效力认定必须注意到上述强制性规范的特殊性,从特殊性上阐明金融领域非典型合同效力认定的专业理由。如果局限于合同相对性原理与事后处置理论,那么,金融领域非典型合同效力认定的说理就难以契合于金融法的专业特征,就可能流于"一大二空"。在上述专业理由的阐述中,应当以一般强制性规范为指导,而以特别强制性规范为立足点,重视说理的针对性。这包括两个方面:一是针对当事人争议的焦点,结合强制性规范阐述具体的效力认定理由。这种针对性说理可以解决当事人的疑问,让当事人心悦诚服。二是针对学者或他人已经或可能出现的疑问,结合一般强制性规范与特别强制性规范,给出具体的回答。这种针对性说理可以达到与学者或社会公众交流的效果,让学界与社会公众看到效力认定的专业依据。

5. 分析效力认定的经济与社会效果。这种分析应当以比例原则等为基础,比较裁判中效力认定所涉各种权益的得失与大小,分析裁判中效力认定的经济与社会效果。有学者主张将比例原则作为适用强制性规范的基本方法。① 这是值得赞扬的观点。除运用比例原则之外,还可以考虑运用汉德公式,从预防成本与损害的比较之上阐明裁判想达到的经济与社会效果。② 在对非典型合同效力认定的质疑中,人们有时并不是质疑公共秩序或公共利益的存在,而是质疑个体利益与公共利益或公共秩序的冲突规则。在效力认定中,要阐明不同的效力认定方案中各种利益的大小与得失,经过比较之后得出裁判结论。在金融领域非典型合同的裁判之中,要避免仅仅因为侵害公共利益或公共秩序就认定合同无效的做法,因为这不符合比例原则或汉德公式;要避免将个别人的利益需求视为公共利益;要认识到法院并不是只保护公共利益或公共秩序,它还必须保护当事人的合同利益甚至鼓励交易。有学者认为,应当以防范系统性风险为标准来严格

---

① 参见黄忠:《比例原则下的无效合同判定之展开》,载《法制与社会发展》2012 年第 4 期。

② 根据汉德公式,当合同引发损害的概率与损害后果之积大于合同所得利益时,应当裁判合同无效。汉德公式的内容,参见冯珏:《汉德公式的解读与反思》,载《中外法学》2008 年第 4 期。

界定金融市场中公序良俗的范围。① 在金融交易领域，公共利益往往具体化为系统性风险，因而，应当认识到，不可能引发系统性风险的合同，一般不应当认定其损害金融安全或金融秩序。

（二）对前文裁判的评论与建议

对“信托纠纷案”裁定书的评论与建议。该文书说理部分将原《合同法》的公共利益条款转致于保险法的强制性规范，以保险法的特别强制性规范作为解释的重点，结合一般法与特别法的强制性规范，对规范的目的、内容与社会效果进行了阐述。应当说，该文书运用了转致论，展示了特别法的一些特别之处，裁定结果也是正确的。但是，该文书在说理方面，还有改进的余地。在本裁定中，要说明的最关键裁定理由是：一般公司的股权代持合同往往是有效的，为什么保险公司的股权代持合同就无效了？上述裁定书先转致了当时有效的《保险公司股权管理办法》第 8 条，且论证了其授权性质，其中强制性规范的层次性与合同效力的关系，需要认真的论证。同时，下述裁判理由也存在疑问：“加之由于保险行业涉及众多不特定被保险人的切身利益，保险公司这种潜在的经营风险在一定情况下还将危及金融秩序和社会稳定，进而直接损害社会公共利益。”这一理由试图论证案涉合同对公共秩序或公共利益的损害，其微瑕在于没有结合保险法的特别法理，而直接认定股权代持合同会增加保险公司的经营风险。在此，应当结合保险法的原理来论证保险法禁止股权代持合同的原理：保险公司的偿付能力关系到一个社会的基础性信用，必须从持股等环节实施调整与监管，以确保偿付能力；股权代持合同必须遵守防火墙制度，以防止风险在股东与保险公司间的传染而形成系统性风险；保险公司是很多债权的信用保险，它是一个社会与经济的信用基础，保险公司的违约风险将危及金融秩序和金融稳定。没有从上述方面阐述案涉合同效力认定的依据，人们就无法理解保险公司股权代持合同与其他公司股权代持合同的差异，就无法理解上述理由。在国外，裁判理由中会运用“系统性风险”之类的专业术语，以阐明特殊性的法理。例如，“联邦政策也包括——除保护市场免受系统性风险之外——为了所有债权人的利益，避免以债权人群体（creditor community）的利益为代价的破产实体的转移”②。信托纠纷案的上述论证，在规范上转致了保险法规范，但没有阐明保险法的法理与公共利益的

① 参见赵霞、王德明：《围绕防范系统性风险界定公序良俗的范围》，载《法律适用》2020 年第 24 期。

② In Re: Lyondell Chemical Company, et al., Debtors, 503 B. R. 348, United States Bankruptcy Court, S. D. New York, 2016.

关系。转致论的精义在于转致特别强制性规范及其后面的特别法法理，以实现一般强制性规范与特别强制性规范的融合；转致论的目标就是要求裁判文书阐明专业的裁判理由，而不是合同法的一般性理由。综上所述，上述裁定书运用了转致论，其裁定理由在一定程度上展示了保险法的特殊法理，只是在局部裁判理由上还存在一些改进的余地。

对“杉浦立身案”判决书的评论与建议。该文书说理部分将证券法律文件的强制性规范引入原《民法总则》的公共秩序条款，并从实体与程序两个角度论证了股权隐名代持行为违反了公共秩序条款，因而导致无效。该文书将证券法律文件中的特别强制性规范引入原《民法总则》的公序良俗条款，在方向上是将特别法的强制性规范引入一般法，在解释上以一般条款为重心。这在转介方向与解释方法上与转致论的要求存在距离。所引入的强制性规范是2006年《首次公开发行股票并上市管理办法》，该办法第13条规定：“发行人的股权清晰，控股股东和受控股股东、实际控制人支配的股东持有的发行人股份不存在重大权属纠纷。”该规定属于特别强制性规范，因而，应当运用转致论，结合公序良俗条款与证券法的原理，重点解释上述特别强制性规范，在此特殊的语境中认定案涉合同的效力。该文书的裁判理由有几点需要修正：

第一，最好适用原《民法总则》第153条第1款即强制性规范条款为转介条款，而不适用该条第2款即公共秩序条款。该文书认为：“《民法总则》系我国第一次在民事立法中采用‘公序良俗’这一概念，并用以取代之前《民法通则》和《合同法》等一直采用的‘社会公共利益’的概念。”这一说法存在两点瑕疵：其一，公共利益并没有被“公序良俗”所取代。原《民法总则》第132条规定，民事主体不得滥用民事权利损害社会公共利益等。这一条仍承继了对社会公共利益的保护。其二，2006年《首次公开发行股票并上市管理办法》第1条规定：“为了规范首次公开发行股票并上市的行为，保护投资者的合法权益和社会公共利益，根据《证券法》、《公司法》，制定本办法。”作为该办法的宗旨，上述第1条没有出现“公共秩序”，反倒是强调“公共利益”。因而，如果一定要找一个一般条款，那么，选择公共利益作为转介条款，转介的链条更为连续。

第二，将判决理由的重点放在特别强制性规范的解释之上，而不是公序良俗条款的解释之上。该案的裁判不重视特别强制性规范的解释，相反，它重视公共秩序的解释。该文书努力论证隐名代持合同违反了公共秩序。该文书认为：“如果发行人的股权不清晰，不仅会影响公司治理的持续稳定，影响公司落实信息披露、内幕交易和关联交易审查、高管任职回避等证券市场基本监管要求,还容易引发权属纠纷。”这一论述的目标是论证本案的隐名代持合同落入违反公共秩序的射程。但是,这一论证是难以成立的。不是所有的股东都能对公司治理产生影响,如果要论证这样的影响,一定要考虑持股的数量及其所占股权总额的比例,一般而言,中小股东对公司治理的影响甚微。2006 年《首次公开发行股票并上市管理办法》第 13 条规定:“发行人的股权清晰,控股股东和受控股股东、实际控制人支配的股东持有的发行人股份不存在重大权属纠纷。”如果将解释的重点放在这一条之上,就会注意到该条将其中股东局限于“控股股东和受控股股东、实际控制人支配的股东”,而不是所有股东;该条将股权权属纠纷局限于“重大权属纠纷”,而不是所有权属纠纷。该案中的股东可能属于上述股东与上述纠纷,但需要论证,在论证之前,不能认定其违反了该条款。内幕交易与关联交易的审查、高管任职回避等确实与股东有关,但是,从本案事实看,不存在这种情况,因而,这一理由难以成立。并且,上市之后发生的“股权权属纠纷”是否属于发行时的权属纠纷,也值得怀疑。但是,该文书不关心证券法上述特别强制性规范的认真解释,而只是努力将之归结于公共秩序项下。由此看到,以一般强制性规范的解释为主,还是以特别强制性规范的解释为主,这是有重大区别的。另外,该文书认为争议合同违反了发行人的信息披露制度。其规范依据是 2014 年《证券法》第 63 条“发行人、上市公司依法披露的信息,必须真实、准确、完整,不得有虚假记载、误导性陈述或者重大遗漏”的规定,以及第 68 条第 3 款“上市公司董事、监事、高级管理人员应当保证上市公司所披露的信息真实、准确、完整”的规定。认真地理解这两个条款,就会发现,其中“信息”是否包括该案中的隐名代持关系,这是有疑问的。如能证明该案的代持信息在以上法条的“信息”范围之内,那么,当事人违反信息披露制度是可以证成的,但是,该文书没有阐述这一点,而只是点到为止。金融审判要避免犯这样的毛病:找到一个一般强制性规范(该案为公共秩序条款),就似乎完成了论证,不重视特别强制性规范的探寻与解释。总体来说,该文书重心在于解释公共秩序,它脱离了特别法的语境,也就无法在特别法的特别语境下解释特别强制性规范,对特别强制性规范的目的、内容、社会效果等的说理也就被忽视了。

对“股票收益权场外配资案”的评论与建议。该案一审法院陈述了上银瑞金公司按照 1∶3 将资金融出给胡某生用于间接买卖股票的事实,就直接认定双方存在场外股票融资的真实交易目的,进而认为该行为违反了 2014 年《证券法》第 142 条关于融资融券业务特许经营的强制性规定,认定《收益权转让及回购合同》无效。一审法院直接将基于合同的融资作为场外配资,进而适用证券法的特别强制性规范,没有说理,也没有对相关强制性规范的解释。二审法院解释了场外配资的概念,认真区分了场外配资与基于合同的融资,从保证金、控制权、证券价格波动、强制平仓等方面,论证了案涉融资行为对证券市场秩序的影响及其与系统性风险的关系。二审法院对特别强制性规范进行了认真地解释,且隐含着对公共秩序与系统性风险的关注,在实质上结合了《民法典》中的一般强制性规范与证券法中的特别强制性规范,且在特别法的语境中解释了特别强制性规范,得出了案涉融资行为不属于场外配资且不违反强制性规范的结论。值得注意的是,其中没有援引场外配资的明确规定,存在法律依据不明的缺点。因法律与行政法规没有这方面的明确规定,如果要找到明确的法律依据,就只能援引规章及其他效力层级更低的规范性文件。后者并不属于法律或行政法规的内容,这就会涉及规章及以下规范性文件中强制性规范能否影响合同效力的问题。如前文所述,这方面还存在不少争议,还没有统一的法定结论。包括该案在内的以上几个案件,不关心强制性规范的效力层级及其与合同效力的关系,这是存在瑕疵的。

五、小结

强制性规范既可能是公法强制性规范,也可能是私法强制性规范,后者包括一般强制性规范与特别强制性规范。将强制性规范推定为公法强制性规范的思维,忽略了私法强制性规范,也容易忽视私法中一般规范与特别规范的关系。在金融领域非典型合同纠纷案的裁判中,不应当只考虑将公法强制性规范引入私法,而应当考虑公法强制性规范与私法的对接,尤其应当重视转致私法特别法的语境中解释强制性规范,即以转致论取代引致论。转致论以特别法优先于一般法、公法与私法的相互尊重为基本原理,它的操作意义在于,将一般法的强制性规范转致特别法,结合一般法与特别法解释强制性规范的目的,以特别强制性规范的解释为重心,以揭示特殊而具体的裁判理由,避免空泛的语境与一大二空的说辞。

上一章对强制性规范的讨论侧重于合同介面,试图从所作用的合同介面上分类强制性规范并给出其认定规则,避免将强制性规范不当地对准合同的咽喉部分(效力)。本章从强制性规范的多元性上考虑强制性规范的选择性适用,指出公法与私法的相对自足性,质疑公法强制性规范必然适用于私法的观点,反对公法强制性规范至上的观点,要求公法强制性规范尊重私法的语境,揭示私法中一般强制性规范与特别强制性规范并存的事实,强调特别强制性规范的优先适用。前一章的内容侧重于选择强制性规范所作用的合同介面,本章则侧重于强制性规范本身的多元性及其在适用上的相互关系。

第十一章　情势变更与显失公平在非典型金融衍生品合约效力认定中的适用[①]

近年来,我国企业在金融衍生品交易方面发生了众多著名案例或巨额亏损事件,如中信泰富因杠杆式外汇交易、深南电因燃油远期交易、我国航空公司因油品交易、中国远洋因远期运费交易、中国中铁因结构性存款交易等而导致了巨额亏损;无独有偶,韩国大量中小企业也因为 KIKO(Knock-In Knock-Out)等金融衍生品交易而导致巨额亏损。[②] 在这些纠纷案中,不少纠纷案属于非典型金融衍生品合约纠纷案。人们可能会从金融衍生品交易的对赌性质、显失公平、情势变更等方面质疑此类合约的效力。有学者提出了金融衍生品交易的有效性、显失公平与情势变更三个问题,讨论了相关立法的现状和相关案件的裁决。[③] 另有学者讨论了原油宝合约纠纷案,认为对于超出合同当事人预期的风险责任可以适用情势变更原则。[④] 本章试图在既有研究的基础之上,从权利结构的视角讨论金融衍生品交易作为射幸合同的本质、情势变更与显失公平的适用问题,探讨非典型金融衍生品合约效力的认定规则。

一、金融衍生品交易及其效力问题的本质

讨论金融衍生品交易,有必要搞清楚金融衍生品对应的权利,以及金融衍生品之中的"衍生"在合同法上到底意味着什么。这样做的目的是将金融衍生品归结于权利和合同之上。

---

① 本章的部分内容已经发表,收入本章时作了较大的修改,参见陈醇:《金融衍生品交易的效力问题——权利结构视角》,载《东岳论丛》2015 年第 4 期。

② 参见刘燕、楼建波:《企业重大金融衍生交易损失事件研究——以合约结构为基础》,载《清华法学》2010 年第 1 期;刘燕、魏大化:《韩国 KIKO 案件的交易结构分析》,载《证券市场导报》2010 年第 2 期。

③ 参见刘燕、楼建波:《金融衍生交易的法律解释——以合同为中心》,载《法学研究》2012 年第 1 期。

④ 参见董彪:《金融衍生品风险与责任配置的法律分析——以"原油宝"事件为例》,载《南方金融》2020 年第 9 期。

(一)金融衍生品的权利本质:未来债权中的风险部分

从权利结构上看,金融衍生品之中"衍生"的本质是债权的分离。"金融衍生品从一定的金融工具中分离出来,从经济学上看,这是一种价值的分离,而从权利上看,其本质是一种合同债权的分离。"①任何未来履行的合同债权(以下简称未来债权)都包括了两个价值:债权的现有价值,相应的债权可称之为现债权;未来一定时间内的增值、贬值或违约的风险等。后者从未来债权中分离出来,就形成了金融衍生品。从权利上看,"衍生"的本质就是从未来债权之中分离出以风险为内容的部分债权。因为后者因衍生而得,所以其被称为"衍生债权"。② 概言之,衍生就是未来债权的分离。用等式表示未来债权与衍生债权的关系,就是:

未来债权=现债权+衍生债权(以现债权的某种风险为内容的部分债权)

"最基本的金融衍生工具当属期权和期货,通过对它们的深入分析即可阐明这类金融工具的功能和缺陷。"③期权与期货(债权)也是因衍生而得,用等式表示它们与未来债权的关系,分别是:

未来债权=现债权+期权(买入或卖出某种现债权的选择权)

未来债权=现债权+期货(以现债权的增值或贬值风险为内容的部分债权)

将次贷款风波演化成2008年金融危机的金融衍生工具主要是没有受到监督的信用违约互换(CDS)。④ CDS也是因衍生而得,用等式表示它与未来债权的关系,就是:

未来债权=现债权+CDS(以现债权违约风险为内容的部分债权)

以上几种典型的金融衍生品都是未来债权的部分内容,期权是从未来债权之中分离而得的选择权,期货是从未来债权之中分离而得的增值或贬值相应的权利或义务,CDS是未来债权之中违约风险相应的权利或义务。其他金融衍生品也是通过分离而得的权利或义务,于此不一一列举。未来债权从成立到履行存在一定的期间,债权存在增值、贬值和违约等各种风险,这些风险被分离出来作为独立的交易对象进行交易,这就是金融衍生

① 陈醇:《商法原理重述》,法律出版社2010年版,第80页。

② 参见陈醇:《商法原理重述》,法律出版社2010年版,第83页。

③ [美]查尔斯·R. 莫里斯:《金钱 贪婪 欲望:金融危机的起因》,周晟译,经济科学出版社2004年版,第131页。

④ See Robert F. Schwartz, *Risk Distribution in the Capital Markets: Credit Default Swaps, Insurance and a Theory of Demarcation*, 12 Fordham Journal of Corporate & Financial Law 167 (2007).

品交易。“权利分解就是将一个母权利分解为两个或两个以上的独立的子权利。”①从权利结构上看,金融衍生品的衍生是一种权利的分离,且分离出来的子权利以风险为内容。德国学者认为:“权利是私法的核心概念,同时也是对法律生活多样性的最后抽象。”②将金融衍生品归结于权利之上,才能真正搞清楚它与传统权利的区别,也才有可能更好地理解金融衍生品交易的权利属性。

金融衍生品的上述权利结构特征给传统权利理论和制度带来了冲击。在传统权利理论之中,权利的分离并不陌生。例如,以权能分离理论为基础,所有权可以分离出他物权,从而使物权法成为一部物权分离的法律规范。在金融法的未来债权领域,已经出现了形形色色的债权分离现象,出现了与他物权相应的大量的“他债权”,如期权、期货、CDS、MBS(住房抵押贷款支持证券)、ABS(资产支持证券)、CDO(担保债务凭证)、CDO2、CDO3、SIV(结构性投资载体)、VIE(可变利益实体)等大量衍生债权。③上述所有的衍生债权都是因未来债权的分离而得,都以风险为基本内容,也都是未来债权的他债权。衍生债权交易一度成为世界上数额最大的交易。在金融衍生品交易盛期的2007年,全球金融衍生品债权交易额共618万亿美元,其中在美国的交易额为513万亿美元,而全球GDP(国内生产总值)为50万亿美元;到了2008年8月,全球金融衍生品债权交易额却达到了1000万亿美元,而当年全球GDP的总和也就大约60万亿美元。④与物权分离相比,金融法领域的债权分离是发达的,至少是不逊色的;债权分离所形成的未来债权与衍生债权体系,已经可以与物权法中的所有权与他物权体系相媲美。但是,传统权利理论缺乏债权分离方面的理论,没有与他物权相应的他债权之类的概念,也没有一部与物权法相应的债权分离的基本法。在传统合同法之中,未来债权没有受到应有的重视,未来债权的分离被严重边缘化了。权能分离理论被运用于物权法,但从来也没有被运用于债权法。传统合同法中建设工程合同禁止分包等方面的规定,本质上是禁止债权的分离,以确保工程建设的质量。但此类规范并没有引发人们对债权分离的思考。从法律体系上说,物权法由两个部分组成,一部分是物权分离法即一般意义上的物权法,另一部分是物权交易法即合同法。

---

① 陈醇:《权利的结构:以商法为例》,载《法学研究》2010年第4期。

② 参见[德]迪特尔·梅迪库斯:《德国民法总论》,邵建东译,法律出版社2000年版,第62页。

③ 有学者从功能的角度对衍生债权进行了分类,参见楼建波:《金融海啸中的三重危机与法律应对》,载《社会科学》2009年第6期。

④ 参见邓谨:《华尔街之死》,载《南方周末》2008年9月25日,第9版。

传统债权法重视后者而忽视了前者，它只有一个债权交易法，而缺乏债权分离的法律规则。债权法与物权法在体系上的不对称性影响了人们对金融衍生品交易本质的认识。

从权利结构上看，金融衍生品交易与传统交易存在两个方面的区别：第一，无论是典型的金融衍生品还是非典型的金融衍生品，其本质均是从未来债权中分离出来的各种风险；第二，传统交易以物品或权利（附带风险）为标的，而金融衍生品仅以其中风险为交易标的。

（二）金融衍生品交易效力问题的本质

金融衍生品交易的效力受到关注。代表性的观点将金融衍生品交易归结为射幸合同，然后分析它的回避风险等正面经济功能及其与赌博合同的区别，最后肯定其效力。① 这种经济功能分析体现了从效率之上考虑金融衍生品交易效力的思路。与这一思路不同，下文试图从权利结构上分析金融衍生品交易的本质，进而讨论这类交易的效力问题。

金融衍生品是未来债权的衍生之物，这种衍生对金融衍生品交易的效力有什么意义呢？任何未来履行的合同既包括未来债权的买卖，也包括未来债权风险的买卖。也就是说，任何未来履行的合同都包括了两个部分，一个是关于现债权的买卖合同部分，另一个是关于现债权风险的买卖合同部分。用等式表示二者的关系，就是：

未来履行的合同=（现债权+现债权风险）的买卖合同

例如，一个约定1年后履行的100吨小麦的买卖合同，它包括两个合同：一个是100吨小麦现时价值的买卖合同（未考虑歉收等导致的价格波动风险）；另一个是100吨小麦在1年中可能遭遇风险部分的分配合同。上述两个合同，用等式表示，就是：

未来履行的合同=现债权的买卖合同+增值收益或贬值风险的分配合同

将后一个合同独立而成金融衍生品合约（包括非典型金融衍生品合约），上述等式就是：

未来履行的合同=现债权的买卖合同+金融衍生品合约

也就是说，从未来履行的合同之中可能衍生出金融衍生品合约。这种推理的基本逻辑是整体包括部分。当然，金融衍生品合约的独立地位，必须得到法律的认可。也就是说，承认金融衍生品合约的效力有两个基本条

① 参见黄琨、黄琳：《国际金融衍生交易协议法律性质和效力初探》，载《社科纵横》2006年第1期。

件:一是法律允许将现债权的风险部分从未来债权中分离出来;二是法律允许现债权的风险分配合同从传统合同中衍生出来,形成金融衍生品合约。满足了这两个条件,金融衍生品交易才是合法的交易,金融衍生品市场才得以成立。由此可知,金融衍生品合约的效力问题就是金融风险交易市场的存废问题,也是金融衍生品行业的存废问题。

法律对债权分离的态度成为金融衍生品交易效力问题的关键。传统民商法是否允许债权特别是未来债权的分离?在物权法之中,法律保护他物权的分离及其交易的效力,但他物权的分离也受到了法律的严格限制,物权法定原则就是对物权分离的限制。在传统买卖合同的法律规则之中,所有权与风险是紧密相关的,我国采取的是"所有权人负担标的物风险"的立法原则。从权利结构上看,这一规则的意味是:所有权与风险是不可分离的,合同债权是不可分离的,二者必须捆绑在一起。因而,法律允许未来债权的分离,突破了买卖合同中所有权与其风险不可分离的一般性规则。

与一般合同法不同,在保险法之中,权利与其风险的分离已经得到了法律的认可。商业保险是风险的买卖,投保方不必转移权利而可以将权利的风险"投保"保险公司。从权利结构上看,这其中包含着重大的跨越:风险从相应的权利中被分离出来,再将风险进行买卖。商业保险合同的形成包括两个思维过程,一个是权利的分离过程,另一个是风险的交易过程。用等式表示,权利分离的过程是:

权益=权益本身+此权益的风险

只有承认这种分离,保险合同的有效才有可能。于此,保险法承认了风险从权益中分离出来且将之作为独立的交易对象。保险合同与金融衍生品交易的交易对象都是风险,且风险都是由一定的权益衍生而成。在风险及其衍生之上,二者是相同的。从这个意义上说,保险合同是金融衍生品交易的雏形。

但是,在风险分离的范围之上,保险合同与金融衍生品合约存在重大的区别。保险法中风险的分离受到了可保利益原则的制约。可保利益原则要求主体只能对自己有法律上利益的风险投保,这一原则对上述风险分离进行了限制,即只有从自己具有可保利益的权利之中分离出来的风险才是合法的,否则,可能导致保险合同无效或履行障碍。与保险合同不同,金融衍生品合约突破了可保利益原则,作为交易对象的风险完全独立于原先的未来债权。交易者可以买空卖空,可以为自己的未来债权套期保值,也可以进行纯粹的投机交易,即对任何市场风险进行买卖。有学者认为,金融衍生品合约中所取决的不确定事件与当事人自身的利益有密切的关系,构成了一种“可保利益”。[①] 这种说法只适用于套期保值性质的交易,而不适用于那些完全以赚取市场差价为目标的金融衍生品合约。从上述内容可知,传统合同法不认可权利与风险的分离,保险法虽然认可权利与风险的分离,但可保利益原则作了限制。由此可以看到债权分离逐步放松的轨迹。

金融衍生品合约法律制度允许债权的分离及其相应的金融衍生品合约,这体现了对传统交易法律观念的突破。这种突破的动因应当是未来债权分离利弊的综合考量,即对金融衍生品合约利弊的综合考量。劳动分工是劳动生产力改进的动力。分工表现于权利(特别是财产权)之上,就是权利的分离。在早期的交易之中,风险只是权利的附属之物,随着交易的发展特别是远期交易的发展,风险逐步被独立出来并成为独立的交易对象。金融衍生品的衍生只不过是分工和专业化在未来债权之中的体现。运输、交货等环节原先也不过是买卖合同的附属环节,现今分别独立为运输合同、快递合同等。风险的独立有利于人们管理风险特别是回避、转移风险,金融衍生品合约的初衷就是如此。如同他物权的分离及其市场的建立一样,金融衍生品的出现为建立庞大的金融衍生品交易市场提供了前提,它的强大功能如套期保值、集中资本、发现合理价格等功能也为世人所瞩目。权利的分离可能改变权利的性质和功能,如增加权利的数量、流通性和投机性。金融衍生品的过度衍生会导致海量的金融衍生品合约、过度投机等弊端,形成金融“沙尘暴”,从而损害交易安全,2008 年金融危机就主要是金融衍生品合约的危机。法律应当权衡其利弊,以决定对金融衍生品衍生与交易的态度。美国等深受危机之苦的国家并没有因此而全盘否认金融衍生品合约的效力,而只是限制了部分金融衍生品合约的效力并对它加强了监管。因而,不能因为民商法的传统而完全否认此类分离的效力,而应当根据一定的规则甄别其效力并对其范围、数量、程序等作出一定的限制。[②]

金融衍生品合约虽为射幸合同,但各国法律均在一定范围内认可其效力。从权利结构上看,这是对债权分离及其风险部分独立性的认可;从合同上看,这是对风险交易市场的肯定,也是对金融衍生品行业的肯定。

金融衍生品合约可能会与传统民商法的一些原则或制度产生冲突。

---

① 参见黄琨、黄琳:《国际金融衍生交易协议法律性质和效力初探》,载《社科纵横》2006 年第 1 期。

② 参见陈醇:《商法原理重述》,法律出版社 2010 年版,第 94 页。

最高人民法院《关于当前形势下审理民商事合同纠纷案件若干问题的指导意见》(法发〔2009〕40号)第一部分要求"慎重适用情势变更原则,合理调整双方利益关系",其中第2条认为全球性金融危机"并非完全是一个令所有市场主体猝不及防的突变过程",具有一定程度的可预见性,对股票、期货等风险投资型金融产品标的物的合同,更要慎重适用情势变更原则;第3条要求从可预见性等之上区分商业风险与情势变更;第4条要求适用情势变更原则必须履行审核程序。其后,《民法典》第533条规定,合同成立后,合同的基础条件发生了当事人在订立合同时无法预见的、不属于商业风险的重大变化,可根据公平原则变更或者解除合同。《合同编通则解释》第32条界定了上述"重大变化",同时强调"但是,合同涉及市场属性活跃、长期以来价格波动较大的大宗商品以及股票、期货等风险投资型金融产品的除外"。这一规定与最高人民法院《关于当前形势下审理民商事合同纠纷案件若干问题的指导意见》(法发〔2009〕40号)的不同之处在于,它明确规定情势变更原则不能适用于股票、期货等风险投资型金融产品。《民法典》尤其是《合同编通则解释》排除了情势变更原则在金融衍生品合约纠纷案中的适用,这与此前的司法文件与裁判态度相比,还是有所不同的。其中可能涉及的问题是:第一,情势变更原则为什么不能适用于金融衍生品合约(包括非典型金融衍生品合约)?如果情势变更原则能够适用于金融衍生品合约,那么,大量的金融衍生品合约可能面临效力瑕疵问题。如果法律在一般层面上承认一些金融衍生品合约的效力,而在司法裁判中以显失公平、情势变更等原则否认这类合约的效力,那么,金融衍生品行业将面临严重的生存危机。《合同编通则解释》第32条规定将之排除于情势变更原则之外,这无疑是明智的,但是,这种排除需要理由。只有以理服人,才能从根本上打消在金融衍生品合约纠纷案中适用情势变更原则的冲动。第二,在金融衍生品合约等射幸合同中,如何建立合同公平的标准?因为传统民商法虽然承认保险合同等的效力,但对其他射幸合同的效力多持否认的态度,如何理解射幸合同的公平性以及如何适用显失公平原则,均需要讨论。

二、情势变更原则在非典型金融衍生品合约中没有适用的余地

显失公平与情势变更是密切相关的制度。"显失公平制度调整的是合同订立时的显失公平,情势变更制度调整的是合同订立后的显失公平,二者的适用结果都是突破合同的拘束力。而情势变更制度的适用前提,除了合同因客观情况变化而'明显不公平'之外,还要求客观情况的变化,即明

显不公平的原因,必须是当事人在订立合同时无法预见的。"①这一观点从时间与可预见性上正确地阐明了二者的分工。

(一)情势变更原则的适用场景

情势变更原则有其流变的历史。十二三世纪的注释法学派在其《优帝法学阶梯注解》中阐述了情势变更规则。② 现在大陆法系通行的情势变更原则采用了德国学者奥特曼的"法律行为基础说","所谓法律行为基础丧失,乃指契约当事人于签约时,如曾考虑到某种事情的不确定性,则该契约之相对人依诚实信用原则并兼顾契约之目的,必曾以该情势之存在为契约发生效力的前提;或者公平而言应该以之为契约效力发生之前提"③。法律行为的基础并不是法律行为的组成部分,所以不同于所谓的默示条款说。私法的意思自治原则相信主体具有足够的自治能力,即通晓法律行为的基础及其变化,而情势变更原则却认为主体不能通晓法律行为基础的变化。"法律行为基础与大陆法系民法典所追求的形式理性不同,它强调的是实质理性,无法用严格的民法概念进行解释,在方法论上已经突破了现存概念法学的框架,很难融入传统民法典的逻辑体系之中。"④在英美法系中,与大陆法系情势变更原则类似的制度是合同目的落空制度。⑤ 美国《第二次合同法重述》第265条规定了合同目的落空的四个条件:其一,某一事件使订立合同的主要目的实质性地落空;其二,该事件的不发生是合同赖以订立的基本假设;其三,目的落空不是因请求免责一方的过错而发生的;其四,请求免责方并没有在法律强加的义务之外承担额外的义务。其中第二点与情势变更原则的内容大同小异。情势变更原则流变的历史表明,这一原则处于不断深化的过程之中。

在情势变更原则的适用中,最大的难题是情势变更与商业风险的区别。"商业风险是指在商业活动中,由于各种不确定因素引起的,给商业主体带来获利或损失的机会或可能性的一种客观经济现象。"⑥在情势变更与商业风险的区别上,得到公认的观点是,情势变更的发生是当事人签约时无法预见的,当事人是无过错的,客观上使合同基础和预期的目的发生

---

① 贺剑:《〈合同法〉第54条第1款第2项(显失公平制度)评注》,载《法学家》2017年第1期。

② 参见王洪、张伟:《论比较法研究域下的情势变更规则及其适用》,载《东南学术》2013年第3期。

③ 彭凤至:《情势变更原则之研究》,台北,五南图书出版社1986年版,第46页。

④ 关涛:《情势变更原则辨》,载《法律科学(西北政法学院学报)》2000年第4期。

⑤ 参见车丕照:《合同落空、情势变更与不可抗力——兼论我国相应立法的模式选择》,载《兰州大学学报(社会科学版)》1996年第2期。

⑥ 万方:《我国情势变更制度要件及定位模式之反思》,载《法学评论》2018年第6期。

根本性的变更，不能单纯从价格的涨落上判断是商业风险还是情势变更。① "更合适的观察角度是从当事人是否预见以及交易的性质入手，看交易本身是否属于通常的'高风险、高收益'之列。"②商业风险则在当事人的预料范围之内，而当事人参与的投机交易（如参加股票交易或期货交易）被公认为是具有高风险的交易，即使该当事人订立合同时没有完全意识到交易的风险，也不得主张适用情势变更原则。③ 以经济成本作为评判标准时，因其投机性或已知，不适用于股票、期货、射幸合同等。④ 综上所述，既有观点认为缔约时的可预见性成为商业风险与情势变更的根本性区别，并将股票、期货交易等投机交易作为例外。

但是，上述可预见性如何判别？可能不同的裁判会对可预见的能力有不同的理解，毕竟可预见性只是一种定性的说法。这种定性的说法给裁判带来了不少困扰。于是就出现了一些定量的考虑，其典型是价格论或巨亏论。该论认为，引起情势变更与商业风险的原因常有质与量的差别，以价格涨落为例，若价格正常浮动，属商业风险；若价格暴涨暴跌，则属情势变更，"价格涨落幅度超过平均利润，即被认为是难以预见的暴涨暴跌"⑤。价格论受到了批评，有学者举例说，德国帝国法院 1933 年的一个判例认为英镑贬值 20%～30%属于情势重大变更；而在日本的判例中，价格上涨了 6 倍，日本最高裁决所并不承认是情势变更；英国的裁判认为，价格上涨 20%～30%是普通的商业风险，如上涨价 100 倍或天文数字，则导致合同落空。⑥ "价格的涨落是引发情势变更或商业风险的原因之一。但不能单纯从市场价格的涨落判断是商业风险还是情势变更。"⑦"除非存在银行欺诈、不实披露等因素，否则不应以'金融危机—损失巨大—显失公平'的简单逻辑而否定原有合同的效力。"⑧如上所述，价格论确实不太合理，但这种不合理性并不能证明可预见性等定性标准就是合理的；相反，当人们试图对可预见性进行定量分析之时，才发现这种定量分析也是非常困难的。

传统观点侧重于从当事人的主观方面与价格上讨论情势变更与商业

① 参见张建军：《情势变更与商业风险的比较探讨》，载《甘肃政法学院学报》2004 年第 2 期。
② 万方：《我国情势变更制度要件及定位模式之反思》，载《法学评论》2018 年第 6 期。
③ 参见张建军：《情势变更与商业风险的比较探讨》，载《甘肃政法学院学报》2004 年第 2 期。
④ 参见王德山：《情势变更原则中显失公平认定研究》，载《法律适用》2010 年第 11 期。
⑤ 张庆东：《情事变更与商业风险的法律界定》，载《法学》1994 年第 8 期。
⑥ 参见王传丽：《涉外经济合同的法律效力》，中国政法大学出版社 1989 年版，第 176 页。
⑦ 曹守晔：《最高人民法院〈关于适用《中华人民共和国合同法》若干问题的解释（二）〉之情势变更问题的理解与适用》，载《法律适用》2009 年第 8 期。
⑧ 楼建波、刘燕：《情势变更原则对金融衍生品交易法律基础的冲击——以韩国法院对 KIKO 合约纠纷案的裁决为例》，载《法商研究》2009 年第 5 期。

风险的区别,有学者试图从风险分配这一新的视角讨论上述区别。从风险角度看,“商业风险与情势变更之间属于种属关系,即情势变更属于商业风险之一种”①。在上述学者眼中,情势变更不过是一种风险分配规则,“因发生情势变更而依法不能主张适用情势变更制度变更或解除合同,当事人由此所承担的不利后果,可以称为‘风险自负’或‘风险自担’,这样较为科学、严谨”②。依照这一观点,风险是否可预见与亏损大小的问题,就转化为一个风险的归属或分配问题。这是一个很好的视角。据此,情势变更与商业风险的区别不在于是否可以预见,而在于情势变更确立了一种不同于风险自负的风险分配规则:风险他负。

笔者赞成从风险分配规则视角讨论情势变更原理的方法,认为应当从风险分配规则的流变上理解情势变更制度。从分配视角来看,风险分配规则经历了两个时期:潜规则时期与显规则时期。

潜规则时期的风险分配,其特征是风险分配规则是潜在的。将这种风险分配规则定义为潜规则,是因为这种“规则”没有明确的分配风险。风险规则的内容不够明确,故而容易导致各种争议。在传统合同法之中,价格涨跌、不能履约之类的风险是潜在的风险,其相应的分配规则也是潜在的规则。传统合同风险的分配规则被归纳为风险自负规则:“从事商品生产和交换的市场主体有其独立人格,它们具有认识自己行为的性质和后果并控制自己行为的能力,有资格独立享受交易活动带来的收益,当然应对自己的行为独立承担责任。”③尽管上述学者试图以风险自负规则来总结传统合同风险的分配规则,但是,当遇到各种复杂的情形时,却又不一定适用风险自负规则。这就引出了风险分配的疑问:到底什么时候应当适用风险自负规则,又什么时候不适用风险自负规则?这就是潜规则时期风险分配的暗箱。为了表达风险分配的暗箱,人们创设了情势变更原则。情势变更原则本质上是潜规则的暗箱。情势变更的范围不明,就是这种风险潜规则时期的特有现象。

情势变更原则成为潜规则时期的一个风险分配暗箱,这与风险的附带观点是密切相关的。在传统合同法之中,风险被认为是权利或合同的附带之物,它缺乏应有的地位。在潜规则时期,风险没有被分离出来,也没有受到应有的重视,正因为这样,当事人在订立合同时往往会忽视风险,更不可能对它作出合理的分配,因而处于归属模糊的状态。

---

① 王德山:《情势变更原则中显失公平认定研究》,载《法律适用》2010 年第 11 期。

② 王德山:《情势变更原则中显失公平认定研究》,载《法律适用》2010 年第 11 期。

③ 张建军:《情势变更与商业风险的比较探讨》,载《甘肃政法学院学报》2004 年第 2 期。

显规则时期的风险分配，其特征是存在明确的风险分配规则。显规则时期的风险分配可以分为两种形式：一是以保险合同的形式明确地转移与分配风险。保险合同是以风险作为标的的合同，其目标是转移风险，这种风险分配具有专业性。保险合同以承保范围、保险事故、保险金、除外责任等众多条款来界定风险，且对暴雨、飓风、燃烧等各种术语作了明确界定。保险合同制度不仅开创了独立风险、转移风险的先河，还开创了明确与准确地界定与分配风险的先河。二是以金融衍生品合约为代表的风险投资阶段。金融衍生品合约不仅明确地界定风险，它还将风险作为套期保值或风险收益的工具。与保险合同的不同在于，它既具有转移风险的功能，还具有风险投资的功能，它明确地规定风险的分配规则并将风险作为投资的对象。商业风险既可能是利益，也可能是损失，如此，风险越大，收益可能越大。与潜规则时期的风险规则相比，显规则时期的风险分配规则的特征在于：将风险独立出来作为标的，不再附随于实物；将风险规则明确化，不再局限于模糊规则；认识到风险及其分配的重要性，将风险作为明确的交易对象甚至是全部交易对象；根据交易的规定对风险进行转移与投资，而不再局限于风险自负等传统做法；所交易的风险不再局限于具有可保利益的风险，而拓展为未来履行合同的市场风险。

总之，显规则时期的风险已经有了独立的地位、明确的范围与分配方式，它改变了风险不明的潜规则状态，建立了明确的风险分配规则。

（二）情势变更原则于非典型金融衍生品合约纠纷案中没有适用的余地

当非典型金融衍生品合约当事人因为交易情势的变更而遭受重大损失之时，能否适用情势变更原则变更或撤销已经生效的合同？上述韩国KIKO案中适用了情势变更原则而质疑合同的效力。我国一些重大金融衍生品交易损失事件之中如能适用这一原则，似乎也可以挽回大量的损失。韩国法院适用情势变更原则解除KIKO合约，其理由是：汇率的大幅变化属于情势变更原则中的“非常的且非当事人控制的变化”；当事人的损失超出了双方在缔约时可预见的范围且高度不均衡；合约中缺乏大幅贬值的应对安排。[①] ISDA组织（国际掉期与衍生交易协会）对上述裁决提出了强烈批评，认为韩国法院“适用情势变更原则的结果，就是允许那些在投资或者对冲交易中看错方向的当事人宣布合同无效”；我国学者评论道：“各种衍生品工具，不论是远期、期货、期权还是互换合约，其产生的根源就

① 参见楼建波、刘燕：《情势变更原则对金融衍生品交易法律基础的冲击——以韩国法院对KIKO合约纠纷案的裁决为例》，载《法商研究》2009年第5期。

是市场中存在大量企业无法预测的风险因素。”①非典型金融衍生品合约本身就是分配不可预见风险的合约，它属于显规则时期的风险分配合约，而韩国法院以潜规则时期的情势变更原则来分配与裁判风险，将两种风险规则混为一谈。如果可以这样，那么，就等于是既否认了整个金融衍生品交易市场，也否认了金融衍生品交易的整个风险分配规则。

情势变更原则是一个有特定的权利前提与时期前提的规则。它的权利前提是风险没有从债权之中分离出来。这是该原则存在的权利结构基础。作为潜规则时期风险分配规则的补充，该原则的前提是风险与债权是一体的、不可分的，正是风险的这种不可分性带来了其分配的模糊性，从而需要情势变更原则进行补充性的风险分配。该原则没有认识到风险是可以独立出来并重新予以分配的，因而，它没有说明自身与商业保险的关系、与非典型金融衍生品合约的关系，以及在这些领域自己还能否适用。它的时期前提是，它是潜规则时期的规则，这一时期中风险的分配只存在一些含糊的潜规则，而缺乏明确的规则。在显规则时期，事先存在明确的风险分配规则，那么，该原则不能适用。情势变更原则所确立的风险分配规则，没有也不可能像保险法那样确立承保风险与除外风险之类的明确范围，而一直流于抽象化的概念界定，因而到现在为止它还无法明确区分于“正常的商业风险”。

非典型金融衍生品合约将风险作为独立的交易对象，完成了他债权与现债权的分离。在非典型金融衍生品合约中，风险已经被分离出来作为独立的交易对象。金融衍生品以风险为内容，它已经包含了情势变更原则所应对的风险。用数学公式表示其中风险的关系，就是：

情势变更所应对的风险 $\in$ 衍生债权中的风险

非典型金融衍生品合约形成了明确的风险分配规则，无论何种情势变更导致的风险，都包括在非典型金融衍生品合约的风险之中。例如，在期货交易之中，无论是何种原因造成的价格变动，当事人都得承受，不存在例外。非典型金融衍生品合约的其他种类，如 CDS、KIKO 等，也都以此风险分配规则为根本。这是非典型金融衍生品合约交易者应当具备的常识。在非典型金融衍生品合约中，已经不存在没有分配的风险，情势变更原则已经没有适用的余地。事实上，即使在非典型金融衍生品合约纠纷案中，如果合同已经对市场风险承担条款作出了明确的约定，也不能适用情

① 楼建波、刘燕：《情势变更原则对金融衍生品交易法律基础的冲击——以韩国法院对 KIKO 合约纠纷案的裁决为例》，载《法商研究》2009 年第 5 期。

势变更原则。例如,在广东省电白建筑工程总公司与东莞市长安镇房地产开发公司建设工程施工合同纠纷再审案中,最高人民法院认为,建设工程施工合同约定,承包方式为按定标价包人工、包材料、包工期、包质量、包安全,上述约定是针对合同约定的施工期间内包括主要建材价格产生变化的市场风险承担条款,说明双方当事人已预见与约定了建材价格变更的市场风险,故认定开工日期至合同约定的竣工日期建筑材料上涨属于正常的商业风险,不属于情势变更。①

从既有法律文件看,情势变更所说的风险也不属于金融衍生品合约的排除范围。有法官认为,"情势"主要有以下几类:货币贬值;法律变动和行政行为;天灾;经济环境变化,包括成本非同寻常的增加与技术的革新。② 这些情势变化的风险均不在既有金融衍生品法律文件的排除范围之内,或者说,这些风险均属于金融衍生品合约的正常风险。《期货和衍生品法》未见排除情势变更风险的规定。ISDA 组织的 ISDA 主协议包括单一协议、瑕疵资产、终止净额结算三大相辅相成的制度,不仅没有排除任何风险,反而通过上述制度加强了金融衍生品合约违约责任的连带性。2009年中国人民银行授权中国银行间市场交易商协会公布《中国银行间市场金融衍生产品交易主协议》(2009 年版),也是如此。在非典型金融衍生品合约这一专业性的交易领域里,不再需要情势变更原则那样粗略的风险分配规则,否则会出现"班门弄斧"的局面。

另外,情势变更原则是一个关于实体公平的原则,这使之也难以适用于非典型金融衍生品合约。公认的观点是,显失公平原则是为了解决合同订立之时的显失公平问题,而情势变更原则主要是为了解决合同订立后显失公平的问题。③《民法典》第 533 条认可了这种分野。非典型金融衍生品合约是射幸合同,如下一部分所述,这类合同难以从实体上判断它的公平与否,而只能从程序上判断它的公平与否。情势变更原则的目标恰恰是对生效合同的实体公平予以判断,这在传统合同领域或许是适合的,但在非典型金融衍生品合约领域,这是不适合的。

韩国 KIKO 案判决的真正失误在于没有搞清楚非典型金融衍生品合约法律规则与情势变更原则的冲突。该案中,法官认为案情符合情势变更

---

① 参见广东省电白建筑工程总公司与东莞市长安镇房地产开发公司建设工程施工合同纠纷再审案,最高人民法院(2013)民申字第 1099 号民事裁定书。

② 参见陈磊:《试论情势变更与商业风险之区别》,载陕西镇巴县人民法院网,http://sxzbxfy.sxfywcourt.gov.cn/article/detail/2010/09/id/4421597.shtml。

③ 参见曹守晔:《最高人民法院〈关于适用《中华人民共和国合同法》若干问题的解释(二)〉之情势变更问题的理解与适用》,载《法律适用》2009 年第 8 期。

原则的要件,因而适用该原则撤销了 KIKO 交易合同;ISDA 对此提出了强烈批评,认为法院因为概念不清、颠覆了契约必须信守原则等而设立了危险的先例,将损害韩国的金融安全。① 我国学者认为情势变更原则与金融衍生品合约的本质不相容。② ISDA 的批评侧重于概念、经济后果等方面的分析。其实它还可以提出如下理由:第一,在非典型金融衍生品合约中,情势变更原则所应对的风险已经归入非典型金融衍生品合约的内容,已经成为可预见的风险,它不应当适用情势变更原则。第二,情势变更原则是对没有分离出来作为独立交易对象的、合同中未明确分配的风险进行的调整,该案的风险不属于这种风险,因而不能适用情势变更原则。第三,情势变更原则有自己特定的适用前提,属于潜规则时期的补充性风险分配规则,而非典型金融衍生品合约应当适用显规则时期的明确风险分配规则,非典型金融衍生品合约不属于情势变更的适用范围。第四,情势变更原则的目的是对实体公正的调整,它难以适用于 KIKO 等射幸合同。第五,非典型金融衍生品合约是一个以风险作为交易对象的专业领域,它已经形成了自己独特的规则,此时,适用传统合同法的非专业性的、一般性的原则来裁决此领域的案件,违背了特别法优先于一般法的法理。

三、显失公平制度在非典型金融衍生品合约纠纷案裁判中的适用

(一)实质性显失公平的排除

显失公平制度是体现公平原则的制度。最高人民法院《关于贯彻执行〈中华人民共和国民法通则〉若干问题的意见(试行)》[法(办)发〔1988〕6号,现已失效]第 72 条规定:“一方当事人利用优势或者利用对方没有经验,致使双方的权利与义务明显违反公平、等价有偿原则的,可以认定为显失公平。”这一规定将公平原则作为显失公平制度的依据。其后,《民法典》第 151 条规定了显失公平条款。“显失公平既非原则,也非公序良俗、诚实信用、自愿等原则的体现,而是作为公平原则的具体化规则,是为一项独立的法律制度。”③其中涉及等价有偿,而“等价有偿乃公平原则的应有之义”④。应当说,公平原则是显失公平制度的直接依据。当然,显失公平

---

① See Donna chan, ISDA Expresses Concern over KIKO Case Rulings,载国际掉期与衍生工具协会网 2009 年 4 月 1 日,http://www.isda.org/press/press040109.html.

② 参见楼建波、刘燕:《情势变更原则对金融衍生品交易法律基础的冲击——以韩国法院对 KIKO 合约纠纷案的裁决为例》,载《法商研究》2009 年第 5 期。

③ 赵永巍、梁茜:《〈民法总则〉显失公平条款的类型化适用前瞻——从中国裁判文书网显失公平案例大数据分析出发》,载《法律适用》2018 年第 1 期。

④ 贺剑:《〈合同法〉第 54 条第 1 款第 2 项(显失公平制度)评注》,载《法学家》2017 年第 1 期。

制度也体现了“自治原理”“给付均衡原理”。[①] 其还体现了诚实信用原则,“显失公平制度应视为公序良俗原则的体现”[②],但毕竟公平原则是其直接的法理依据。

显失公平制度有其特定的产生场景与要件。一般认为,显失公平包括主观与客观双重要件:“权利义务明显不对等、获利方主观上存有恶意、受损方不具备充分自觉和真实自愿。”[③]按照主客观二分法,结合上述第 72 条的规定,可知显失公平的主观要件是“一方当事人利用优势或者利用对方没有经验”,而客观要件是“致使双方的权利与义务明显违反公平、等价有偿原则”。我国显失公平制度的渊源在于《德国民法典》公序良俗条款下的暴利行为。[④] 现代意义上的显失公平制度是《美国统一商法典》第 2-302 条的规定。[⑤] 现代意义上的显失公平由两种基本因素构成:一方面,合同的条件不合理地有利于一方而不利于另一方;另一方面,另一方在订立合同时不能作出有意义的选择。前者被称为“实质性显失公平”,后者被称为“程序性显失公平”。[⑥] 程序性显失公平,用美国法院使用的措辞来表达,是指合同当事人一方在订立合同时未能作出“有意义的选择”,其原因包括以下两个方面:一是一方由于不能归咎于其自身的原因未能理解合同的内容;二是一方由于其所处的地位完全缺乏同对方讨价还价的余地。[⑦]

比较我国法与美国法二者的显失公平要件,初看之下,似乎二者存在较大的区别,而实际上,二者具有高度的一致性。如果以缔约过程与缔约结果(合同)来替代上述主客观二分法,可以看到,上述第 72 条的规定也是对“程序性显失公平”与“实质性显失公平”两个方面的规定:从缔约程序上看,前者是“一方当事人利用优势或者利用对方没有经验”;从缔约结果上看,其实质是合同内容“致使双方的权利与义务明显违反公平、等价有偿原则”。可见,我国法与美国法在显失公平要件之上并无本质性的区别。

---

① 参见王磊:《论显失公平规则的内在体系——以〈民法总则〉第 151 条的解释论为中心》,载《法律科学》2018 年第 2 期。

② 贺剑:《〈合同法〉第 54 条第 1 款第 2 项(显失公平制度)评注》,载《法学家》2017 年第 1 期。

③ 陈鸣:《关于合同显失公平的认定》,载《现代法学》1998 年第 5 期。

④ 参见徐涤宇:《非常损失规则的比较研究——兼评中国民事法律行为制度中的乘人之危和显失公平》,载《法律科学》2001 年第 3 期。

⑤ 该法典第 2-302 条规定:“如果法院发现,作为一个法律问题,合同或合同的某一条款在订立时是显失公平的,法院可以拒绝强制执行该合同,或者,法院可以只强制执行合同中显失公平的条款之外的其他条款,或者,法院可以对显失公平的条款的适用加以限制从而避免显失公平的后果。”

⑥ 参见王军:《美国合同法中的显失公平制度》,载《比较法研究》1994 年第 Z1 期。

⑦ 参见王军:《美国合同法中的显失公平制度》,载《比较法研究》1994 年第 Z1 期。

对于显失公平的要件,我国学界存在两种观点:客观说与主客观一致说(双重要件说)。客观说不考虑显失公平的主观要件,即不管“一方当事人利用优势或者利用对方没有经验”,而只考虑“致使双方的权利与义务明显违反公平、等价有偿原则”。在私法之中,当事人的意思是非常重要的,私法自治因为意思的重要地位而被称作意思自治。主客观一致说或双重要件说的优势在于肯定了意思自治的地位,肯定了意思在显失公平中的作用,因而它比客观说更为全面。同时,双重要件说的优势也在于既重视过程(程序),也重视结果,它从过程与结果双重维度来界定显失公平。

既有学说存在的共同疑问是:如果无法从结果上衡量一个合同是否公平,是否可以只考虑其过程?无论是客观说还是主客观一致说,均重视客观,从不抛弃客观方面,而只在主观或过程要件上存在争议。这些学说有一个共同的假定,那就是所有的交易均应当有一个公平的结果,即认为仅仅只考虑过程公平是不行的。但二者均忽视了一个共同的问题:在一个交易仅仅只有或只能从过程上衡量其公平的情况下,是否可以将程序性显失公平作为显失公平的唯一要件?

传统显失公平制度基于传统交易而建立。从交易的性质之上,可以将交易分为传统交易与射幸性交易。二者的区别在于:前者以等价交易为特征,后者的给付则基于偶然事件,其结果如何(可能获得利益也可能一无所获)要看运气;前者往往是双方受益的合同,后者一般是零和博弈,即一方的受益是另一方的损失;前者是传统商品交易,风险附随于商品之中,后者是风险交易,风险成为独立的交易对象。传统显失公平制度产生于传统交易,它既重视交易者的主观方面,也重视交易的客观权利义务。这种传统显失公平观念难以适用于射幸合同,因为射幸合同的交易者在主观上重视运气,在权利义务上“你亏我赚”,在对象上以风险为交易标的。非典型金融衍生品合约是射幸合同的一种,它超出了传统显失公平制度的适用场景。

非典型金融衍生品合约是无法从后果上衡量其公平与否的。非典型金融衍生品合约以风险作为交易对象,它是典型的射幸合同。这类合同的对赌性质与传统合同法的等价有偿原则是相违背的。这一点已经得到了一些学者的重视:“在投资或者投机交易中,判断权利与义务是否对等须考虑交易的高风险、高收益特点。”①“射幸合同的射幸性表明,就具体合同而言,反映实质公平的等价有偿原则几乎没有适用的余地,相应地,最大诚信

① 贺剑:《〈合同法〉第54条第1款第2项(显失公平制度)评注》,载《法学家》2017年第1期。

原则就显得十分必要了。"①最大诚信是否必要姑且不论,等价有偿原则于非典型金融衍生品合约之中确实没有适用的余地。有学者认为结构性衍生品容易产生公平性争议,因为它是几种衍生品交易的组合。② 任何衍生品交易都是射幸合同,几个射幸合同的组合仍然是射幸合同,因此,等价有偿原则在一个衍生品交易中没有适用的余地,在几个衍生品交易的组合中也没有适用的余地。从实体公平上看,衍生品交易或其组合都是不公平的。

从权利结构上,可以清晰地说明等价有偿原则为什么难以适用于非典型金融衍生品合约。我国的显失公平制度以等价有偿原则判断双方或多方权利义务的公平,将订立合同时严重违反等价有偿原则的合同定义为显失公平。③ 传统合同法对实体公平的判断有一个前提,即订立合同时标的物的价值具有一定的确定性,只有这样,才能判断价款与标的物之间是否等价有偿。传统合同法的交易对象在合同订立时的价值是可以确定的,因而,等价有偿的判断是可能的。但是,非典型金融衍生品合约的交易对象是风险,它可能是收益也可能是损失,这在合同订立时是不可知的。在订立合同时标的的价值没有确定性,等价有偿的判断也就无法操作,传统合同法对公平的判断就失去了其前提。从权利结构上看,任何未来债权都包括两个部分的价值,其中债权的现有价值是常量,而该债权的风险包括增值、贬值或违约等,都是一种可能性,是一个变量。这用等式表示,就是:

未来债权的价值=债权的现有价值(常量)+该债权的风险价值(变量)

基于非典型金融衍生品合约中风险的不确定性,无法对这类合同作出实体公平的判断。因此,实体意义上的显失公平制度不能适用于非典型金融衍生品合约纠纷案。

(二)以程序性显失公平制度认定非典型金融衍生品合约的公平性

非典型金融衍生品合约的显失公平应当如何衡量?罗尔斯研究了赌博合同,为我们判断射幸合同的公平提供了一般理论。罗尔斯在《正义论》之中以赌博为例分析了这类合同的公平问题:赌博的实体是不正义的,但是赌徒对结果心悦诚服,其原因在于赌博的程序是正当的;这类行为

---

① 陈传法、冯晓光:《射幸合同立法研究》,载《时代法学》2010年第3期。

② 参见刘燕、楼建波:《金融衍生交易的法律解释——以合同为中心》,载《法学研究》2012年第1期。

③ 参见彭真明、葛同山:《论合同显失公平原则》,载《法学评论》1999年第1期。

从实体上找不到正义之处,其正义之处应当从程序上得到。① 罗尔斯的理论清楚地说明,这类合同在实体上是不符合等价有偿原则的,无法从实体上寻求这类合同的公平,其公平正义只能从程序上去寻找。简言之,在实体正义无法确定之时,程序公平或程序正义应当是此类合同公平的基本判别标准。

程序公平何以能作为合同公平的判断标准?萨默斯等对程序的独立性价值进行了研究,认为法律程序不仅有助于结果的实现,而且其自身就具有和平、公平等独立性价值。他的研究是对公法程序而言的,但是,交易程序无疑也与公法程序一样具有相同的独立性价值。例如,私法之中的信息披露程序,就与行政法之中的信息公开程序一样具有参与、公平、及时等众多价值。程序研究的成果表明,任何优秀的程序都具有两种价值:一种是程序的工具性价值,或者称作程序的外在价值,这种价值的大小取决于实体权利分配的结果。结果越令人满意,程序的工具性价值越大,反之,其工具性价值越小。另一种是程序的独立性价值,或者称作程序的内在价值,它是一种标志着程序具有其内在优秀品质的法律价值,它的存在与其所要达成的实体权利分配结果没有必然的关系。程序的独立性价值最初被用于分析司法程序,特别是刑事诉讼程序。但是,以上理论也适合于解释非典型金融衍生品合约程序的价值。罗尔斯以赌博为例阐明了程序的正义价值,非典型金融衍生品合约是射幸合同,其交易程序无疑也可能具有类似的正义价值。非典型金融衍生品合约交易程序的公平程度决定其公平价值的大小。通过对其交易程序公平性的判断,可以判断非典型金融衍生品合约的公平性。

以程序公平作为这类合约公平的判断标准,这可以进一步从科斯的理论中得到说明。科斯在他的《社会成本问题》等著名论文中提出了交易成本的概念,并提出了后人所总结的科斯定理。与任何交易一样,非典型金融衍生品合约也存在交易成本,交易成本产生于交易过程,科斯的理论突出了交易过程的存在和位置。交易成本概念可以被当作交易程序价值的前提。科斯的理论主张节约交易成本,提高交易效率是程序价值的根本所在,但是增进公平、安全、自治等也应当是程序的价值。交易成本理论是产权经济学理论,故以效率的提高为目标。此处的"成本"完全可以作广义的理解,它除了效率,还可以包括公平、安全、自治等其他价值。那么,从科斯的理论很容易推论出,交易程序可以包含公平等诸多法律价值,它可以

① 参见[美]约翰·罗尔斯:《正义论》,何怀宏等译,中国社会科学出版社1988年版,第87页。

成为合同公平的价值之源。科斯的理论直接关注的是交易行为的过程及其成本,这有助于从程序上确立非典型金融衍生品合约等射幸合同的价值标准特别是其公平标准。

事实上,在等价有偿这一实体公平标准之外,传统合同法也采用了程序公平标准来判断合同的公平。在缔约阶段,对平等磋商的保护、对恶意磋商和欺诈的禁止、对格式合同缔约过程的规制等,都体现了平等原则和保护弱者的原则,体现了程序公平的要求。英美法之中的程序性显失公平则直接确立了程序公平的两个标准。公平是合同法的基本原则,无疑,只要是合同法的程序规范,这一原则就应当贯彻于其中。《民法典》合同编通则和分则的缔约程序都贯彻了程序公平原则。可见,合同公平已经存在实体与程序双重判断标准,它实际上表现为实体公平与程序公平两个方面,其中等价有偿原则是实体公平的具体判断标准,而程序公平在合同具体规范和制度之中也有表现,程序性显失公平原则就是程序公平的判断标准。

程序性显失公平规则应当是判断非典型金融衍生品交易是否显失公平的标准。根据这一基本理念,可以从程序性显失公平的上述两个方面,判断金融衍生品交易的公平与否。在金融衍生品交易之中,如果交易程序存在瑕疵,如对金融衍生品交易的内容特别是其风险没有进行清晰的界定和披露,那么,一方就会因为"不能归咎于他自己的原因未能理解合同的内容"而形成程序性显失公平。非典型金融衍生品合约一般是附合合同,这类合同的内容由一方决定,另一方只有选择交易与否的自由,但在一个附合合同普遍化的时代,仅仅以合同的附合性质而认定非典型金融衍生品合约存在显失公平,这已经不现实了。因而,程序性显失公平的判断标准应当聚集于合同内容的确定和理解程序之上,特别是非典型金融衍生品合约的信息披露之上。

程序性显失公平规则是一般规则,在适用于金融衍生品交易时,要将之落实于金融特别法的程序中,需要结合金融特别法中的程序性规范予以适用。在金融衍生品交易的相关法律之中,一些程序性规范就是程序性显失公平的体现。例如,《期货和衍生品法》第 12 条禁止操纵市场、第 13 条禁止内幕交易、第 16 条禁止虚假陈述等,就是信息披露等方面的程序性公平要求。如果交易对手违反了上述规范,可以认为存在程序性显失公平,可以据此要求撤销合同。非典型金融衍生品合约纠纷案的裁判可参照适用上述程序标准。

对中信泰富事件和韩国 KIKO 案件的讨论,忽视了对其程序公平的质疑。有学者认为中信泰富的结构性衍生品使之在该交易下呈现“收益有限、损失无限”的盈亏结构，而在韩国 KIKO 案件的分析之中，列出了两位著名学者对实体权利义务截然相反的计量结果作为非典型金融衍生品合约公平难以确定的例证。① 虽然中信泰富事件中的交易呈现了“收益有限、损失无限”的盈亏风险，但中信泰富所赌的毕竟是风险，它有可能达到赚取有限收益、避免无限损失的后果。因而，在订立合同之时，中信泰富在此交易中的风险仍然是无法确定的，根据前文所述的道理，该交易的实体公平问题是无法确定的。在韩国 KIKO 案之中，两位著名学者对实体权利义务的计量只是对风险的估量，是一种将风险量化的努力，它不能改变该交易中风险的不确定性，根据前文所述的道理，该交易的实体公平问题也是无法确定的。对于射幸合同，任何试图从实体权利上确立其显失公平的努力，都是徒劳的，这是由射幸合同的性质决定的；如果其中风险能够事先确定，那么，这种合同就不再是射幸合同，此时，合同的公平与否就可以从实体权利义务的等价有偿上予以确认了。非典型金融衍生品合约所交易的风险是无法确定的，市场的逆转常常出人意料之外，CDS 等长期看好的交易可能在一夜之间出现重大亏损，运用等价有偿原则是无法判断此类交易的公平与否的。对这类交易公平与否的判断标准，应当适用程序性显失公平原则，即从适当性义务、信息披露等程序环节判断其公平与否。从上述两个交易看，在其缔约过程中信息披露、适当性义务等程序不存在显著的公平问题，由此应当判断出，这两个交易不存在显失公平的情况。只有作这种判断，才符合非典型金融衍生品合约公平问题的裁判逻辑。

四、小结

众多非典型金融衍生品合约纠纷案促使人们关注此类合约的效力。从权利结构上看，“衍生”在本质上是未来债权的分离，非典型金融衍生品是从中分离而出的他债权（与他物权对应的概念），且以风险为基本内容。非典型金融衍生品合约的本质是风险的交易，将风险独立出来作为交易对象，这是非典型金融衍生品合约的本质特征，非典型金融衍生品合约的效力问题就是风险交易的存废问题，也是金融业的存废问题。

交易风险的分配经历了潜规则时期与显规则时期。前者以含糊或附带的风险规则为内容，适用于传统交易；后者以明确的风险转移与风险分

① 参见刘燕、楼建波：《企业重大金融衍生交易损失事件研究——以合约结构为基础》，载《清华法学》2010 年第 1 期。

配为内容,包括保险合同、非典型金融衍生品合约等。从情势变更原则的产生历史与规范目的看,它只是为了弥补传统合同法潜规则的不足而设立的辅助性风险分配规则。非典型金融衍生品合约以风险为交易对象,该合约本身以风险分配为主要内容,属于显规则时期的风险分配合约,不需要也不能以情势变更原则来分配风险,情势变更原则在非典型金融衍生品合约纠纷案中没有适用的余地。

公平原则应当适用于非典型金融衍生品合约的效力认定,但非典型金融衍生品合约是以风险为内容的合约,相应的交易属于射幸合同,根据罗尔斯的理论,这类合同的公平应当从程序上去寻找,程序性显失公平规则应当是此类合约纠纷案中显失公平的判别标准。非典型金融衍生品合约纠纷案中显失公平不能简单地理解为等价有偿的实质公平,而只能理解为程序性显失公平,且需要结合金融特别法的程序规范予以认定。

第十二章　金融契约群纠纷案穿透式审判的依据与限度

金融领域存在不少具有系统性的契约群(以下简称金融契约群),在其纠纷中往往涉及契约之间的效力、违约责任等的相互关系问题。穿透式审判理念在适用于金融契约群纠纷案之时,可能契合于金融安全的需要,却必然会与合同相对性原则产生冲突,因此,从合同法与金融法理论上寻求穿透式审判的依据及其限度,就非常必要。本章以金融领域涉及非典型合同的契约群为例,讨论这一问题。

一、穿透式审判理念的合同法依据与限度问题

(一)我国穿透式审判理念的起源与流变

在我国法律文件中,穿透式监管理念出现于穿透式审判理念之先。穿透式监管理念是金融监管的理念。"'穿透式'监管的核心原则是实质重于形式,秉持的理念应是提升市场透明度。"①2016 年国务院办公厅印发的《互联网金融风险专项整治工作实施方案》(国办发〔2016〕21 号)中出现了"穿透式监管"的概念,要求对跨界、交叉型互联网金融产品实施穿透式监管。其后,《关于规范金融机构资产管理业务的指导意见》(银发〔2018〕106 号)第 27 条第 2 项要求"实行穿透式监管,对于多层嵌套资产管理产品,向上识别产品的最终投资者,向下识别产品的底层资产"。以上两个文件确定了穿透性监管理念在我国金融监管中的地位。

穿透式监管理念逐步渗透至审判领域,我国司法文件中逐步出现了穿透式审判理念。2017 年最高人民法院《关于进一步加强金融审判工作的若干意见》(法发〔2017〕22 号,以下简称 2017 年《金融审判意见》)中规定:"对以金融创新为名掩盖金融风险、规避金融监管、进行制度套利的金融违规行为,要以其实际构成的法律关系确定其效力和各方的权利义务。"其中虽然没有"穿透式审判"的明确表述,但引入了透过"金融创新"确定"实际法律关系"的穿透式审判理念。这一文件将金融监管中的穿透式思维引入了金融审判领域,但并没有成为民商事审判的一般性理论。《九民

① 叶林、吴烨:《金融市场的"穿透式"监管论纲》,载《法学》2017 年第 12 期。

纪要》对穿透式审判理念进行了肯定与拓展。《九民纪要》引言部分要求："注意处理好民商事审判与行政监管的关系，通过穿透式审判思维，查明当事人的真实意思，探求真实法律关系。"上述表达强调了穿透式监管与穿透式审判的关系，且将穿透式审判的范围拓展至一般民商事审判，不再局限于金融审判。有学者评价道："将流行于金融领域的穿透式监管方式上升为民商事领域的一般性裁判思维，其必要性毋庸置疑。"①是否必要姑且不论，穿透式审判理念因此确实得到了更为广泛的传播。

在适用对象上，我国穿透式审判的对象是合同纠纷案，且合同纠纷案的类型随着穿透式监管的变化而变化。如前所述，早期穿透式监管的核心原则是实质重于形式，主要应对名实不同的合同，"去假寻真"是其试图解决的问题。《九民纪要》"查明当事人的真实意思，探求真实法律关系"之类的表述，就是将"去假寻真"作为穿透式审判的目标。这种源于金融监管的"去假寻真"，导致"民法的实质主义很多时候凌驾于商法的外观主义之上"②。其后，有学者认识到穿透式监管的另一个适用对象："穿透式监管对系统性风险的防范使其不仅要穿透合同，还要穿透合同之间的关系，对合同的关联性以及合同群的规模予以监管。"③这样，穿透式监管的对象就出现了变化，由对单个合同的穿透转向对"契约群"的穿透，其中原理也由"实质重于形式"转变为"整体不等于部分之和"。穿透式监管理念的变化影响了穿透式审判理念，后者也将金融契约群作为其"穿透"的对象。现今的穿透式审判理念主要是针对资产管理产品嵌套合同而设立的审判理念："各类资产收益权借助资管产品实现了跨机构、跨市场的销售和投资，使基础资产的风险实现了跨机构、跨产品和跨市场传递。"④除资产管理产品嵌套合同之外，融资性贸易所形成的契约群也成为穿透式审判的重要对象。⑤ 法官方面代表性的观点是，穿透式审判的时代背景是金融领域的系统性风险，尤其是资产管理市场的快速扩张造成的系统性风险。⑥其后，刘贵祥大法官肯定了穿透式审判理念，认为应当将《九民纪要》中的

① 胡正民：《穿透式审判思维的适用规则与界限——基于要件事实理论勾勒三阶七步穿透法》，载《山东法官培训学院学报》2022年第4期。

② 石佳友：《融资性贸易中名实不符合同效力认定规则之反思》，载《法学评论》2023年第3期。

③ 邓纲、吴英霞：《穿透式监管如何嵌入合同治理——以"天策公司和伟杰公司股权代持纠纷一案"为例》，载《安徽大学学报（哲学社会科学版）》2019年第3期。

④ 王乐兵：《资产收益权视角下资管交易的穿透式规范》，载《政法论坛》2022年第5期。

⑤ 参见李建伟：《融资性贸易合同的定性及效力规制研究》，载《法学评论》2023年第3期。

⑥ 参见陈广辉：《资管纠纷"穿透式审判"的适用路径与方法》，载《中国法律评论》2022年第6期。

穿透式审判理念适用于资产管理产品嵌套合同的审判。① 可见，除名实不同的合同纠纷案之外，金融契约群纠纷案也成为穿透式审判的重要对象，其中契约群往往包含非典型合同。

因应穿透式监管理念适用对象的改变，将资产管理产品嵌套合同等金融契约群作为穿透式审判的新对象，这有助于将金融领域的系统性风险问题引入合同法的视野。系统性的金融契约群是金融系统风险的合同之源。② 这指明了金融契约群与系统性风险之间的关系。"系统性风险是指一个触发事件比如经济的冲击或金融企业倒闭所造成的一连串糟糕的经济后果，有时被称作多米诺骨牌效应，可能包括一系列的金融企业和/或市场失败，在后果较轻时包括一系列的金融企业重大损失或任何重大的金融市场价格波动。"③系统性风险中的多米诺骨牌效应因金融风险的传染而产生，而合同是企业之间联结的基本方式，企业间的复数合同形成具有密切联系的契约群，这类契约群成为系统性风险传播与扩散的基本路径。将穿透式审判的对象指向资产管理产品嵌套合同等金融契约群，正是因为这类合同纠纷案往往涉及复数合同，且复数合同存在嵌套结构，其中一些合同为另一些合同服务而被称作"通道(合同)"，复数合同形成具有密切联系的契约群整体。穿透式审判理念通过穿透金融契约群而防范系统性风险，这是正确的选择，只是作为穿透式审判对象的金融契约群，其范围应当更为明确。

(二)穿透式审判理念法律依据的三种理论

源于金融监管理念的穿透式思维毕竟是一个公法思维，如果想将之改造为一个民商事纠纷案的审判思维，就必须完成它与私法理论、私法规范的对接。穿透式审判理念如何融入私法的教义学以及与何种私法规范对接，也因此成为穿透式审判研究的重要话题。在穿透式理念的法律依据上，目前出现了三种主要理论。

其一，通谋虚伪论。该论以通谋虚伪理论为依据，以《民法典》中的通谋虚伪规则为规范依托，试图查明当事人的实质意思(真实意思)与表面意思的差异，而裁判相关合同无效。"《民法总则》关于通谋虚伪意思表示中表面意思无效的规定，很大程度上改变了此前司法实践所达成的共识。

① 参见刘贵祥:《关于金融民商事审判工作中的理念、机制和法律适用问题》，载《法律适用》2023 年第 1 期。

② 参见陈醇:《金融系统性风险的合同之源》，载《法律科学(西北政法大学学报)》2015 年第 6 期。

③ Steven L. Schwarcz, *Systemic Risk*, 97 Georgetown Law Journal 193(2008).

而在穿透式监管思路被司法裁判所吸收的情况下，该规定‘意外地’成为‘穿透式司法审查’的一柄利刃。”①《民法典》第146条纳入原《民法总则》的以上规定，规定了通谋虚伪规则。② 在金融审判中，一些法院倾向于适用通谋虚伪规则而实现穿透式审判。一些典型案例受到了关注：“(2020)京民终36号判决是‘穿透式’审判的一次典型司法实践。”“如果人民法院坚持(2020)京民终36号的审判理念，继续推进超越合理限度的‘穿透式’审判，扩大通谋虚伪规则的适用性，金融市场的发展势必会受到阻碍。”③以上观点只是指出了基于通谋虚伪论的穿透式审判与商法中金融交易外观主义的冲突，其实，在金融审判中适用穿透式审判理论，通谋虚伪论存在的主要问题有两个：一是它重视通谋虚伪规则而忽视了金融法，未能检视金融法中是否存在通谋虚伪方面的规定，以及《民法典》中的一般通谋虚伪规则与金融法中特别通谋虚伪规范的对接问题；二是它重视名实不同合同的穿透，而忽视了资产管理产品嵌套合同等金融契约群的穿透，而后者显然不是名实不同而是整体与部分的差异问题。前者往往是对同一个合同的(名实)穿透，不涉及合同的相对性，而后者则涉及金融契约群中合同与合同之间的关系。

其二，公共秩序论。该论以公序良俗原则为理论依据，以《民法典》中的公序良俗条款为规范依托，试图保护公共秩序或公共利益，并裁判相关合同无效。④ “公序良俗作为不确定的概念，价值判断千差万别，裁判者对其内涵的评价存在巨大差异可能性。因此，公序良俗内容的不确定性是产生司法裁判不一致的根本因由。”⑤为了避免上述不确定性，有学者建议围绕防范系统性金融风险界定公序良俗的范围。⑥ 于此，违反公共秩序与系统性风险被联结起来：“金融领域的‘公共利益’更为统一和具象，始终将‘防控(系统性)金融风险’作为其核心要义。”⑦公共秩序是一个抽象的法

---

① 雷继平、余学文：《“收益权”的法律性质分析——信托原理解释之路径》，载《金融法苑》2019年第1期。

② 《民法典》第146条规定：“行为人与相对人以虚假的意思表示实施的民事法律行为无效。以虚假的意思表示隐藏的民事法律行为的效力，依照有关法律规定处理。”

③ 潘修平、于晓琪：《通谋虚伪规则在金融领域的适用——以(2020)京民终36号判决为例》，载《北京邮电大学学报(社会科学版)》2023年第1期。

④ 《民法典》第8条规定：“民事主体从事民事活动，不得违反法律，不得违背公序良俗。”第153条第2款规定：“违背公序良俗的民事法律行为无效。”

⑤ 蔡唱：《公序良俗在我国的司法适用研究》，载《中国法学》2016年第6期。

⑥ 参见赵霞、王德明：《围绕防范系统性金融风险界定公序良俗的范围》，载《法律适用》2020年第24期。

⑦ 赵尧：《金融司法监管化的逻辑审视》，载《华中科技大学学报(社会科学版)》2020年第5期。

律原则,而它要成为合同纠纷案穿透式审判的依据,必须与特别法理论联结起来,才能避免其一大二空的抽象特征。上述学者将公共秩序与金融系统性风险联结起来,建立了公共秩序与金融风险的关系,却仍然没有建立公共秩序与金融契约群的关系,如此,公共秩序论仍然存在未能解决的难题:第一,金融契约群在违反公共秩序上有什么特别之处?单个合同可能因名实不同而违反公共秩序,但如果公共秩序论的对象还局限于单个合同,就与通谋虚伪论重复,就没有存在的必要。穿透式监管的对象已经拓展于金融契约群,其基本理念除"实质重于形式"之外,也出现了"整体不等于部分之和"的思维。但是,穿透式审判理念并没有因应这种转变,并未从合同法原理之上思考资产管理产品嵌套合同等金融契约群违反公共秩序的特殊机理。第二,违反公共秩序意味着案涉金融契约群违反了金融法的何种规范?如前所述,金融法中的公共秩序意味着防范系统性风险以保障金融安全等;一般法规定了公共秩序条款,而金融法作为特别法,必定会规定防范系统性风险、保障金融安全等方面的规范群落。但是,公共秩序论始终局限于《民法典》的一般规定,而对于金融法中防范系统性风险、保障金融安全方面的规范群落缺乏兴趣。在金融契约群纠纷案的穿透式审判中,公共秩序论还欠缺金融法原理与规范上的依据。

其三,规制私法论。该论以规制性私法理论为依据,强调公法规制理念与私法价值的一致性,以此为穿透式审判找到融入私法的价值入口。源于监管理念的穿透式审判理念如何植入私法?有学者认为:"一种可行的思路是借助规制性私法(regulatory private law)理念在合同制定时直接按金融监管要求植入合同条款。"①该论认为私法必须为保护公共利益作出贡献,这无疑是正确的,但想象当事人主动将金融监管要求植入合同条款,这大概不太现实。"受监管的自治可以从两个不相同的方式来理解:一是强调赋予个人权利;二是突出了对集体目标的明显促进。"②该论也正确地指出了监管与司法在目标上可能存在的一致性:"这意味着我们的关系基础结构,通常被称为私法,是而且应该是普通法法院和行政机构共同努力的产物。"③但是,该论也受到了批评:"无论是从描述性的角度还是从规

---

① 张阳:《金融司法监管化的边界约束》,载《清华法学》2023 年第 2 期。

② Hanoch Dagan, *Between Regulatory and Autonomy-Based Private Law*, 22 European Law Journal 644(2016).

③ Hanoch Dagan, Roy Kreitner, *The Other Half of Regulatory Theory*, 52 Connecticut Law Review 605(2020).

范性的角度来看,规制性私法看起来都太片面了。”①总的来说,规制性私法论还停留在指出公法与私法理念存在一致性的阶段,还没有为穿透式审判理念找到合适的私法制度依托,更没有找到合同法或金融法上的理论与规范依据。规制私法论还需要认识到,金融监管与私法既有一致性的目标也有冲突,二者的关系具有复杂性;二者在原则上具有一致的一面,也有冲突的一面。仅仅强调二者的一致性而忽视二者的冲突是不全面的。因此,规制私法论其实只是指出了穿透式思维从公法到私法的可能性,而仍然没有完成其与私法尤其是合同法、金融法原理与规范对接的任务。

从以上理论可以看到,既有理论均比照金融监管相关理念,认识到了公共秩序或公共利益的重要性,并试图通过与民法相关理论与《民法典》一般条款的对接关系,而建立其法律依据。如果将穿透式审判定位于金融审判的特别审判方法,那么,穿透式审判理念除了要尊重民法原理与《民法典》一般条款,还必须遵守《民法典》合同编与金融法对金融交易的要求,就还需要补充其合同法与金融法的理论与规范依据,也还需要通过这种补充而明确其限度。

综上所述,既有的三种理论还不能为穿透式审判提供合同法与金融法上的依据与限度,在资产管理产品嵌套合同等金融契约群纠纷案中,尤其如此。为此,本章拟讨论金融契约群纠纷案穿透式审判的依据与限度问题。对穿透式审判依据与限度的讨论,意味着对此审判方式的基本态度是:既不是彻底否认这一审判方式,也不是无条件地承认这一方式,而是试图将之框定于合同法与金融法的原理与制度之下,即以合同法与金融法的原理与相关制度划定其边界,既发挥它的应有功能,也避免穿透式审判的滥用。

二、新合同联立理论:穿透式审判理念的新依据

(一)合同联立理论与穿透式审判理念的契合之处

在合同法之中,合同联立理论贯彻了一种穿透式思维。合同联立理论以合同群落观念为依托,是一个突破单个合同相对性原则而以一个合同决定另一个合同效力的理论。合同联立是指数个契约(典型或非典型)具有互相结合的关系,其中包括具有一定依存关系的结合,即依当事人之意思,一个契约的效力依存于另一个契约的效力。② 需要注意到,这一观点

---

① Martijn W. Hesselink, *Private Law*, *Regulation*, *and Justice*, 22 European Law Journal 681 (2016).

② 参见王泽鉴:《债法原理》(第 2 版),北京大学出版社 2013 年版,第 139 页。

认为合同联立中合同效力的依存关系必须以当事人的约定为基础，而不是法律的强行规定。当然，当事人的约定只是合同联立的条件之一，合同联立还必须存在特定的客观基础："由于是否构成合同联立并不完全取决于当事人的意思表示，而更要关注交易的客观需要和当事人利益的保护。"①1991年《德国消费信贷法》第9条规定，如果买卖合同和信贷合同具有经济上的整体性，那么二者构成一项关联行为；当经营者参与了信贷合同的准备和订立过程时，则可推定二者具有经济上的整体性。这就从经济功能的整体性上规定了合同联立的客观基础。该条后来被纳入《德国民法典》第358条"关联合同"的内容，为保护金融消费者权益而赋予金融消费者以撤回权。②《德国民法典》第359条为保护金融消费者权益而明确规定了抗辩权延伸制度。③ 上述两项制度均是为了保护金融消费者权益而设立，均重视合同当事人意思与经济功能上的整体性，均适用于消费信贷合同。有学者认为："这种打破合同相对性规定的正当性，主要是因为金融消费者相对于经营者的弱势地位决定的。"④这一评价是准确的。欧美国家也确立了"抗辩延伸制度"，否认合同相对性而将消费信贷合同与其原因合同视为联立合同。⑤

我国在商品房买卖合同及其相应贷款合同纠纷案领域贯彻了合同联立理论。2003年最高人民法院《关于审理商品房买卖合同纠纷案件适用法律若干问题的解释》（法释〔2003〕7号，以下简称2003年《商品房买卖合同解释》）第23条规定，因不可归责于当事人双方的事由未能订立商品房担保贷款合同并导致商品房买卖合同不能继续履行的，当事人可以请求解除合同，出卖人应当将收受的购房款本金及其利息或者定金返还买受人；第24条规定，因商品房买卖合同被确认无效或者被撤销、解除，致使商品房担保贷款合同的目的无法实现，当事人请求解除商品房担保贷款合同的，应予支持。这两条规定了商品房买卖合同与贷款合同的合同联立关系，大致借鉴了以上德国的合同联立理论，只是没有特别强调当事人意思与合同经济功能的整体性。我国的上述规定是一项常用的合同联立制

---

① 陆青：《合同联立问题研究》，载《政治与法律》2014年第5期。

② 参见迟颖：《德国消费信贷法规中的关联合同制度——兼论〈德国民法典〉第358条》，载《比较法研究》2006年第3期。

③ 参见迟颖：《关联合同中产生于买卖合同的抗辩权对贷款合同的适用性问题——从一则案例看德国消费信贷法抗辩权延伸制度》，载《法学论坛》2007年第5期。

④ 刘怡：《论德国关联合同制度及其借鉴意义》，载《法律适用》2012年第9期。

⑤ 参见尹腊梅：《揭开消费信贷合同的面纱——论抗辩延伸制度的正当性以及抗辩放弃条款的无效》，载王保树主编：《中国商法年刊》2009年，北京大学出版社2010年版，第463页。

度，其目标是保护金融消费者权益。

比较合同联立理论与穿透式审判理念，可以看到二者的契合之处。这主要有以下四点：第一，二者均突破了合同的相对性，形成了合同之间的连带关系。前者从合同关系上直接强调复数合同之间的联立，后者从审判方式的角度强调对复数合同进行“穿透”，其结果均是确定复数合同之间的连带关系。第二，二者均包含着复数合同及其整体性观念。前者从合同的联立关系上表达复数合同及其整体性关系，而后者也将金融契约群及其整体性关系纳入其射程。第三，二者均从功能上分析合同的整体性，均强调金融契约群的整体功能。前者从经济功能上分析复数合同，强调数个合同在功能上相互依存；后者源于金融监管理论，继承了金融监管理论中功能监管的观念，从功能视角审视金融契约群整体的功能。第四，二者均可能导致金融契约群的连带关系。前者名为“合同联立”，本质上是为了确立合同效力的连带关系，即“合同连带无效或连带解除”；后者穿透复数合同组成的整体，其目标往往是从整体上否认合同群体的效力，以消解合同整体的违法功能。以上四点说明了合同联立理论与穿透式审判理念存在诸多契合之处。

同时，也应当看到合同联立理论与穿透式审判理念是存在差异的。这主要表现于：其一，二者目标有差异。前者主要是为了保护金融消费者权益而设立，而后者主要是为了应对系统性风险。尽管二者均可归结于公共秩序的名下，且金融消费者保护与系统性风险防范存在相辅相成的关系，①但毕竟二者在内容上存在重大差异。其二，二者后面的价值观存在差异。金融消费者权益保护主要出于金融公平的考虑，旨在保护“弱而愚”的消费者，而系统性风险的应对主要出于金融安全的考虑，旨在保护金融安全。这两种价值观是存在差异的。其三，二者所预设的金融契约群不同。前者只适用于消费融资合同所形成的金融契约群，而后者则主要针对资产管理产品嵌套合同等金融契约群。前者属于传统金融交易领域，属于有名合同的范畴，而后者属于近年金融创新的交易领域，多涉及非典型合同，后一契约群中合同的数量、关系等更为复杂。其四，二者的适用范围存在差异。前者仅仅适用于消费融资契约群，而后者除适用于资产管理产品嵌套合同群落等之外，还可能适用于“名实不同”的合同。

考虑到本章标题为“金融契约群纠纷案穿透式审判的依据与限度”，本章主要讨论金融契约群穿透式审判的问题，而只附带讨论“名实不

① 参见陈醇：《金融法违约预防与违约处置制度研究》，法律出版社2019年版，第141页。

同"合同的穿透式审判问题。

(二)从传统理论到新合同联立理论

考虑到合同联立理论与穿透式审判理念的契合之处及其差异,本章试图结合金融交易的特征及金融法对金融交易的要求拓展合同联立理论。这一拓展试图在合同联立理论中加入金融因素,这包括三个方面:第一,在目标上,将应对系统性风险作为合同联立理论的目标之一,不再局限于保护金融消费者权益;第二,在价值观上,将金融安全作为合同联立理论的价值之一,不再局限于金融公平;第三,在金融契约群的预设上,将资产管理产品嵌套合同等金融领域的新型契约群作为其调整对象,而不再局限于消费融资契约群。兹分述如下:

从金融消费者保护到系统性风险防范。金融具有系统性,其中最受人注目的系统性是风险的系统性即系统性风险。在金融领域,金融的违约会引发连锁违约,进而导致连锁破产,造成金融产品的价格下跌甚至沦为毫无价值的废纸,引发金融市场甚至整个经济的崩溃。系统性风险可能引发难以接受的宏观经济后果。① 也就是说,系统性风险将严重地损害公共秩序与公共利益。金融交易及其风险的系统性决定了如下两个基本命题:第一,为保障金融交易的公共秩序与公共利益,就必须防范系统性风险,或者说,在金融交易领域,对公共秩序与公共利益最大的威胁是金融风险;第二,金融契约群的整体性可能诱发系统性风险,从而损害金融领域的公共秩序与公共利益。这两个命题说明,在金融交易领域,保护金融消费者权益是重要的,防范系统性风险也是重要的;表现于金融审判之上,就是必须将防范系统性风险与保护金融消费者权益作为此领域合同纠纷案裁判的共同目标。金融契约群的系统性风险为合同联立理论提供了新的视野。无论是德国合同联立理论中的整体性理论还是英美法中的最密切联系理论,其核心均是整体性,即一个合同与另外合同之间存在整体性。但是,传统理论中的整体性仅仅指合同与合同之间在经济功能上的密切联系,而不是指在风险上的系统性。金融系统性风险理论说明,风险的系统性应当作为合同联立的要件之一,其理由如下:第一,系统性风险是金融契约群在风险上的整体性特征,合同联立理论重视复数合同的整体性,就应当既重视其经济功能上的整体性,也重视其风险上的整体性。系统性是指两个或两个以上的要素相互作用而形成的整体性。② 既然经济功能上的整体性能

---

① See Adam J. Levitin, *In Defense of Bailouts*, 99 Georgetown Law Journal 435(2011).

② 参见苗东升:《系统科学精要》(第3版),中国人民大学出版社2010年版,第21页。

够成为合同联立理论突破合同相对性的理由，系统性风险也就可以作为突破合同相对性的原因。因而，可以考虑根据系统论与金融交易的特征，在金融司法领域适当地扩展合同联立理论：在金融交易中，如果复数合同在风险上形成了整体性且符合合同联立的其他要件，那么，就可以突破合同的相对性而将复数合同的效力、权利义务与责任联结起来。第二，与传统合同联立的经济功能整体性相比，系统性风险所体现的整体性更加明显，其影响也更为巨大。在合同数量上，金融交易的系统性风险所涉及的合同往往不局限于两个合同，而是复数合同甚至是海量合同；在联结之上，如上所述，金融契约群除具有权利义务上的紧密联结之外，还在价格、主体等各方面具有紧密的连带关系，处于一损俱损的关系之中；在后果上，系统性风险可能导致所在金融契约群的连带效应，进而造成连锁违约与连锁破产，甚至导致局部或全局性的金融危机。在一个金融危机频繁出现的时代，金融交易的系统性应当成为合同联立的正当理由之一，甚至可以说，成为最为重要的理由之一。合同联立理论必须重视系统性风险，才能适应时代要求而为应对金融危机作出应有的贡献。

从金融公平到金融安全。金融风险特别是金融危机的现实表明，金融风险是金融交易的最大敌人，金融安全是金融法的重要价值：第一，没有适当地分配金融安全的保障义务，就没有金融公平。正如一个人有义务为自己的汽车安装刹车一样，金融交易者有义务按照法律的要求防范自己的风险，否则，就是风险他负，就有失公平。合同联立理论重视金融公平，但不能因此而忽视金融安全及其保障义务。第二，没有金融安全，就没有合同自由可言。金融危机将摧毁所有的自治，因为金融危机的传染性使违约与破产成为身不由己的事情。要追求合同自由，就必须对自治的结果负责，就必须保障自治的安全；要追求合同自由，就必须切断违约与破产的传播，否则，违约与破产将不请自来，金融领域的自治就不再可能。合同自由意味着合同当事人能够且必须承担所缔结合同的后果。合同相对性是合同自由的基础，但是，当合同风险不具有相对性之时，金融司法也只好对合同自由进行限制。金融公平与金融安全都是金融法的重要价值，既然金融公平能成为合同联立理论的正当理由，那么，金融安全也应当成为合同联立理论的价值依据之一。

从消费融资契约群到资产管理产品嵌套合同等金融契约群。系统性的金融契约群是系统性风险的合同之源，合同联立理论在考虑金融契约群的整体性时应当将系统性风险及金融安全纳入其中，相应地，在确定合同联立的对象之时，也应当将符合条件的新型契约群纳入其中，以形成理论目标、价值观与调整对象的对应性。金融交易之间容易形成关联性。一些金融交易一旦形成了系统性的契约群,它就难以甚至不可修改,形成具有很强黏性的合同群落。基于金融交易及其违约的系统性,国外金融法已经运用了复杂网络方法计算金融公司联结包括合同联结的规模与复杂性;①我国学者已经开始了金融公司交易联结度量与系统重要性度量的估算。②合同之间的黏性、网络性与复杂性,均体现了合同的系统性及其公共性,也解释了金融契约群与系统性风险、金融安全之间的关系。因而,合同联立理论的调整对象应当拓展至两类金融契约群:在意思与经济功能上形成了双重整体性的契约群;在意思与风险上形成了双重整体性的契约群。既有契约群概念从系统性风险视角界定契约群的整体性,而作为合同联立理论应当调整的契约群,在考虑风险或经济功能整体性的同时,还应当重视意思的整体性。因而,与传统契约群概念相比,本章的金融契约群概念秉承私法的意思自治原则,重视主观意思在合同整体性的地位,从而将合同联立理论中的契约群拓展为具有上述主客观双重整体性的金融契约群,即既存在意思上的整体性,也存在经济功能或风险整体性的金融契约群。下文讨论的穿透式审判理念仅针对这类金融契约群。

在传统合同联立理论上增加金融因素,本章确立了合同联立理论的双重目标(应对系统性风险与保护金融消费者权益)、双重价值(金融安全与金融公平)、双重调整对象(资产管理产品嵌套合同等新型契约群与借贷合同或其他金融消费者融资契约群)与双重整体性(意思整体性与经济功能整体性或风险整体性)。为了区分于传统合同联立理论,下文将上述添加了金融因素的合同联立理论称作新合同联立理论。

(三)穿透式审判理念的新依据

新合同联立理论可以作为穿透式审判理念的新依据。新合同联立理论以合同法理论为基础,且增加了金融法的原理。新合同联立理论认为传统合同联立理论已经开始了穿透式审判的实验,只是在目标、价值观与契约群对象之上存在局限性,因而需要对其目标、价值观与调整对象进行拓展。

新合同联立理论可以从金融契约群结构之上为穿透式审判理念提供合同法的理论支撑,以揭示金融契约群损害金融消费者权益或金融安全的

---

① See Prasanna Gai and Sujit Kapadia, *Contagion in Financial Networks*, 466 Mathematical, Physical and Engineering Sciences 2401(2010).

② 参见欧阳红兵、刘晓东:《中国金融机构的系统重要性及系统性风险传染机制分析——基于复杂网络的视角》,载《中国管理科学》2015 年第 10 期。

特别机理。新合同联立理论承继传统合同联立理论,仍然重视合同结构的整体性分析,且试图拓展这种整体性分析的内容,即不仅从意思与经济功能之上分析金融契约群的整体性,还从意思与系统性风险之上分析金融契约群的整体性;不仅强调金融消费者权益保护,还强调金融安全的保障。资产管理产品嵌套合同等金融契约群因其整体性而与其中单个合同存在差异,可能出现单个合同不损害金融安全或金融消费者权益,但金融契约群整体却损害金融安全或金融消费者权益的情形。这就是资产管理产品嵌套合同等金融契约群损害金融消费者或金融安全的特别之处。公共秩序论无法解释金融契约群在违反公共秩序之上的特别之处,从而容易导致与通谋虚伪论的重复。穿透式监管理念已经认识到金融契约群对金融安全的损害,虽然没有明确指出上述整体性损害的机理,但将穿透式监管的重心转向了对金融契约群的监管。新合同联立理论从合同结构上解释了上述整体性损害,穿透的对象是金融契约群,穿透的技术目标是探求其整体意思、整体功能或整体风险。这就为穿透式审判提供了一个合同法解释。

新合同联立理论可以为穿透式审判理念增加金融因素,从而能够体现金融法对金融交易的要求。金融契约群既受到《民法典》总则及其合同编的调整,也受到金融法的调整,相对于前者,后者是特别法的调整。为了保护金融安全与金融公平等金融法价值,金融法已经因应金融交易的特征而规定了大量的强制性规范,且这些规范既存在于法律之中,也存在于行政法规之中,还可能存在于行政规章与其他规范性文件之中。新合同联立理论在传统合同联立理论之上加入了金融安全、系统性风险等因素,这样,以新合同联立理论为依据,也就意味着对金融契约群纠纷案的审判必须遵守金融法对金融契约群的要求,即遵守防范系统性风险与保护金融公平的强制性规范,根据上述强制性规范判断金融契约群整体的合法性。可能出现的情况是,上述金融契约群中的单个合同不违反金融法的强制性规范,但金融契约群整体却违反其强制性规范。穿透式审判应当重点考察金融契约群整体违反强制性规范的情况。新合同联立理论于此完成了穿透式审判理念与金融法中强制性规范之间的对接。公共秩序论重视公共秩序,但局限于《民法典》的一般条款,未能将一般性的公共秩序条款落实于金融法的强制性规范,通谋虚伪论也是如此。新合同联立理论揭示了金融契约群在违反上述强制性规范上的特殊之处。于此,穿透式审判的对象是金融契约群,穿透的目标是探求是否存在整体性违反。这就为穿透式审判提供了一个金融法解释。

新合同联立理论是对既有穿透式审判理念的发展。金融创新既可能产生名实不同的合同,也可能产生整体与部分不同的合同。从适用对象上看,通谋虚伪论可以适用于名实不同的合同,但适用于整体与部分不同的合同是牵强的,新合同联立理论正好可以适用于这种情形。通谋虚伪论因为不尊重金融法中关于金融交易通谋虚伪的特别规定①,而与商法尤其是金融法的合同外观主义存在剧烈的冲突。新合同联立理论尊重金融法的价值观、目标与制度,可望避免上述冲突。新合同联立理论与公共秩序论均重视公共秩序,但是,前者认为公共秩序应当落实于《民法典》和金融法的强制性规范之中,落实于对金融公平、金融安全等方面的具体规范之中,而不是止步于空泛的公共秩序条款。新合同联立理论要求公共秩序论尊重合同法和金融法的既有教义与规范,因而,新合同联立理论可视作公共秩序论的拓展与落实。新合同联立理论克服了规制私法论的缺陷,而从系统性风险的应对等集体利益上,以强制性规范的遵守来完成规制私法论的目标。

新合同联立理论肯定了既有穿透式审判理念的合理之处,但并不是对它的简单认同,而是通过合同法和金融法而对之进行必要的限定。既有穿透式审判理念针对资产管理产品嵌套合同等金融契约群,强调合同形式与合同复杂性的穿透、公共利益的保护等,试图穿透一些不当的法律规避行为,这是正确的。但是,忽视合同的相对性而将穿透式审判理念作为民商法的一般审判方法,也极容易造成这一审判方法的滥用,从而严重地违背合同法的教义尤其是合同自由原则。同时,传统穿透式审判理念在调整金融契约群纠纷案时,忽视金融法强制性规范对系统性风险的防范与金融安全的保护,试图在金融法制度之外另起炉灶,也是吃力不讨好的事情。新合同联立理论在承认穿透式审判理念的正确成分之时,也从合同法与金融法之上限定了该理念,廓清了穿透式审判理念的模糊之处。新合同联立理论为穿透式审判理念找到合同法与金融法的双重依托与双重限度。

① 金融法对名实不同的通谋虚伪现象作出了规定。例如,《证券法》第55条规定:"禁止任何人以下列手段操纵证券市场,影响或者意图影响证券交易价格或者证券交易量:(一)单独或者通过合谋,集中资金优势、持股优势或者利用信息优势联合或者连续买卖;(二)与他人串通,以事先约定的时间、价格和方式相互进行证券交易;……"其中第1款第1项和第2项规定了操纵市场的通谋行为。在适用《民法典》通谋虚伪一般条款之时,应当尊重金融法的特别条款,而不应当不顾忌金融法的特殊规定将投机行为等一律认定为无效。只考虑一般条款而不顾忌金融法的特别规定,这是造成通谋虚伪论与外观主义冲突的根本原因。

三、穿透式审判的要件限制及其司法表达

为了避免滥用，穿透式审判理念必须有具体的操作标准，因而，下面讨论涉金融契约群纠纷案中穿透式审判的要件及其限制，以及上述内容的司法表达。

（一）金融契约群纠纷案穿透式审判的新要件

传统合同联立理论给出了合同联立的要件。如上文所述，合同联立必须具备两个要件：存在复数独立的合同；该复数合同在意思与功能上相互依存。合同联立的后果是其中一个合同的效力将传导到相关联的其他合同。传统理论认为合同联立必须具备主观和客观两大要素：主观上是指当事人存在明示或者默示地联结数个合同以实现一个融为一体的经济事务的意思表示；客观上是指数个合同具有相互依存的功能联系。[①] 上述联立要件包括主观上的意思联立与客观上的功能联立，其中意思联立从主观方面说明了复数合同在意思上的整体性，而功能联立则从客观方面说明了复数合同在经济功能上的整体性，二者分别从目的与效果上表达了合同群落的整体性。这种主客观兼顾的要件试图概括复数合同的双重整体性特征。传统合同联立要件以消费融资契约群为调整对象，并结合这方面的案例予以阐述，具有很强的判例法特征。

根据新合同联立理论，可以将上述要件进行适当的拓展，得到金融契约群纠纷案穿透式审判的一般要件。其要件包括两个：存在复数独立的合同；该复数合同在意思与经济功能上或在意思与风险上形成了双重整体性。合同联立的后果是连带合同关系及其效力连带瑕疵或连带合同责任。因后一个要件有所拓展，为了称呼的方便，下文将以上要件称作新要件。

在整体性上，新要件继承了传统合同联立理论中的主客观双重整体性理论，且将系统性风险作为双重整体性中客观方面的内容。除合同目的与经济功能上的双重整体性之外，新要件还指出了合同目的与系统性风险上的双重整体性。前一种双重整体性可能导致对金融公平的损害，后一种双重整体性可能导致对金融安全的损害。传统合同联立要件重视前者，强调了对金融消费者权益的保护，新要件同时强调二者，体现了金融消费者权益保护与系统性风险预防并重的观点。合同目的的整体性需要从当事人、标的物与合同权利义务整体上考虑，一般而言，整体性的合同目的意味着所有合同当事人均知悉且同意金融契约群的目标，即相互联立的金融契约

① 参见陆青：《合同联立问题研究》，载《政治与法律》2014 年第 5 期。

群是当事人的故意创设。风险整体性往往是因为上述金融契约群将所有合同的风险联结为一体且具有整体性的外部效应,其中存在标的物相同的情况,也存在合同权利义务连续性的情形,即一个合同中的权利就是另一个合同的义务。

新要件的目标是从整体上判断金融契约群是否违反金融法的强制性规范。[①] 这种整体性违反是指其中单个合同可能并不违反金融法的强制性规范,但金融契约群整体却违反了上述强制性规范。其中值得注意的是,金融法的强制性规范往往被规定于金融监管的法律或行政法规之中,这些文件奉行功能监管或行为监管的理念,它们所规定的行为或功能与单个合同并不能呈现一一对应的关系,而往往与金融契约群呈现对应关系,即从单个合同上看并不是金融监管法律文件所规定的违法行为或禁止性功能,而只有从金融契约群整体角度才能发现上述行为或其功能构成了金融监管法律文件所规定的违法行为或禁止性功能。这种整体性违反是金融契约群违反强制性规范的重要特征。例如,商业银行 A 依法不能以信贷资金买卖股票,为规避上述法律规定,A 通过股权代持合同而让 B 买卖股票。从单个合同上看,上述股权代持合同与股票买卖合同均未违反强制性规范,而二者构成的整体却违反了强制性规范。以金融契约群整体违反强制性规范而认定其中单个合同存在效力瑕疵,这是新要件在穿透式审判中的意义所在。

从整体上判断金融契约群是否违反强制性规范,这限定了穿透式审判的法定性。将复数合同整合为一个整体,这并不违法,如果没有法律的特别规定,这种整体性也并不会导致合同之间的连带效力瑕疵。只当上述金融契约群整体违反了金融法的强制性规范之时,才适用穿透式审判且认定契约中复数合同的连带效力瑕疵,这就是穿透式审判的法定性。商品房买卖合同与相应贷款合同的效力连带关系是法律规定的结果,这体现了传统合同联立理论及其实施要件的法定性。对资产管理产品嵌套合同等金融契约群的穿透式审判及其所认定的连带效力瑕疵,也应当依法而行,只有当这种整体性违反了金融法的强制性规范之时,才裁判连带效力瑕疵。穿透式审判可能导致合同效力连带,尤其是连带无效,这对于合同而言,是非常严重的结果,因此,必须严格限定穿透式审判的范围,明确穿透式审判的法律依据。在侵权责任中,连带责任采取法定主义:"连带责任的承担必须

---

① 此处强制性规范仅指影响合同效力的强制性规范,其识别标准与适用方法参见本书第九章与第十章。

有法律的明文规定或当事人的明确约定,此外不得擅科连带责任。"①连带侵权责任必须依法裁判,穿透式审判也必须具有法律依据。在金融审判之中,穿透式审判的法定化意味着连带效力瑕疵裁判是属于法定的例外情形,而非连带效力瑕疵裁判是一般情形。

新要件运用了金融契约群概念,强调了穿透式审判所面对金融契约群的整体性及其效力瑕疵、合同责任的整体性。运用这一概念的目的在于对新合同联立理论适用对象指向的所有金融契约群统一命名,予以术语化。"合同联立"这一概念侧重于从单个合同上看待复数合同,不利于揭示金融契约群的整体性,无法形成"单个合同—金融契约群"这样明确的对应性概念。"合同联立"能够比较直观地表达合同整体性的成因,"金融契约群"能够比较直观地表达合同整体性本身及其法律后果,"穿透式审判"能够比较直观地表达上述二者所对应的审判方式,而"连带效力关系"能够比较直观地表达对金融契约群穿透式审判的结果。

根据新要件,穿透式审判的后果是穿透合同的相对性,认定金融契约群中诸合同的连带关系,甚至可能是其中合同在效力瑕疵、合同责任上的连带关系。效力连带瑕疵样态具有多样性,既包括连带无效,也包括其他连带效力瑕疵。连带无效是人们容易理解的结果,而连带可撤销、连带违约责任也属于效力连带的后果。连带瑕疵裁判可能导致金融契约群审判结果上的统一处理,即一次性地处理金融契约群中多个合同权利义务的履行、撤销后的返还财产、折价补偿与赔偿损失等。这可以避免复数合同纠纷案拆分审理带来的麻烦,当然,这需要配套的制度创新。

(二)新要件对穿透式审判的限制

新要件肯定了穿透式审判理念对系统性风险的合理关切。金融交易中的系统性风险关系到金融安全,是金融业甚至整个经济与社会的公共利益与公共秩序所在,金融审判不能回避金融系统性风险,也不能认为系统性风险的防范只是金融监管的事情,而必须对系统性风险予以回应。新要件将防范系统性风险与保护金融消费者同时列为穿透式审判的目标,这继承了传统穿透式审判理念中的合理目标,同时将保障金融安全作为其新的目标。新要件通过改造合同联立理论,将当事人的意思与系统性风险作为金融契约群双重整体性的内容,从合同所涉风险的系统性上考虑金融契约群的整体性,从而将穿透式审判对系统性风险的关切落实于金融契约群整体性的认定标准之中。以新要件为基础,穿透式审判将金融法防范金融系

① 孔祥俊:《论连带责任》,载《法学研究》1992 年第 4 期。

统性风险的强制性规范作为金融契约群连带效力瑕疵裁判的法律依据,从而在金融审判中落实了防范系统性风险的法律制度。新要件从目标、对象与法律依据等之上贯穿了对系统性风险的合理关切。民商法应当具有公共精神。① 新要件契合于私法对公共秩序与公共利益的关怀。

新要件在肯定穿透式审判理论的同时,也限定了其范围,试图尽量地保护合同的相对性。穿透式审判理念所遭遇的最重要质疑可能在于其对于合同相对性的限制,以及由此而导致的对合同自由的限制。穿透式审判理念试图"穿透"金融契约群,这就会突破合同的相对性。"多合同文本构成的商事交易结构开始大量涌现,此类交易模式商业目的多元,法律关系复杂,适用难题频出,需以'穿透性审查'。"②在金融契约群中,一些合同是通道,而另外的合同是目的,复数合同形成了多层嵌套的合同结构,穿透式审判理念从整个金融契约群的结构上考虑单个合同的功能、效力与违约责任,突破了合同的相对性。这种突破应当是有限制的。新要件从当事人意思与功能的整体性或意思与风险的整体性要求上限定了穿透式审判的范围,这从穿透对象上限缩了穿透式审判的范围,为合同相对性留下了空间。更为重要的是,以新要件为基础,金融审判得以将强制性规范的违反作为以上金融契约群整体违法的依据,即只能在违反强制性规范之时作出连带效力瑕疵裁判,这就避免了审判依据的虚化与泛化,从而将连带效力瑕疵裁判限定在法定的范围之内,至此,穿透式审判走入法定化的轨道,为合同相对性与合同自由留下了余地。

新要件对合同相对性的必要尊重,有助于避免穿透式审判随意破坏合同法基本原则,从而保护合同法的根基。合同相对性是合同法的基础,也是合同自由的基石。罗马法认为,契约是当事人之间的法锁,任何人不得为他人缔约。③ 合同相对性原则是两大法系的共有原则。④ 我国合同法也承认合同相对性原则。⑤ 合同相对性原则源于合同自由原则。"契约的相对性原则是古典契约法体系构建的第一块基石……如果没有契约相对性

---

① 参见吴飞飞:《论中国民法典的公共精神向度》,载《法商研究》2018 年第 4 期。

② 吴智永、徐劲草:《论商事交易结构中合同集群的"穿透性审查"路径——以意思表示的体系化识别为视角》,载胡云腾主编:《法院改革与民商事审判问题研究——全国法院第 29 届学术讨论会获奖论文集(下)》,人民法院出版社 2018 年版,第 921 页。

③ 参见[意]彼得罗·彭梵得:《罗马法教科书》,黄风译,中国政法大学出版社 1992 年版,第 313 页。

④ 参见刘承韪:《合同相对性理论的起源与流变——现代意义合同相对性在两大法系确立过程之比较》,载《南京大学法律评论》2007 年第 Z1 期。

⑤ 参见王利明:《论合同的相对性》,载《中国法学》1996 年第 4 期。

理论,就不会有意思自治或契约自由,也就不会有真正意义上的私法体系。”①如果合同权利义务不是因当事人的合意而产生,那么,合同自由就形同虚设了;如果合同责任不是以合意所约定的特定义务为基础,那么,它将与侵权责任中的法定义务混为一谈,违约责任与侵权责任的分界也将消失。这是从私法原则与体系形成的角度对相对性原则地位的正确评价。合同相对性理论保护了创设债权的效益性、安全性与公平性,也为合同自由原则提供了基础。为了防范系统性风险,金融审判不得不对合同相对性与合同自由进行限制,但是,这种限制应当尽可能最小化。为了避免对合同相对性的影响过大,就应当反过来限制穿透式审判的范围,尤其是连带效力瑕疵裁判的范围,而不应当不惜代价地实施穿透式审判理念。新要件试图寻求合同相对性与系统性风险防范之间的平衡,在防范系统性风险的同时,将对合同相对性的影响最小化。

(三)穿透式审判理念的司法表达与适用

根据新合同联立理论与新要件,可对穿透式审判进行新的司法表达。这包括如下三个方面:

第一,在司法文件中,区分穿透式审判的类型。按照穿透式审判的合同对象不同,可将穿透式审判分为对单个合同的穿透式审判与对金融契约群的穿透式审判。前者适用于名实不同的单个合同(不存在合同联立的情况),穿透的方法是从形式到实质,需要查明的事实是形式意思与实质意思方面的事实;后者是对金融契约群整体的穿透,穿透的方法是从局部到整体,需要查明的事实是单个合同与金融契约群整体性方面的事实。《九民纪要》引言部分将穿透式审判思维定位于“查明当事人的真实意思,探求真实法律关系”,这对于名实不同的合同而言,是合适的,而对于局部与整体不同的合同,则是不合适的,后者应当是“查明当事人的整体意思,探求整体法律关系及其中单个合同在整体中的作用”。《九民纪要》将名实不同的合同纠纷及其穿透方法作为穿透式审判的一般对象与一般方法,这不利于应对资产管理产品嵌套合同等金融契约群纠纷尤其是其事实的查明。这两种穿透式审判的相同之处在于均存在意思的穿透,但对单个合同的穿透式审判相对简单,因而,对金融契约群的穿透式审判应当是穿透式审判的难点与重点。

第二,在司法文件中,将违反强制性规范作为穿透式审判的法律依据

① 李永军:《从契约自由原则的基础看其在现代合同法上的地位》,载《比较法研究》2002 年第 4 期。

与焦点。违反金融法的强制性规范应当是穿透式审判的法律依据。这一信心基于上述强制性规范与公共秩序的特殊与一般关系。在金融消费者保护与系统性风险的防范领域，违反强制性规范与侵害公序良俗必定存在同时性，即侵害金融公共秩序的行为一般同时违反上述强制性规范。金融消费者保护与系统性风险的防范是金融法的重要目标，对于这样重要的目标，金融法必定会运用大量强制性规范予以保障。在社会主义市场经济法律制度体系已经比较完备的背景下，应当相信，金融法已经将绝大多数违反金融公共秩序的交易行为规定于其强制性规范之中了。金融交易纠纷案中，违反公共秩序一般条款也必定同时违反金融法的强制性规范，因而，在金融审判之中，《民法典》总则中的公共秩序条款与金融法相应的强制性规范，应当被认定为一般条款与特别规范的关系，穿透式审判应当根据特别规范优先于一般条款的原理，优先适用金融法的强制性规范。基于同样的道理，在金融审判中，在适用《民法典》第 146 条认定通谋虚伪规则之时，也应当将之落实于金融法通谋虚伪方面的强制性规范。在金融交易通谋行为的裁判中，宜将违反金融法强制性规范作为其法律后果的裁判依据之一。①

强制性规范既是穿透式审判的法律依据，其对合同的影响也是穿透式审判的焦点。当事人通谋订立虚伪合同或建立复数合同之间的整体性，这是意思自治的内容，并不必然导致合同效力瑕疵。金融本身具有系统性，金融交易也具有群体性。例如，金融衍生品与金融资产的投资，本身就具有多层级性，所形成的合同多是群体性的金融契约群。如果因为这种系统性而随意穿透其中合同的效力，那么，合同自由在金融法中将荡然无存。穿透式审判的目标在于识别合同的违法性，即当事人的合同在本质上或在整体上违反了金融法的强制性规范，此时，合同的形式或金融契约群的整体性成为当事人规避强制性规范的工具。因为这种违法性，才需要“刺破合同形式的面纱”或“刺破金融契约群的面纱”，否则，没有刺破单个合同或金融契约群“面纱”的必要性。形象地说，戴“面纱”并不违法，而因为违法了才需要揭开“面纱”。于此必须彻底抛弃遇到名实不同的合同或金融契约群就认为应当进行“穿透”而认定其存在效力瑕疵的观点。只有当事

① 既有研究认为，通谋虚伪行为的构成要件主要有四个：“存在两方以上的当事人；当事人存在虚假意思表示；当事人对虚假意思表示的表达须有通谋；当事人实施了民事法律行为。”田韶华：《论通谋虚伪行为规则的司法适用》，载《北方法学》2019 年第 4 期；李永军：《虚假意思表示之法律行为刍议——对于〈民法总则〉第 146 条及第 154 条的讨论》，载《中国政法大学学报》2017 年第 4 期。在金融交易中，仅仅满足以上要件还不足以否认合同的效力，只有当通谋虚伪行为违反效力性规范之时，才应当质疑其效力。

人将上述名实不同的合同或金融契约群作为工具进行违法行为时，才能“穿透”合同或其群落而质疑其中合同的效力，这正是穿透式审判法定性的基本要求。穿透式审判可能导致连带合同效力瑕疵，这种连带效力瑕疵导致的合同法责任与连带侵权责任一样，是较为苛刻的责任，必须局限于法定化的范围之内。《法国民法典》第 1202 条规定：“连带责任必须明文规定，不得推定。”这种法定化应当得到肯定。

在既有案件的裁判中，一些案件采用了上述正确的理念。例如，在一个金融契约群纠纷案中，法院认为案涉《股份代持协议书》《三方协议》《华安理财安兴 101 号定向资产管理计划资产管理合同》《股权收益转让及回购合同》形成了功能与权利义务的整体性，且当事人的意思是形成一个整体的交易模式，因而“各当事人应按协议的整体安排享有权利并承担相应的义务”①。该案从意思与功能的双重整体性之上认定金融契约群的整体性，同时认定该金融契约群整体没有违反强制性规范而不否认其中合同的效力。在另一个案件中，二审法院从意思与风险双重整体性上认定案涉《广州证券公司——穗通 3 号定向资产管理合同》《单一资金信托合同》《转让协议》等 7 个合同具有整体性，但二审法院认为“现行金融监管政策允许《转让协议》这一类的存量业务合同继续履行”，因不具有违法性而承认了金融契约群的效力。② 这两个案件均认定了金融契约群的整体性，但因这种整体性并不违反强制性规范而肯定了金融契约群中合同的效力。在一个信托纠纷案中，一审法院认为案涉《框架协议》《贷款合同》《贷款合同之补充协议》《股票质押合同》《保证合同》《四方合伙协议》之间具有密切关联，形成了不可分割的整体，按照通谋虚伪的意思表示认定该金融契约群中所有合同连带无效。③ 二审法院维持了上述金融契约群整体性的认定，但以违反了强制性规范与社会公共利益而认定上述合同均无效。④ 上述两级法院在认定金融契约群整体性上均未能从意思与功能或意思与系统性风险双重整体上进行逐一论证，其论证存在欠缺；在认定合同无效的裁判理由上，该案属于金融契约群整体违反强制性规范的情形，一审法

---

① 参见桐城市建设投资发展有限公司与桐城市供销资产投资运营有限公司等金融借款合同纠纷案，安徽省安庆市中级人民法院(2021)皖 08 民初 151 号民事判决书。

② 参见江苏省国际信托有限责任公司与中国农业银行股份有限公司昆明分行合同纠纷案，最高人民法院(2017)最高法民终 478 号民事判决书。

③ 参见西藏信托有限公司与宁波金鸿泮投资合伙企业(有限合伙)、杨某发、彭某金融借款合同纠纷案，北京市第四中级人民法院(2019)京 04 民初 803 号民事判决书。

④ 参见西藏信托有限公司与宁波金鸿泮投资合伙企业(有限合伙)、杨某发、彭某合同纠纷案，北京市高级人民法院(2021)京民终 403 号民事判决书。

院以通谋虚伪论否认案涉金融契约群的效力，未能指出整体违法这一关键，且有将“整体—部分”混淆于“形式—实质”的嫌疑，而二审法院指出了金融契约群整体违反强制性规范这一无效理由，将公共秩序与公共利益落实于金融法的强制性规范之中，是较为适当的阐述。强调金融契约群整体违反金融法的强制性规范，这成为一些案件认定金融契约群中合同连带无效的基本理由，这是一种值得肯定的理由。①

第三，根据新要件，综合上述观点，可以修订既有穿透式审判的司法表达。以《民法典》第153条（违反效力性强制规定与违反公序良俗的法律行为无效）与第146条（通谋虚伪规则）为一般条款，汲取2017年《金融审判意见》第1条与《九民纪要》引言部分保护金融安全与应对系统性风险的正确思想，肯定2003年《商品房买卖合同解释》消费融资契约群穿透式审判的司法解释并保留其中穿透式审判司法表达的部分内容，可对穿透式审判理念作出新的司法表达如下：

“金融法以其强制性规范保护金融消费者权益与维护金融安全，以防范金融系统性风险。为此，在金融审判中必须强调上述强制性规范的适用。对于名实不同的合同，应当在查明当事人真实意思的基础上判断该合同是否违反金融法的强制性规范。如果该合同违反了上述强制性规范，则应当结合《民法典》第146条而裁判该合同无效。对于资产管理产品嵌套合同等金融契约群，应当审查金融契约群的意思、功能或风险，若其中复数合同在合同意思和经济功能之上相互依存而形成了整体性，或在合同意思和风险之上相互依存而形成了整体性，则应当认定上述金融契约群中的复数合同存在合同联立关系；如果上述金融契约群违反了金融法中保护金融消费者权益或防范系统性风险的强制性规范，则应当适用《民法典》第153条等，认定其连带效力瑕疵。”

在规范意图上，这一表达强调了穿透式审判的双重目的（保护金融消费者权益与维护金融安全）；在法律依据上，这一表达强调金融法中强制性规范在保护公共秩序或公共利益中的基础地位；在对接点上，将《民法典》第146条和第153条作为与金融法强制性规范的对接点；在金融契约群种类上，列出了形成整体性的两种情形（意思与经济功能上的双重整体性；意思与风险上的双重整体性）。这一表达涵盖了既有司法文件的内容，因

① 此前不少案件也作出了连带无效裁判。例如，南昌农村商业银行股份有限公司、内蒙古银行股份有限公司、民生证券投资有限公司、民生证券股份有限公司合同纠纷再审案，最高人民法院（2019）最高法民申1709号民事裁定书；江苏省国际信托有限责任公司与中国农业银行股份有限公司昆明分行合同纠纷案，最高人民法院（2017）最高法民终478号民事判决书。

而,可考虑通过司法解释或司法纪要的方式发布上述内容,以取代既有司法文件。因为资产管理产品嵌套合同等金融契约群纠纷案方面的穿透式审判多见,为避免同案不同判,建议以上述新司法表达为基础,发布以新要件为核心裁判理由的权威案例。

需要强调的是,在金融契约群双重整体性的认定中,合同意思的整体性是必不可少的要件。一些金融契约群中合同的主体、权利义务等具有整体性,但意思可能不具有整体性,如此,就不能将此种金融契约群认定为具有整体性的金融契约群。例如,在一个案件中,被告认为案涉《信托合同》《资产管理合同》《股票质押式回购协议》《差额补足协议》属于嵌套金融产品,但法院认为,上述合同虽然事实上整体构成一个融资市场交易的链条,但三个合同的主体、法律关系性质、权利义务内容均不同,且复数合同当事人并没有意思上的整体性,因而它们不具有整体性,应当认定为各自独立的合同。① 该案中,法院在认定双重整体性之时,既考虑了交易链条在功能上的整体性,也考虑了合同当事人在意思上的整体性,从而得出了正确的结论。在认定复数合同的双重整体性之时,尤其值得强调的是,非法集资案件所涉复数合同及其中的单个合同是否属于新合同联立理论所定义的金融契约群,应当视情况而定。最高人民法院《关于审理民间借贷案件适用法律若干问题的规定》(法释〔2020〕6 号)第 13 条规定,借款人或者出借人的借贷行为涉嫌犯罪,或者已经生效的判决认定构成犯罪,民间借贷合同并不当然无效;其第 14 条规定了民间借贷合同无效的情形。非法集资合同可能并非借款合同,而可能是以集资为目标的其他非典型合同。② 非法集资是从集资人这一整体视角而作出的结论,而非法集资所涉的复数合同并不必然具有意思整体性:集资人之间多不存在意思上的联络,如果并未形成意思上的整体性,也就不应当被认定为新合同联立理论所调整的金融契约群,更不能认定其整体违反了强制性规范而判决连带合同瑕疵或责任。以上解释第 13 条“并不当然无效”的规定隐含了上述认定规则,其中虽然没有指明连带无效裁判的条件,但似乎已经认识到了意思连带在连带合同无效中的地位,因而,这一规定值得肯定。该解释第 14 条规定了五点,其中第 1 项和第 2 项就属于单个合同本身已经违反了强制性规范的情形(套取金融机构信贷资金又高利转贷给借款人等),第 3 项至第

---

① 参见深圳前海元泉资产管理有限公司与深圳市中恒汇志投资有限公司、涂某身、李某群合同纠纷案,广东省深圳前海合作区人民法院(2017)粤 0391 民初 1547 号民事判决书。

② 非法集资所出现的其他合同形式,参见陈醇:《非法集资刑事案件涉案财产处置程序的商法之维》,载《法学研究》2015 年第 5 期。

5项属于单个合同本身无效的情形,而不是因为金融契约群整体性而导致的连带无效。

四、小结

穿透式审判既可能是穿透名实不同的合同,也可能是穿透金融契约群整体。在金融审判中,金融契约群因其意思与功能上或意思与风险上的双重整体性,可能损害金融公平或金融安全,穿透式审判理念突破合同的相对性而认定连带效力瑕疵,正是对这种整体性损害的应对。侵权责任法以连带责任与大规模侵权理论解决系统性的大规模侵权问题①,本质上穿透了单个侵权行为的相对性,其中似乎运用了穿透式审判的思维来回应整体性的损害。公司人格否认制度从一个方面看是限制公司人格与有限责任滥用的制度②,从另一个方面看,该制度旨在刺穿股东与公司各自独立人格且将二者认定为一个整体,是对"公司—股东"这一整体所致损害的回应,其中也似乎运用了穿透式审判思维来回应整体性的损害。个体造成的损害,个体承担;整体造成的损害,整体负责。这契合于私法意思自治与责任归己的基本原理。现今,侵权责任法的连带责任理论与公司法的公司人格否认理论已经得到了广泛的认可,基于相同的道理,人们对金融纠纷案中穿透式审判所认定的金融契约群及其连带效力瑕疵裁判也不应当感到过于意外。

穿透式审判理念来源于行政监管理念,基于行政监管与金融审判的反差,这种移植因为缺乏合同法与金融法依据而难以被人们所接受。如果愿意面向合同法与金融法,或许更容易找到特别法的理论依据,本章试图整合既有理论与制度,探寻穿透式审判的合同法与金融法依据,从而揭示侵权责任法、公司法、合同法与金融法在回应整体性损害时的一致性。个人主义是私法的基本方法论,相对性不仅是合同法的基石,还是私法的基石,整体性应当是一种例外,为此,侵权责任法与公司法在认定整体性损害时有严格的要件与法定化方法,作为金融领域合同纠纷案的审判方法,穿透式审判也应当被框定于合同法与金融法的原理与规范之中。穿透式审判理念需要宏大的理论背景,更需要合同法与金融法的具体理论支撑、严格的要件与明确的法律依据。上文于此方面作出了初步的尝试,期待起到抛砖引玉的作用。

---

① 参见朱岩:《从大规模侵权看侵权责任法的体系变迁》,载《中国人民大学学报》2009年第3期。

② 参见南振兴、郭登科:《论法人人格否认制度》,载《法学研究》1997年第2期。

参考文献

一、中文论文

1. 王文宇:《非典型(商业)契约的漏洞填补——论任意规定与补充解释的择用》,载《月旦法学杂志》2009 年第 164 期。

2. 王利明:《民法典中参照适用条款的适用》,载《政法论坛》2022 年第 1 期。

3. 刘燕:《"对赌协议"的裁判路径及政策选择——基于 PE/VC 与公司对赌场景的分析》,载《法学研究》2020 年第 2 期。

4. 谢鸿飞:《违反刑法的合同的类型与效力》,载《法律适用》2024 年第 1 期。

5. 许德风:《公司融资语境下股与债的界分》,载《法学研究》2019 年第 2 期。

6. 叶林:《商法理念与商事审判》,载《法律适用》2007 年第 9 期。

7. 崔建远:《民事合同与商事合同之辨》,载《政法论坛》2022 年第 1 期。

8. 周江洪:《典型合同与合同法分则的完善》,载《交大法学》2017 年第 1 期。

9. 易军:《买卖合同之规定准用于其他有偿合同》,载《法学研究》2016 年第 1 期。

10. 王文宇:《合同解释三部曲——比较法观点》,载《中国法律评论》2016 年第 1 期。

11. 刘贵祥:《关于金融民商事审判工作中的理念、机制和法律适用问题》,载《法律适用》2023 年第 1 期。

12. 李建伟:《融资性贸易合同的定性及效力规制研究》,载《法学评论》2023 年第 3 期。

13. 蒋大兴:《超越商事交易裁判中的"普通民法逻辑"》,载《国家检察官学院学报》2021 年第 2 期。

14. 冯果:《金融法的"三足定理"及中国金融法制的变革》,载《法学》2011 年第 9 期。

15. 邢会强:《金融危机治乱循环与金融法的改进路径——金融法中

"三足定理"的提出》,载《法学评论》2010 年第 5 期。

16. 朱晓喆:《增信措施担保化的反思与重构——基于我国司法裁判的实证研究》,载《现代法学》2022 年第 2 期。

17. 王文宇:《契约定性、漏洞填补与任意规定:以一则工程契约终止的判决为例》,载《台大法学论丛》2009 年第 2 期。

18. 邢会强:《市场型金融创新法律监管路径的反思与超越》,载《现代法学》2022 年第 2 期。

19. 侯佳儒:《民法基本原则解释:意思自治原理及其展开》,载《环球法律评论》2013 年第 4 期。

20. 尹田:《论民法基本原则之立法表达》,载《河南省政法管理干部学院学报》2008 年第 1 期。

21. 雷槟硕:《指导性案例适用的阿基米德支点——事实要点相似性判断研究》,载《法制与社会发展》2018 年第 2 期。

22. 刘甡:《民事准用制度探析》,载《苏州大学学报(哲学社会科学版)》2016 年第 4 期。

23. 严励:《论无名合同及其法律适用》,载《云南大学学报(法学版)》2006 年第 1 期。

24. 杨姗:《新型商事合同效力认定的裁判思维——以融资合同为中心》,载《法学》2017 年第 8 期。

25. 刘兰芳:《无名合同及其法律适用》,载《人民司法》1999 年第 3 期。

26. 毛玲玲:《论金融创新与金融审判》,载《学术月刊》2014 年第 5 期。

27. 黄韬:《专业性金融审判组织的理论剖析》,载《上海金融》2012 年第 1 期。

28. 丁海湖、田飞:《当前经济形势下金融审判理念及相关实务问题分析》,载《法律适用》2014 年第 2 期。

29. 巴曙松、王璟怡、杜婧:《从微观审慎到宏观审慎:危机下的银行监管启示》,载《国际金融研究》2010 年第 5 期。

30. 廖盛林:《混合合同法律适用问题的类型化研究》,载《福建法学》2012 年第 1 期。

31. 缪因知:《证券交易场外配资合同及其强平约定的效力认定》,载《法学》2017 年第 5 期。

32. 杨立新:《物业服务合同:从无名合同到典型合同的蜕变》,载《现代法学》2020 年第 4 期。

33. 张金海:《意思表示的主观要素研究》,载《中国法学》2007 年第

1 期。

34. 李宇:《保理合同立法论》,载《法学》2019 年第 12 期。

35. 李可:《类型思维及其法学方法论意义——以传统抽象思维作为参照》,载《金陵法律评论》2003 年秋季卷。

36. 朱晓喆:《论近代民法的理性精神——以 19 世纪民法法典化为中心》,载《法学》2004 年第 5 期。

37. 刘燕、楼建波:《金融衍生交易的法律解释——以合同为中心》,载《法学研究》2012 年第 1 期。

38. 毛军民、谭燕芝:《金融衍生品交易的契约分析》,载《文史博览(理论)》2010 年第 6 期。

39. 霍阳、王全兴:《从民法的附随义务到经济法的基本义务(下)——浅析民法、经济法调整现代合同关系的分工与配合》,载《北京市政法管理干部学院学报》2001 年第 2 期。

40. 朱广新:《民法典之典型合同类型扩增的体系性思考》,载《交大法学》2017 年第 1 期。

41. 陆青:《合同联立问题研究》,载《政治与法律》2014 年第 5 期。

42. 杨小强:《非典型合同论》,载《中山大学学报(社会科学版)》1997 年第 S1 期。

43. 李东辉、罗猛:《系统性风险及其监管:国际经验及启示》,载《中国金融》2009 年第 24 期。

44. 张晓朴:《系统性金融风险研究:演进、成因与监管》,载《国际金融研究》2010 年第 7 期。

45. 伍巧芳:《〈2010 年华尔街改革和消费者保护法〉述评》,载《法学》2010 年第 8 期。

46. 梁慧星:《诚实信用原则与漏洞补充》,载《法学研究》1994 年第 2 期。

47. 熊丙万:《中国民法学的效率意识》,载《中国法学》2018 年第 5 期。

48. 李妍:《宏观审慎监管与金融稳定》,载《金融研究》2009 年第 8 期。

49. 寇俊生:《关于金融监管法原则的思考》,载《金融研究》2003 年第 4 期。

50. 朱志权、李国献:《论金融监管法的基本原则》,载《东华理工学院学报(社会科学版)》2007 年第 3 期。

51. 盛学军:《论金融监管法的基本原则》,载《中共四川省委省级机关党校学报》2012 年第 3 期。

52. 赵霞:《金融司法监管化:动因、困境与调适》,载《商业经济与管理》2022 年第 5 期。

53. 鲁篱:《论金融司法与金融监管协同治理机制》,载《中国法学》2021 年第 2 期。

54. 谢海霞:《对赌协议的法律性质探析》,载《法学杂志》2010 年第 1 期。

55. 王斌:《建立和完善我国期货保证金制度的若干法律问题》,载《法律科学》1995 年第 1 期。

56. 黄飞鸣:《金融体系的顺周期性问题解读》,载《经济评论》2010 年第 2 期。

57. 张金城、李成:《银行信贷、资本监管双重顺周期性与逆周期金融监管》,载《金融论坛》2011 年第 2 期。

58. 苗永旺、王亮亮:《金融系统性风险与宏观审慎监管研究》,载《国际金融研究》2010 年第 8 期。

59. 陈醇:《从公司合同说到组织说:法律行为视角下的公司与公司法》,载《财经法学》2020 年第 6 期。

60. 王雷:《非典型合同和典型合同中的参照适用》,载《财经法学》2023 年第 3 期。

61. 郑晓剑:《比例原则在民法上的适用及展开》,载《中国法学》2016 年第 2 期。

62. 黄忠:《比例原则下的无效合同判定之展开》,载《法制与社会发展》2012 年第 4 期。

63. 彭诚信:《从法律原则到个案规范——阿列克西原则理论的民法应用》,载《法学研究》2014 年第 4 期。

64. 章程:《从基本权理论看法律行为之阻却生效要件——一个跨法域释义学的尝试》,载《法学研究》2019 年第 2 期。

65. 戴治勇:《选择性执法》,载《法学研究》2008 年第 4 期。

66. 李有、沈伟:《金融司法的安全和效率周期之困——以“职业放贷人”司法审判为切入》,载《中国法律评论》2020 年第 5 期。

67. 王利明:《我国案例指导制度若干问题研究》,载《法学》2012 年第 1 期。

68. 王彬:《案例指导制度下的法律论证——以同案判断的证成为中心》,载《法制与社会发展》2017 年第 3 期。

69. 张弓长:《民事司法中类推适用之类似性判断》,载《中国政法大学学报》2021年第3期。

70. 张弓长:《〈民法典〉中的“参照适用”》,载《清华法学》2020年第4期。

71. 张骐:《论类似案件的判断》,载《中外法学》2014年第2期。

72. 高尚:《司法类案的判断标准及其运用》,载《法律科学》2020年第1期。

73. 孙海波:《案例指导制度下的类案参照方法论》,载《现代法学》2020年第5期。

74. 刘宇:《间接后果主义的类案判断程序研究》,载《北方法学》2021年第4期。

75. 张志铭:《中国法院案例指导制度价值功能之认知》,载《学习与探索》2012年第3期。

76. 黄泽敏、张继成:《案例指导制度下的法律推理及其规则》,载《法学研究》2013年第2期。

77. 杨知文:《类案适用的司法论证》,载《法学研究》2022年第5期。

78. 刘克毅:《试论类比法律推理及其制度基础——以普通法的运作机制为例》,载《法商研究》2005年第6期。

79. 陈醇:《权利的结构:以商法为例》,载《法学研究》2010年第4期。

80. 陈华彬:《潘德克吞体系的形成与发展》,载《上海师范大学学报(哲学社会科学版)》2007年第4期。

81. 孙海波:《“同案同判”:并非虚构的法治神话》,载《法学家》2019年第5期。

82. 王胜明:《关于合同法的基本原则》,载《中国法学》1999年第3期。

83. 魏振瀛:《我国合同关系的新发展与法律调整》,载《法学杂志》1985年第4期。

84. 屈茂辉:《类推适用的私法价值与司法运用》,载《法学研究》2005年第1期。

85. 毕玉谦:《试论民事诉讼证明上的盖然性规则》,载《法学评论》2000年第4期。

86. 李永军:《虚假意思表示之法律行为刍议——对于〈民法总则〉第146条及第154条的讨论》,载《中国政法大学学报》2017年第4期。

87. 郑彧:《民法逻辑、商法思维与法律适用》,载《法学评论》2018年第4期。

88. 王文胜:《从已有司法解释看民法典合同编分则草案的完善》,载

《法治研究》2019年第1期。

89. 姚新华:《契约自由论》,载《比较法研究》1997年第1期。

90. 耿林:《民法典的规范表达研究》,载《清华法学》2014年第6期。

91. 陈兴良:《口袋罪的法教义学分析:以以危险方法危害公共安全罪为例》,载《政治与法律》2013年第3期。

92. 刘燕、楼建波:《银行理财产品中的金融衍生交易法律问题研究——以“KODA血洗大陆富豪”事件为标本》,载郭锋主编:《金融服务法评论》第1卷,法律出版社2010年版。

93. 陈醇:《论衍生合同》,载《北方法学》2022年第4期。

94. 陈醇:《论金融法中的违约预防制度》,载《环球法律评论》2019年第2期。

95. 张斌:《英美刑事证明标准的理性基础——以“盖然性”思想解读为中心》,载《清华法学》2010年第3期。

96. 陈醇:《金融系统性风险的合同之源》,载《法律科学》2015年第6期。

97. 陈响荣等:《诉讼效益与证明要求——论在民事诉讼中应确立高度盖然性原则》,载《法学研究》1995年第5期。

98. 许中缘:《论混合合同适用的问题与方法》,载《法律科学》2023年第3期。

99. 楼建波、刘燕:《情势变更原则对金融衍生品交易法律基础的冲击——以韩国法院对KIKO合约纠纷案的裁决为例》,载《法商研究》2009年第5期。

100. 李依琳、康习风:《中国商业银行金融产品市场的法律监管——以“原油宝”为例分析》,载《中国外资》2021年第19期。

101. 董彪:《金融衍生品风险与责任配置的法律分析——以“原油宝”事件为例》,载《南方金融》2020年第9期。

102. 邓雅蔓、周琦:《追问中行“原油宝”事件 高风险产品为何变为常规理财?》,载《中国经济周刊》2020年第8期。

103. 张卫平:《论民事纠纷相对性解决原则》,载《比较法研究》2022年第2期。

104. 张瑞强:《委托理财合同风险责任条款性质探析》,载《法律适用》2004年第9期。

105. 史殿美、任美群:《委托理财合同的风险承担》,载《人民司法·应用》2007年第15期。

106. 张冬:《论委托理财合同的风险责任——兼议新〈证券法〉的委托理财条款》,载《学术交流》2006 年第 2 期。

107. 沙石:《金融衍生品微观交易的宏观内涵》,载《清华金融评论》2016 年第 8 期。

108. 吴烨:《衍生品交易中风险价值的法学分析》,载《中南民族大学学报(人文社会科学版)》2016 年第 3 期。

109. 方芳、牛文通:《浅析期货保证金的法律性质》,载《中外法学》1997 年第 2 期。

110. 万国华、李铭:《我国期货保证金的法律性质和权属》,载《南京社会科学》2015 年第 6 期。

111. 纪敏、严宝玉、李宏瑾:《杠杆率结构、水平和金融稳定——理论分析框架和中国经验》,载《金融研究》2017 年第 2 期。

112. 赵家仪、陈华庭:《我国买卖合同中的“交付”与“风险转移”》,载《法商研究》2003 年第 2 期。

113. 张倩、冯芸:《套期保值还是投机——基于中国上市公司的实证分析》,载《中国工业经济》2014 年第 12 期。

114. 刘少军:《我国“期货法”制定中的主要问题研究》,载《南昌大学学报(人文社会科学版)》2017 年第 6 期。

115. 陈醇:《作为民商法立法原理的公因式与一般式》,载《法治研究》2018 年第 6 期。

116. 王利明:《典型合同立法的发展趋势》,载《法制与社会发展》2014 年第 2 期。

117. 李建伟:《我国民法典合同法编分则的重大立法问题研究》,载《政治与法律》2017 年第 7 期。

118. 昝强龙:《新合同类型入典的标准与限度》,载《民商法论丛》2020 年第 1 期。

119. 曾祥生:《物业服务合同性质辨析——兼谈无名合同有名化问题》,载《南昌大学学报(人文社会科学版)》2007 年第 3 期。

120. 李昊、邓辉:《论保证合同入典及其立法完善》,载《法治研究》2017 年第 6 期。

121. 陈醇:《跨法域合同纠纷中强制性规范的类型及认定规则》,载《法学研究》2021 年第 3 期。

122. 贾玉平:《快递服务合同的有名化》,载《中国流通经济》2019 年第 1 期。

123. 刘昌黎:《关于投资概念的理论思考》,载《东北财经大学学报》2009年第2期。

124. 王明锁:《对孳息的传统种类及所有权归属之检讨》,载《法商研究》2015年第5期。

125. 刘定华、芥民:《借款合同三论》,载《中国法学》2000年第6期。

126. 傅穹:《对赌协议的法律构造与定性观察》,载《政法论丛》2011年第6期。

127. 俞宏雷、王立新:《融资租赁与借款合同之比较研究》,载《中外法学》1996年第2期。

128. 张学安:《初论金融合同的几个法律问题》,载《武汉大学学报(哲学社会科学版)》1999年第4期。

129. 申鸣阳:《强监管背景下的金融司法——以金融合同效力裁判为视角》,载《北方金融》2019年第12期。

130. 李永军:《从契约自由原则的基础看其在现代合同法上的地位》,载《比较法研究》2002年第4期。

131. 唐婧:《投资小微企业的"滴灌通"缘何引起市场争议》,载《中国中小企业》2023年第11期。

132. 董华春:《美国证券法"投资合同"的法律辨析》,载《证券市场导报》2003年第4期。

133. 龙卫球:《民法"合同编"的编纂进展、主要发展与完善思路》,载《内蒙古社会科学(汉文版)》2019年第4期。

134. 道文:《试析合同法上的附随义务》,载《法学》1999年第10期。

135. 刘凯湘、夏小雄:《论违反强制性规范的合同效力——历史考察与原因分析》,载《中国法学》2011年第1期。

136. 许中缘:《禁止性规范对民事法律行为效力的影响》,载《法学》2010年第5期。

137. 王轶:《合同效力认定的若干问题》,载《国家检察官学院学报》2010年第5期。

138. 田韶华:《论通谋虚伪行为规则的司法适用》,载《北方法学》2019年第4期。

139. 朱庆育:《〈合同法〉第52条第5项评注》,载《法学家》2016年第3期。

140. 苏永钦:《以公法规范控制私法契约——两岸转介条款的比较与操作建议》,载王雷主编:《人大法律评论》2010年卷,法律出版社2010

年版。

141. 王轶:《民法典的规范配置——以对我国〈合同法〉规范配置的反思为中心》,载《烟台大学学报(哲学社会科学版)》2005 年第 3 期。

142. 石一峰:《效力性强制性规定的类型化分析》,载《武汉大学学报(哲学社会科学版)》2018 年第 2 期。

143. 冉克平:《论效力性强制规范与私法自治——兼析〈民法总则〉第 153 条第 1 款》,载《山东大学学报(哲学社会科学版)》2019 年第 1 期。

144. 张志坡:《论优先股的发行》,载《法律科学》2015 年第 2 期。

145. 潘林:《"对赌协议第一案"的法律经济学分析》,载《法制与社会发展》2014 年第 4 期。

146. 潘林:《优先股与普通股的利益分配——基于信义义务的制度方法》,载《法学研究》2019 年第 3 期。

147. 刘燕:《对赌协议与公司法资本管制:美国实践及其启示》,载《环球法律评论》2016 年第 3 期。

148. 潘林:《重新认识"合同"与"公司" 基于"对赌协议"类案的中美比较研究》,载《中外法学》2017 年第 1 期。

149. 王洪亮:《缔约过失责任的历史嬗变》,载《当代法学》2005 年第 5 期。

150. 孙维飞:《〈合同法〉第 42 条(缔约过失责任)评注》,载《法学家》2018 年第 1 期。

151. 李中原:《缔约过失责任之独立性质疑》,载《法学》2008 年第 7 期。

152. 于飞:《我国〈合同法〉上缔约过失责任性质的再认识》,载《中国政法大学学报》2014 年第 5 期。

153. 吴卫星:《缔约过失责任新论》,载《南京大学法律评论》2001 年春季号。

154. 钱玉林:《缔约过失责任与诚信原则的适用》,载《法律科学》1999 年第 4 期。

155. 刘燕、魏大化:《韩国 KIKO 案件的交易结构分析》,载《证券市场导报》2010 年第 2 期。

156. 王利明:《论效力性和非效力性强制性规定的区分——以〈民法典〉第 153 条为中心》,载《法学评论》2023 年第 2 期。

157. 易军:《论合同违反强制性规定无效的判断标准——以〈民法典合同编通则解释〉第 16 条为中心》,载《清华法学》2024 年第 1 期。

158. 朱岩:《从大规模侵权看侵权责任法的体系变迁》,载《中国人民大学学报》2009 年第 3 期。

159. 南振兴、郭登科:《论法人人格否认制度》,载《法学研究》1997 年第 2 期。

160. 苏永钦:《夏虫语冰录(一二五)——法域介面解释学》,载《法令月刊》2018 年第 6 期。

161. 黄忠:《违法合同的效力判定路径之辨识》,载《法学家》2010 年第 5 期。

162. 王洪亮:《试论履行障碍风险分配规则——兼评我国〈合同法〉上的客观责任体系》,载《中国法学》2007 年第 5 期。

163. [德]马丁·舍尔迈尔:《〈德国民法典〉中的履行障碍法:过去与未来》,朱晓峰译,载《比较法研究》2014 年第 6 期。

164. 应秀良:《违反行政法强制性规定的合同效力探讨——以〈房地产管理法〉为研究对象》,载《法律适用》2004 年第 3 期。

165. 黄学贤:《行政法中的比例原则研究》,载《法律科学》2001 年第 1 期。

166. 王立争:《民法谦抑性的初步展开》,载《法学杂志》2009 年第 7 期。

167. 钟瑞栋:《强制性规范的解释与适用——公法与私法"接轨"的司法途径》,载《比较法研究》2010 年第 5 期。

168. 易军:《法律行为生效要件体系的重构》,载《中国法学》2012 年第 3 期。

169. 魏盛礼、匡爱民:《对我国缔约过失责任理论的两点质疑》,载《南昌大学学报(人文社会科学版)》2003 年第 2 期。

170. 冉克平:《缔约过失责任性质新论——以德国学说与判例的变迁为视角》,载《河北法学》2010 年第 2 期。

171. 王锐:《个人理财案件中的商业银行适当性义务研究》,载《人民司法·应用》2013 年第 11 期。

172. 王晗:《自始履行不能的合同效力问题研究》,载《法律适用》2007 年第 5 期。

173. 吴飞飞:《侵犯优先购买权的股权转让合同"有效说"之反思》,载《法律科学》2021 年第 1 期。

174. 张保华:《对赌协议下股份回购义务可履行性的判定》,载《环球法律评论》2021 年第 1 期。

175. 孙鹏:《论违反强制性规定行为之效力——兼析〈中华人民共和国合同法〉第52条第5项的理解与适用》,载《法商研究》2006年第5期。

176. 于飞:《〈民法典〉公序良俗概括条款司法适用的谦抑性》,载《中国法律评论》2022年第4期。

177. 王小琼:《公序良俗在金融商事领域的司法适用——以民间借贷为例》,载《北方金融》2021年第3期。

178. 崔文星:《民法典视野下强制性规范和公序良俗条款的适用规则》,载《法学杂志》2022年第2期。

179. 汪全胜:《"特别法"与"一般法"之关系及适用问题探讨》,载《法律科学(西北政法学院学报)》2006年第6期。

180. 邓辉:《论违反强制性规范民事行为之法律效力》,载《江西财经大学学报》2004年第5期。

181. 冯珏:《汉德公式的解读与反思》,载《中外法学》2008年第4期。

182. 赵霞、王德明:《围绕防范系统性风险界定公序良俗的范围》,载《法律适用》2020年第24期。

183. 刘燕、楼建波:《企业重大金融衍生交易损失事件研究——以合约结构为基础》,载《清华法学》2010年第1期。

184. 刘燕、楼建波:《金融衍生交易的法律解释——以合同为中心》,载《法学研究》2012年第1期。

185. 楼建波:《金融海啸中的三重危机与法律应对》,载《社会科学》2009年第6期。

186. 贺剑:《〈合同法〉第54条第1款第2项(显失公平制度)评注》,载《法学家》2017年第1期。

187. 王磊:《论显失公平规则的内在体系——以〈民法总则〉第151条的解释论为中心》,载《法律科学》2018年第2期。

188. 陈鸣:《关于合同显失公平的认定》,载《现代法学》1998年第5期。

189. 徐涤宇:《非常损失规则的比较研究——兼评中国民事法律行为制度中的乘人之危和显失公平》,载《法律科学》2001年第3期。

190. 王军:《美国合同法中的显失公平制度》,载《比较法研究》1994年第Z1期。

191. 宁红丽:《民法强制性规范的反思与优化》,载《法学》2012年第4期。

192. 陈传法、冯晓光:《射幸合同立法研究》,载《时代法学》2010年第

3 期。

193. 彭真明、葛同山:《论合同显失公平原则》,载《法学评论》1999 年第 1 期。

194. 王洪、张伟:《论比较法研究域下的情势变更规则及其适用》,载《东南学术》2013 年第 3 期。

195. 关涛:《情势变更原则辨》,载《法律科学》2000 年第 4 期。

196. 车丕照:《合同落空、情势变更与不可抗力——兼论我国相应立法的模式选择》,载《兰州大学学报(社会科学版)》1996 年第 2 期。

197. 万方:《我国情势变更制度要件及定位模式之反思》,载《法学评论》2018 年第 6 期。

198. 张建军:《情势变更与商业风险的比较探讨》,载《甘肃政法学院学报》2004 年第 2 期。

199. 王德山:《情势变更原则中显失公平认定研究》,载《法律适用》2010 年第 11 期。

200. 张庆东:《情事变更与商业风险的法律界定》,载《法学》1994 年第 8 期。

201. 曹守晔:《最高人民法院〈关于适用《中华人民共和国合同法》若干问题的解释(二)〉之情势变更问题的理解与适用》,载《法律适用》2009 年第 8 期。

202. 叶林、吴烨:《金融市场的"穿透式"监管论纲》,载《法学》2017 年第 12 期。

203. 胡正民:《穿透式审判思维的适用规则与界限——基于要件事实理论勾勒三阶七步穿透法》,载《山东法官培训学院学报》2022 年第 4 期。

204. 石佳友:《融资性贸易中名实不符合同效力认定规则之反思》,载《法学评论》2023 年第 3 期。

205. 邓纲、吴英霞:《穿透式监管如何嵌入合同治理——以"天策公司和伟杰公司股权代持纠纷一案"为例》,载《安徽大学学报(哲学社会科学版)》2019 年第 3 期。

206. 王乐兵:《资产收益权视角下资管交易的穿透式规范》,载《政法论坛》2022 年第 5 期。

207. 黄琨、黄琳:《国际金融衍生交易协议法律性质和效力初探》,载《社科纵横》2006 年第 1 期。

208. 陈广辉:《资管纠纷"穿透式审判"的适用路径与方法》,载《中国法律评论》2022 年第 6 期。

209. 赵永巍、梁茜:《〈民法总则〉显失公平条款的类型化适用前瞻——从中国裁判文书网显失公平案例大数据分析出发》,载《法律适用》2018 年第 1 期。

210. 潘修平、于晓琪:《通谋虚伪规则在金融领域的适用——以(2020)京民终 36 号判决为例》,载《北京邮电大学学报(社会科学版)》2023 年第 1 期。

211. 蔡唱:《公序良俗在我国的司法适用研究》,载《中国法学》2016 年第 6 期。

212. 陈醇:《非法集资刑事案件涉案财产处置程序的商法之维》,载《法学研究》2015 年第 5 期。

213. 赵尧:《金融司法监管化的逻辑审视》,载《华中科技大学学报(社会科学版)》2020 年第 5 期。

214. 张阳:《金融司法监管化的边界约束》,载《清华法学》2023 年第 2 期。

215. 迟颖:《德国消费信贷法规中的关联合同制度——兼论〈德国民法典〉第 358 条》,载《比较法研究》2006 年第 3 期。

216. 迟颖:《关联合同中产生于买卖合同的抗辩权对贷款合同的适用性问题——从一则案例看德国消费信贷法抗辩权延伸制度》,载《法学论坛》2007 年第 5 期。

217. 刘怡:《论德国关联合同制度及其借鉴意义》,载《法律适用》2012 年第 9 期。

218. 尹腊梅:《揭开消费信贷合同的面纱——论抗辩延伸制度的正当性以及抗辩放弃条款的无效》,载王保树主编:《中国商法年刊》2009 年,北京大学出版社 2010 年版。

219. 欧阳红兵、刘晓东:《中国金融机构的系统重要性及系统性风险传染机制分析——基于复杂网络的视角》,载《中国管理科学》2015 年第 10 期。

220. 孔祥俊:《论连带责任》,载《法学研究》1992 年第 4 期。

221. 吴飞飞:《论中国民法典的公共精神向度》,载《法商研究》2018 年第 4 期。

222. 刘承韪:《合同相对性理论的起源与流变——现代意义合同相对性在两大法系确立过程之比较》,载《南京大学法律评论》2007 年第 Z1 期。

223. 王利明:《论合同的相对性》,载《中国法学》1996 年第 4 期。

二、中文著作

1. 王雷:《民法典中的参照适用条款研究》,中国法制出版社 2024 年版。

2. 王利明:《合同法分则》,北京大学出版社 2023 年版。

3. 崔建远:《合同解释论——规范、学说与案例的交互思考》,中国人民大学出版社 2020 年版。

4. 朱庆育主编:《合同法评注选》,北京大学出版社 2019 年版。

5. 谢鸿飞:《合同法学的新发展》,中国社会科学出版社 2014 年版。

6. 曾隆兴:《现代非典型契约论》,台北,三民书局股份有限公司 1988 年版。

7. 王利明、崔建远:《合同法新论 · 总则》(修订版),中国政法大学出版社 2000 年版。

8. 王泽鉴:《民法学说与判例研究》(第 1 册),中国政法大学出版社 1997 年版。

9. [德]卡尔 · 拉伦茨:《法学方法论》,黄家镇译,商务印书馆 2020 年版。

10. 许多奇主编:《金融法精要》,法律出版社 2023 年版。

11. 黄建辉:《法律漏洞 · 类推适用》,台北,蔚理法律出版社 1988 年版。

12. 陈醇:《金融法违约预防与违约处置制度研究》,法律出版社 2019 年版。

13. [意]彼得罗 · 彭梵得:《罗马法教科书》,黄风译,中国政法大学出版社 1992 年版。

14. 苗力田主编:《亚里士多德全集》(第 1 卷),中国人民大学出版社 1990 年版。

15. 王泽鉴:《债法原理》(第 2 版),北京大学出版社 2013 年版。

16. 陈醇:《商法原理重述》,法律出版社 2010 年版。

17. [英]亚当 · 斯密:《国富论》(上),杨敬年译,陕西人民出版社 2001 年版。

18. 吴志勇编著:《古今初等数学思想》,天津大学出版社 2015 年版。

19. [美]莫里斯 · 克莱因:《西方文化中的数学》,张祖贵译,商务印书馆 2013 年版。

20. [美]保罗 · 萨缪尔森、[美]威廉 · 诺德豪斯:《经济学》(第 18

版)，萧琛主译，人民邮电出版社2008年版。

21. [德]迪特尔·梅迪库斯：《德国债法分论》，杜景林、卢谌译，法律出版社2007年版。

22. [美]伊曼纽尔·沃勒斯坦：《现代世界体系》(第1卷)，尤来寅等译，高等教育出版社1998年版。

23. [德]迪特尔·梅迪库斯：《德国民法总论》，邵建东译，法律出版社2000年版。

24. [德]克里斯蒂安·冯·巴尔、[英]埃里克·克莱夫主编：《欧洲私法的原则、定义与示范规则：欧洲示范民法典草案》(全译本，第1卷、第2卷、第3卷)，傅俊伟等译，法律出版社2014年版。

25. [英]梅因：《古代法》，沈景一译，商务印书馆1959年版。

26. 陈醇：《商行为程序研究》，中国法制出版社2006年版。

27. 郑玉波主编：《民法债编论文选辑》，台北，五南图书出版社1984年版。

28. [德]罗伯特·阿列克西：《法：作为理性的制度化》，雷磊编译，中国法制出版社2012年版。

29. [德]阿图尔·考夫曼：《法律获取的程序——一种理性分析》，雷磊译，中国政法大学出版社2015年版。

30. [德]K. 茨威格特、[德]H. 克茨：《比较法总论》，潘汉典等译，法律出版社2003年版。

31. [美]迈克尔·D. 贝勒斯：《法律的原则——一个规范的分析》，张文显等译，中国大百科全书出版社1996年版。

32. 朱广新、谢鸿飞主编：《民法典评注：合同编通则》，中国法制出版社2020年版。

33.《多德-弗兰克华尔街改革与消费者保护法案》，董裕平等译，中国金融出版社2010年版。

34. [瑞士]费迪南·德·索绪尔：《普通语言学教程》，裴文译，江苏教育出版社2002年版。

35. [美]科斯：《企业、市场与法律》，盛洪等译，三联书店上海分店1990年版。

36. [美]塔尔科特·帕森斯：《社会行动的结构》，张明德等译，译林出版社2003年版。

37. [法]埃米尔·涂尔干：《社会分工论》，渠东译，三联书店2000年版。

38. [德]库尔特·考夫卡:《格式塔心理学原理》(上册),黎炜译,浙江教育出版社 1997 年版。

39. [德]M. 艾根、[德]P. 舒斯特尔:《超循环论》,曾国屏、沈小峰译,上海译文出版社 1990 年版。

40. 颜泽贤、范冬萍、张华夏:《系统科学导论——复杂性探索》,人民出版社 2006 年版。

41. [美]罗尔斯:《正义论》,何怀宏等译,中国社会科学出版社 1988 年版。

42. [美]劳伦斯·G. 麦克米伦:《麦克米伦谈期权》,郑学勤、朱玉辰译,机械工业出版社 2008 年版。

43. 梁慧星主编:《为权利而斗争:梁慧星先生主编之现代世界法学名著集》,中国法制出版社 2000 年版。

44. 王利明:《合同法研究》(第 1 卷),中国人民大学出版社 2015 年版。

45. 崔建远:《合同法》,北京大学出版社 2012 年版。

46. [美]奥利弗·E. 威廉姆森:《资本主义经济制度:论企业签约与市场签约》,段毅才、王伟译,商务印书馆 2004 年版。

47. 苗东升:《系统科学精要》(第 3 版),中国人民大学出版社 2010 年版。

48. 彭凤至:《情势变更原则之研究》,台北,五南图书出版社 1986 年版。

49. [美]查尔斯·R. 莫里斯:《金钱 贪婪 欲望:金融危机的起因》,周晟译,经济科学出版社 2004 年版。

50. 梁根林:《刑事法网:扩张与限缩》,法律出版社 2005 年版。

51. 史尚宽:《债法总论》,中国政法大学出版社 2000 年版。

52. 王泽鉴:《债法原理》(第 1 册),中国政法大学出版社 2001 年版。

53. [英]巴里·尼古拉斯:《罗马法概论》(第 2 版),黄风译,法律出版社 2004 年版。

54. 朱广新:《合同法总则》(第 2 版),中国人民大学出版社 2012 年版。

55. 耿林:《强制规范与合同效力——以合同法第 52 条第 5 项为中心》,中国民主法制出版社 2009 年版。

三、外文文献

1. Matthew Beville, *Financial Pollution: Systemic Risk and Market*

Stability, 36 Florida State University Law Review 245(2009).

2. Jason Altabet, *Ransunion v. Ramirez: Levels of Generality and Originalist Analogies*, 45 Harvard Journal of Law & Public Policy 1077 (2022).

3. Henry T. C. Hu, *Hedging Expectations: "Derivative Reality" and the Law and Finance of the Corporate Objective*, 73 Texas Law Review 985 (1995).

4. R. H. Coase, *The Nature of the Firm*, 4 Economica 386(1937).

5. Lawrence M. Solan & Tammy Gales, *Corpus Linguistics as a Tool in Legal Interpretation*, 2017 Brigham Young University Law Review 1311 (2017).

6. Patricia A. Mccoy, Andrey D. Pavlov & Susan M. Wachter, *Systemic Risk Through Securitization: The Result of Deregulation and Regulatory Failure*, 41 Connecticut Law Review 1327(2009).

7. Kathryn Judge et al., *Fragmentation Nodes: A Study in Financial Innovation, Complexity, and Systemic Risk*, 64 Stanford Law Review 657 (2012).

8. Sharon E. Foster, *Too Big to Fail-Too Small to Compete: Systemic Risk Should be Addressed Through Antitrust Law but Such a Solution Will Only Work if it is Applied on an International Basis*, 22 Florida Journal of International Law 31(2010).

9. Erik F. Gerding, *The Subprime Crisis and the Link between Consumer Financial Protection and Systemic Risk*, 4 FIU Law Review 435(2009).

10. Dan Hunter, *Reason is too Large: Analogy and Precedent in Law*, 50 Emory Law Journal 1197 (2001).

11. William Baude & Stephen E. Sachs, *The Law of Interpretation*, 130 Harvard Law Review 1079(2017).

12. Stephanie Roberts Hartung & Shailini Jandial George, *Promoting in-depth Analysis: A three-part Approach to Teaching Analogical Reasoning to Novice Legal Writers*, 39 Cumberland Law Review 685(2008-2009).

13. L. L. Fuller & William R. Perdue Jr., *The Reliance Interest in Contract Damages*, 46 The Yale Law Journal 52 (1936).

14. Peter H. Schuck, *Legal Complexity: Some Causes, Consequences, and Cures*, 42 Duke Law Journal 1(1992).

15. Glenn Shafer, *The Construction of Probability Arguments*, 66 Boston University Law Review 799(1986).

16. Joseph Blocher & Eric Ruben, *Originalism-by-analogy and Second Amendment Adjudication*, 133 Yale Law Journal 99(2023).

17. Robert S. Summers, *Evaluating and Improving Legal Processes-A Plea for "Process Values"*, 60 Cornell Law Review 1(1974).

18. Robert F. Schwartz, *Risk Distribution in the Capital Markets: Credit Default Swaps, Insurance and a Theory of Demarcation*, 12 Fordham Journal of Corporate & Financial Law 167 (2007).

19. C. Steven Bradford, *Crowdfunding and the Federal Securities Laws*, 2012 Columbia Business Law Review 1(2012).

20. Darian M. Ibrahim, *The New Exit in Venture Capital*, 65 Vanderbilt Law Review 1 (2012).

21. William W. Bratton & Michael L. Wachter, *A Theory of Preferred Stock*, 161 University of Pennsylvania Law Review 1815(2013).

22. Steven L. Schwarcz, *Systemic Risk*, 97 Georgetown Law Journal 193 (2008).

23. Hanoch Dagan, *Between Regulatory and Autonomy-Based Private Law*, 22 European Law Journal 644(2016).

24. Hanoch Dagan & Roy Kreitner, *The Other Half of Regulatory Theory*, 52 Connecticut Law Review 605(2020).

25. Martijn W. Hesselink, *Private Law, Regulation, and Justice*, 22 European Law Journal 681(2016).

26. Prasanna Gai & Sujit Kapadia, *Contagion in Financial Networks*, 466 Mathematical, Physical and Engineering Sciences 2401(2010).

27. Adam J. Levitin, *In Defense of Bailouts*, 99 Georgetown Law Journal 435(2011).

28. Cass R. Sunstein, *On Analogical Reasoning*, 106 Harvard Law Review 741 (1993).

29. Lynn A. Stout, *Why the Law Hates Speculators: Regulation and Private Ordering in the Market for OTC Derivatives*, 48 Duke Law Journal 701(1999).

30. Laurin C. Ariail, *The Impact of Dodd-Frank on End-Users Hedging Commercial Risk in Over-the-counter Derivatives Markets*, 15 North Carolina

Banking Institute 175(2011).

31. Mathias Reimann, *Nineteenth Century German Legal Science*, 31 Boston College Law Review 837(1990).

32. Thomas C. Heller, *Critical Legal Studies Symposium*: *Structuralism and Critique*, 36 Stanford Law Review 127(1984).

33. Christopher R. Leslie, *False Analogies to Predatory Pricing*, 172 University of Pennsylvania Law Review 329(2024).

34. Felix B. Chang, *The Systemic Risk Paradox*: *Banks and Clearinghouses under Regulation*, 2014 Columbia Business Law Review 747(2014).

35. Jane P. Mallor et al., *Business Law and the Regulatory Environment*: *Concepts and Cases*, 11th ed., New York: Irwin/McGraw-Hill, 2001.

后　记

本书是国家社科基金后期资助项目的成果,也是《金融法违约预防与违约处置制度研究》一书的兄弟篇。与我此前的原理研究(《商法原理重述》等)有所不同,本书不仅注重金融审判中非典型合同纠纷案法律适用的原理,还重视该领域的案例与实务,力求贯通此领域的原理、法条与案例。

本书的写作与项目申报得到了很多师友的帮助。中国社会科学院法学研究所张广兴研究员从选题到写作给予了多方面的指导,该所谢鸿飞研究员、张辉副研究员先后为本书的一些章节提供了修改意见,谢鸿飞研究员还于百忙之中为我查阅与提供了宝贵的资料;北京师范大学法学院米健教授(曾任澳门政府政策研究室首席顾问、主任等)应请求阅读了整个书稿并提出了详细的修改意见,且惠赐序言;武汉大学法学院李安安副教授、中央财经大学法学院周游副教授和王湘淳副教授、西南政法大学吴飞飞教授、《北方法学》杂志社赵亮编辑、《经贸法律评论》杂志社楼秋然编辑等多位青年才俊应邀为本书的不同章节提供了具体的修改意见;中国人民大学法学院高圣平教授、浙江大学张谷教授与章程副教授、西南政法大学吴飞飞教授、华东政法大学戴津伟副教授、金华市中级人民法院童耐萍法官与赵天舒法官等各位师友应邀参加了本书的研讨会并对书稿提出了修改意见;法律出版社为本书所依托的项目提供了必需的申报资料与一如既往的鼓励;四川省社会科学院周友苏研究员、武汉大学冯果教授、华东政法大学刘风景教授、上海财经大学朱晓喆教授、宁波大学梁开银教授、当代中国出版社刘文科编审、浙江大学陆青教授、中国计量大学陈永强教授、温州大学王宗正教授、西南政法大学林少伟教授、中国人民大学钟维副教授、中国社会科学院法学研究所李广德副研究员、华东政法大学李诗鸿副教授等多位师友也为本书的写作提供了帮助与鼓励;本项目的五位匿名初审专家与三位匿名结项评审专家均提供了宝贵的修改意见与审慎的鼓励;浙江训和律师事务所邹毅强主任与朱挺主任等也从多个方面支持了我的研究;我校原书记郑孟状教授、法学院院长吴卡教授、温荣副教授与田峰副教授等诸君,为我提供了科研上的帮助与便利。对以上诸位师友表示衷心的感谢!

浙江师范大学学术著作出版基金（Publishing Foundation of Zhejiang Normal University）也为本书的出版提供了部分资助，于此致谢。

感谢李英武老师一如既往的教诲！感谢家人对我不遗余力的支持！

感谢本书的责任编辑似玉老师的耐心校对与多方面的帮助！

陈　醇

2024 年 8 月 18 日